◆ 本书为2017年澜沧江—湄公河合作专项基金项目"澜湄地区人力资源开发实践研究与合作框架探索"的研究成果

中国人事科学研究院
·学术文库·

澜湄国家人力资源开发合作研究

柳学智 苗月霞 熊缨 等著

中国社会科学出版社

图书在版编目（CIP）数据

澜湄国家人力资源开发合作研究／柳学智等著．—北京：中国
社会科学出版社，2019.6
ISBN 978 - 7 - 5203 - 4249 - 0

Ⅰ．①澜…　Ⅱ．①柳…　Ⅲ．①人力资源开发—国际合作—研究—
中国、东南亚　Ⅳ．①F249.21②F249.330.1

中国版本图书馆 CIP 数据核字（2019）第 060465 号

出 版 人	赵剑英	
责任编辑	孔继萍	
责任校对	闫 萃	
责任印制	郝美娜	

出　　　版	中国社会科学出版社	
社　　　址	北京鼓楼西大街甲 158 号	
邮　　　编	100720	
网　　　址	http://www.csspw.cn	
发 行 部	010 - 84083685	
门 市 部	010 - 84029450	
经　　　销	新华书店及其他书店	

印刷装订	环球东方（北京）印务有限公司
版　　次	2019 年 6 月第 1 版
印　　次	2019 年 6 月第 1 次印刷

开　　本	710×1000　1/16
印　　张	34
插　　页	2
字　　数	558 千字
定　　价	138.00 元

凡购买中国社会科学出版社图书，如有质量问题请与本社营销中心联系调换
电话:010 - 84083683

澜湄地区人力资源开发实践
研究与合作框架探索

课题工作组

组 织 单 位　人力资源和社会保障部国际合作司
　　　　　　　中国人事科学研究院

课 题 指 导　郝　斌　余兴安　吕玉林　姚晓东

课 题 组 组 长　柳学智

课题组副组长　苗月霞　熊　缨

课 题 主 研 人 员　柳学智　苗月霞　熊　缨　陶庆华
　　　　　　　　刘文彬　冯　凌

课 题 组 成 员 （按姓名笔画排序）

马晔凤	王　伊	王　琪	尤　静
冯　凌	李　青	李学明	李胡扬
刘文彬	刘　晔	何天纯	杜肖璇
苗月霞	罗　旭	范青青	姚宝珍
柳学智	高显扬	高　原	耿　倩
陶庆华	徐海琛	戚　妙	熊　缨

序

　　当今世界，和平与发展仍然是时代主题，但同时，霸权主义、恐怖主义、金融危机、气候变化等全球性问题更加突出。面对复杂多变的国际局势，党的十八大以来，习近平主席着力推动构建"人类命运共同体"，提出了"一带一路"倡议，为促进世界和平发展提供"中国方案"，推进了"一带一路"沿线国家合作共赢、共同发展，彰显了当今中国领袖的"大国担当"与"天下情怀"。

　　习近平主席提出的构建人类命运共同体的理念，描绘了世界的光明未来，得到国际社会的广泛认可。2012 年 12 月 5 日，习近平主席同在华工作的外国专家代表座谈时首次提出了"命运共同体"的概念，之后多次阐述其丰富内涵。2013 年 3 月 23 日，习近平主席在莫斯科国际关系学院发表了题为《顺应时代前进潮流，促进世界和平发展》的演讲，进一步明确指出，世界各国相互联系、相互依存的程度空前加深，越来越成为"你中有我、我中有你的命运共同体"。2015 年 9 月 28 日，习近平主席在美国纽约联合国总部举行的第 70 届联合国大会一般性辩论时，发表了题为《携手构建合作共赢新伙伴，同心打造人类命运共同体》的演讲，指出：和平、发展、公平、正义、民主、自由，是全人类的共同价值，也是联合国的崇高目标。当今世界，各国相互依存、休戚与共。我们要继承和弘扬联合国宪章的宗旨和原则，构建以合作共赢为核心的新型国际关系，打造人类命运共同体。中国将始终作世界和平的建设者、全球发展的贡献者、国际秩序的维护者。2017 年 1 月 18 日，习近平主席在联合国日内瓦总部发表题为《共同构建人类命运共同体》的演讲，再次呼吁世界各国携手共建人类命运共同体。在习近平主席的积极推动下，构建人类命运共同体理念的影响逐步扩大。2017 年 2 月 10 日，构建人类命运共同体理念被写入联合国决议；3 月 17 日，载入联合国安理会决议；3 月 23 日，载入联合国人权理事会决议……2018 年达沃斯论坛再次选择中国方案，将"在分化的世界中打造共同命运"确定为论坛的主题。

在提出构建人类命运共同体理念的同时，习近平主席提出了"一带一路"倡议，旨在推进沿线国家共同发展，着力深化互利共赢格局，进而推动构建人类命运共同体。2013 年 9 月，习近平主席在哈萨克斯坦首次倡议共同建设"丝绸之路经济带"，逐步形成区域大合作；同年 10 月，习近平主席在印度尼西亚提出，中国愿同东盟国家加强合作，共同建设 21 世纪"海上丝绸之路"，实现共同发展、共同繁荣。两大倡议合称"一带一路"倡议，是我国在新形势下扩大全方位开放的重要举措，也是要致力于使更多国家共享发展机遇和成果，共同打造开放合作平台，为地区可持续发展提供新动力。"一带一路"倡议提出以来，全球 100 多个国家和国际组织积极支持和参与"一带一路"建设，联合国大会、联合国安理会等重要决议也纳入"一带一路"建设内容。2018 年 8 月 27 日，习近平主席在推进"一带一路"建设工作五周年座谈会上发表重要讲话强调，共建"一带一路"顺应了全球治理体系变革的内在要求，彰显了同舟共济、权责共担的命运共同体意识，为完善全球治理体系变革提供了新思路、新方案。我们要坚持对话协商、共建共享、合作共赢、交流互鉴，同沿线国家谋求合作的最大公约数，推动各国加强政治互信、经济互融、人文互通，一步一个脚印推进实施，一点一滴抓出成果，推动共建"一带一路"走深走实，造福沿线国家人民，推动构建人类命运共同体。

在构建人类命运共同体和推进"一带一路"倡议的大背景下，2014 年 11 月，李克强总理在第 17 次中国—东盟领导人会议上提议建立澜沧江—湄公河合作机制（简称"澜湄合作机制"或"澜湄合作"），得到湄公河国家的积极响应。2016 年 3 月，澜湄合作首次领导人会议在中国海南三亚举行，会议通过了题为《打造面向和平与繁荣的澜湄国家命运共同体》的"三亚宣言"，确认六国合作的共同愿景是"有利于促进澜湄沿岸各国经济社会发展，增进各国人民福祉，缩小本区域国家发展差距"。"三亚宣言"提出了 26 项具体合作措施，标志着澜湄合作机制的正式启动，加快了"一带一路"倡议在澜湄地区的落实步伐。

习近平主席指出，"一带一路"源于亚洲、依托亚洲、造福亚洲，是中国和亚洲邻国的共同事业，中国将周边国家作为外交政策的优先方向，践行亲、诚、惠、容的理念，愿意通过互联互通为亚洲邻国提供更多公共产品，欢迎大家搭乘中国发展的列车。中国与湄公河国家山水相连，人文相通，传统睦邻友好深厚，澜湄地区是"一带一路"倡议的重要节点地区，是中国深化区域合作和构建人类命运共同体最有基础、最有条件并最有可能取得实质性成效的区域。澜湄合作是落实"一带一路"倡议的重要探索，澜湄国家命运共同体是得到有关国家认可的命运共同体。澜湄合作启动以来，取得了丰硕的早期成果，用实践证明了构建人类命运共同体和"一带一路"倡议的重大意义和积极影响。

习近平主席提出的人类命运共同体理念，是马克思主义"自由人联合体"思想的当代表达，是习近平新时代中国特色社会主义思想的重要组成部分。为推进构建人类命运共同体，这一理念已经写进党的十九大报告和新修订的《中国共产党章程》。党的十九大报告第十二部分即以"坚持和平发展道路，推动构建人类命运共同体"为题，坚持推动构建人类命运共同体成为新时代坚持和发展中国特色社会主义的基本方略之一。

构建人类命运共同体、推进"一带一路"倡议，加强中国与相关国家的人力资源开发合作是其核心内容和基础工作，也是实现马克思主义"自由人联合体"的必然要求。澜湄国家联合发布的"三亚宣言"提出的26项合作措施中，涉及多项人力资源开发合作的内容，明确提出要深化人力资源开发合作，中国承诺向湄公河国家提供1.8万人年奖学金和5000个来华培训名额，用于支持澜湄国家间加强合作。澜湄合作的实践证明，开展澜湄国家人力资源开发合作，有力推进了澜湄合作机制优先合作领域的拓展深化。

为充分发挥人力资源和社会保障部门在落实"一带一路"倡议中的功能作用，推进澜湄合作框架下人力资源开发合作措施取得更好成效，2017年初，人力资源和社会保障部国际合作司与中国人事科学研究院共同申报澜湄合作专项基金项目"澜湄地区人力资源开发实践研究与合作框架探索"，获得外交部和财政部的批准。经过近一年的集中研究，形成50余万字的课题研究报告，深入探讨了湄公河国家人力资源开发的基础，总结分析了中国与湄公河国家已经开展的相互留学、职业教育交流合作、政府之间人员交流培训、企业之间人员交流培训等方面取得的成效和存在的问题，并在澜湄国家人力资源开发战略状况比较研究的基础上，提出了澜湄区域人力资源开发合作的战略框架、思路和举措。

对澜湄地区人力资源开发问题进行系统研究，是具有开创意义的。课题研究工作得以顺利展开并取得丰硕成果，是参与各方通力合作的结果。人力资源和社会保障部国际合作司郝斌司长、吕玉林副司长、技术合作处姚晓东处长等同志付出了大量时间和精力，亲力亲为，协调解决了工作中的许多难题，并主持课题工作中的两次国际研讨会以及课题报告的中期汇报与结项评审，保障了工作的顺利推进及预期目标的实现。中国人事科学研究院作为课题研究的主承担单位，组建了强有力的课题研究团队，柳学智同志任组长，苗月霞、熊缨同志任副组长，付出了辛勤的劳动。北京华夏国际人才研究院陶庆华研究员带领团队参与了课题研究，光明日报社、首都经济贸易大学、上海科技政策研究所等多家单位的专家学者也为课题研究贡献了智慧。在此，我谨代表中国人事科学院研究院，对所有参与该项工作的单位和同仁表示诚挚的谢意！也期待着因该项课题研究工作而形成的这部书稿，能对深化我们对澜湄地区人力资源开发工作的认识，推动该区域人力资源开发合作做出应有贡献。当然，毕竟这一论题的研究工作还只是开了一个头，研究基础有待进一步夯实，书中不足之处在所难免，因此，欢迎广大读者不吝批评指正！

余兴安

2018 年 12 月 26 日

于中国人事科学研究院

摘　要

在"一带一路"倡议不断取得进展的背景下，中国政府提议建立澜沧江—湄公河合作机制，得到了湄公河国家的积极响应。澜湄合作机制启动后短短两年时间，就在多个领域取得了显著成效。澜湄合作的拓展和深化，对各合作领域人力资源开发提出了更高更迫切的要求，为此，总结澜湄地区人力资源开发合作实践，探索澜湄国家人力资源开发合作的战略框架，加强中国与湄公河国家的人力资源开发合作，有利于为深入推进澜湄合作提供人才和智力支撑。

本书首先从澜湄国家的经济、人口、教育、产业、就业等主要领域的发展概况梳理和未来趋势分析入手，运用世界银行、联合国贸易和发展会议、联合国教科文组织、国际劳工组织等国际组织的大量权威数据，深入探讨了湄公河国家人力资源开发合作的基础。研究发现，澜湄国家目前都处于中等收入水平，近年来各国经济都是向好发展；人口结构各不相同，中国、泰国和越南出现了不同程度的老龄化现象，其他国家人口结构年轻化，各国可以通过加强人力资源开发合作持续发挥人口红利；澜湄国家在高等教育、产业和就业等方面也存在很多合作共赢的空间。

其次，本书从中国与湄公河国家已经开展的相互留学、职业教育交流合作、政府之间人员交流培训、企业之间人员交流培训四个专题入手，运用数据分析和案例分析的方法，总结了相关领域人力资源开发合作取得的成效和存在的问题，提炼出企业和职业教育的典型模式并总结其经验教训，提出了优化中国与湄公河国家之间相互留学，加强职业教育合作，扩大和深化公职人员、企业人员培训交流等方面的具体建议。

再次，本书运用政策分析方法，梳理了澜湄国家人力资源开发战略状况并进行了比较研究。研究发现，虽然各国人力资源开发战略的核心内容与形式、主要举措与目标各不相同，但是都从各自经济、社会发展需要的战略高度提出了本国人力资源开发的实际举措和发展目标，具有开展人力资源开发战略合作的基础。

最后，本书探索了澜湄国家人力资源开发合作的战略框架，分析了澜湄国家开展人力资源开发合作的基础，提出了加强中国与湄公河国家人力资源开发合作的战略思路和举措。建议中国在实施"一带一路"倡议和构建澜湄国家命运共同体的大背景下，对接湄公河各国发展战略，在澜湄合作框架下构建人力资源开发合作机制，大力推进中国与湄公河国家之间相互留学、职业教育、政府和企业间人员交流培训等领域的人力资源开发合作。

目　　录

第 一 章

绪　　论

　　澜湄地区是指澜沧江—湄公河流域区域，包括中国、柬埔寨、老挝、缅甸、泰国和越南六个国家。澜沧江—湄公河将这六个国家紧紧地连接在一起，六国山水相连，人文相通，传统睦邻友好深厚。2016 年 3 月，澜湄合作首次领导人会议召开以来，六国在经济社会发展的多个领域开展深度合作并取得显著成效。随着相关领域合作的持续深入推进，亟须加强澜湄国家人力资源开发合作。

一　研究背景与意义

　　开展"澜湄地区人力资源开发实践研究及合作框架探索"课题研究，是落实"一带一路"倡议和澜湄合作的具体行动，旨在为澜湄合作深化发展提供人才和智力支撑。

（一）"一带一路"倡议

　　2013 年 9 月，习近平主席在哈萨克斯坦首次倡议，用创新的合作模式，共同建设"丝绸之路经济带"，逐步形成区域大合作。同年 10 月，习近平主席在印度尼西亚提出，中国愿同东盟国家加强合作，共同建设 21 世纪"海上丝绸之路"，实现共同发展、共同繁荣。两大倡议合称"一带一路"倡议，旨在打造欧亚大陆乃至更广泛区域的政治互信、经济融合、文化包容的利益共同体、命运共同体和责任共同体。

　　"一带一路"倡议提出以来，全球关注度不断提高，参与国家不断增多，中国与沿线国家在政治互信、政策和战略对接、基础设施建设、产业合作、经贸往来、金融服务、人文交流等各方面都取得了积极进展和务实成果。

（二）澜湄合作机制

澜湄地区是"一带一路"倡议的重要节点地区，是中国深化区域合作和构建人类命运共同体最有基础、最有条件并最有可能取得实质性成效的区域。中国与湄公河国家的合作是落实"一带一路"倡议的重要探索。

2014年11月，李克强总理在第17次中国—东盟领导人会议上提议建立澜沧江—湄公河合作机制（简称"澜湄合作机制"或"澜湄合作"），得到湄公河国家的积极响应。

2016年3月，澜湄合作首次领导人会议在中国海南三亚举行，会议通过了"三亚宣言"，确认六国合作的共同愿景是"有利于促进澜湄沿岸各国经济社会发展，增进各国人民福祉，缩小本区域国家发展差距"。"三亚宣言"提出了26项合作措施。

2018年1月，以"我们的和平与可持续发展之河"为主题的澜湄合作第二次领导人会议在柬埔寨首都金边举行，会议发表了"金边宣言"，为澜湄合作机制指明未来十年发展方向。

中国提议建立澜湄合作机制，目的就是同周边国家一起打造澜湄国家命运共同体，在加强多领域交流合作的基础上实现澜湄国家共同发展、互利共赢。澜湄合作机制正式启动以来，合作迅速发展，确立了"3+5合作框架"，形成了"领导人引领、全方位覆盖、各部门参与"的澜湄合作格局，合作机制逐步完善，全方位合作态势逐步形成，澜湄合作不断走深走实，展现出广阔的发展前景。短短两年多时间，合作机制已从萌芽期的探索发展为成熟的区域合作机制，澜湄水资源合作中心、环境合作中心、全球湄公河研究中心已经建成，澜湄合作专项基金开始运转，45个早期收获项目以及中方在第二次外长会议上提出的13个倡议取得实质进展（外交部，2018）。

（三）研究意义

澜湄合作第一次领导人会议通过的"三亚宣言"中，明确提出了一系列关于开展人力资源开发合作的任务，包括：深化人力资源开发、教育政策、职业培训合作和教育主管部门及大学间交流；加强各领域人才培训合作，提升澜湄国家能力建设，为澜湄合作的长远发展提供智力支持；中方承诺未来三年向湄公河国家提供1.8万人年奖学金和5000个来华培训名额，用于支持澜湄国家间加强合作。此外，人力资源开发合作的任务还包括澜湄合作框架下各个层面和领域的交流合作、联合研究、能力建设和经验交流分享等。由此可见，人力资源开发合作是澜湄合作的题中之意和重要内容。为了更深入全面落实澜湄合作的各项任务，必然要求凸显人力资源开发合作的重要地位和作用。

澜湄合作启动以来，在澜湄国家的共同努力下，各领域合作取得了显著成效，得到了各相关方面的高度评价。目前各领域人力资源开发分散在各相关部门，缺乏统筹谋划和协调推进，为此，需要人力资源管理部门充分发挥综合协调作用，统筹各领域人力资源开发任务的推进，提升澜湄国家人力资源开发合作的效率和效益，为各领域深化发展提供坚实的人力资源支撑。

二 研究设计

本书综合运用数据分析、政策分析和制度比较等研究方法，全面分析澜湄国家的经济、人口、教育、产业、就业等基本发展状况，重点研究中国与湄公河国家间相互留学、职业教育交流合作、政府之间人员交流培训、企业之间人员交流培训等四个人力资源开发合作领域的典型案例与主要模式，比较总结澜湄国家人力资源开发战略的共性与个性特征。在全面分析和比较研究的基础上，准确把握推进澜湄国家人力资源开发合作的基础，分析澜湄国家人力资源开发合作的已有成效和尚存问题，提出加强和完善澜湄国家人力资源开发合作的对策建议。

（一）研究视角

中国基于澜湄国家互利共赢、共同发展的宗旨，倡议建立了澜湄合作机制，密切契合了澜湄国家经济社会发展的迫切需要，短短两年时间就在多个主要合作领域取得了显著成效。正如习近平主席指出的，澜湄合作机制自2016年正式启动以来取得了丰硕成果，体现了"澜湄速度"和"澜湄效率",培育了平等相待、真诚互助、亲如一家的澜湄文化。在澜湄国家的共同努力下,澜湄合作必将在已有的合作领域发展深化,并将拓展更多更广泛的合作领域。澜湄合作机制的迅速发展,对相关领域人力资源支撑的需求日益迫切。为此,我们需要系统分析澜湄各国人力资源开发的基础情况,深入研究六国人力资源开发合作重点领域的成效和问题,在此基础上提出加强中国与湄公河国家间人力资源开发合作的战略思路和举措建议,为未来澜湄合作机制取得更大成效提供人力资源支撑。

(二) 研究方法

本书以数据分析和政策分析为基础,综合运用文献研究、案例分析、制度对比、专家咨询、国际研讨等研究方法,对澜湄国家人力资源开发实践进行分析,对中国与湄公河国家间已经开展的人力资源开发合作领域的成效和问题进行探讨,在此基础上,提出加强中国与湄公河国家间人力资源开发合作战略框架的总体思路和具体建议。

本书从澜湄国家的经济、人口、产业、就业、教育等主要领域的发展概况和未来趋势入手,运用世界银行、联合国贸易和发展会议、联合国教科文组织、国际劳工组织等国际组织的大量权威数据,详细分析澜湄国家人力资源开发实践状况,充分比较人力资源开发趋势,客观研判中国与湄公河国家间人力资源开发合作的基本方向。

本书从中国与湄公河国家间已经开展的相互留学、职业教育交流合作、政府之间人员交流培训、企业之间人员交流培训四个人力资源开发合作领域入手,运用数据分析和政策分析的方法,总结相关领域人力资源开发合作取得的成效和存在的问题、提炼典型模式、总结经验教训,为澜湄国家相关人力资源开发领域的交流合作提供参考借鉴。

本书运用政策分析方法,从人力资源开发战略的主要形式与内容、主要举措与发展目标等方面进行制度比较,对湄公河国家的人力资源开发战略进行系统梳理,对澜湄国家人力资源开发战略进行比较研究,归纳总结六国人力资源开发战略规划的异同和特点,在此基础上提出澜湄区域人力资源开发合作的战略思路和具体建议。

在研究过程中,课题组多次赴云南、广西等地实地调研,与政府部门、普通高校、职业院校、技工院校、企业等相关人员进行座谈、访谈、研讨，深入了解中国与湄公河国家间人力资源开发合作实践状况。邀请中国及湄公河国家政府有关部门人士参观考察云南、重庆等地人力资源开发合作情况，了解中国与湄公河国家间人力资源开发合作的现状，在此基础上分析问题、总结经验。

在实地调研的基础上，课题组多次召开专家咨询会，邀请国内外专家对课题研究方案和研究成果提出咨询建议。在云南、重庆两地召开国际研讨会，邀请澜湄国家政府官员、专家学者到会，围绕"澜湄地区合作发展与人力资源开发：问题与挑战""澜湄地区人力资源开发合作：战略重点及实现路径"等议题进行专题研讨。

三 研究框架

本书的总体思路是，先对澜湄地区人力资源开发实践进行充分研究，然后基于实践研究，对人力资源开发合作框架进行探索。在人力资源开发实践研究中，先对澜湄国家的经济发展趋势和水平进行比较，对澜湄国家的人口、劳动力人口、劳动力、就业人员等四大类人力资源的基本现状和发展趋势进行分析，对澜湄国家高等教育、职业教育等人力资源开发能力进行比较；在此基础上，从就业结构与产业结构的关系、人力资本与经济增长的关系两个角度，深入分析人力资源开发与经济发展之间的动态关系；之后，选择人力资源开发合作的四个重点领域：相互留学、职业教育交流合作、政府之间人员交流培训、企业之间人员交流培训，深入分析人力资源开发合作的现状、问题和原因；同时，还全面比较了澜湄国家人力资源开发的战略、规划和政策。在实践研究的坚实基础上，对澜湄国家人力资源开发合作的战略框架进行探索，提出相应的对策建议。本书的总体框架如图1—1所示。

从研究内容方面，本书采取分总结合的研究思路，既对澜湄国家人力资源开发的主要问题进行专题研究，也通过总结归纳，形成澜湄国家人力资源开发合作的整体认识。因此，本书包括以下四个方面的内容。

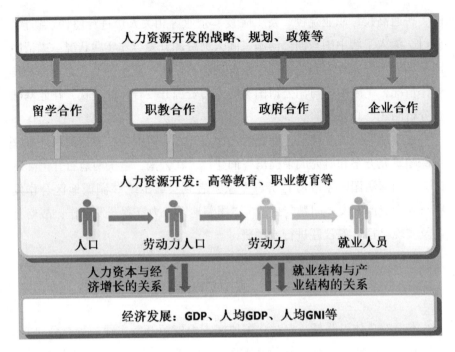

图1—1　研究框架

（一）澜湄国家人力资源开发的基础状况和发展趋势

本书第二至第八章分别对澜湄国家的经济发展、人口和劳动力、就业、高等教育、职业教育、产业结构与就业结构关系等进行比较分析和实证验证，全面深入了解澜湄国家人力资源开发的基础状况和发展趋势。

（二）中国与湄公河国家人力资源开发合作的重点领域

第九至第十三章分别对中国与湄公河国家间相互留学、职业教育交流合作、政府之间人员交流培训、企业之间人员交流培训四个人力资源开发合作领域进行比较研究，归纳人力资源开发合作的特点，总结典型模式，探讨取得的成效和存在的问题。

（三）澜湄国家人力资源开发战略比较

第十四章对澜湄国家的人力资源开发战略进行了专题研究，分析了六国人力资源开发战略的形式和内容，比较人力资源开发战略的异同和特点，为构建澜湄国家人力资源开发合作战略框架提供基础。

（四）澜湄国家人力资源开发合作的对策建议

第十五章对澜湄国家人力资源开发合作实践进行概括总结，提出加强中国与湄公河国家间人力资源开发合作的总体思路，在完善澜湄合作机制的框架下，对相互留学、职业教育交流合作、政府之间人员交流培训、企业之间人员交流培训等人力资源开发合作主要领域提出具体举措建议，为构建澜湄国家人力资源开发合作战略框架提供参考。

第 二 章

澜湄国家经济发展趋势比较

经济发展是人力资源开发的前提和基础，同时人力资源开发又会进一步促进经济发展。要深入研究澜湄国家人力资源开发实践，必须分析其经济发展水平。经济发展水平是指一个国家经济发展的规模、速度和所达到的水准，反映一个国家经济发展水平的常用指标有国民生产总值、国民收入、人均生产总值、人均国民收入、经济发展速度等。本章拟对澜湄国家的 GDP、人均 GDP、人均 GNI 的总量、相对量、增长率和年平均增长率等指标，以及消费、投资、进出口等主要经济数据进行比较研究，分析澜湄国家的经济发展历程，比较其经济发展趋势，探讨经济发展的影响因素，总结各国的经济发展特点。

一 澜湄国家经济发展总量比较

国内生产总值（GDP）是指在一定时期内（通常是一年），一个国家或地区的经济中所生产出的全部最终产品和劳务的价值。GDP 不但可反映一个国家的经济表现，还可以反映一国的国力与财富，常被公认为衡量国家经济总量的最佳指标。

（一）绝对趋势比较

在澜湄国家中，由于中国经济总量和其他五国差别较大，本研究在需要时将对中国的 GDP 等数据单独绘图展示。

通过对中国 1960—2016 年的 GDP 数据分析可见，1960—1976 年间，由于受到"文化大革命"等因素的影响，GDP 处于增长停滞阶段。进入

20 世纪 80 年代，随着中国改革开放政策的实施，GDP 开始平缓增长。进入 21 世纪，中国加入国际世贸组织，中国 GDP 开始呈现几何式高速增长。2010 年，中国 GDP 超过日本，成为继美国之后的第二大经济体。2014 年，中国 GDP 突破了 10 万亿美元大关，达到了 10.4 万亿美元。2016 年，中国 GDP 达到 11.2 万亿美元。如图 2—1 所示。

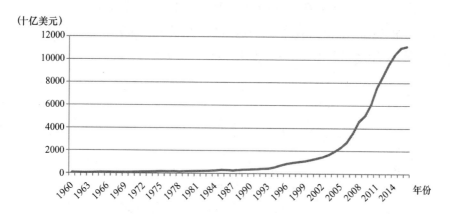

（十亿美元）

图 2—1　1960—2016 年中国的 GDP

数据来源：世界银行（World Bank，2018o）。

在湄公河国家中，泰国的 GDP 远高于其他四个国家。泰国 GDP 在 1960—2016 年间增长情况经历了三次波动：在 1960—1981 年间平缓增长，自 1982 年后开始保持高速增长。1992 年泰国 GDP 突破千亿美元大关，总量达到 1.12 千亿美元。1997 年，泰国 GDP 迅速回落，在 1998 年达到低点，并在 1999—2001 年稍有波动。进入 21 世纪后，泰国的 GDP 迅速增长，在 2012 年达到高点之后开始有所回落。

越南的 GDP 在湄公河国家中位列第二。越南的 GDP 在 1985—1988 年间经历了一次小波动，并于 1987 年达到一个小高峰，1988 年后开始回落，从 1990 年开始平缓增长，到 2002 年后开始加速增长，并于 2009 年突破千亿美元大关，GDP 总量达到 1.06 千亿美元，此后，越南 GDP 继续高速增长。

缅甸的 GDP 在湄公河国家中位列第三。缅甸的经济发展也多次出现反复和波动。1989 年，缅甸开始实行市场经济。1997 年受金融危机影响，缅甸的经济发展速度明显放缓，1999 年略有恢复，但 GDP 的总量规模和增长速度仍然非常低。2003 年，缅甸 GDP 突破百亿美元大关，总量达到

105 亿美元。2004 年因国际社会加大制裁力度又陷入低增长，直至 2007 年后才逐渐保持平稳。

老挝和柬埔寨的 GDP 低于其他四个国家，增长非常平缓，2008 年后两国的 GDP 增长有所改善。柬埔寨的 GDP 于 2008 年达到 104 亿美元，老挝的 GDP 于 2012 年达到 102 亿美元，成功突破百亿美元大关。

2016 年，泰国和越南的 GDP 分别达到 4070 亿美元和 2052 亿美元，缅甸、柬埔寨、老挝的 GDP 分别达到 632 亿美元、200 亿美元和 158 亿美元。湄公河国家 1960—2016 年 GDP 发展趋势如图 2—2 所示。

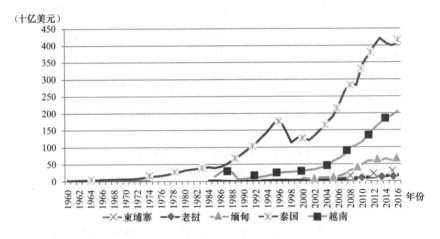

图 2—2　1960—2016 年湄公河国家的 GDP

数据来源：世界银行（World Bank, 2018o）。

（二）相对趋势比较

分析中国 GDP 占世界 GDP 总量的比例数据变化可以看出，1960 年，中国 GDP 在世界 GDP 的占比为 4.37%。1960—1976 年间，GDP 占比处于下降阶段。进入 20 世纪 80 年代，中国的 GDP 占比停止了下降趋势，1978—1992 年间，中国 GDP 占世界 GDP 的比重变化不大。自 1993 年开始，中国 GDP 占世界 GDP 的比重开始逐步提高。进入 21 世纪，中国 GDP 的世界占比开始迅速提高。2015 年，中国 GDP 的占比到达最高点，为 14.80%。2016 年，中国 GDP 的比重达到 14.77%。1960—2016 年中国 GDP 世界占比的发展趋势详见图 2—3。

近年来，湄公河国家的 GDP 世界占比都呈现出上升趋势，说明这五

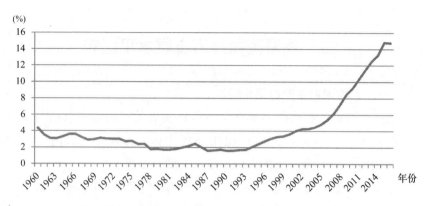

图 2—3　1960—2016 年中国 GDP 在世界 GDP 中的占比情况

数据来源：世界银行（World Bank，2018o）。

个国家的经济活力逐步提高，在世界经济中的份额不断加大，为澜湄地区
国家间的经济合作打下良好基础。1960—2016 年，湄公河国家 GDP 在世
界 GDP 中所占的份额都低于 0.6%。其中，泰国的比重远高于其他四国。
1996 年，泰国的比重达到最高，为 0.58%。

2016 年，湄公河国家 GDP 的世界占比分别为：泰国 0.54%，越南
0.27%，缅甸 0.08%，柬埔寨 0.03%，老挝 0.02%。1960—2016 年湄公
河国家 GDP 世界占比的变化情况如图 2—4 所示。

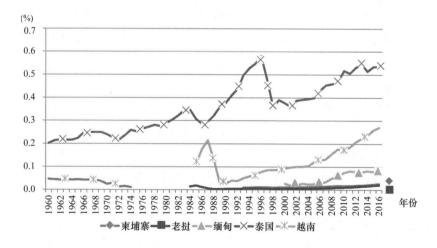

图 2—4　1960—2016 年湄公河国家 GDP 的世界占比

数据来源：世界银行（World Bank，2018o）。

二 澜湄国家经济发展水平比较

（一）人均国内生产总值比较

将一个国家核算期内（通常是一年）实现的国内生产总值与这个国家的常住人口（或户籍人口）相比进行计算，得到人均国内生产总值（人均 GDP），这是衡量各国人民生活水平的一个重要指标。

近几十年来，澜湄国家与世界的人均 GDP 都呈逐年上升趋势。中华人民共和国初期人均 GDP 远远低于世界平均水平。20 世纪 80 年代，中国与世界的人均 GDP 差距有所缓和，从 90 年代开始差距逐步缩小，并于 2008 年开始差值急剧降低。泰国人均 GDP 一直高于其他湄公河国家，而且在很长一段时间内高于中国。越南和老挝的人均 GDP 比较接近。2014 年，老挝的人均 GDP 为 2017.59 美元，实现了对越南人均 GDP（2012.05 美元）的反超，并逐渐拉开差距。柬埔寨的人均 GDP 呈逐年递增趋势，而缅甸的人均 GDP 从 2010 年开始增速降低，之后出现了波动。2015 年，柬埔寨的人均 GDP 达到 1163.19 美元，超过了缅甸（1138.99 美元）。

2016 年，世界人均 GDP 总量达到 10192.30 美元。在澜湄国家中，中国的人均 GDP 为 8123.18 美元，泰国为 5910.62 美元，老挝为 2338.69 美元，越南为 2071.65 美元，柬埔寨为 1269.91 美元，缅甸为 1195.52 美元。1960—2016 年澜湄国家与世界的人均 GDP 总量的发展趋势如图 2—5 所示。

（二）人均国民收入比较

人均国民收入（人均 GNI）是一国在一定时期内（通常为一年）按人口平均的国民收入占有量，反映国民收入总量与人口数量的对比关系，是衡量一国的经济发展水平、经济实力和人民富裕程度的一个重要指标。

总体来看，澜湄国家人均 GNI 的发展趋势与人均 GDP 大致相同。近年来，中国与世界人均 GNI 的差距在逐步缩小，泰国的人均 GNI 明显高于其他四国，越南、缅甸、柬埔寨、老挝四个国家基本处于逐年缓慢增长的态势。

2016 年，世界的人均 GNI 为 8413.65 美元，在澜湄国家中，中国的人

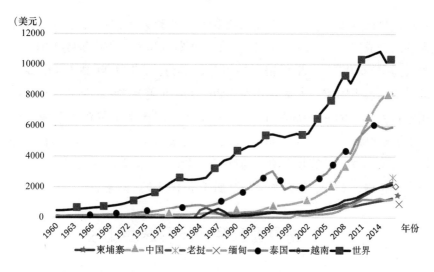

图2—5 1960—2016年澜湄国家与世界人均 GDP 比较

数据来源：世界银行（World Bank，2018q）。

均 GNI 为 6342.08 美元，泰国为 4495.25 美元，越南为 1811.55 美元，老挝为 1752.65 美元，缅甸为 1087.37 美元，柬埔寨为 1055.95 美元。1970—2016 年澜湄国家人均 GNI 与世界人均 GNI 的变化情况如图 2—6 所示。

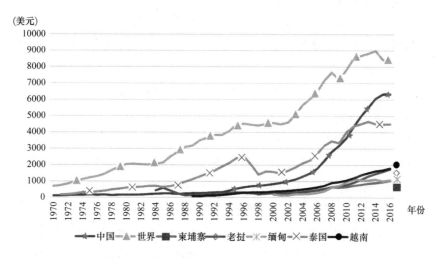

图2—6 1970—2016年澜湄国家与世界人均 GNI 比较

数据来源：世界银行（World Bank，2018b）。

世界银行按人均 GNI 对世界各国经济发展水平进行分组，通常把世界各国分成四组，即高收入国家、上中等收入国家、下中等收入国家和低收入国家。2017 年，世界银行的划分标准为：人均 GNI 高于 12616 美元的属于高收入国家；人均 GNI 在 4086—12615 美元之间的属于上中等收入国家；人均 GNI 在 1036—4085 美元之间的属于下中等收入国家；人均 GNI 低于 1036 美元的属于低收入国家。根据世界银行公布的数据，当前澜湄国家都位于中等收入国家的行列。其中，中国和泰国属于上中等收入国家，越南、老挝、缅甸和柬埔寨属于下中等收入国家。

三　澜湄国家经济发展速度比较

经济发展速度可以用 GDP 增长率和人均 GDP 增长率来衡量。为了比较澜湄国家经济发展速度，本章不仅比较澜湄各国历年 GDP 增长率和人均 GDP 增长率，而且比较 2000—2016 年的 GDP、人均 GDP、人均 GNI 的年均增长率。

（一）澜湄国家历年经济发展速度比较

1. 中国历年经济发展速度比较

中华人民共和国成立后，国民经济迅速恢复和发展，尤其是经过第一个和第二个五年计划的推动，国家经济、社会各方面发展都取得了明显成效。但是三年困难时期和"文化大革命"也造成了经济发展的停滞和波动。图 2—7 和图 2—8 以 1961—2016 年间中国和世界的 GDP 增长率和人均 GDP 增长率这两个主要经济发展指标的变化情况，来说明近几十年来中国经济发展历程的概况。

20 世纪六七十年代，中国经济遭受三年困难时期、"文化大革命"等因素的影响，GDP 和人均 GDP 的增长率出现了剧烈波动。中国 GDP 在 1961 年达到 - 27.27% 的负增长，在 1970 年实现 19.30% 的正增长。1972—1979 年间，中国 GDP 的增长率在 - 1.57% 和 8.72% 之间上下波动。从 1977 年开始，中国 GDP 和人均 GDP 的增长率都超过了世界水平。

自 1978 年改革开放以来，中国的 GDP 增长率多年保持在接近 10% 的水平，为有史以来世界上大型经济体最快持续增速，实现了 8 亿多人口摆

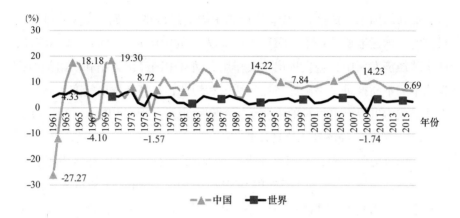

图2—7　1961—2016年中国与世界的 GDP 增长率

数据来源：世界银行（World Bank, 2018n）。

图2—8　1961—2016年中国与世界的人均 GDP 增长率

数据来源：世界银行（World Bank, 2018p）。

脱贫困。中国在 2015 年实现了联合国提出的所有千年发展目标，对全球千年发展目标的实现作出了重大贡献。但是，中国依然是一个发展中国家，人均收入水平仍远低于发达国家。

进入 21 世纪，中国的 GDP 和人均 GDP 都迅速提升，2007 年达到高点，经济年均增长 7.1%。中国是 2008 年全球金融危机以来对世界经济贡献最大的国家。虽然自 2012 年以来中国的经济增速逐渐放缓，但按照目前的全球标准衡量仍令人瞩目。13 亿人口的中国是世界第二大经济体，在全球经济发展中日益发挥出重要作用。随着中国经济体制和供给侧结构性改革的不断推进，中国经济更具活力和韧性，从高速发展转变为高质量发展，成为世界经济增长的主要动力源和稳定器（World Bank，2018x）。

2. 泰国历年经济发展速度比较

在湄公河国家中，泰国是亚洲"四小虎"之一，多项经济发展指标都是最好的。图 2—9 和图 2—10 以 1961—2016 年间泰国和世界的 GDP 增长率和人均 GDP 增长率这两个主要经济发展指标的变化情况，来说明近几十年来泰国经济发展历程的概况。

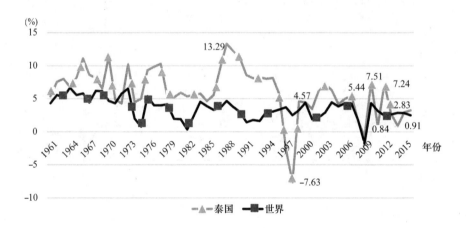

图 2—9　1961—2016 年泰国与世界的 GDP 增长率

数据来源：世界银行（World Bank，2018n）。

1961—1971 年是泰国的"工业革命"时期，泰国经济开始向出口导向转变。在此期间，泰国实行了第一个和第二个国家经济与社会发展五年规划。这一时期的年均经济增长率超过 8%，基本实现了工业自主制造能力。

20 世纪 80 年代，泰国经济持续高速增长。在此期间，泰国加大外资吸引力度，实行放宽管制和逐步走向自由化的经济政策。大量外资的流入带动了泰国经济的飞速发展，同时也推动了泰国产业结构的升级。随着制造业和服务业的发展，尤其是旅游业的崛起，泰国经济结构已发生重大变

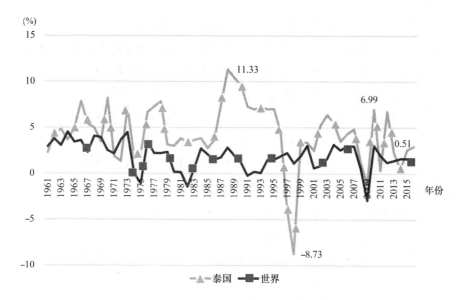

图 2—10 1961—2016 年泰国与世界的人均 GDP 增长率

数据来源：世界银行（World Bank，2018p）。

化，由过去主要以农产品出口为主的农业国逐步向新兴工业国转变。1984年，泰国政府决定将泰铢对美元贬值 14.9%，使泰国出口商品在国际市场上价格降低，增强了泰国商品在国际市场上的竞争力。因此，即使在西方工业国家出现经济危机的 1982—1986 年间，泰国经济年均增长率也达到了 4.4%。1987—1990 年的经济增长率分别为 9.6%、13.29%、12.2%和 11.79%（陈晖、熊韬，2012）。

进入 20 世纪 90 年代，由于受海湾战争和国内政局的影响，泰国经济增长率有所下降，但年均增长率仍维持在 8% 左右。这一时期，外向型经济的泰国为了保持比较高的经济增长速度，转向靠借外债来维持经济增长。1997 年爆发的亚洲金融危机使泰国经济受到沉重打击，导致泰国经济迅速衰退。1998 年，泰国 GDP 萎缩 10.8%，GDP 和人均 GDP 的增长率达到了历史最低点，为 −7.63% 和 −8.73%。1999 年、2000 年泰国 GDP 分别增长 4.57% 和 4.46%，虽有所复苏，但已很难恢复到金融危机前的水平。从 1998 年起，国外资本对泰国公司的持股比重大大增加。外资对泰国经济的控制，一定程度上损害了泰国民族资本主义的发展。

2001 年，他信政府上台之后，将恢复和振兴国民经济作为首要任务，实施积极的财政政策和货币政策，扩大内需，刺激出口，一系列经济振兴政策带动了泰国经济持续好转。2002—2006 年，泰国 GDP 的增长率分别达到 5.3%、7.1%、6.3%、4.6% 和 5.1%。2006 年 10 月，泰国开始实施第十个国民经济与社会发展规划，制定了发展"绿色与幸福社会"的目标，以泰国国王倡导的"适度经济"为指导原则，努力在全国创建和谐及持续发展的环境，提高泰国抵御风险的能力。

泰国经济在 1960—1996 年的繁荣时期平均每年增长 7.5%，在 1999—2005 年亚洲金融危机期间增长了 5%，创造了数以百万计的就业机会，数百万人摆脱了贫困。然而，2006 年军事政变后，泰国政局持续动荡，政府更迭频繁，使得经济政策推行不力。此外，全球金融危机对外向型的泰国经济打击比较严重。2007 年，泰国 GDP 的增长率为 5.44%，到 2009 年，泰国 GDP 的增长率跌至 0.89%，出现了负增长，同时出口贸易下降 13.9%，进口贸易下降 25.1%（陈晖、熊韬，2012）。

2010 年，在世界经济持续复苏、欧洲债务危机影响范围得以控制的大环境下，泰国政府实施了刺激经济增长和改善民生等政策，促进了国家经济的全面复苏，经济增长总体平稳。2010 年，泰国 GDP 的增长率达到 7.51%。2011 年，泰国完成第十个国家经济与社会发展规划。但是由于受到特大洪灾的影响，2011 年的 GDP 增长率降至 0.84%。针对洪灾损失情况，泰国政府出台政策刺激经济，2012 年，GDP 的增长率回升至 7.24%。2015 年，泰国经济的平均增长放缓至 3.5%，现在正走上复苏之路。2017 年，泰国经济的增长率达到 3.9%，为 2012 年以来的最佳增长表现，2018 年进一步提升到了 4.1%。

在过去 40 年里，泰国社会和经济发展取得了显著进步，从一个低收入国家发展成为上中等收入国家。泰国在其新近发布的国家战略（2017—2036）中制定了长期经济目标，通过广泛的改革实现发达国家的地位。改革涉及经济稳定、人力资本、平等的经济机会、环境可持续性、竞争力和有效的政府官僚体制。展望未来，改革的进一步深化、相关措施的进一步健全，对促进改革努力转化为预期的经济成果至关重要。泰国将通过改善商业监管环境、加强与全球经济的整合、扩大贸易、实施转型性的公共投资、撬动私人资本、刺激国内消费，以及提高整个国家的公共服务质量等手段来促进经济的复苏和增长（World Bank，2018aa）。

3. 越南历年经济发展速度比较

越南在历史上曾遭受长期的殖民统治，国家分裂和内战也对越南经济社会发展带来了灾难性影响。自 20 世纪 80 年代中期开始，越南经济得到了快速增长和发展，目前已经从世界上最贫穷的国家之一发展成为下中等收入国家。图 2—11 和图 2—12 以 1961—2016 年间越南和世界的 GDP 增长率和人均 GDP 增长率这两个主要经济发展指标的变化情况，来说明近几十年来越南经济发展历程的概况。

图 2—11　1961—2016 年越南与世界的 GDP 增长率

数据来源：世界银行（World Bank，2018n）。

1955—1965 年是越南的和平建设时期。在这十年内，越南基本建立了经济基础和计划体制，工业发展较快。越南在 1960 年制定了北方社会主义经济建设的第一个五年计划（1961—1965 年）。该计划的指导思想为"优先发展重工业"，强调重工业的基础地位，同时大力发展农业和轻工业。

1964 年底，美国对越南北方解放区发起攻击。1965—1972 年，越南经济转入战时模式，这一时期越南的农业歉收，工业生产困难，经济急剧下滑。1973 年，《巴黎和平协定》签订以后，越南北方努力恢复经济。其中交通运输业和工业恢复较快，农业也有所发展。

越南在 1975 年实现南北统一，确定了新时期社会主义革命和建设的

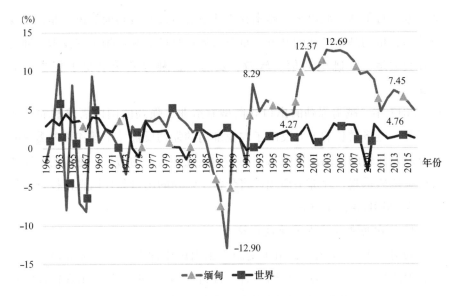

图 2—14　1961—2016 年缅甸与世界的人均 GDP 增长率

数据来源：世界银行（World Bank，2018p）。

1962—1972 年间，奈温政府试图在缅甸建立全新的社会主义计划经济体制，集中力量推行了经济缅甸化和国有化，此后开始转为有计划、分步骤地完成经济发展任务。20 世纪 70 年代初，奈温政府首先制定了 1971—1974 年的第一个四年计划。1973 年，纲领党二大批准通过《关于二十年长期计划和第二个四年计划的指针》，目标是把缅甸经济模式由农业经济转变为以农业为基础的工业化经济。

20 世纪 70 年代以后，通过实施四年计划，缅甸经济水平较 60 年代初有了较大提高。但是进入 20 世纪 80 年代中期，缅甸国内政局动荡不安，经济状况急剧恶化，失业率不断上升，通货膨胀率居高不下，国民经济迅速衰退并陷入了严重困境。1988 年，缅甸 GDP 和人均 GDP 的增长率都达到历史最低点，分别为 - 11.35% 和 - 12.90%。

1988 年，新军政府接管缅甸政权之后，把经济建设作为政府工作的重中之重，并制定了四项经济发展目标作为其经济改革的指导方针，包括：以农业为国民经济全面发展的基础；积极建立市场经济体制，有序地发展市场经济；积极引进国外资金和技术；国家经济发展权必须由政府和国民掌控。围绕以上经济发展目标，新军政府于 1989 年宣布废除 1965 年关于建立社会主义市场经济体制的法令，决定在缅甸建立市场经济体制。新军政府重新调整所有制结构，降低国营企业在国民经济中的比重，积极发展私营经济，同时调整财政金融政策，增加外汇储备，并加大对外开放力度，鼓励外国投资（钟智翔、尹湘玲、扈琼瑶，2012）。

自1991年起，缅甸GDP和人均GDP的增长率开始高于世界水平，缅甸的经济状况持续好转，经济总量和国内生产总值连连跃升。1997年，亚洲金融危机对缅甸经济造成了严重的不利影响。危机爆发后，以泰铢为首的东盟各国货币在危机中出现了大幅贬值，带动了原本就非常疲软的缅币进一步贬值。东盟成员国在缅甸的直接投资急剧下降70%，并持续影响缅甸的外来投资状况。受亚洲金融危机的影响，缅甸经济发展速度在1997年明显放缓，到1999年才略有恢复。

2000年，缅甸GDP和人均GDP的增长率分别达到13.75%和12.37%，2003年又都达到了最高点，分别为13.84%和12.69%。2004年，因国际社会加大制裁力度又陷入低增长，至2007年后才逐渐摆脱。之后又由于受2008年全球金融危机的影响，缅甸GDP和人均GDP的增长率总体都呈现波动下降趋势。

当前，缅甸是一个中下等收入国家，人均GDP在2017年达到1455美元，是东亚和太平洋地区乃至全球增长最快的经济体之一。缅甸经济增长主要由服务业、工业和农业带动，2016年GDP增长率为5.87%，2017年保持不变，预计2019年为6.7%，2020年为7%。未来，缅甸的经济发展可能受到包括与多民族武装组织的持续和不完全的和平进程、若开邦的危机等挑战的阻碍。因此，国家必须继续改善其投资环境，加强银行业的发展，并加强对重大改革项目的执行能力（World Bank，2018z）。

5. 柬埔寨历年经济发展速度比较

柬埔寨是一个典型的农业国家，经济基础薄弱，工业发展较慢。柬埔寨在1953年获得国家独立，其国民经济发展过程曲折复杂，各个时期的经济政策和经济发展状况差异很大。图2—15和图2—16以1961—2016年间柬埔寨和世界的GDP增长率和人均GDP增长率这两个主要经济发展指标的变化情况，来说明近几十年来柬埔寨经济发展历程的概况。

1953年建国后，柬埔寨在西哈努克的领导下，自力更生，经济获得平稳发展，经济水平与其他东南亚国家相当。1960年，柬埔寨政府在第

图2—15 1961—2016年柬埔寨与世界的GDP增长率

数据来源：世界银行（World Bank，2018n）。

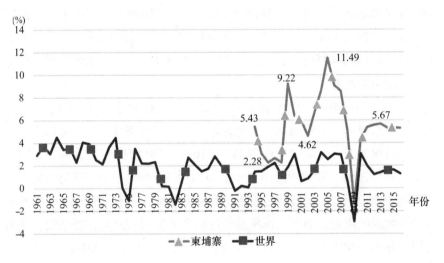

图2—16 1961—2016年柬埔寨与世界的人均GDP增长率

数据来源：世界银行（World Bank，2018p）。

一个两年计划的基础上，推出新的社会经济发展五年计划（1960—1964年），重点发展农业、加工业和交通运输业。1970—1975年，柬埔寨在美国的带领下陷入了越南战争，刚刚恢复的国民经济遭受了沉重的打击，"战时经济"状态下的社会经济秩序被彻底打乱，主要依靠美国援助。1975—1978年民主柬埔寨时期，为恢复工农业生产，柬埔寨采取了以农业为基础，发展轻工业，并逐步发展重工业的经济建设路线。经过一番努力，柬埔寨的经济建设取得了一定的成绩。

1979—1993 年，是柬埔寨的金边政权时期。该政权建立初期，由于自然灾害的侵袭和战争的破坏，柬埔寨经济发展出现了严重倒退。20世纪 80 年代中期，柬埔寨政府制定了恢复和发展经济的第一个五年计划（1986—1990 年），强调恢复和发展工业。1989 年，政府决定逐渐调整经济体制，将计划经济体制转变为市场经济体制，并加大吸引外国投资的力度。1991 年，关于柬埔寨的《巴黎和平协定》签署后，柬埔寨的经济形势进一步好转。同年，金边政权制定了第二个五年计划（1991—1995 年），决定优先发展农业、电力、交通运输、医疗卫生和文教事业等。

1993 年至今，是柬埔寨的王国政府时期。柬埔寨王国政府建立后，将国民经济建设作为政府工作重点，确立实行自由市场经济体制，并制定实施了多项经济发展计划，建立健全了经济管理部门。经过多年努力，柬埔寨的经济建设取得一定成效，柬埔寨 GDP 和人均 GDP 的增长率自 1994年后一直高于世界水平。1998 年，柬埔寨政府提出了建设国家、消除贫困、保障柬埔寨社会经济发展的"三角战略"，并采取了一系列发展经济的政策和措施。

2003 年，柬埔寨正式加入世界贸易组织，这是柬埔寨实现国家和平、民族和解、政治稳定后，经济建设取得的重大成就，柬埔寨的经济发展也迎来了新的机遇与挑战。2004—2007 年是柬埔寨恢复重建后经济增长最快的时期。这一时期，柬埔寨的宏观经济较快平稳发展，GDP 增长率平均在 11.4% 左右，通货膨胀率在 6% 以下，国民财政收入年均增长 10%以上。2004 年，为配合《千禧发展目标》《2001—2005 年社会经济发展五年计划》《2003—2005 年国家扶贫战略》等经济发展计划，柬埔寨政府提出发展、就业、平等和效率的"四角战略"。2008 年，由于受到全球金融危机的影响，柬埔寨 GDP 的增长率达到历史最低点，为 0.09%，人均 GDP的增长率首次出现了负增长。2009 年后，柬埔寨的 GDP 和人均 GDP 都开始快速回升。2010 年，柬埔寨政府根据"四角战略"第二阶段的政策，发布了《2009—2013 年国家发展战略计划（修正案）》，旨在进一步推动各领域发展，更好地实现经济发展目标。2013 年，柬埔寨的 GDP 和人均 GDP 的增长率分别达到 7.43% 和 5.67%（卢军、郑军军、钟楠，2012）。

2015 年，柬埔寨的人均 GNI 总值达到 1070 美元，已经迈入了中等低收入国家的行列。在服装出口和旅游业的强力驱动下，1994—2015 年，柬埔寨 GDP 平均增长率为 7.6%，居世界第六。2017 年，柬埔寨的经济增长达到了 6.8%。目前，农业仍然是柬埔寨的主要产业，占经济总量的 30% 左右，其主要的工业是成衣制造业。柬埔寨的进出口贸易随着经济的增长逐年增加，但连年出现逆差。其主要从泰国、新加坡、中国进口商品及货物，向美国、加拿大、英国和德国出口商品及货物。由于柬埔寨经济长期落后，目前其经济增长仍然严重依赖外国援助和外来投资（World Bank，2018w）。

6. 老挝历年经济发展速度比较

1975 年，老挝在获得解放后走上社会主义发展道路。老挝的国家经济以农业为主，工业基础薄弱，各地区经济发展不平衡。图 2—17 和图 2—18 以 1961—2016 年间老挝和世界的 GDP 增长率和人均 GDP 增长率这两个主要经济发展指标的变化情况，来说明近几十年来老挝经济发展历程的概况。

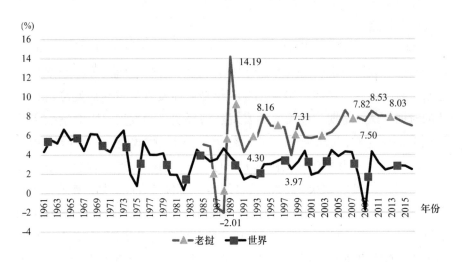

图 2—17 1961—2016 年老挝与世界的 GDP 增长率

数据来源：世界银行（World Bank，2018n）。

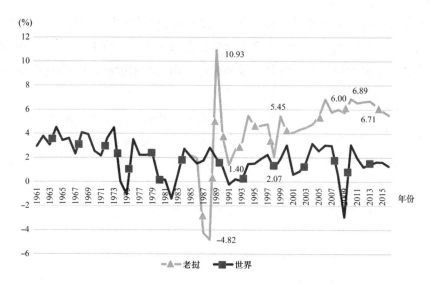

图 2—18　1961—2016 年老挝与世界的人均 GDP 增长率

数据来源：世界银行（World Bank，2018p）。

建国初期，老挝政府实行农业合作化、工业国有化和统购统销等计划经济政策，严重影响了经济的恢复与发展。1986 年以来，老挝推行革新开放路线，调整经济结构，实行多种所有制并存，逐步建立市场经济体制。老挝还根据本国实际情况，积极制定和实施"国家社会经济发展五年规划"。通过革新开放和各项政策的落实，老挝经济有了较大的发展，经济增长速度加快。1989 年，老挝 GDP 和人均 GDP 的增长率都达到了历史最高点，分别为 14.19% 和 10.93%，此后，老挝这两项指标的年增长率均高于世界水平。1991—1996 年，老挝的国民经济年增长 7%。1997 年，受亚洲金融危机的冲击，老挝货币急剧贬值。老挝政府通过采取加强宏观调控、整顿金融秩序、扩大农业生产等措施，基本上保持了社会安定和经济稳定。老挝人均 GDP 的增长率在 1998 年迅速下跌至 2.07%，次年又快速上升至 5.45%（郝勇、黄勇、覃海伦，2012）。

2006—2010 年，老挝经济年均增长 7.9%，基本实现第六个"国家社会经济发展五年规划"目标。2008 年，老挝 GDP 和人均 GDP 的增长率分别为 7.82% 和 6.00%，2009 年稍有下降，2010 年又快速回升至 8.53% 和 6.89%。2009 年，老挝经济经受了国际金融危机、甲型 H1N1 流感及国际市场矿石价格波动的考验，仍保持较快的发展速度。2010 年，自然灾害、人畜疫情和国际油价上升一度导致老挝国内的物价上涨，通货膨胀率上升。老挝政府采取了抑制通胀和稳定货币的对策措施，使得国民经济仍然保持较为迅猛的增长势头。

2017 年，尽管与前几年相比有所放缓，老挝的经济增长依然强劲，人均收入达到 2330 美元。在过去的十年里，老挝的 GDP 增长了 7.8%。老挝的自然资源（主要是水电潜力、矿产和森林）贡献了这一增长的 1/3，发电量、制造业和农业的发展被投资减速、信贷增长放缓和旅游业下滑抵消。随着当前趋势的持续，2018 年老挝的经济增长进一步放缓。

经过多年的发展，老挝的经济建设取得了一定的成绩，并在 2016 年跻身下中等收入国家的行列，但由于老挝的基础过于薄弱，其经济发展还处于较低的水平，国家仍然面临着严峻的宏观经济形势。尽管近年来出现了一些改善，但财政赤字依然居高不下，公共债务水平居高不下，外汇储备仍很薄弱，部分银行业继续存在资本缓冲薄弱和投资组合恶化的状况。老挝需要继续努力来维持国家宏观经济稳定，以减少财政赤字，改善国内税收，加强公共债务管理，并解决金融部门的弱点（World Bank，2018y）。

从世界范围看，全球 GDP、人均 GDP 的年增长率在进入 21 世纪后发展较为平稳，小幅波动。2008 年以后，受全球金融危机的影响，世界GDP、人均 GDP 的年增长率迅速下降，2009 年首次出现负增长，在 2010年又迅速恢复。此后，世界 GDP、人均 GDP 的年增长率呈现出平缓降低的发展趋势。近年来，澜湄国家的 GDP、人均 GDP 的年增长率波动情况逐年收窄，说明六国的经济发展状况逐步稳定。

2016 年，就 GDP 的年增长率而言，排名由高到低依次为：老挝（7.02%）、柬埔寨（6.95%）、中国（6.69%）、越南（6.21%）、缅甸（5.87%）、泰国（3.24%）；就人均 GDP 的年增长率而言，排名由高到低依次为：中国（6.11%）、老挝（5.53%）、柬埔寨（5.29%）、越南（5.09%）、缅甸（4.91%）、泰国（2.93%）。

（二）2000—2016 年澜湄国家经济平均发展速度比较

为了更加客观准确地对比澜湄国家的经济发展速度，根据世界银行公布的有效经济数据，本章选取 2000—2016 年澜湄国家与世界 GDP、人均 GDP 以及人均 GNI 的年平均增长率进行对比分析（见图 2—19、图 2—20、图 2—21）。

1. 2000—2016 年 GDP 年均增长率比较

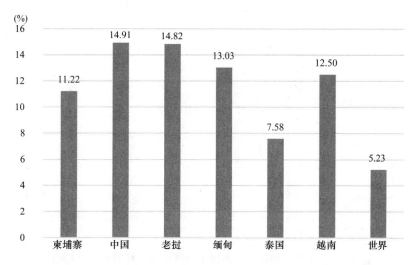

图 2—19　2000—2016 年澜湄国家与世界 GDP 的年平均增长率

数据来源：世界银行（World Bank，2018n）。

2. 2000—2016 年人均 GDP 年均增长率比较

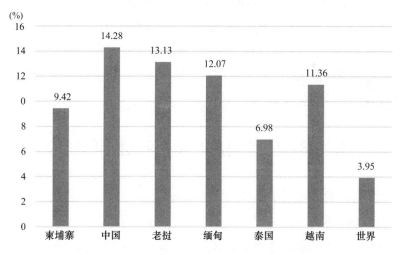

图 2—20　2000—2016 年澜湄国家与世界人均 GDP 的年平均增长率

数据来源：世界银行（World Bank，2018p）。

3. 2000—2016 年人均 GNI 年均增长率比较

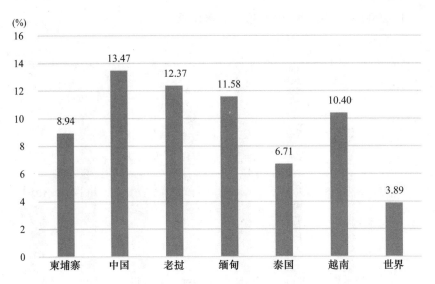

图 2—21　2000—2016 年澜湄国家与世界人均 GNI 的年平均增长率

数据来源：世界银行（World Bank，2018b）。

　　世界银行数据显示，2000—2016 年间，澜湄国家的 GDP、人均 GDP、人均 GNI 的年平均增长率情况基本相似，国家排序相同，即中国和老挝排名第一和第二，缅甸排名第三，越南和柬埔寨排名第四和第五，泰国在六国中排名最末，只相当于中国和老挝的经济发展速度的一半。但是从整体来看，澜湄国家的这三项指标都高于世界水平，说明澜湄国家的经济发展速度较快，活力较强。

四　澜湄国家消费、投资和进出口比较

　　消费、投资和出口是拉动经济增长的"三驾马车"，消费需求、投资需求和外部需求被并称为"三大需求"。其中，消费需求是生产的目的，可以创造出生产动力，并刺激投资需求。因此，消费是经济增长的最终需求和目的，拉动生产力的发展。投资需求是增加社会总供给的重要途径，投资规模要和经济发展状况相协调，投资不足可能减缓经济发展，投资增

长过快则可能引发经济过热和产能过剩。外部需求对经济的作用和消费需求类似，但是由于受到国际经济、外贸环境和汇率变动等多种因素影响，外部需求容易出现波动。

（一）国内最终消费支出比较

数据显示，澜湄国家在 1960—2016 年间的国内最终消费支出都呈现上升趋势。中国的国内最终消费支出在 20 世纪 90 年代开始快速增长，并在进入 21 世纪之后高速增长。2016 年，中国的国内最终消费支出总额达到 6.02 万亿美元。湄公河国家中，泰国的国内最终消费支出在增速和总量方面遥遥领先，2016 年达到 2.76 千亿美元。增速和总量位列其后的是越南，2016 年达到 1.54 千亿美元。缅甸排位第三，2015 年达到 4.07 百亿美元。柬埔寨和老挝在增速和总量上排名靠后，2016 年分别达到 1.63 百亿美元和 1.24 百亿美元。1960—2016 年澜湄国家的国内最终消费支出发展情况如图 2—22 和图 2—23 所示。

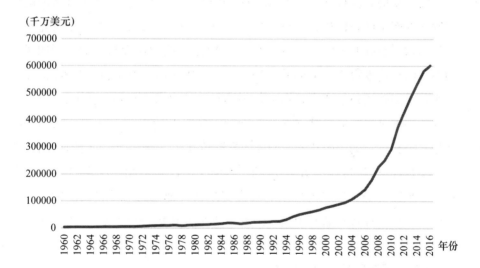

图 2—22　1960—2016 年中国的国内最终消费支出情况

数据来源：世界银行（World Bank, 2018l）。

(千万美元)

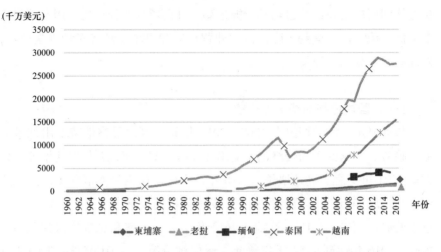

图 2—23 1960—2016 年湄公河国家的国内最终消费支出情况

数据来源：世界银行（World Bank，2018l）。

（二）外国直接投资净额比较

外国直接投资对经济增长的影响直接取决于这种投资在加强经济的国内联系方面发挥的作用。1975—2016 年间，澜湄国家中，越南和柬埔寨的外国投资净额的总额一直是负数，并呈现出逐年波动下降趋势，说明两国的外国直接投资要大于本国对外投资。其他四个国家的外国投资净额在经历长时间的波动下降后，在近几年都开始呈现回升趋势。其中，老挝、缅甸的外国直接投资净额降速较为平缓，并在 2016 年开始上升，目前仍然处于负数状态；中国和泰国的外国投资净额在 2016 年经历了急速增长，总额实现了由负转正，分别达到了 416.75 亿美元和 103.46 亿美元。1975—2016 年澜湄国家的外国直接投资净额（即一国对外投资总额减去外国企业反向投资总额的净额）的发展情况如图 2—24 和图 2—25 所示。

（三）国际贸易进出口比较

在澜湄国家中，中国的货物和服务进出口金额都是遥遥领先的，中国自 1994 年开始一直保持贸易顺差并且数额不断增大，2016 年的贸易顺差为 2554.84 亿美元。泰国自 1996 年后基本保持贸易顺差且数额不断增长，2016 年的贸易顺差为 599.64 亿美元，遥遥领先于其他湄公河国家。越南

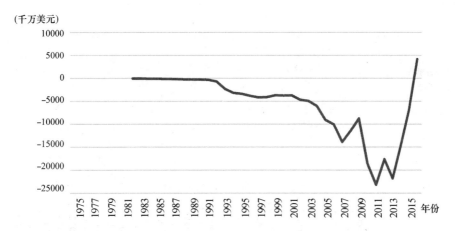

图 2—24　1975—2016 年中国的外国直接投资净额情况

数据来源：世界银行（World Bank，2018m）。

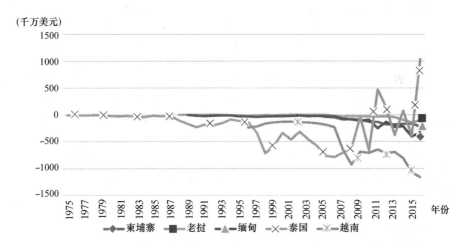

图 2—25　1975—2016 年湄公河国家的外国直接投资净额情况

数据来源：世界银行（World Bank，2018m）

从 2010 年开始由贸易逆差变为贸易顺差，2016 年的贸易顺差为 52.58 亿美元。柬埔寨、老挝的国际贸易在近十几年一直处于贸易逆差的状态，2016 年的贸易逆差为 -8.78 亿美元和 -13.71 亿美元。缅甸自 2014 年开始由贸易顺差变为贸易逆差，2016 年的贸易逆差为 -30.86 亿美元。1960—2016 年澜湄国家在国际贸易中的货物和服务进出口及贸易差额的发展情况如图 2—26 至图 2—31 所示。

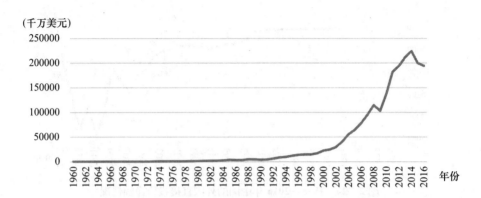

图 2—26 1960—2016 年中国的货物和服务进口

数据来源：世界银行（World Bank，2018r）。

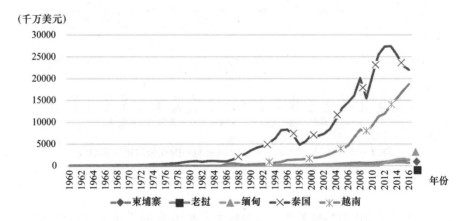

图 2—27 1960—2016 年湄公河国家的货物和服务进口

数据来源：世界银行（World Bank，2018r）。

（千万美元）

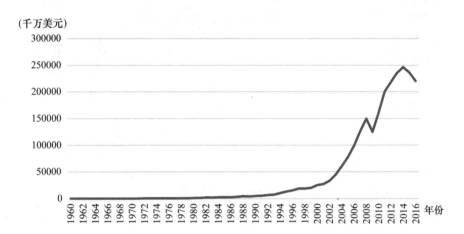

图2—28　1960—2016 年中国的货物和服务出口

数据来源：世界银行（World Bank，2018r）。

（千万美元）

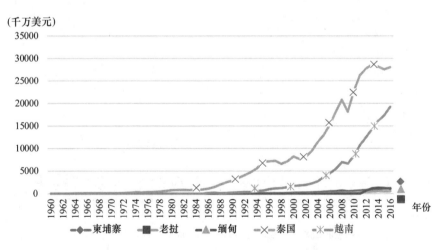

图2—29　1960—2016 年湄公河国家的货物和服务出口

数据来源：世界银行（World Bank，2018r）。

(千万美元)

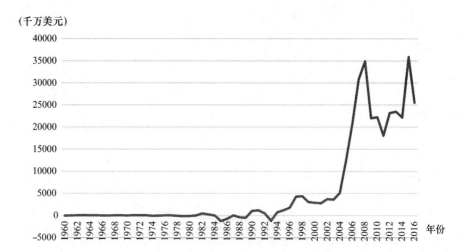

图2—30 1960—2016年中国的进出口货物和服务贸易差额

数据来源：世界银行（World Bank，2018r）。

(千万美元)

图2—31 1960—2016年湄公河国家的进出口货物和服务贸易差额

数据来源：世界银行（World Bank，2018r）。

五　澜湄国家经济发展的特点

通过分析澜湄国家经济发展历程和经济发展水平，可以总结出这六个国家在经济发展中的一些个性、共性及特点。

（一）中国经济发展的特点

中国经济发展具有一些重要特点。第一，中国是建立在高储蓄率支持基础上的高投资率的国家。但是中国的储蓄率高于投资率，而且中国引入外资来支持中国的高投资率。第二，中国高度依赖对外贸易，并且在过去十几年中始终保持贸易顺差。同时，自1995年中国实行汇率改革以后，人民币的竞争性得到了进一步增强。第三，中国实行国有银行支配的金融体系，在很大程度上保证了经济的稳定运行。最后，中国有比较严格的资本管制。严格、有效的资本管制是中国在1997年、1998年得以避免金融危机的最关键因素。中国模式的最大优点是抗御外部冲击的能力比东南亚其他国家都强，中国是2008年全球金融危机以来对世界经济贡献最大的国家。面对2008年的金融海啸，中国经济发展依然具有强劲的潜力和活力，在出台4万亿元的经济刺激政策和货币宽松政策、保持本国货币稳定的同时，中国积极对东南亚国家实施经济援助，帮助恢复其国民经济。

（二）湄公河国家经济发展的特点

湄公河国家经济也都有非常高的投资率——这种高投资率是以高储蓄率为基础的，但投资率要高于储蓄率，对外贸易在这些国家经济中占有十分重要的地位，进、出口占GDP的比例都很高。通过分析五国的经济发展历程，可以得到以下启示。

第一，国家的政权稳固、民族团结是国民经济发展的政治基础条件。缅甸、柬埔寨、老挝等国家的政权不断更迭，国民经济发展受国内政局变动的影响很大，多次陷入困境。在这些国家的政权稳固之后，经过一段时间的稳定发展，国民经济建设都取得了一定的成绩。

第二，和平发展的国际政治环境是国家经济发展的外部条件。泰国受到海湾战争的影响，经济增长放缓；越南、柬埔寨受到越南战争的冲击，国民经济在一段时期内一蹶不振。直到战争结束,这些国家才能够把精力投放到国民经济发展上去。和平与发展是当今时代的主题,一个国家经济的良好发展需要有和平的国内外环境做支撑。因此,澜湄国家需要共同推动国际和区域的和平发展,着力构建良好的国际经济发展环境。

第三,符合实际发展需求的国内经济政策能够推动国家经济的发展。澜湄国家在长期的摸索和发展中,都能够根据自身国情去建立健全不同阶段合适发展需求的经济发展体制机制,在此基础上制定阶段性国民经济发展计划和财政金融政策,从而推动国民经济的恢复和发展。

第四,良好的国际经济发展环境能够促进一个国家经济的发展,而恶劣的国际经济发展环境则会阻碍一国经济的发展。泰国在 20 世纪 80 年代充分利用油价、利率和汇率三低的有利国际经济条件,制定一系列吸引外资的优惠政策,引进了大量外资,推动了泰国经济的飞速发展。然而,在1997 年亚洲金融危机和 2008 年国际金融危机的冲击下,五国经济都受到了巨大波及,导致本国货币贬值,通货膨胀加剧,经济活力降低。当前,世界经济加速复苏,主要发达经济体基本面持续改善,新兴经济体增长力度超出预期,全球贸易投资活动趋于活跃。各国应该把握时机,尽快发展本国经济,并推动本国经济与世界经济的进一步接轨。

当前,澜湄国家都是发展中国家,且都已经迈入中等收入国家行列,其中,中国的经济体量和增长速度遥遥领先,泰国紧随其后,越南、缅甸、柬埔寨和老挝的经济发展活力强、潜力大,在世界经济中的占比逐步提高。虽然澜湄国家的经济发展水平存在差异,但各国在经济上相互关联,密不可分,在推动国家间的经贸、投资、产能、基础设施、货币金融领域的合作,以及促进国家间经济优势互补等方面具有现实需求、前提条件和良好基础。

第 三 章

澜湄国家人口和劳动力发展趋势比较

人口和劳动力是人力资源开发合作的基础。本章分析比较澜湄国家的人口和劳动力情况，包括人口总量及增长情况、年龄结构、抚养比、劳动力人口总量和劳动参与率，概括各国人口和劳动力特点，从而为进一步开展澜湄地区人力资源开发和合作提供基础。

一 澜湄国家人口总体发展趋势比较

自古以来，人口始终是各国、各民族发展壮大的基石。本章从历史和未来两个趋势的角度对澜湄国家的人口总量和增长率进行分析。

（一）历史趋势比较

人口总数是指一个国家或地区在一定时间内的人口总和。本章以某一国家人口总数及其世界占比为指标，比较澜湄国家人口总量发展的绝对趋势和相对趋势。

1. 人口总量比较

在澜湄国家中，中国是人口数量最多的国家。近几十年来，中国人口总数总体呈现快速增长的态势。回顾 1960 年以来中国人口发展历史可见，在经历 1959—1961 年三年困难时期后，中国人口从 1964 年至 1978 年得到快速增长，从最初的近 7 亿人口快速增长至 10 亿人口，人口的世界比重也得以显著上升。改革开放以来，由于中国实行计划生育政策，中国人口增长趋势有所减缓，人口总数得到控制，人口的世界占比也逐渐下降。长期来看，中国人口总数接近世界总人口的 1/4。2017 年，中国人口约为

13.84 亿人，占世界人口比重约为 17.5%。详见图 3—1 和图 3—2。

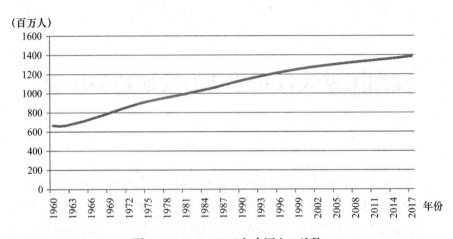

图 3—1　1960—2017 年中国人口总数

数据来源：世界银行（World Bank，2018ao）。

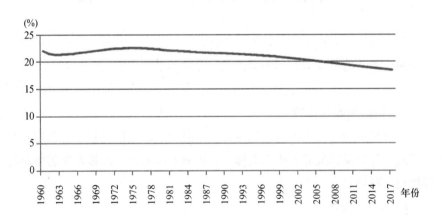

图 3—2　1960—2017 年中国人口占世界人口比重

数据来源：世界银行（World Bank，2018ao）。

在湄公河国家中，越南是目前人口总数最多的国家。越南历史上战争不断，从抗法战争、一战到越南战争，直至 20 世纪 80 年代中期，越南开始进入相对稳定的发展时期（蒋玉山、辛青，2010）。战争导致越南人口剧减，为应对这一局面，越南一度大力鼓励生育，这又导致越南出现人口猛增现象，给社会发展带来一系列问题。1988年起，为限制人口过快增长，越南开始实行计划生育政策。截至2017年，越南全国总人口达到9365万人，位居世界人口的第14位，在湄公河国家中位居首位，相应地，越南人口的世界占比也居于五国首位，从1960年的1.15%上升到2017年的1.25%。

二战后至20世纪60年代，泰国政府一直推行鼓励生育政策，同时战后经济的迅速发展，为人口增长创造了良好条件，使泰国人口迅速增长，占世界人口的比重也逐渐增加。但由于60年代人口过度增长导致社会问题突出，为控制人口过快增长，泰国政府制定实施了计划生育政策，这导致泰国在20世纪80年代人口增长逐渐变缓，泰国人口的世界比重在1988年达到1.08%的峰值后逐渐下降。2017年，泰国人口达6900万人，占世界人口的0.92%。

20世纪60—90年代，柬埔寨因内战不断，武装冲突不断升级，人口总量相对较少。20世纪末，柬埔寨进入经济复苏期，政府开始鼓励生育，人口持续增长，但由于人口基数比较小，人口增长较为缓慢，世界比重比较平稳。近年来，柬埔寨人口的世界比重稳定于0.2%左右，2017年达到0.21%。

缅甸在经历多年战争后，人口得到稳步增长。同时，中国和印度人口迁入、自然增长也是缅甸人口增长的重要原因（伊斯梅尔·M.K.貌、曾祥鹏，1983）。自1960年以来，自然增长发挥主要作用，缅甸人口的世界占比未出现大幅度增加，从1960年的0.70%逐步上升到1988年的0.77%，随后逐步下降，2017年达到0.71%。

老挝是内陆国家，地广人稀，境内80%是山地和高原，人口基数较小，人口增加缓慢，即便如此，老挝也实行过计划生育政策，但政策相对来说比较宽松。近年来，老挝人口的世界比重稳定于0.1%左右，2017年达到0.09%。

通过以上数据对比，可以看出，缅甸、泰国和越南人口总量较大，而柬埔寨和老挝人口数量较少。泰国人口的世界占比呈缓慢下降趋势，且降幅明显，越南和缅甸人口的世界占比则略有下降，柬埔寨和老挝人口的世界占比则比较平稳，未出现大幅波动。详见图3—3和图3—4。

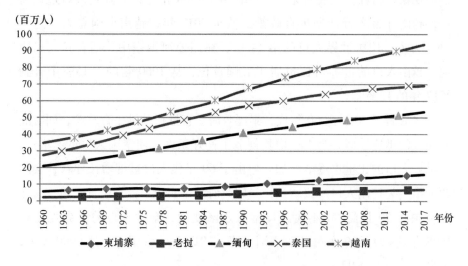

图 3—3　1960—2017 年湄公河国家的人口总数

数据来源：世界银行（World Bank, 2018ao）。

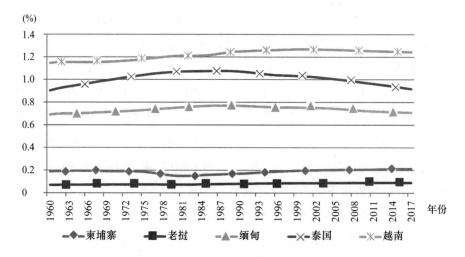

图 3—4　1960—2017 年湄公河国家的人口占世界人口比重

数据来源：世界银行（World Bank, 2018ao）。

2. 人口增长率比较

人口增长率是反映人口发展速度的重要指标，它表明了人口自然增长的程度和趋势。据世界银行 1960—2016 年有关人口增长率的统计，中国

曾在 1962 年人口增长率骤降至 -1%，出现负增长，这主要是因为中国在
1959—1961 年经历了三年困难时期，出现了重大粮食短缺和饥荒，造成
了人口大幅减少；1964 年，人民生活水平恢复正常，人口增长率出现显
著增长；20 世纪 70 年代，中国开始大力推行计划生育政策，随后，中国
人口增长率出现整体下降的趋势（王梦、阎雪等，2017）。1960—2016 年
间中国与世界的人口增长率详见图 3—5。

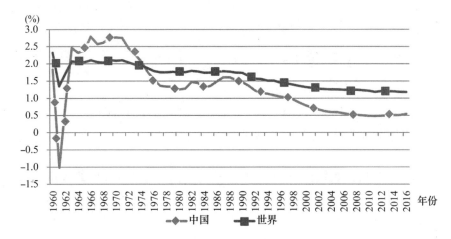

图 3—5 1960—2016 年中国与世界的人口增长率

数据来源：世界银行（World Bank, 2018h）。

在澜湄国家中，柬埔寨的人口增长率波动最为明显。在 1970—1980
年间，柬埔寨发生内战，再加上战后粮食短缺，流行疾病盛行，导致了人
口增长率大幅下降（史如林，1986）；战后，由于经济的恢复和发展，人
口增长率一度增加至 3.8%；随后，在经历了小幅的波动后，呈现下降的
趋势。1960—2016 年间柬埔寨与世界的人口增长率详见图 3—6。

老挝的发展比较曲折，曾先后沦为法国、日本的殖民地，直到 1953
年，老挝才实现真正的自治。在国内外多种势力的争斗中，老挝的政治尽
管"自治"，但长期处于动荡状态。1975 年 12 月，老挝人民民主共和国
成立，政治局面开始稳定下来。因此，在 1972—1980 年间，由于政局动
荡，老挝人口增长率出现大幅下降。1986 年，老挝实行革新开放，国家
综合实力得到显著提高（方文，2015），在这段时间老挝人口一直保持高

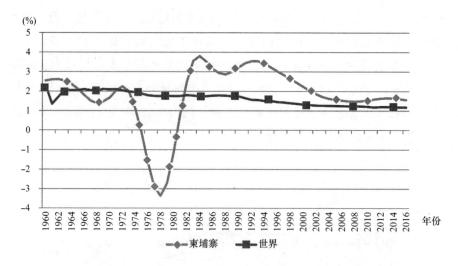

图3—6 1960—2016年柬埔寨与世界的人口增长率

数据来源：世界银行（World Bank，2018h）。

位增长，随后开始缓慢下降。1960—2016年间老挝与世界的人口增长率
详见图3—7。

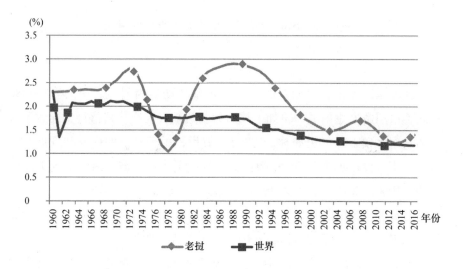

图3—7 1960—2016年老挝与世界的人口增长率

数据来源：世界银行（World Bank，2018h）。

20 世纪六七十年代，缅甸出现人口不足的问题，每值农忙季节，便出现季节性劳动力短缺。此外，全国尚有一半的可耕地未能开发利用（张宁，1987）。为解决这一问题，缅甸采取了鼓励提高人口出生率的政策，所有的节育用品都在禁止之列。受鼓励生育政策的影响，在 20 世纪六七十年代，缅甸的人口年均增长率处于较高水平。1960—2016 年间缅甸与世界的人口增长率详见图 3—8。

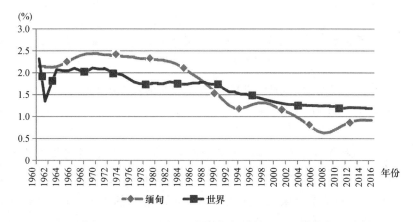

图 3—8　1960—2016 年缅甸与世界的人口增长率

数据来源：世界银行（World Bank, 2018h）。

20 世纪五六十年代，泰国政府推行鼓励生育的政策，提出"孩子越多越好""繁荣民族"的主张，基于这种思想，泰国政府在卫生部下设婚姻促进委员会，鼓励早婚早育，并于 1956 年颁布"多子女者福利条件"，对多子女家庭给予补助。在政府的鼓励支持下，20 世纪 50—70 年代中期，泰国人口年均增长率一直保持在 3% 左右（王文良，1990a）。但随着人口增长过快，泰国失业问题日益严重，加剧了贫困，且泰国自然资源也被最大限度地开发利用，并遭到不同程度的破坏，经济发展面临困境。面对这一系列的问题，泰国重新制定人口政策。1970 年后，泰国政府宣布实施家庭计划生育。在民间组织和国际援助的共同帮助下，泰国政府计划生育工作与医疗卫生服务相结合，泰国人口控制政策取得成功（王文良，1990b），人口增长率也呈整体下降趋势。1960—2016 年间泰国与世界的人口增长率详见图 3—9。

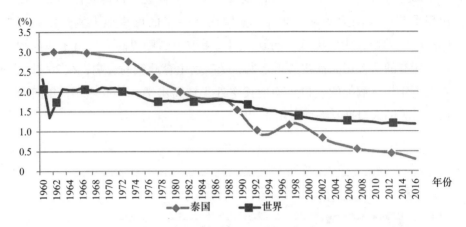

图 3—9 1960—2016 年泰国与世界的人口增长率

数据来源：世界银行（World Bank，2018h）。

20 世纪 60 年代中期，越南人口增长率约为 1.64%，这是战争和大批移民出境的结果；与此同时，西贡的陷落以及中越冲突使得大概 75 万难民离开越南。在战争结束后，越南人口增长率上升到 2.3% 左右，是战后特有的"婴儿潮"时期（史如林，1986）。随后，人口的快速增长使政府认识到控制人口的必要性和紧迫性，开始实行计划生育，这使越南的人口增长率逐渐下降。1960—2016 年间越南与世界的人口增长率详见图 3—10。

（二）未来趋势比较

根据联合国贸易和发展会议预测，世界人口在 2050 年会达到 98 亿人（乌拉尔·沙尔赛开，2017），详见图 3—11。而中国在 2030 年前后会达到人口总量最高值，预计约 14.4 亿人，随后中国人口总量呈下降趋势，预计到 2050 年人口总量会降至 13.64 亿人。详见图 3—12。与此同时，未来 30 年内，澜湄国家中，中国人口占世界人口比重下降趋势更为明显，将从 2018 年的 18.54% 大幅下降至 2050 年的 14%，下降约 4.5 个百分点。详见图 3—13。

对于湄公河国家而言，未来 30 年内，柬埔寨和老挝人口增长较为缓慢，到 2050 年预计人口分别达到 2200 万人和 916 万人，而两国人口占世

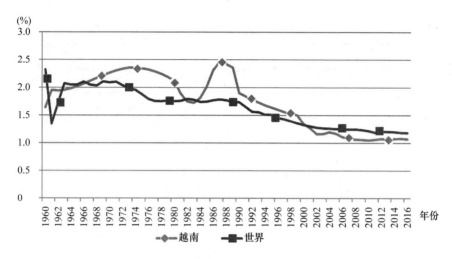

图3—10　1960—2016年越南与世界的人口增长率

数据来源：世界银行（World Bank，2018h）。

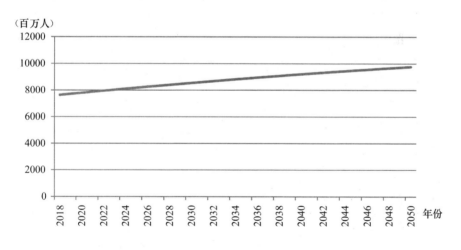

图3—11　2018—2050年世界人口总量预测

数据来源：联合国贸易和发展会议（United Nations Conference on Trade and Development，2018）。

界人口比重将维持平稳状态。越南人口会显著增加，到2050年预计人口达到1.14亿；缅甸人口略有增加，预计到2050年达到6200万人；泰国则会出现小幅下降，预计到2050年达到6500万人。详见图3—14。三国人口占世界人口比重也将出现不同程度的下降，其中，泰国降幅比较明

（百万人）

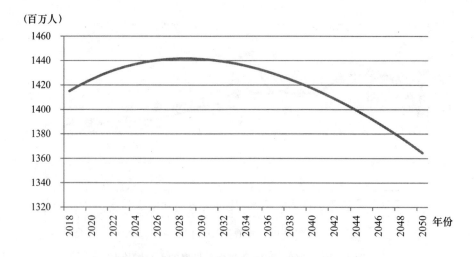

图3—12 2018—2050年中国人口总量预测

数据来源：联合国贸易和发展会议（United Nations Conference on Trade and Development，2018）。

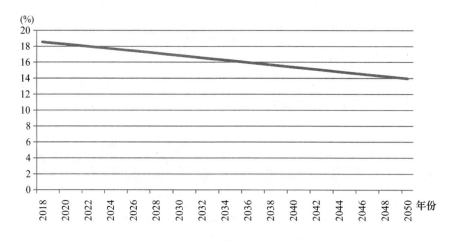

图3—13 2018—2050年中国人口的世界占比

数据来源：联合国贸易和发展会议（United Nations Conference on Trade and Development，2018）。

显，大约下降0.3个百分点。详见图3—15。

(百万人)

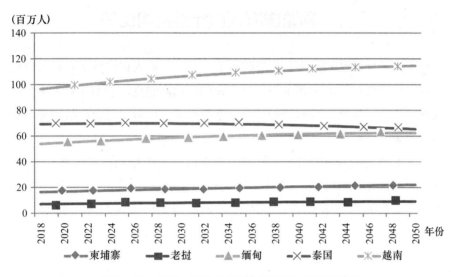

图3—14　2018—2050年湄公河国家人口总量预测

数据来源：联合国贸易和发展会议（United Nations Conference on Trade and Development，2018）。

(%)

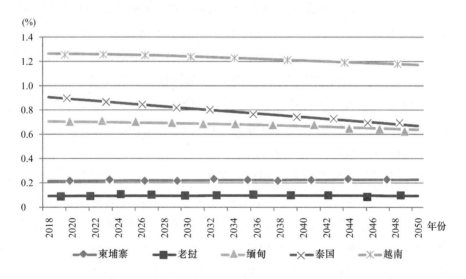

图3—15　2018—2050年湄公河国家人口的世界占比

数据来源：联合国贸易和发展会议（United Nations Conference on Trade and Development，2018）。

二 澜湄国家人口年龄结构比较

人口的年龄结构是人口构成的重要方面。它是人口自然增长和人口迁移的共同结果，同时又是未来人口变化的基础和起点。它不仅对未来人口发展的类型、速度、方向和趋势等有重要影响，也对未来经济的发展产生重要影响。

下文将通过比较 2017 年澜湄国家人口的年龄结构，各国 0—14 岁、15—64 岁、65 岁及以上三个年龄段人口的发展趋势，以及未成年人口抚养比、老龄人口抚养比和总抚养比情况对澜湄国家人口年龄结构进行分析。

（一）2017 年人口年龄结构比较

人口统计学常用"人口金字塔"来直观反映不同人口年龄结构下的人口变化趋势。一般而言，"年轻型"人口金字塔图形底部较宽，随着年龄的上升，成年人口依次呈递减趋势，人口结构有着较大的增长潜力，故又称"增长型"。相比之下，"老年型"人口金字塔图形类似于纺锤体，两头窄中间宽，且若生育率持续下降，未来人口将呈递减趋势，故又称"缩减型"。而"静止型"人口金字塔图形呈圆柱状，表明各年龄段人口占比相差不大，人口增长基本维持原状（罗淳，2003）。下文按照五年一个年龄段，逐一分析世界及澜湄国家 2017 年的年龄结构。

1. 2017 年世界人口年龄结构

世界人口年龄结构整体来说比较健康，总体呈"增长型"的结构趋势，金字塔底部较宽，且随着年龄的上升，成年人口逐渐减少。由于"人口惯性"的作用，较年轻的年龄分布会促使人口快速增长，而较年老的年龄分布会导致缓慢的人口增长，甚至人口减少。联合国发布的《世界人口展望》（2017 年修订版）指出世界人口的增长主要集中于非洲地区，多数国家和地区的生育水平在下降，越来越多国家进入低生育水平行列；到 2050 年，世界 80 岁及以上人口将比 2017 年增加两倍，老龄化将继续加剧。详见图 3—16。

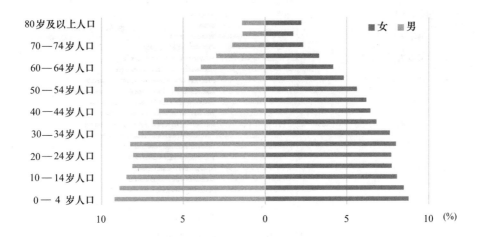

图3—16　2017年世界人口年龄结构

数据来源：世界银行（World Bank, 2018ac）。

2. 2017年中国人口年龄结构

中国的年龄结构先后经历了中华人民共和国成立后人口爆炸式增长的"增长型"，到因计划生育政策的实施而导致出生率和生育率下降的"静止型"，再到20世纪90年代人口老龄化进程加快而步入老龄化社会的"缩减型"三大过程。以2017年年龄结构来看，中国男女比例较为均衡，且年龄分布情况相似，中青年构成了中国人口组成的主体部分，未成年人口及老年人口数相对于中青年人口数较少，中国人口年龄结构已经出现向"缩减型"人口结构演变的迹象，其人口结构金字塔的底部呈明显收缩之势，表明人口的增长潜力在不断衰减，且65岁以上人口已达1.47亿人，占总人口的10.64%，这标志着中国已经进入老龄化社会。详见图3—17。

3. 2017年柬埔寨人口年龄结构

柬埔寨人口的男女比例比较均衡，且年龄分布情况相似。人口构成以34岁及以下人口为主，34岁及以下的7个年龄段人口占总人口比例均超过或接近10%，金字塔底部较宽，且随着年龄的上升，成年人口整体呈递减之势，65岁以上人口占比较少，65岁以上的4个年龄段人口占比均不超过2%，说明柬埔寨的年龄结构比较健康，呈"增长型"的结构趋势。近几年柬埔寨出现了20年来最大的人口迁入潮，本国人口的年轻化

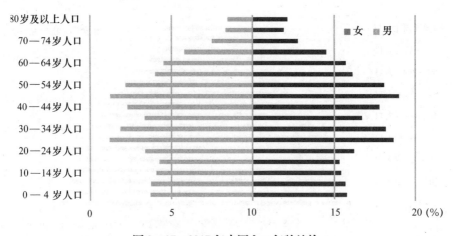

图3—17 2017年中国人口年龄结构

数据来源：世界银行（World Bank，2018ac）。

也使得外来移民能更易融入当地社会，必定能带动当地经济的发展。详见图3—18。

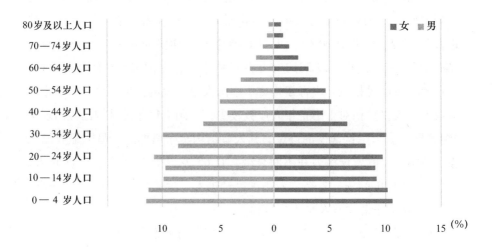

图3—18 2017年柬埔寨人口年龄结构

数据来源：世界银行（World Bank，2018ac）。

4. 2017 年老挝人口年龄结构

老挝人口男女比例比较均衡，且年龄分布情况相似。44 岁以下人口是社会的主体部分，其中 24 岁以下的男女比例更是超过 10%，金字塔底部较宽，且随着年龄的上升，成年人口整体呈递减之势，65 岁以上的老年人所占比重较低，说明老挝的年龄结构总体比较健康，呈"增长型"的结构趋势，社会抚养负担正在减轻，人口红利的趋势愈加明显。但即便如此，老挝政府仍需制定相应的政策和制度将即将来临的人口红利转化为经济增长的驱动力。详见图 3—19。

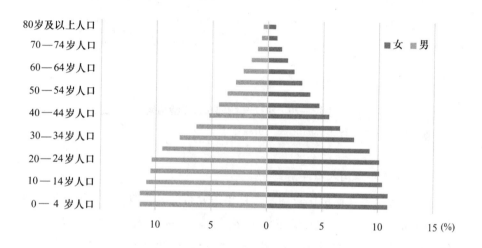

图 3—19　2017 年老挝人口年龄结构

数据来源：世界银行（World Bank，2018ac）。

5. 2017 年缅甸人口年龄结构

缅甸人口男女比例比较均衡，且年龄分布情况相似。10—24 岁年龄段人口占比较其他年龄段来说较大，但 0—10 岁人口占比较低，金字塔底部呈缩减之势，表明人口增长潜力有衰减趋势，且 54 岁以下各年龄段人口占比均超过 5%，说明缅甸人口年龄结构呈"缩减型"演变趋势。据《缅甸自由日报》报道，时任缅甸移民与人口部部长吴钦义对外宣布，未来十年缅甸将可能面临人口老龄化问题，且老龄化人口在未来十年仍将持续增长（汤先营，2014）。可见，缅甸的老龄化问题也应引起政府重视。

详见图 3—20。

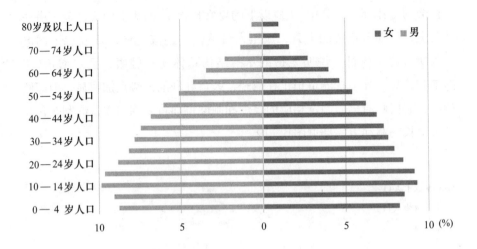

图 3—20　2017 年缅甸人口年龄结构

数据来源：世界银行（World Bank，2018ac）。

6. 2017 年泰国人口年龄结构

　　泰国人口男女比例比较均衡，且年龄分布情况相似。金字塔底部呈现明显收缩之势，未成年人口在相对缩减，35—54 岁人口是社会的主体部分，64 岁以下各年龄段男女比例均超过 5%，由此可见，泰国人口年龄结构已经呈现"缩减型"演变趋势，且 65 岁及以上人口占比已高达 11.37%，标志着泰国已经进入老龄化社会。泰国劳工部长斯立猜曾表示，泰国老龄人口增长率已经位居亚洲第二，仅次于新加坡。而泰国所处的经济发展阶段、不断上涨的生活成本和教育费用以及越来越多的人倾向于晚婚，是泰国老龄化速度加快的主要原因。面对如此严重的老龄化程度，泰国央行行长威拉泰更是表示，泰国必须提高生产力来为养老买单。据《人民日报》报道称，泰国应向更大价值的产业加大投资，实现经济的可持续发展（俞懿春，2016）。详见图 3—21。

7. 2017 年越南人口年龄结构

　　在越南人口中，9 岁以下男性比例高于女性比例，55 岁以上女性比例高于男性比例。金字塔两头较窄中间较宽，20—39 岁人口是社会的主体

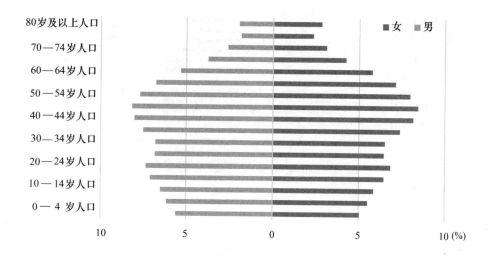

图3—21 2017年泰国人口年龄结构

数据来源：世界银行（World Bank，2018ac）。

部分，未来人口呈缩减趋势，且超过65岁的人数已达全国人口的7.1%，标志着越南已经进入老龄化社会。时任越南计划生育局副局长黎景岳曾表示，随着人口密度的增加，越南人口老龄化有快速发展的趋势。预计到2025年，越南将进入人口"超老龄化"。目前越南的基础设施已面临超载状态，未来几十年，随着资源逐渐匮乏，社会将面临更大的挑战。详见图3—22。

总的来说，澜湄国家中，越南人口年龄结构已向"缩减型"趋势发展，人口增长潜力减少，开始进入老龄化社会；柬埔寨和老挝年龄结构比较健康，偏向年轻化，呈"增长型"趋势发展；缅甸年龄结构倾向"缩减型"趋势发展，老龄化问题需要引起相关重视。相比以上几个国家，中国和泰国老龄化问题比较严重，65岁及以上人口占国家人口比重分别为10.64%、11.37%，国家需要制定相关政策来缓解人口老龄化压力。

（二）三个年龄段人口发展趋势比较

世界银行将一个国家的年龄结构划分为三个年龄段，分别是0—14岁、15—64岁以及65岁及以上。下文以此为基础，对世界及澜湄国家三

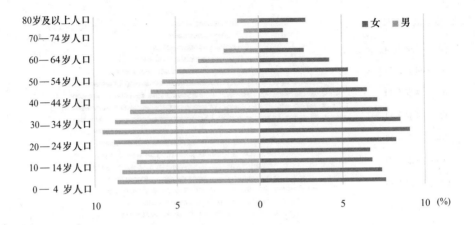

图3—22 2017 年越南人口年龄结构

数据来源：世界银行（World Bank, 2018ac）。

个年龄段人口的绝对量和相对量进行分析。

1. 世界三个年龄段人口发展趋势比较

世界三个年龄段人口数量均呈持续上升趋势，其中，0—14 岁人口总量上升趋势逐渐放缓，2017 年已达到 19.5 亿余人；15—64 岁人口总量最大，且上升趋势明显，已从 1960 年的 17.6 亿余人增加到 2017 年的 49.2 亿余人；65 岁及以上人口增长幅度也比较明显，2017 年达到 6.5 亿余人。详见图 3—23。

在各年龄段人口占比方面，0—14 岁人口占比整体呈下降趋势，下降趋势也逐渐放缓，已从 1960 年的 37.1% 下降到 2017 年的 25.95%；15—64 岁人口占比则呈相反趋势，已从 1960 年的 57.70% 稳步增加至 2017 年的 65.36%；同时，65 岁及以上人口占比也随着人口总量的增加而显著提高，已从 1960 年的 5.02% 增加到 2017 年的 8.69%。详见图 3—24。

2. 中国三个年龄段人口发展趋势比较

中国 0—14 岁人口数在 20 世纪 70 年代中期达到峰值，此后在波动中缓慢下降。自 2009 年以来，中国 0—14 岁人口数趋于稳定，为 2.4 亿人左右；15—64 岁人口数自 20 世纪 60 年代以来呈快速上涨趋势，从 1960 年近 3.8 亿人上涨到目前的近 9.9 亿人，近年来趋于稳定；65 岁及以上人口呈指数型增长趋势，人口增速较快，已由 1960 年的近 2400 万人增加

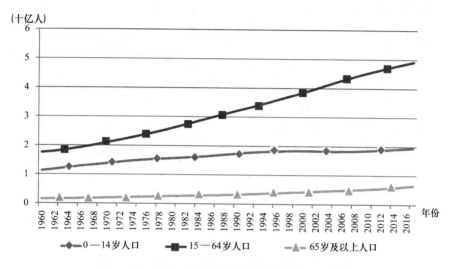

图3—23 1960—2017年世界三个年龄段人口数量

数据来源：世界银行（World Bank，2018ai；2018ak；2018am）。

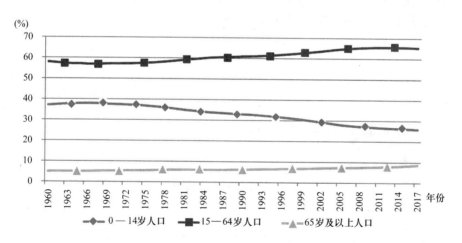

图3—24 1960—2017年世界三个年龄段占总人口比重

数据来源：世界银行（World Bank，2018ah；2018aj；2018al）。

到目前的1.5亿人。详见图3—25。

中国三个年龄段人口在本国人口中占比的情况，与总人口数的变化趋势相似。自20世纪70年代，0—14岁人口占本国人口比重呈显著下降趋

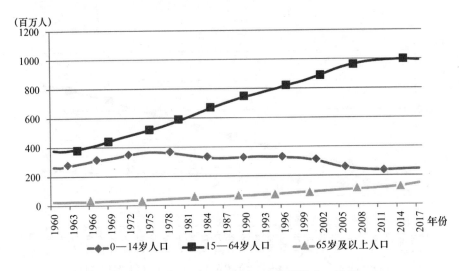

图3—25 1960—2017 年中国三个年龄段人口数量

数据来源：世界银行（World Bank，2018ai；2018ak；2018am）。

势，15—64 岁人口则在波动中缓慢上升，较为显著的是 65 岁及以上人口
呈近乎直线上升的趋势。详见图3—26。

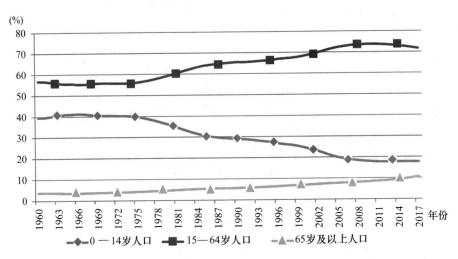

图3—26 1960—2017 年中国三个年龄段占本国总人口比重

数据来源：世界银行（World Bank，2018ah；2018aj；2018al）。

　　在世界同年龄段人口的占比方面，20 世纪 70 年代中期，中国 0—14
岁人口的世界占比达到顶峰，接近世界 0—14 岁人口的 25%。随后，中
国 0—14 岁人口数量呈下降趋势。目前，中国 0—14 岁人口占世界该年龄
段人口数的 12.54%。中国 15—64 岁人口的世界占比相对来说波动较小，
在 1963 年的世界占比下降到最低点 20.84% 后开始上升，到 20 世纪 90 年
代初，世界占比上升到最高点 23.16%，随后开始下降，2005 年后下降更
为显著，至 2017 年，中国 15—64 岁人口的世界占比已降至 20.18%。中
国 65 岁及以上人口占比整体呈上升趋势，除了在 1965 年下降到最低点
14.60%，随后均呈持续上涨趋势，在 1994 年前后首次突破 20%，2017
年达到 22.5%。详见图 3—27。

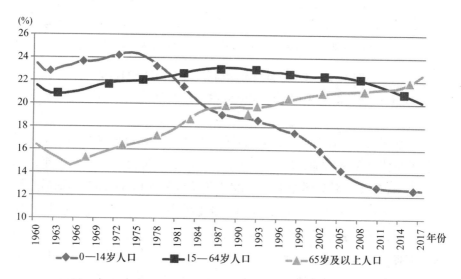

图 3—27　1960—2017 年中国三个年龄段占世界同年龄段比重

数据来源：世界银行（World Bank, 2018ah; 2018aj; 2018al）。

3. 柬埔寨三个年龄段人口发展趋势比较

　　由于柬埔寨在 20 世纪末进入经济复苏期，因此，0—14 岁人口总量
在 20 世纪八九十年代增长明显，于 1998 年达到高峰，超过 515 万人，进
入 21 世纪后，该年龄段人口数量趋于稳定。与之对比明显的是，15—64
岁人口总量整体呈上升趋势，1995 年以来上升趋势明显加快，且 1997 年
后，0—14 岁、15—64 岁两个年龄段人口数量差距持续加大；65 岁及以

上人口总量虽相对较少，但增幅较明显，2017 年达 70 余万人。详见图 3—28。

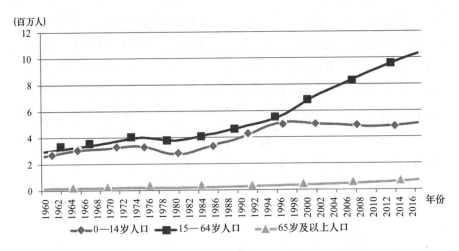

图 3—28 1960—2017 年柬埔寨三个年龄段人口数量

数据来源：世界银行（World Bank，2018ai；2018ak；2018am）。

在本国人口占比方面，在 20 世纪七八十年代，柬埔寨 0—14 岁人口总量虽整体上缓慢增加，但占本国总人口比重却缓慢下降，1981 年达到最低值 40.52%，随后缓慢上升，1994 年达到最高值 44.65%，随后呈快速下降趋势；15—64 岁人口的本国占比趋势却与此相反，自 20 世纪 60 年代以来，所占比重呈缓慢上升趋势，1981 年达到最高值 56.69%，随后缓慢下降，1994 年达到最低值 50.45%，随后呈快速上升趋势。由于 65 岁及以上人口基数相对较小，因而占本国人口比重虽有上升，但相对来说比重较小。详见图 3—29。

在世界同年龄段人口的占比方面，柬埔寨三个年龄段人口数量占比均呈整体上升趋势，0—14 岁较其他两个年龄段人口所占比重相对较高，20 世纪 60 年代以来，0—14 岁人口比重开始下降，1981 年达到最低值 0.17%，随后呈显著上升趋势，1997 年达到最高值 0.28%，近年来稳定在 0.25% 的水平；15—64 岁人口比重在 20 世纪 60 年代比较稳定，70 年代后期开始下降，1979 年首次跌破 0.15%，90 年代以来该年龄段人口占比显著回升，上升趋势明显，2017 年达到 0.21%；65 岁及以上人口比重

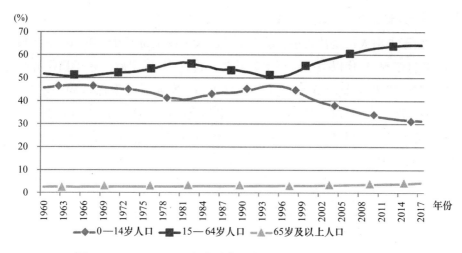

图3—29　1960—2017年柬埔寨三个年龄段占本国总人口比重

数据来源：世界银行（World Bank, 2018ah; 2018aj; 2018al）。

相对较低，自20世纪60年代以来，该年龄段人口比重开始略有下降，1980年达到最低值0.07%，随后呈显著上升趋势，2017年达到0.11%。详见图3—30。

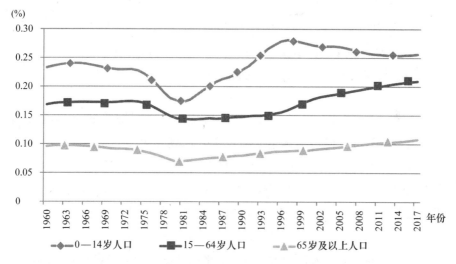

图3—30　1960—2017年柬埔寨三个年龄段占世界同年龄段比重

数据来源：世界银行（World Bank, 2018ah; 2018aj; 2018al）。

4. 老挝三个年龄段人口发展趋势比较

由于老挝人口基数较小，故三个年龄段人口数都较少。0—14 岁人口自 20 世纪 60 年代以来呈缓慢上升趋势，进入 21 世纪后，趋于稳定并略有下降；2000 年前，15—64 岁人口与 0—14 岁人口几乎保持同步增长，2000 年后，与 0—14 岁人口的趋于稳定相比，15—64 岁人口仍呈快速上升趋势，且差距仍在不断加大；65 岁及以上人口数量则呈缓慢增长趋势。详见图 3—31。

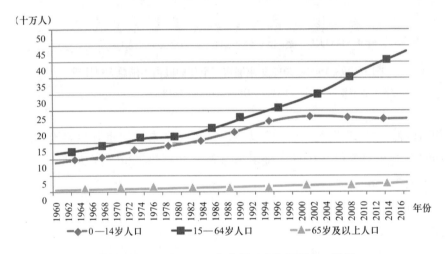

图 3—31　1960—2017 年老挝三个年龄段人口数量

数据来源：世界银行（World Bank，2018ai；2018ak；2018am）。

在本国人口占比方面，0—14 岁人口总量虽经历将近 40 年的缓慢增长，但该年龄段人口占本国总人口比重未出现显著变化，在 42%—44% 的范围内波动；进入 21 世纪以来，0—14 人口数量虽趋于稳定，但占本国总人口比重却显著下降，相较而言，65 岁及以上人口占本国总人口比重比较稳定，通常在 3% 范围内波动，2017 年首次超过 4%。详见图 3—32。

在世界同年龄段人口的占比方面，老挝 0—14 岁人口占世界同年龄段人口的比重相对较大，自 1960 年来，呈显著上升趋势，2004 年达到最高值 0.13%，随后开始缓慢下降，2017 年达到 0.116%；15—64 岁人口变化趋势则相反，1960 年之后的近 14 年间，所占比重持续增加，1974 年

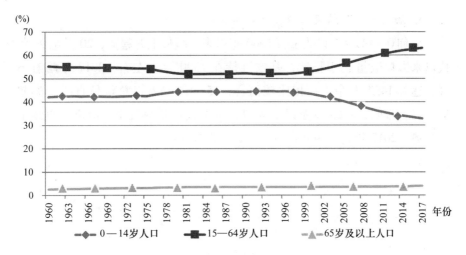

图3—32　1960—2017年老挝三个年龄段占本国总人口比重

数据来源：世界银行（World Bank，2018ah；2018aj；2018al）。

后，所占比重开始下降，1981年达到最低值0.065%，随后呈持续上升趋势，2017年达到0.09%；65岁及以上人口数量持续上升，在世界同年龄段人口的占比在20世纪90年代初达到峰值，接近0.046%，近年来略有下降，并稳定在0.04%的水平。详见图3—33。

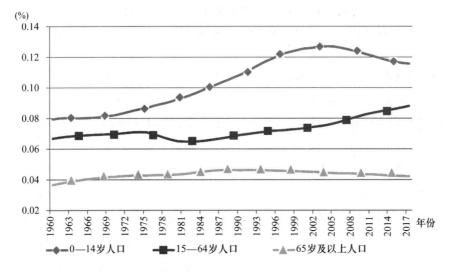

图3—33　1960—2017年老挝三个年龄段占世界同年龄段比重

数据来源：世界银行（World Bank，2018ah；2018aj；2018al）。

5. 缅甸三个年龄段人口发展趋势比较

缅甸0—14岁人口数量自1960年以来呈缓慢上升趋势，20世纪90年代以来人口数量趋于稳定，基本维持在1500万人左右，2017年略有下降，达到1432万余人；相比较而言，15—64岁人口总量呈直线上升趋势，且增幅明显；65岁及以上人口，虽然人口基数较小，但仍呈直线上升趋势，2017年达到300余万人。详见图3—34。

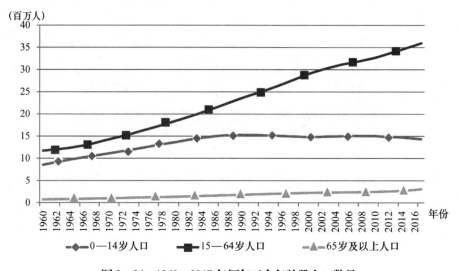

图3—34 1960—2017年缅甸三个年龄段人口数量

数据来源：世界银行（World Bank, 2018ai；2018ak；2018am）。

在本国人口占比方面，缅甸0—14岁人口占本国人口比重除了在20世纪60年代初有过缓慢增长外，近30多年来呈显著下降趋势，已从1960年的40.74%下降到2017年的26.83%；而15—64岁人口比重的变化趋势则恰恰相反，自20世纪60年代有略微下降后，经过近20年的稳定期，20世纪90年代以来呈显著上升趋势，已从1960年的55.83%增长到2017年的67.44%；65岁及以上人口数在经过直线上升后，本国人口占比也缓慢上升，2017年已到达5.73%。详见图3—35。

在世界同年龄段人口的占比方面，缅甸三个年龄段波动比较明显。在0—14岁人口总量缓慢上升的同时，该年龄段的世界占比也整体呈上升趋势，1986年达到最高值0.90%，20世纪80年代后期，0—14岁人口趋于稳定，相应地，世界占比也呈整体下降趋势，2017年达到0.73%；15—

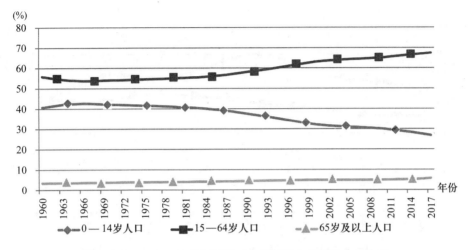

图3—35　1960—2017 年缅甸三个年龄段占本国总人口比重

数据来源：世界银行（World Bank，2018ah；2018aj；2018al）。

64 岁人口总量虽持续增加，但世界占比并未出现这一趋势，在经过缓慢上升后，2000 年达到最大值 0.75%，随后世界占比开始下降，在 2011 年下降到 0.72%，后又有所增加，2017 年达到 0.73%。随着 65 岁及以上人口的持续增加，其世界占比情况并未表现出相同的趋势，1960 年之后的近 20 年间，世界占比逐渐增加，从最初的 0.48% 上升到 1991 年的 0.55%，随后开始呈缓慢下降趋势，2016 年开始又有回升的迹象，2017 年达到 0.47%。详见图 3—36。

6. 泰国三个年龄段人口发展趋势比较

在总人口方面，泰国 0—14 岁人口在 20 世纪六七十年代呈增长趋势，1980 年达到最高值 1869 万人，后因人口增长带来突出的社会问题，泰国宣布支持家庭生育计划，使得 0—14 岁人口开始大幅下降，2017 年达到 1196 万人；15—64 岁人口自 20 世纪 60 年代起便呈持续上升趋势，近年来增长趋势放缓，2017 年达到 4923 万余人；与其他湄公河国家不同的是，泰国 65 岁及以上人口量相对较大，且呈持续上升趋势，增速明显，2017 年达到 785 万余人。详见图 3—37。

在本国人口占比方面，泰国 0—14 岁人口占本国人口比重整体呈显著下降趋势，已由 1960 年的 42.73% 下降到 2017 年的 17.32%，相应地，15—64 岁以上人口占比在不断增加，已由 1960 年的 53.64% 增加到 2017

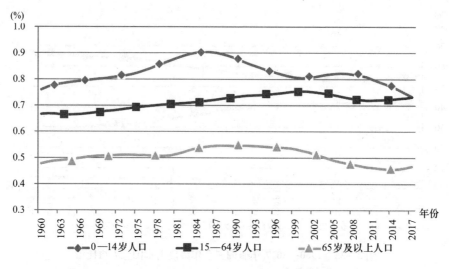

图 3—36   1960—2017 年缅甸三个年龄段占世界同年龄段比重

数据来源: 世界银行 (World Bank, 2018ah; 2018aj; 2018al)。

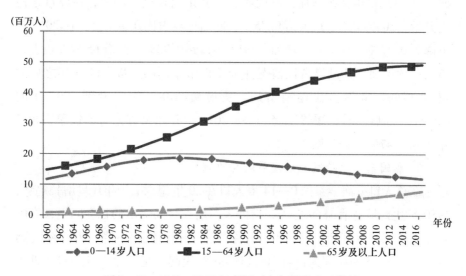

图 3—37   1960—2017 年泰国三个年龄段人口数量

数据来源: 世界银行 (World Bank, 2018ai; 2018ak; 2018am)。

年的 71.31%, 并于近年来趋于稳定; 同时, 65 岁及以上人口在本国总人口中也占有一定比重, 自 1960 年来呈持续上升趋势, 2002 年, 65 岁及以上人口的本国占比首次突破 7%, 泰国开始进入老龄化社会, 2017 年 65

岁及以上人口的本国占比已增加至 11.37%，老龄化问题比较突出。详见图 3—38。

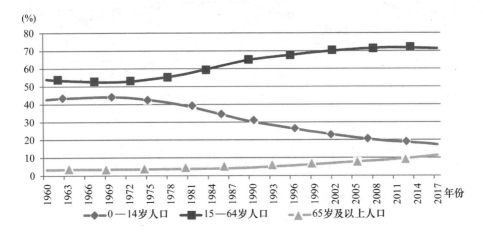

图3—38　1960—2017 年泰国三个年龄段占本国总人口比重

数据来源：世界银行（World Bank，2018ah；2018aj；2018al）。

在世界同年龄段人口的占比方面，泰国 0—14 岁人口的世界占比与其人口总量的变化情况相似，在 0—14 岁人口数量稳步上升时，其世界占比也呈显著上升趋势，当该年龄段人口持续下降时，其世界占比下降趋势更为突出，已从 20 世纪 70 年代中期的 1.2% 下降到 2017 年的 0.61%；15—64 岁人口的世界占比也在 20 世纪 90 年代初达到最高值 1.15%，之后呈缓慢下降趋势，2017 年达到 1.0%；在上述两个年龄段人口的世界占比下降的同时，泰国 65 岁及以上人口的世界占比呈显著上升趋势，已从 1960 年的 0.6% 上升到 2017 年的 1.2%，老龄化人口比重快速增长已成为泰国政府不可忽视的人口问题。详见图 3—39。

7. 越南三个年龄段人口发展趋势比较

在总人口方面，20 世纪 80 年代前，越南政府一度鼓励生育，使得 0—14 岁人口显著上升，而在 1988 年实行计划生育政策后，0—14 岁人口经过短期上涨后呈显著下降趋势，在 2011 年降到最低值 2054 万人，之后略有回升，2017 年达到 2160 余万人；15—64 岁人口自 20 世纪 60 年代以来呈显著上升趋势，2017 年达到 6540 余万人；65 岁及以上人口也呈直线上升趋势，增幅较大，2017 年达到 670 余万人。详见图 3—40。

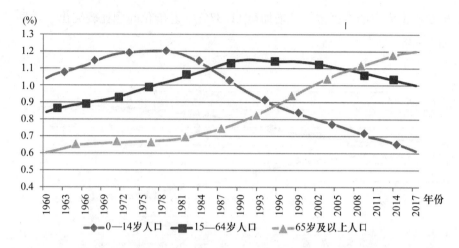

图3—39　1960—2017年泰国三个年龄段占世界同年龄段比重

数据来源：世界银行（World Bank，2018ah；2018aj；2018al）。

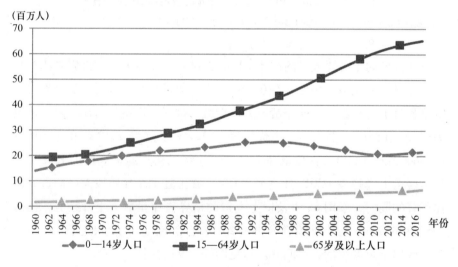

图3—40　1960—2017年越南三个年龄段人口数量

数据来源：世界银行（World Bank，2018ai；2018ak；2018am）。

在本国人口占比方面，越南0—14岁人口占本国人口比重在经过20世纪60代初期的缓慢增长后，整体呈下降趋势，近年来趋于稳定，2017年达到23.06%；15—64岁及以上人口占本国人口比重呈相反趋势，在经过20世纪60代初期的略有下降后，整体呈上升趋势，并于近年来趋于稳定, 2017 年达到 69.8%; 同时, 65 岁及以上人口持续增加, 占本国人口的比重也持续上升, 并于 2017 年首次突破 7%, 达到 7.15%。详见图 3—41。

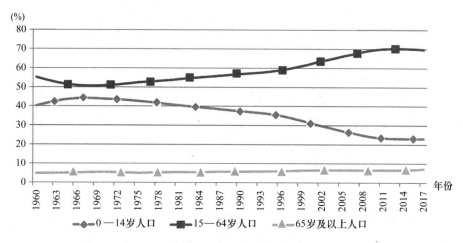

图3—41 1960—2017年越南三个年龄段占本国总人口比重

数据来源: 世界银行 (World Bank, 2018ah; 2018aj; 2018al)。

在世界同年龄段人口的占比方面, 越南三个年龄段人口占比的波动较大。在 20 世纪八九十年代前, 越南政府一度鼓励生育, 使得 0—14 岁人口大幅上升, 世界占比也显著提高, 实行计划生育后, 其世界占比呈直线式下降, 由 1989 年的 1.42% 显著下降到 2012 年的 1.09%, 近年来有略微回升之势, 2017 年达到 1.1%; 15—64 岁人口的世界占比, 经过 20 世纪 60 代的短期下降后, 开始显著提升, 并于 2012 年达到最高值 1.34%, 近年来略有下降, 2017 年达到 1.33%; 65 岁及以上人口世界占比上下波动较大, 经过 20 世纪 60 年代和 20 世纪八九十年代的增长, 一度达到峰值, 进入 21 世纪以来开始显著下降, 近两年又开始回升, 2017 年已达到 1.02%。详见图 3—42。

8. 澜湄国家三个年龄段人口的世界占比趋势比较

根据世界银行数据, 1960—2017 年澜湄国家 0—14 岁人口的世界占比变化如图 3—43 和图 3—44 所示, 中国在 20 世纪 70 年代中期, 0—14 岁人口的世界占比达到顶峰, 接近世界 0—14 岁人口的 25%。随后, 0—

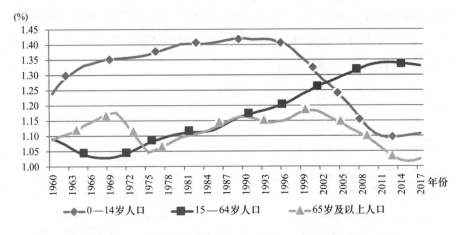

图3—42　1960—2017 年越南三个年龄段占世界同年龄段比重

数据来源：世界银行（World Bank，2018ah；2018aj；2018al）。

14 岁人口数量呈下降趋势，在 2002 年前后，首次下降到 15%。目前，中国 0—14 岁人口占世界该年龄段人口总数的 12.54%。在湄公河国家中，越南 0—14 岁人口占世界同年龄段人口比重最高，从 20 世纪末开始，其变化趋势开始由缓慢增长变为显著下降，近年来趋于稳定。泰国、缅甸位居其后，在 20 世纪，泰国 0—14 岁人口的世界占比明显高于缅甸，进入 21 世纪以来，缅甸 0—14 岁人口的世界占比逐渐超过泰国；而柬埔寨和老挝 0—14 岁人口占比相对较低，经过缓慢增长后，近年来趋于稳定。

根据世界银行数据，1960—2017 年澜湄国家 15—64 岁人口的世界占比变化如图 3—45 和图 3—46 所示。中国 15—64 岁人口的世界占比波动比较大，在 1963 年下降到最低点后开始反弹，到 20 世纪 90 年代初，世界占比上升到最高点，随后整体呈现下降态势，2017 年中国 15—64 岁人口的世界占比已达 20.18%。而在湄公河国家中，越南 15—64 岁人口世界占比在 20 世纪 60 年代略有下降，70 年代以后开始持续增长，近年来略有下降，2017 年已超过 1.3%，位于首位。其次是泰国，15—64 岁人口世界占比在 20 世纪 90 年代前呈缓慢上升趋势，在 20 世纪 90 年代增长至与越南基本持平后增速逐渐变缓，随后呈下降趋势，目前，泰国世界占比达到 1%。缅甸世界占比比较平稳，达到 0.73%，而柬埔寨和老挝 15—64 岁人口数相对较少，世界占比也未有较大波动。目前，柬埔寨 15—64 岁人口数世界

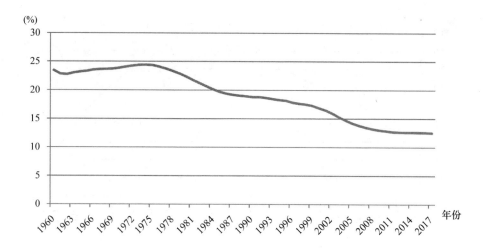

图3—43 1960—2017年中国0—14岁人口世界占比

数据来源：世界银行（World Bank, 2018ah）。

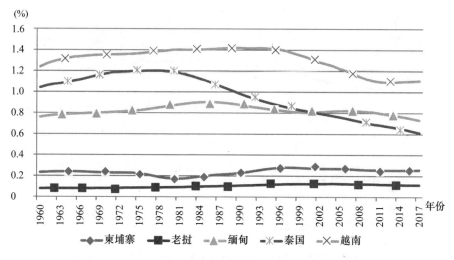

图3—44 1960—2017年湄公河国家0—14岁人口世界占比

数据来源：世界银行（World Bank, 2018ah）。

占比达到0.21%，而老挝却不及柬埔寨的1/2，仅有0.09%。

根据世界银行数据，1960—2017年澜湄国家65岁及以上年龄人口的世界占比变化如图3—47和图3—38所示。中国65岁及以上人口占比整体呈上升趋势，除了在1965年前后下降到最低点，随后均呈持续上涨趋

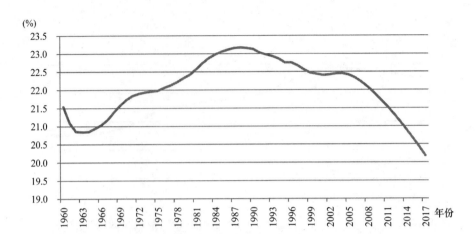

图3—45　1960—2017 年中国 15—64 岁人口世界占比

数据来源：世界银行（World Bank，2018aj）。

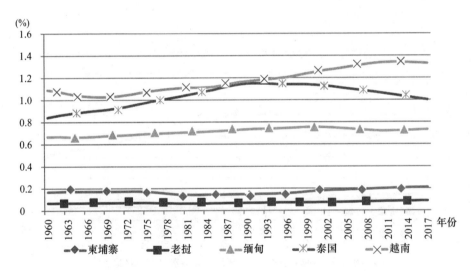

图3—46　1960—2017 年湄公河国家 15—64 岁人口世界占比

数据来源：世界银行（World Bank，2018aj）。

势，在 1994 年前后首次突破 20%，2017 年已达到 22.5%。比较湄公河国家 65 岁及以上人口占比情况，越南 65 岁及以上人口的世界占比在 1.0%—1.2% 上下波动；而泰国 65 岁及以上人口世界占比呈快速上涨趋势，目前已突破 1.2%；缅甸 65 岁及以上人口则在 0.4%—0.6% 波动，在 20 世纪经平稳增长后，21 世纪以来开始缓慢下降；柬埔寨和老挝 65 岁及以上人口的世界占比相对较小，目前，柬埔寨为 0.11%，而老挝仅为 0.04%。

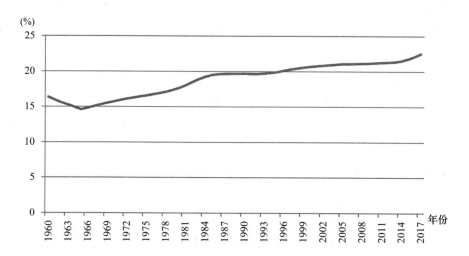

图 3—47　1960—2017 年中国 65 岁及以上人口世界占比

数据来源：世界银行（World Bank，2018al）。

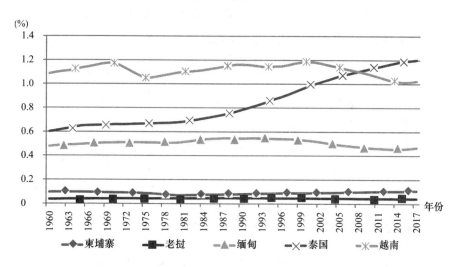

图 3—48　1960—2017 年湄公河国家 65 岁及以上人口世界占比

数据来源：世界银行（World Bank，2018al）。

（三）人口抚养比发展趋势比较

人口结构还可以通过人口抚养比来反映。人口抚养比是指非劳动力人数与劳动力人数之间的比率，它度量了劳动力人均负担的赡养非劳动力人口的数量。一般来说，抚养比越大，表明劳动力人均承担的抚养人数就越多，即意味着劳动力的抚养负担就越严重。

上文中，0—14 岁、15—64 岁、65 岁及以上三个年龄段人口又称为未成年人口、劳动力人口、老龄人口，未成年人口与劳动力人口的比率为未成年人口抚养比，老龄人口与劳动力人口的比率为老龄人口抚养比，未成年人口和老龄人口之和与劳动力人口的比率为总抚养比。下文从未成年人口抚养比、老龄人口抚养比和总抚养比三方面对世界及澜湄国家劳动力的抚养情况进行分析。

1. 世界人口抚养比发展趋势比较

据世界银行自 1960 年以来的相关数据分析显示，世界范围的未成年人口抚养比在 1966 年达到最高值 66.73%，随后便呈缓慢下降趋势，而老龄人口抚养比始终呈平稳上升趋势，由于老龄人口抚养比的变动幅度小于未成年人口抚养比的变动幅度，因此，总抚养比的变动趋势与未成年人口抚养比的变动趋势相似，在 1967 年达到最高值 77%，之后开始缓慢下

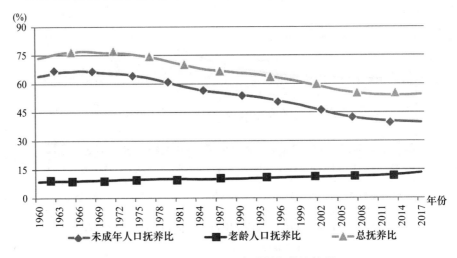

图 3—49 1960—2017 年世界抚养比情况

数据来源：世界银行（World Bank，2018c；2018d；2018e）。

降，2017 年，世界未成年人口抚养比达到 39.7%，老龄人口抚养比达到 13.3%，总抚养比达到 54.36%。详见图 3—49。

2. 中国人口抚养比发展趋势比较

近年来，中国未成年人口抚养比和总抚养比均低于世界平均水平，而老龄人口抚养比高于世界平均水平。20 世纪五六十年代，由于经济医疗条件落后等因素影响，中国人口存在着高出生率、高死亡率、低存活率，人口的平均寿命较低等问题。面对这种状况，政府出台了鼓励生育的政策来促进人口的增加，人口数量得到快速增长（李魁，2010）。后来，由于庞大人口为经济和社会带来沉重负担，政府开始推行计划生育政策，产生了明显的效果，未成年人口抚养比整体呈大幅下降的趋势，2000 年以后的出生率与几十年前相比已大幅下降；与此同时，老龄人口抚养比缓慢上升，因此总抚养比呈整体下降趋势（袁凯，2014）。2012 年以来，未成年人口抚养比有略微增长之势，老龄人口抚养比的增速进一步加快，造成中国总的人口抚养比从整体上呈现上升趋势。截至 2017 年，中国总抚养比达到 39.51%。详见图 3—50。

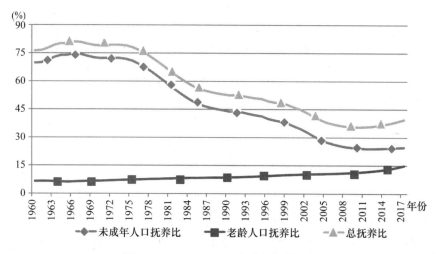

图3—50 1960—2017 年中国抚养比情况

数据来源：世界银行（World Bank, 2018c; 2018d; 2018e）。

3. 柬埔寨人口抚养比发展趋势比较

柬埔寨的未成年人口抚养比和总抚养比始终高于世界平均水平，而老龄人口抚养比始终低于世界平均水平。20 世纪八九十年代柬埔寨未成年人口及老龄人口抚养比增加，导致总抚养比呈上升趋势，一度达到顶峰。21 世纪以来，老龄人口抚养比虽一直呈持续增长态势，但增长幅度不及未成年人口抚养比的下降幅度，因此总抚养比呈逐步下降趋势。2010 年以来，总抚养比更是下降到 60%，2017 年的总抚养比达到了 55%，为经济发展创造了有利的人口条件。详见图 3—51。

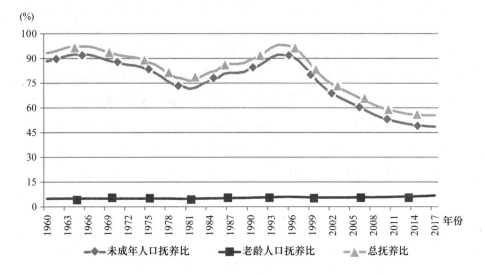

图 3—51 1960—2017 年柬埔寨抚养比情况

数据来源：世界银行（World Bank, 2018c; 2018d; 2018e）。

4. 老挝人口抚养比发展趋势比较

老挝的未成年人口抚养比和总抚养比始终高于世界平均水平，而老龄人口抚养比始终低于世界平均水平。自 1960 年以来的 40 年间，未成年人口抚养比和老龄人口抚养比呈持续上升趋势，总抚养比一直高于 80%，20 世纪八九十年代甚至一度突破 90%，但进入 21 世纪以来，由于这一时期的人口结构偏向年轻化，暂时没有人口老龄化的危险，社会抚养负担也因此减轻，人口红利"两低一高"的趋势越来越明显，总抚养比率明显下降，2017 年抚养比基本降到 60% 以下，为 58.51%。详见图 3—52。

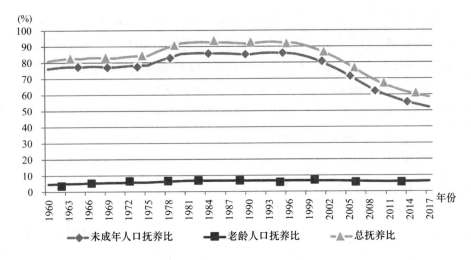

图 3—52 1960—2017 年老挝抚养比情况

数据来源：世界银行（World Bank，2018c；2018d；2018e）。

5. 缅甸人口抚养比发展趋势比较

近年来，缅甸的未成年人口抚养比与世界平均水平相当，总抚养比已高于世界平均水平，而老龄人口抚养比始终低于世界平均水平。缅甸未成年人口抚养比整体呈下降趋势，1966 年创历史新高，达到 79.39%，此后

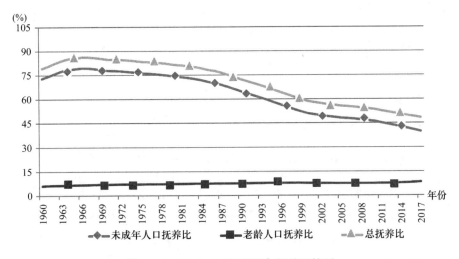

图 3—53 1960—2017 年缅甸抚养比情况

数据来源：世界银行（World Bank，2018c；2018d；2018e）。

便开始缓慢下降，2017 年达到历史新低的 39.79%，下降了 39.6 个百分点；而老龄人口抚养比整体呈上升趋势，由 1960 年的 6.15% 到 2017 年创历史新高，达到 8.5%。未成年人口抚养比下降幅度较大，导致缅甸总抚养比基本呈下降趋势，2016 年首次下降到 50% 以下，2017 年达到 48.29%，创历史新低，目前处于澜湄国家的中间水平。详见图 3—53。

6. 泰国人口抚养比发展趋势比较

近年来，泰国的未成年人口抚养比低于世界平均水平，而老龄人口抚养比和总抚养比则高于世界平均水平。泰国的总抚养比呈下降趋势，主要是因为未成年人口抚养比的较快下降形成的，泰国老龄人口抚养比在 1991 年首次达到 7.12%，开始进入老年社会，之后逐年提升，至 2017 年达到 15.95%，创历史新高；未成年人口抚养比呈现下降态势，由 1969 年最高点的 84.07% 逐步下降到 2017 年的 24.29%，下降了 59.78 个百分点，下降幅度较大，降低了总抚养比。20 世纪 50—80 年代中期，泰国经济增长势头迅猛，这一时期，虽然有着较高的人口出生率，但老年人口较少，而劳动力人口偏多，故而抚养总体水平较低。但 90 年代以来，由于人口出生率较低，老年人口增多，而劳动人口减少，拉高了总抚养比水平（孟令国、胡广，2013）。详见图 3—54。

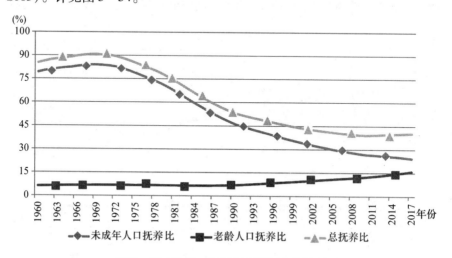

图 3—54　1960—2017 年泰国抚养比情况

数据来源：世界银行（World Bank，2018c；2018d；2018e）。

7. 越南人口抚养比发展趋势比较

近年来，越南的未成年人口抚养比和总抚养比均低于世界平均水平，而老龄人口抚养比则在世界平均范围内波动。20 世纪 60 年代末，越南未成年人口及总抚养比经过短暂上升后开始呈较明显的下降趋势；同期，越南的老龄人口抚养比就已超过 8%，1970 年，其老龄人口抚养比达到历史新高的 10.60%，然后开始上下波动，2012 年达到 9.43%。虽然按照国际标准，越南早已进入老龄社会，但当大多数国家的老龄人口抚养比均呈不断上升的趋势下，其老龄人口抚养比能保持稳定甚至略有下降，说明其正处于难得的发展机遇期。同时，其未成年人口抚养比却在大幅度下降，由 1967 年的最高点 86.97% 下降到 2014 年历史新低点 32.89%，下降了 54.08 个百分点，显示越南已经进入人口红利的丰收季节（孟令国、胡广，2013）。由于老龄人口抚养比和未成年人口抚养比均呈下降趋势，越南总抚养比呈下降趋势。2014 年以来，未成年人口抚养比和老龄人口抚养比均有所上升，因而总抚养比表现出略微上涨趋势。详见图 3—55。

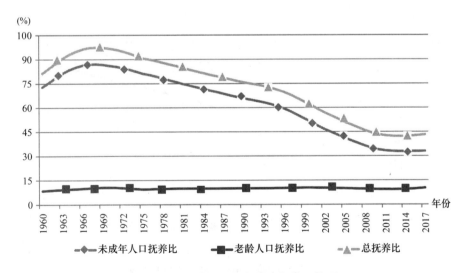

图 3—55　1960—2017 年越南抚养比情况

数据来源：世界银行（World Bank，2018c；2018d；2018e）。

三　澜湄国家劳动力发展趋势比较

劳动力是一个国家重要的经济资源，它可以同生产资料相结合转化为社会产品，进而增加社会财富。为进一步说明澜湄国家的劳动力现状，下文将根据世界银行1990—2016年的相关数据，对世界及澜湄国家的劳动力人数、占本国总人口比重及世界劳动力的占比情况进行比较分析。

（一）世界劳动力发展趋势

数据显示，世界劳动力人口数呈直线上升趋势，已从1990年的23.28亿人增加至2016年的34.15亿人；世界劳动力人口占总人口比重自1990年开始逐年上升，2006年达到最高值46.22%，随后开始缓慢下降，2016年略有上升，已达到45.90%。详见图3—56。

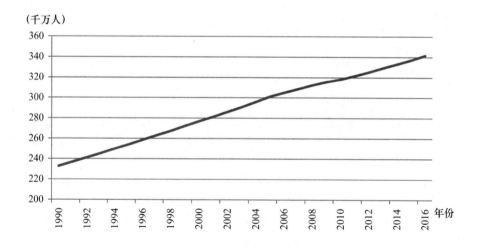

（千万人）

图3—56　1990—2016年世界劳动力人数

数据来源：世界银行（World Bank，2018af）。

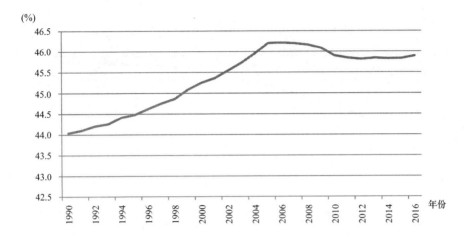

图3—57　1990—2016 年世界劳动力人数占总人口的比重

数据来源：世界银行（World Bank，2018af）。

（二）中国劳动力发展趋势

数据显示，中国劳动力人数增长明显，从 1990 年的 6.4 亿人上升至 2016 年的 7.9 亿人，近年来趋于稳定，增速放缓；而中国劳动力人口占本国总人口比重的变化趋势则呈倒 U 形，自 1960 年以来，劳动力在本国总人口的占比呈整体上升趋势，到 21 世纪初，计划生育政策的后果开始显现，劳动力比重开始下降；世界劳动力的占比情况则呈显著下降趋势，从 1990 年的 27.5% 下降到 2016 年的 23.05%（详见图 3—58 至图 3—60）。结合前文所提到的抚养比可知，中国老年人口逐年增加，未成年人口数逐年减少，且未成年人口数减少的程度更大，造成了劳动力人口增速下降、中国劳动力短缺的现象。

（三）柬埔寨劳动力发展趋势

1990 年以来，柬埔寨劳动力人口呈持续上升趋势，有数据表明，劳动人口增长速度超过其总人口的增长速度，每年可因此增加劳动力 16.4 万人；而劳动力占本国总人口的比重在经历 20 世纪 90 年代短暂下降后，在 90 年代末开始增加，21 世纪初实现了快速增长，随后增长速度减慢，

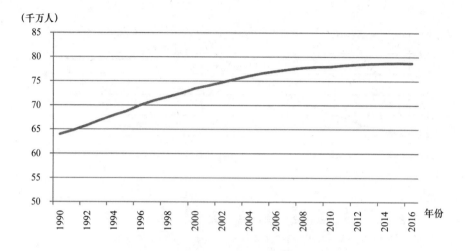

图 3—58　1990—2016 年中国劳动力人数

数据来源：世界银行（World Bank, 2018af）。

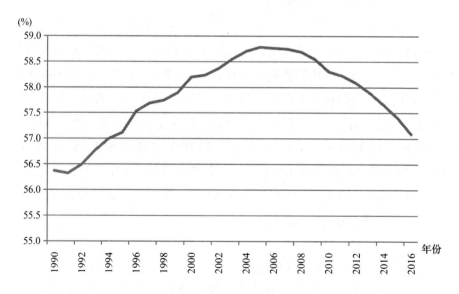

图 3—59　1990—2016 年中国劳动力人数占总人口的比重

数据来源：世界银行（World Bank, 2018af）。

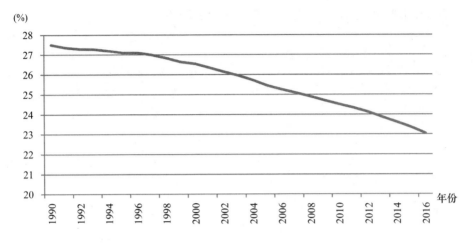

图3—60　1990—2016年中国劳动力的世界占比

数据来源：世界银行（World Bank，2018af）。

但总体保持高速增加态势；柬埔寨劳动力的世界占比与本国劳动力人口数的变化趋势整体相似，随着劳动力人口数的增加，世界占比也呈持续增加趋势（详见图3—61至图3—63）。但据调查，柬埔寨虽然劳动力人口呈上升趋势，但弱势劳动力群体和低报酬劳动力人口比例较高，这主要源于非正规化的工作条件。因此，柬埔寨可以此为契机，提高劳工技术能力，

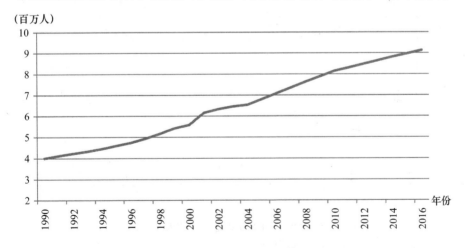

图3—61　1990—2016年柬埔寨劳动力人数

数据来源：世界银行（World Bank，2018af）。

消除技术差距，拉动本国经济增长（黄会，2016）。

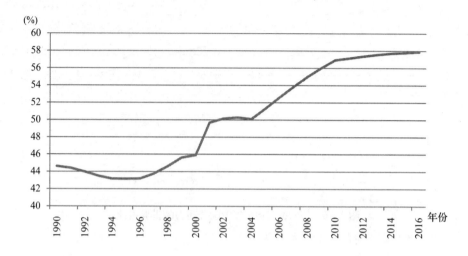

图3—62　1990—2016 年柬埔寨劳动力人数占总人口的比重

数据来源：世界银行（World Bank，2018af）。

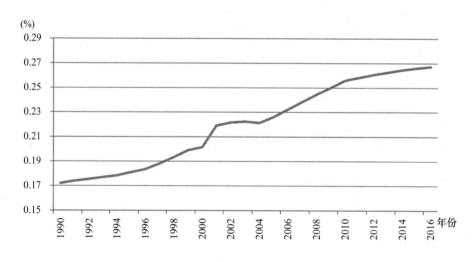

图3—63　1990—2016 年柬埔寨劳动力的世界占比

数据来源：世界银行（World Bank，2018af）。

（四）老挝劳动力发展趋势

近年来，老挝劳动力人口呈直线上升趋势，已从 1990 年的 193 万余人增加到 2016 年的 352 万余人；老挝劳动力人口占本国总人口比重，在

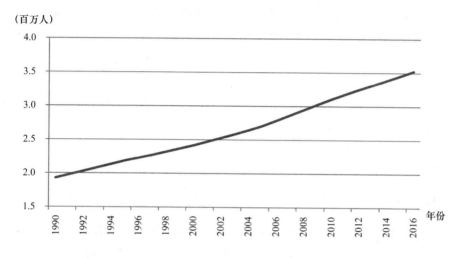

图3—64　1990—2016 年老挝劳动力人数

数据来源：世界银行（World Bank，2018af）。

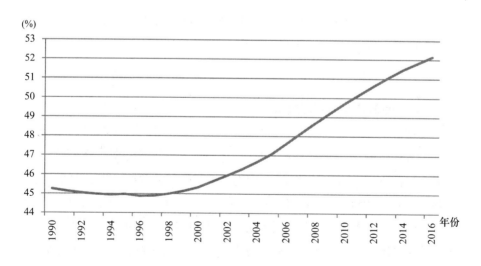

图3—65　1990—2016 年老挝劳动力人数占总人口的比重

数据来源：世界银行（World Bank，2018af）。

20世纪90年代略有下降，自20世纪90年代末开始显著上升，2017年劳动力人口占本国总人口的52.15%，随着劳动力人口总量的持续上升，老挝劳动力占世界劳动力人口的比重也呈持续上升趋势（详见图3—64至图3—66）。但即便如此，老挝国内劳动力仍处于短缺状态，而这种紧缺，并非由于劳动力数量因素造成，而是因为教育结构和职业培训的落后，以及经济发展未能释放出大量的匹配性劳动力需求导致。

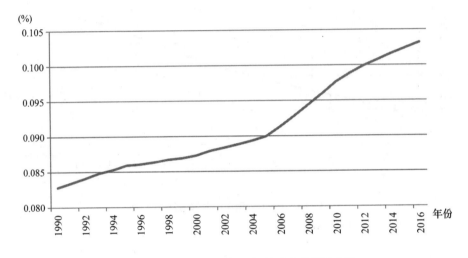

图3—66 1990—2016年老挝劳动力的世界占比

数据来源：世界银行（World Bank, 2018af）。

（五）缅甸劳动力发展趋势

缅甸劳动力人口数整体呈上升趋势，1990—2010年的20年间，缅甸劳动力人口数的增长趋势逐渐放缓，2010年后的增长趋势显著提升；劳动力人口占本国总人口的比重，自1990年开始显著增加，并于21世纪初达到最高值48.56%，随着劳动力人口数的趋于平稳，劳动力占本国总人口比重开始逐年下降，2010年，随着劳动力人口增长速度的加快，劳动力占本国总人口比重略有上涨态势；缅甸劳动力人口的世界占比在20世纪90年代有略微上升趋势，从1990年的0.8%增加到1998年的0.81%，从1998年开始，缅甸劳动力的世界占比呈显著下降趋势，2010年后下降趋势略有减缓（详见图3—67至图3—69）。但即便如此，缅甸低劳动力成本以及较为充裕的劳动力仍是吸引外国企业加紧来此投资的主要动力，为缅甸发展以投资出口为导向的劳动密集型产业提供了良好条件。

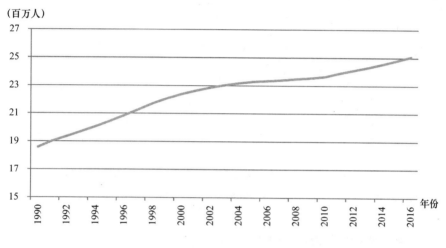

图3—67　1990—2016年缅甸劳动力人数

数据来源：世界银行（World Bank，2018af）。

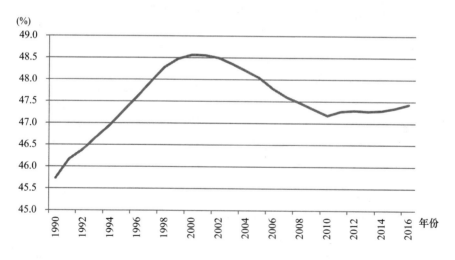

图3—68　1990—2016年缅甸劳动力人数占总人口的比重

数据来源：世界银行（World Bank，2018af）。

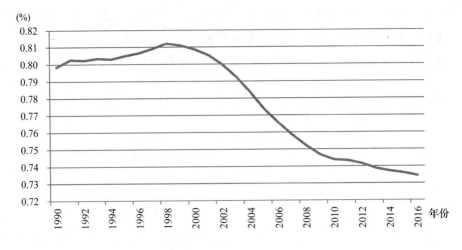

图3—69　1990—2016年缅甸劳动力的世界占比

数据来源：世界银行（World Bank，2018af）。

（六）泰国劳动力发展趋势

泰国劳动力人口数自1990年起呈持续上涨态势，2012年达到顶峰4000余万人，此后开始呈下降趋势，2016年，泰国劳动力人口数达到3900余万人；泰国劳动力人口占本国总人口比重的变化趋势与之类似，

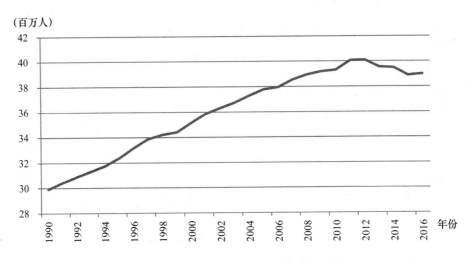

图3—70　1990—2016年泰国劳动力人数

数据来源：世界银行（World Bank，2018af）。

随着泰国劳动力人口数的增加，劳动力人口占本国总人口比重逐年上升，2011 年达到最高值 59.32%，随后开始缓慢下降，2016 年达到 56.63%；而泰国劳动力人口占世界劳动力人口的比重，整体却呈下降趋势，已从 1990 年的 1.29% 下降到 2016 年的 1.14%（详见图 3—70 至图 3—72）。

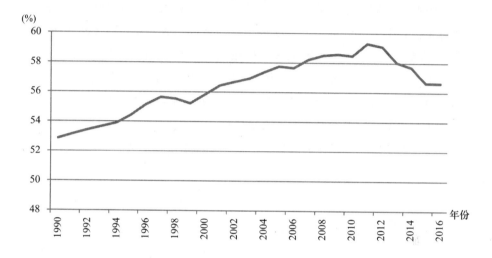

图 3—71　1990—2016 年泰国劳动力人数占总人口的比重

数据来源：世界银行（World Bank，2018af）。

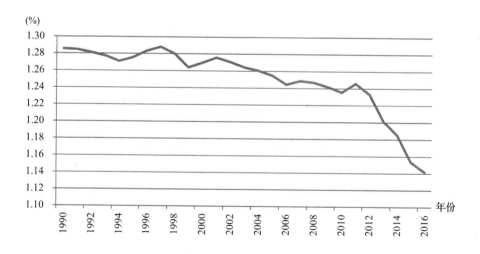

图 3—72　1990—2016 年泰国劳动力的世界占比

数据来源：世界银行（World Bank，2018af）。

由于近年来出生率下降，劳动力人口随之下降，泰国将面临严重的劳动力短缺问题。

（七）越南劳动力发展趋势

1990 年以来，越南劳动力人口数、占本国总人口比重以及占世界劳动力人口的比重均呈显著上升趋势，但与劳动力人口数变化趋势不同的是，越南劳动力人口占本国总人口比重及世界劳动力占比近年来略有下降，2016 年，越南劳动力人口数已超过 5576 万人，占本国总人口的60.16%，占世界劳动力人口的 1.63%（详见图 3—73 至图 3—75）。但即便如此，越南计划生育局副局长黎景岳曾表示，越南人口结构存在一定的局限性，由于缺乏劳动技能和管理技术，越南虽劳动力充足，但总体素质不高。

（百万人）

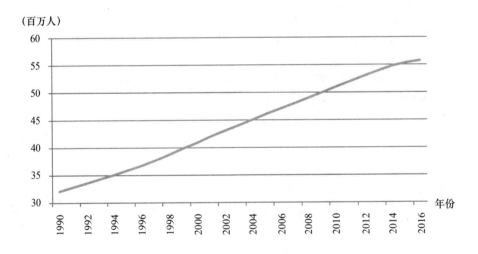

图 3—73　1990—2016 年越南劳动力人数

数据来源：世界银行（World Bank, 2018af）。

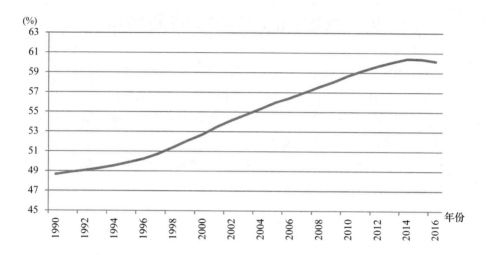

图3—74 1990—2016年越南劳动力人数占总人口的比重

数据来源：世界银行（World Bank，2018af）。

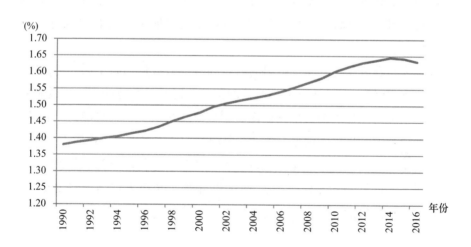

图3—75 1990—2016年越南劳动力的世界占比

数据来源：世界银行（World Bank，2018af）。

四　澜湄国家人口和劳动力的特点

澜湄国家从人口和劳动力而言，既存在相同之处，也有各自特点。首先，澜湄国家在人口方面表现出以下共性特点：人口总量均持续上升，人口增长率整体呈下降趋势；0—14 岁人口占各国总人口比重均呈整体下降趋势，15 岁以上人口占各国人口比重总体呈上升趋势；未成年人口抚养比整体呈下降趋势，老龄人口抚养比呈上升趋势，总抚养比整体呈下降趋势。六国劳动力人数也呈整体上升趋势。

在澜湄国家中，中国和泰国两国情况相近：两国人口相对趋势在 20 世纪 80 年代后均出现显著下降；未来 30 年，两国人口占世界人口比重降幅将比较明显；两国均呈明显"缩减型"年龄结构，65 岁及以上人口均呈指数型增长趋势，占世界同年龄段人口总量比重也有明显上升趋势，老龄化社会特征明显；两国劳动力人口总量均趋于平稳，世界占比有所下降。柬埔寨和老挝比较相似，两国人口数量较少，人口增长缓慢，人口的世界占比比较平稳，人口年龄结构年轻化优势明显，具有较大的发展潜力。

在人口和劳动力方面，中国的人口和劳动力数量远高于湄公河国家，也是未来 30 年内人口下降最为明显的国家。同时，其劳动力人口的相对量下降也最为明显。老挝是澜湄国家中人口总量最少、人口最为年轻化，且人口增长最为平缓的国家。柬埔寨是唯一一个未来人口的世界占比被预测略有上涨的澜湄国家。越南是目前人口和劳动力优势最为明显的国家，已经进入人口红利的丰收季节，未来 30 年内，越南人口增加最为显著；劳动力人口的绝对量和相对量的增加也最为显著。

第 四 章

澜湄国家高等教育发展趋势比较

按照世界银行的相关定义，高等教育指所有的中学后教育，高等教育机构包括公立和私立大学、学院、技术培训机构和职业学校（World Bank，2017）；高等教育有助于促进经济增长，减少贫困并实现共同繁荣；接受过高等教育的高技能劳动力是创新和增长的先决条件，受过良好教育的人更具有就业能力、工资更高，并能更好地应对经济冲击。

一　澜湄国家高等教育基本制度和发展政策

（一）澜湄国家高等教育学制

高等教育可分为非大学层次和大学层次两类。澜湄国家非大学层次高等教育学习年限不等，短则2年，长则5年，一般情况下多为3—4年。六国大学层次高等教育则相对较为复杂，如表4—1所示，澜湄国家本科、硕士、博士学习年限一般分别为4年、2—3年、3—5年。

表4—1　　　　　澜湄国家大学层次高等教育学习年限

国家	学习年限											
	1	2	3	4	5	6	7	8	9	10	11	12
柬埔寨	本科（4年）				硕士 （2年）		博士 （3年）					

续表

国家	学习年限											
	1	2	3	4	5	6	7	8	9	10	11	12
中国	本科 (4—5年)					硕士 (2—3年)			博士 (3—5年)			
老挝	本科 (4年)				硕士 (2年)		博士 (3年)					
缅甸	本科 (4—6年)						硕士 (1—2年)		博士 (2年)			
泰国	本科 (4—6年)						硕士 (2年)		博士 (3年)			
越南	本科 (4—6年)						硕士 (1—2年)		博士 (2—3年)			
							博士（4年）					

资料来源：根据各国教育部门网站关于高等教育相关介绍整理。

其中，柬埔寨研究生教育主要由柬埔寨王家科学院承担。中国大学本科教育中，建筑、医学、城市规划等专业较为特殊，采取本科五年制的学制，其他专业一般为四年制；硕士研究生分为专业型和学术型，学制分别为二年制、三年制；博士学习年限一般为3—5年。老挝高等教育机构除医科大学由卫生部主管外，其他由教育部管理；值得注意的是，老挝独立培养博士研究生的能力相对较弱，多采用与国外大学联合培养的模式。缅甸本科学制为四年制、五年制、六年制不等，综合性大学和经济大学的学制为4年；法律大学、计算机大学、农业大学和远程教育大学为5年；医药大学、畜牧大学、林业大学、工业大学为6年；综合性大学硕士专业学制为一或两年；博士专业学制为两年（钟智翔、尹湘玲、扈琼瑶，2012）。泰国本科学制分为四至六年制不等，部分专业如建筑、绘画、医学、牙医等为5—6年，硕士和博士一般分别为二年制、三年制。越南的本科学制也为四至六年制不等，工业设计专业为五年制，医学、牙医专业为六年制，其他专业为四年制。

（二）澜湄国家高等教育发展规划

教育规划是一个国家或地区根据其经济社会发展水平，为促进教育进步和发展，对一定时期教育发展规模、规格要求和需要采取措施的规划或纲领，是推动教育发展的理论依据和行动指南。为推动高等教育的发展，澜湄各国均制定了一系列高等教育发展规划，明确了高等教育发展的目标，具体见表4—2。

表4—2 澜湄国家高等教育发展规划与发展目标

国家	高等教育发展规划	发展目标
柬埔寨	《教育战略规划（2014—2018年）》	到2018年，高校中新增具有硕士学位的教师1000名，具有博士学位的教师250名；公立高校一年级学生奖学金的百分比从2012年的5%增加到2018年的15%；高等教育毛入学率从2012年的13%提高到2018年的23%；高校学生的毕业率提高到75%—85%；2018年高校毕业生的就业率较2014年提高5%—10%；2018年高等教育分部门的预算增加到20%
中国	《国家中长期教育改革和发展规划纲要（2010—2020年）》《高等学校"十三五"科学和技术发展规划》	到2020年，高等教育（包括高等职业教育学生数）在学总规模达到3550万人，在校生达到3300万人，其中研究生达到200万人，毛入学率达到40%
老挝	《教育与体育部门发展规划（2016—2020年）》	到2020年，在公立和私立高等教育机构学习的学生达到20万名；在高等教育机构学习的女性比例达到高等院校学生总数的45%；提供五门外语专业课程；毕业生就业率达到85%；新建一所科技大学和一所私立大学；高校教师中每门课程中授课教师具有博士研究生学历、硕士研究生学历、本科学历的比例达到1∶6∶3

续表

国家	高等教育发展规划	发展目标
缅甸	《教育发展三十年长期规划（2001—2002财年至2030—2031财年)》《国家教育战略规划（2016—2021年)》	《教育发展三十年长期规划（2001—2002财年至2030—2031财年)》提出了发展人力资源、促进科技利用、扩展研究、建立终身学习社会、提高教育质量、维护国家认同感和国民价值观六大重点领域的36项具体项目；《国家教育战略规划（2016—2021年)》提出建设世界一流水平大学，更好发挥高等教育对就业和知识经济的积极作用
泰国	《国家教育规划（2017—2036年)》	确保教育公平、提高教育质量和教育效率；培养泰国4.0发展战略所需能力学生的职业教育和高等教育机构的数量增加；世界排名前200的高等教育机构数量达到七个；完成高等教育的受教育者一年内就业的比例增加到90%；出台《教师和教育工作者十年培养计划（2017—2026年)》
越南	《高等教育基础与综合改革决议（2006—2020年)》《教育战略发展规划（2011—2020年)》	将主要重点高等教育机构建设成为提供科技服务和产品的主体，在2010年科技服务与产品收入增加到高等教育机构总收入的15%，到2020年增加到总收入的20%；到2010年，每十万人中高等教育入学人数增加200人，到2020年增加到450人，其中18—24岁年龄组达到40%；80%的毕业生符合工作要求，其中至少5%的毕业生拥有东盟顶级大学的优秀学生资格；提高具有硕士水平的大学工作人员的比例，2010年所占比例达到40%，2020年所占比例达到60%；到2010年拥有博士学位的大学教师比例提高到25%，到2020年提高到35%；到2020年，将大学生与教师的生师比降至20∶1

二　澜湄国家高等教育发展规模比较

（一）高等教育在学总规模

高等教育在学总规模反映了一定时期内高等教育的发展情况。如图4—1所示，澜湄国家在1970—2016年间，高等教育在学总规模发展情况不一。从整体上来说，澜湄国家高等教育在学总规模均得到了一定的发展；但由于澜湄国家人口和社会经济发展水平的巨大差异，六国高等教育在学总规模在绝对值上呈现出巨大的差异。以数据相对完整的2015年为例，中国高等教育在学总规模为4336.73万人；柬埔寨、老挝、泰国、越南高等教育在学总规模分别为 21.73 万人、13.01 万人、223.54 万人、246.66 万人，缅甸由于相关数据缺失，以 2011 年作为参考，当年高等教育在学总规模为 65.95 万人；湄公河国家高等教育在学总规模整体上低于 500 万人。而澜湄国家高等教育在学总规模年均增长率变化情况表现出的波动更为明显。在 1970—2017 年间，澜湄国家高等教育在学总规模总体上表现出较为明显的增长趋势，但六国高等教育在学总规模在某些特定时期出现了不增反降的现象。

其中，柬埔寨由于在 1970—1982 年受到长期战争和红色高棉的影响，正处于起步阶段的高等教育事业出现了大倒退（卢军、郑军军、钟楠，2012），1981 年，高等教育在学总规模增长率下降了 14.39%；随着 20 世纪 80 年代红色高棉的下台，高等教育部门得到恢复，高等教育开始复苏，1983—1994 年，柬埔寨高等教育在学总规模均保持了较为明显的增长趋势；1997 年，柬埔寨再次爆发内战，高等教育再次受到冲击，高等教育在学总规模下降了 25.24%；直至进入 21 世纪，柬埔寨政局稳定后，高等教育才开始缓慢恢复。中国是澜湄国家中唯一在 1970—2016 年高等教育在学总规模整体保持增长趋势的国家；20 世纪 70 年代中后期，随着"文化大革命"的结束和高考制度的恢复，中国高等教育在学总规模不断得到发展，1981 年增长率高达 63.03%；尤其是进入 21 世纪以来，随着高校的扩招，中国高等教育取得了长足发展；此后，高等教育增长率虽略有放缓，但始终保持增长趋势；2016 年，高等教育在学总规模达到 4388.61 万人，提前实现了《国家中长期教育改革和发展规划纲要（2010—2020 年）》的目标。老挝由于建国初期经济社会发展相对滞后，高等教育发展也相对滞后，直至 20 世纪 80 年代中期实行革新开放政策以后，高等教育才有了较快的发展。泰国高等教育总规模的发展得益于该国不断推行的高等教育改革，泰国于 1969 年、1979 年分别颁布了《私立学院法》《私立大学法》（陈晖、熊韬，2012），鼓励民间投资高等教育，扩大了高等教育的受教育面，1982 年该国高等教育在学总规模增长率高达 152.12%。越南于 1992 年发布了《关于全民教育的国家行动章程》，明确教育的重要地位，又于 1993 年发布高等教育体系改革重组的第 90 号政府令（兰强、徐方宇、李华杰，2012），随着新举措的实施，越南高等教育取得了不断突破，高等教育在学总规模也不断扩大。

（百万人）

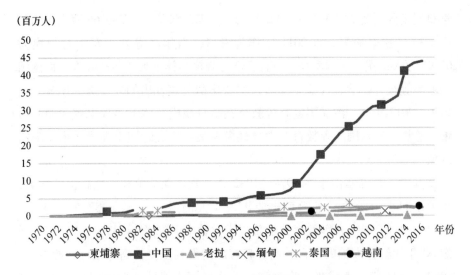

图4—1　1970—2016年澜湄国家高等教育在学总规模

数据来源：联合国教科文组织统计研究所（UNESCO Institute for Statistics，2018）。

（二）高等教育毛入学率状况

高等教育毛入学率在一定程度上反映了高等教育的发展规模和相应年龄段人口的受教育机会。如果以高等教育毛入学率为指标，则可以将高等教育发展历程分为"精英、大众和普及"三个阶段；高等教育毛入学率在15%以下时属于精英教育阶段，15%—50%为高等教育大众化阶段，50%以上为高等教育普及化阶段（Trow，1974）。如图4—2所示，根据联合国教科文组织统计数据，1970—2016年澜湄国家高等教育毛入学率总体上均呈现出上升趋势，各国高等教育毛入学率均有不同程度的增长，但高等教育的发展程度差异仍然较大。

1970—1989年可视为澜湄国家高等教育的起步期。从国别角度分析，在这一阶段，高等教育毛入学率上升趋势最为明显的为泰国，但表现出较大的波动，1971—1980年，泰国高等教育毛入学率由1971年的2.86%提高到1980年的10.37%，尤其是1978—1979年，高等教育毛入学率增长率高达66.80%，在经历了1980—1981年的下滑后，泰国高等教育毛入学率在1982年达到18.85%，增长率高达145.90%，此后虽有波动，但高等教育毛入学率始终保持在20%左右，按照马丁·特罗的相关理论，泰国已经进入了高等教育大众化的初级阶段；而柬埔寨、中国、老挝、缅甸、越南五国在这一阶段的高等教育毛入学率始终未能突破10%，仍属于高等教育精英化阶段，与泰国差距较为明显，也远低于世界平均水平。

1990—2016年可视为澜湄国家高等教育的高速发展期。从整体上看，各国的高等教育毛入学率均得到大幅度提升，但六国高等教育毛入学率发展趋势呈现出越来越大的差异。根据澜湄国家这一阶段高等教育毛入学率的发展状况，可以将其分为两类：中国、泰国、越南三国高等教育毛入学率得到大幅度提升，以数据相对完整的2015年为例，三国的高等教育毛入学率均超过25%，其中，中国（45.35%）和泰国（45.89%）更达到了40%以上，超过当年世界平均高等教育毛入学率（36.09%），已接近高等教育普及化水平，中国也提前实现了《国家中长期教育改革和发展规划纲要（2010—2020年）》中2020年高等教育毛入学率达到40%的目标；而柬埔寨、老挝、缅甸三国的高等教育毛入学率虽然也得到了一定提升，但始终处于20%以下，仍处于高等教育大众化的初级阶段。

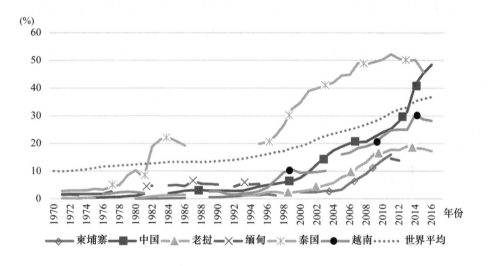

图4—2　1970—2016年澜湄国家高等教育毛入学率

数据来源：联合国教科文组织统计研究所（UNESCO Institute for Statistics，2018）。

三 澜湄国家高等教育财政投入状况

高等教育财政投入指标主要包括高等教育财政支出占 GDP 的比重、高等教育财政支出占政府财政总支出的比重、高等教育财政支出占政府教育总支出的比重。从总体上来说，澜湄国家高等教育财政投入虽然保持增长趋势，但占各项经济指标的比重较小，整体水平不高。

（一）高等教育财政支出占 GDP 的比重

由于 GDP 是全国有效经济总量的最常用指标，因此相对于 GDP 而言，将高等教育财政支出与 GDP 相比，可以显示出国家对高等教育的重视程度。如图 4—3 所示，按照高等教育财政支出占 GDP 的比重，可以将澜湄国家分为两类。2007—2014 年，比例始终低于 0.50% 的国家有柬埔寨、老挝、缅甸；比例在 0.50% 以上的国家为中国、泰国、越南。从数据相对完整的 2011 年来看，比例最高的中国达到了 0.84%，而比例最低的柬埔寨仅为 0.08%，前者为后者的 10.50 倍，差异巨大。在此期间，部分澜湄国家高等教育财政支出占 GDP 的比重呈现出不同程度的波动，

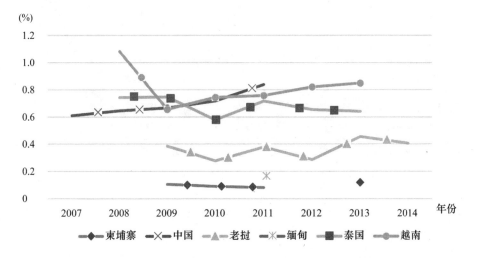

图 4—3 2007—2014 年澜湄国家高等教育财政支出占 GDP 的比重

数据来源：联合国教科文组织统计研究所（UNESCO Institute for Statistics，2018）。

如老挝、泰国、越南，其中，越南的波动最为明显，由 2008 年的 1.08%
下降到 2009 年的 0.66%，降幅达 38.89%；唯一保持增长趋势的只有中
国，由 2007 年的 0.60% 提高到 2011 年的 0.84%，说明了高等教育事业
在中国越来越受到关注与重视。总体上来说，澜湄国家高等财政支出占
GDP 的比重仍然较低。

（二）高等教育财政支出占政府财政总支出的比重

如图 4—4 所示，2009—2015 年，澜湄国家高等教育财政支出占政府
财政总支出的比重趋势变化大体上与此期间高等教育财政支出占 GDP 的
比重保持一致，各国高等教育财政支出占政府财政总支出的比例差异较为
显著。其中，高等教育财政支出占政府财政总支出比重最高的国家为中
国，尽管出现了一定的波动，但占比始终高于 4.0%；其次为泰国，始终
高于 2.50%；越南高等教育财政支出占政府财政总支出的比例较高，始
终高于 2.00%，并呈现出持续增长的趋势。而柬埔寨、老挝、越南三国
高等教育财政支出占政府财政总支出的比重始终低于 2.00%；柬埔寨高
等教育财政支出占政府财政总支出的比重缓慢下降；老挝高等教育财政支
出占政府财政总支出比重的变化趋势与其高等教育财政性经费占 GDP 比

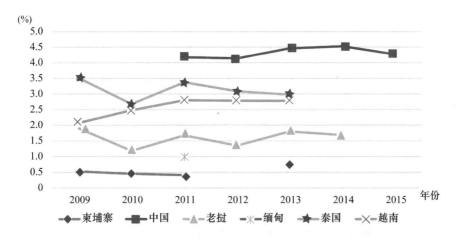

图 4—4　2009—2015 年澜湄国家高等教育财政支出占政府财政总支出的比重

数据来源：联合国教科文组织统计研究所（UNESCO Institute for Statistics，2018）。

重的变化趋势表现出相当高的一致性，出现了较大幅度的波动，且直至2014 年，尚未恢复到 2009 年 1.90% 的水平。

（三）高等教育财政支出占政府教育总支出的比重

每个国家在教育方面都有自己独特的支出需求。如图 4—5 所示，2009—2016 年，澜湄国家高等教育财政支出占政府教育总支出的比重存在显著差异。以数据相对完整的 2011 年来看，比例在 10% 以上的有五个国家：中国（15.10）、老挝（20.89%）、缅甸（19.12%）、越南（15.73%）、泰国（14.92%）；比例在 10% 以下的为柬埔寨（5.34%）。其中，柬埔寨高等教育财政支出占政府教育总支出的比重由 2009 年的 6.30% 递减到 2011 年的 5.34%，虽然 2013 年略有提升，达到 6.10%，但仍未恢复到 2009 年的水平，距离柬埔寨《教育战略规划（2014—2018 年）》2018 年高等教育部门的预算增加到 20% 的目标仍有较大差距；老挝是高等教育财政支出占政府教育总支出比例下降最为明显的国家，由 2009 年的 23.22% 下降到 2014 年的 13.81%；泰国和越南占比整体上相对稳定，分别维持在 14.42%—19.32%、13.64%—15.73%。

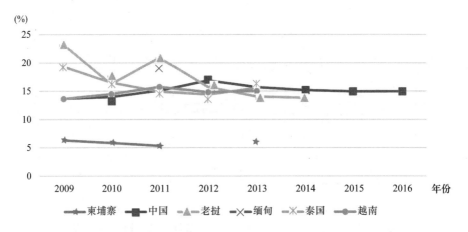

图 4—5　2009—2016 年澜湄国家高等教育财政支出占政府教育总支出的比重

数据来源：联合国教科文组织统计研究所（UNESCO Institute for Statistics，2018）。

四　澜湄国家高等教育师资队伍状况

（一）澜湄国家高等教育教师数量

师资队伍是影响教学水平和质量的重要因素。根据联合国教科文组织的统计数据，如图4—6和图4—7所示，整体而言，澜湄国家高等教育教师数量在1970—2016年间均表现出不断增长的特点，在此期间，六国高等教育师资规模都有不同程度的扩大。其中，中国与越南高等教育教师数量的增长最为显著，2001—2006年，中国高等教育教师数量增长尤其突出，连续六年增长，保持了10%以上的高水平，中国高等教育师资队伍规模不断扩大，成为六国中高等教育教师规模最大的国家；越南在1970—2016年也保持了同样的高速增长，平均增长率达到了6.40%。柬埔寨高等教育教师数量出现了较为明显的波动，发展较不稳定；而缅甸和泰国整体上高等教育教师数量得到了提升，缅甸2012年高等教育教师达到2.51万人，为2000年1.05万人的2.39倍；泰国2015年高等教育教师数量为10.38万人，为1999年的两倍。

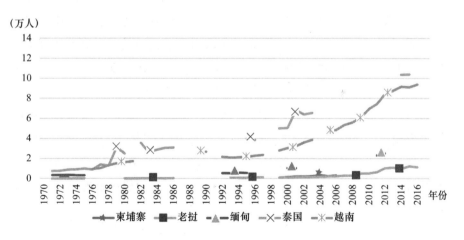

图4—6　1970—2016年湄公河国家高等教育教师数量

数据来源：联合国教科文组织统计研究所（UNESCO Institute for Statistics，2018）。

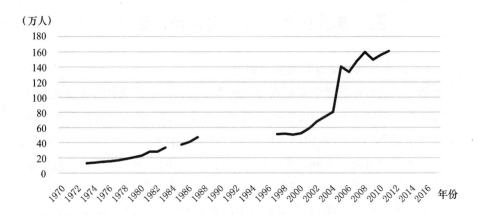

图4—7 1970—2016年中国高等教育教师数量

数据来源：联合国教科文组织统计研究所（UNESCO Institute for Statistics，2018）。

（二）澜湄国家高等教育生师比状况

生师比主要指在校学生与教师数之比，是衡量一国高等教育发展水平的重要指标，受到经济发展水平、教育政策、人口基数等多种因素的影响和制约。如图4—8所示，1970—2016年间澜湄国家高等教育生师比的变化趋势不一，且各国之间出现了较大的差异。在这一阶段，高等教育生师比基本上始终低于20:1的国家只有中国，但由于高等教育规模的迅速扩张，中国高等教育生师比在1997—2002年出现了一再上升的情况，直至2002年后才保持了相对稳定的发展趋势；柬埔寨、老挝、缅甸、泰国则表现出较大的波动，但整体上来说生师比呈下降趋势；越南生师比则整体上出现了不降反升的情况，2016年，该国生师比上升为24:1，尚未达到2003年21:1的水平，与整个地区生师比不断下降的趋势呈现出完全相反的发展趋势。

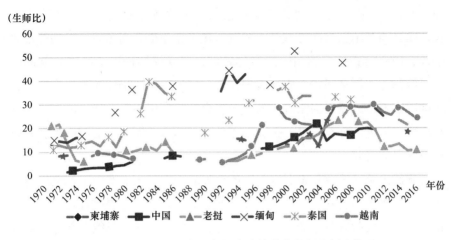

图 4—8　1970—2016 年澜湄国家高等教育教师生师比状况

数据来源：联合国教科文组织统计研究所（UNESCO Institute for Statistics，2018）。

五　澜湄国家高等教育的特点

澜湄国家高等教育发展既有共同点，又存在水平上的差异，具有相似的目标，又面临着相似的挑战，在高等教育交流与合作方面具有广阔的前景。

澜湄国家高等教育发展的共同点包括：一是澜湄国家高度重视高等教育发展，自 1970 年以来高等教育在学总规模和高等教育毛入学率总体上保持了较为明显的增长，高等教育得到了不同程度的发展；二是提高高等教育毛入学率，努力普及高等教育仍是湄公河国家高等教育当前及未来发展的基本方向，发展高等教育已成为澜湄国家的共同理念和实践，六国均发布了促进高等教育发展的相关规划，将促进高等教育规模的扩大和高等教育的普及化作为重要目标，但也应该正视各国之间发展的明显差距，部分湄公河国家高等教育毛入学率尚未达到世界平均水平，仍然有待提高；三是澜湄国家高等教育财政投入虽保持增长趋势，但高等教育财政投入差距较大，部分澜湄国家高等教育财政支出占 GDP、政府财政总支出、政府教育总支出的比重均处于较低水平，政府对高等教育的成本负担比例较低，总体上占各项经济指标的比重较小，整体水平不高，澜湄国家应建立高等教育财政投入稳定增长的长效机制，保障高等教育投入时序稳定增长；四是澜湄国家将高等教育师资队伍建设作为提升高等教育发展的重要手段，1997年以来，澜湄国家高等教育师资规模均得到了不同程度的扩大，但仍存在许多问题，主要表现在部分国家生师比仍然较高，高等教育教师数量不足，澜湄国家应加强高等教育教师队伍建设，加大高等教育教师培养、引进、补充力度，拓宽高等教育教师来源渠道，适应高等教育改革与发展的需要。

澜湄国家高等教育发展水平上的差异表现在：柬埔寨由于社会经济发展水平、政治环境和历史文化等多方面因素的影响，高等教育发展仍处在初级阶段，按照国际标准，柬埔寨高等教育的毛入学率仍然很低，面临着财政投入、师资发展等方面的挑战；中国高等教育在澜湄国家中发展水平较高，尤其是20世纪90年代以来，高等教育的各项改革措施有力地推动了高等教育规模的扩大，目前已接近高等教育普及化水平，高等教育发展已从注重发展规模向注重提高教育质量与效益转变；老挝高等教育发展受到经济与政治方面的制约，高等教育发展水平不高，高等教育系统缺乏整体规划、管理和监督，财政投入不足，师资薄弱，尽快实现高等教育大众化仍是老挝高等教育发展的重中之重；缅甸由于社会和政局的影响，高等教育发展水平仍相对较为落后，高等教育发展面临着诸多困境；泰国高等教育发展相对发达，在鼓励民间投资高等教育、扩大高等教育受众面方面的经验具有重要的借鉴意义；得益于20世纪90年代高等教育领域的多项改革，越南高等教育逐渐摆脱了落后状况，在高等教育普及程度方面发展迅速，如何发挥高等教育对越南经济社会转型的促进作用、解决高等教育同质化问题、提高师资素质，是该国目前高等教育改革的重点。

正如联合国《21世纪的高等教育：展望和行动世界宣言》所言，"没有一定的高等教育和研究机构提供最基本的有熟练技术和受过教育的人才，任何国家都不可能确保真正的、依靠自身力量的可持续发展；发展中国家和最不发达国家更不可能缩小与发达国家的差距"（UNESCO，1998），对于澜湄国家而言，发展高等教育是实现社会经济可持续发展的关键因素。

第 五 章

澜湄国家职业技术教育与培训
发展趋势

　　根据联合国教科文组织国际职业教育中心的定义，职业技术教育与培训包括与广泛的职业领域、生产、服务和生计有关的教育、培训和技能发展项目（UNESCO – UNEVOC，2017）。2016 年，联合国教科文组织颁布《职业技术教育与培训战略（2016—2021 年）》，报告中指出全世界有14.40 亿劳动者处于弱势就业状态，未来十年至少需要创造 4.75 亿个新的就业岗位，才能满足 7300 万失业青年和每年涌入劳动力市场的 4000 万新晋者的就业需求（UNESCO，2016b）。促进青年就业是当今世界各个经济体和社会面临的最重要的挑战之一，职业技术教育与培训能够让劳动者掌握进入工作领域所需的技能，提高劳动生产率与薪资水平，减少进入工作领域的障碍，并能够为就业不充分或失业的低技能人员、失学青年以及失学、失业、没有接受培训的人提供技能发展机会，有助于劳动者获得工作和终身学习的机会，加强社会凝聚力。

一　柬埔寨职业技术教育与培训发展状况

（一）职业技术教育与培训法律法规、规划及政策
　　《国家战略发展规划（2014—2018 年）》指出：柬埔寨缺乏强有力的职业技术教育与培训系统；培训协调机制缺乏一致性；缺乏职业技术教育与培训的价值意识，存在鼓励儿童继续接受通识教育的倾向；职业技术教育与培训课程和质量还没有完全满足劳动力市场需求；缺乏车间技术设

备、材料和实验室；缺乏劳动力市场信息和满足劳动力市场的技能类型要求；缺乏发展技术和职业教育的财政资源；缺乏来自私营部门的合作和赞助；新兴产业缺乏熟练工人，导致不匹配的劳动力的需求和供给。柬埔寨计划通过提高职业技术教育与培训的质量来为经济社会发展做准备，并出台了一系列法律法规、发展规划与政策（见表5—1）。

《国家职业技术教育与培训政策（2017—2025年）》指出，2015年，柬埔寨人口为1540.50万人，其中包括1011.30万名在职人口，其中835.90万人属于劳动力人口。但是，劳动力人口的教育和职业技能有限；13.50%没有受过教育，27.80%完成小学教育，14.00%完成了初中教育，6.80%完成了高中教育，只有5.40%完成了高等教育。

表5—1　柬埔寨职业技术教育与培训相关法律法规、规划及政策

类型	名称	内容
法律法规	《教育法》（2007年修订）	第19条规定，职业技术教育与培训覆盖公私立职业技术教育和培训机构、企业、社区、家庭单独提供或职业技术教育和培训机构、企业和/或社会和家庭联合提供的所有职业和技能
规划与政策	《国家战略发展规划（2014—2018年）》	加强和扩大职业技术教育与培训，并提出以下重点工作：（1）将职业技术教育与培训系统覆盖所有省份；（2）提高证书和文凭课程的培训质量；（3）提高各级教育课程的质量，以确保柬埔寨工人有能力与其他东盟国家竞争；（4）将创业和沟通（英语）纳入学习课程；（5）完成柬埔寨资格框架草案；（6）确保柬埔寨资格框架与WTO、东盟资格框架之间的一致性；（7）组织当地技能比赛并参加东盟技能比赛；（8）继续制定国家竞争能力标准，特别是在建筑、机械、商业服务和信息通信技术领域中；（9）提高对职业技术教育与培训课程标准重要性的认识；（10）检查确定受训人员是否已完成培训；（11）开发、维护和职业技术教育与培训相关的信息系统；（12）推动政府、私营机构和工会等多方主体积极参与职业技术教育与培训项目；（13）优先考虑提高妇女、残疾人、弱势群体和辍学者的劳动技能；（14）在全国职业技术教育与培训机构中建造宿舍楼；（15）加强国家和私营部门之间的伙伴关系，以提高职业技术教育与培训的质量

续表

类型	名称	内容
规划与政策	《教育战略发展规划（2014—2018 年）》	提出维护职业技术教育与培训的可持续性：（1）促进公私伙伴关系，确保职业技术教育与培训的课程符合市场需求；（2）对技能差距进行研究，即提供的课程与所需的能力之间的差距；（3）维护职业技术教育与培训管理信息系统和劳动力市场信息系统 提出技术和职业教育计划，内容为实施国家资格框架，提高技术和职业教育的质量，促进所有利益相关方之间的有效协调，并使其制度化
	《国家职业技术教育与培训政策（2017—2025 年）》	政策愿景是改善人民的生活和尊严，并通过知识、能力、技能、工作态度、职业道德、高生产率和终身就业能力来增强柬埔寨的劳动力和人力资源；为了实现上述愿景，需要进一步发展管理体系和以质量为基础的技能开发体系，以满足劳动力对体面工作的需求，从而发展工业，实现经济增长和高生产率；因此，该政策提出了以下目标：（1）提高职业技术教育与培训系统质量以满足国内和国际市场需求；（2）增加获得职业技术教育与培训系统的机会；（3）促进公私合作伙伴关系和多方主体参与，增强可持续性；（4）改善职业技术教育与培训系统的治理

　　劳动力素质有限使得柬埔寨难以适应新技术的快速变化。为了将柬埔寨的地位从低收入国家转变为中低收入国家，提升劳动者的技能至关重要。柬埔寨职业技术教育与培训面临着诸多挑战，如：（1）职业技术教育与培训的质量尚未完全响应劳动力市场的需求；（2）缺乏对职业技术教育与培训价值的认识；（3）职业技术教育与培训系统的财政资源有限；（4）在各级教育中缺少与职业技术教育及培训系统的联系；（5）求职者缺乏就业技能；（6）利益相关者参与有限；（7）对受训者的材料和财政支持不足；（8）职业技术教育与培训系统中存在协调、治理等方面的问题。

(二) 职业技术教育与培训系统及其管理

1. 职业技术教育与培训系统

职业技术教育与培训是柬埔寨教育系统中一个相对较新的部门。柬埔寨的义务教育包括六年制小学和三年制初中。在完成义务教育后，学生可以参加正式的职业技术教育与培训计划或继续进行为期三年的高中普通教育。高中职业教育与培训课程分为三个不同级别（每个级别持续一年），完成一年制半熟练工人培训，可获得一级证书；完成二年制熟练工人培训，可获得二级证书；完成三年制高技能工人培训，可获得三级证书。完成三年制课程的学生将获得相当于高中文凭的证书。培训课程涉及车辆维修、通用机械、计算机技术、农业机械、电力、电子、冷却机械修理和土木工程等多个领域。

正式的职业技术教育与培训系统还可以招收已完成 12 年级学业的高中毕业生。培训的持续时间根据课程而有所不同，但持续时间至少为一年。例如，技术和专业培训机构提供为期 2—3 年的课程，并颁发高级文凭（技术文凭）。完成 12 年级学业的高中毕业生，完成四年学业后（工程学为 4.5 年），可获得工程和技术学士学位或工商管理学士学位；获得高级文凭的学生继续在高校学习相同专业 2 年或 2.5 年后，也可获得学士学位。理工学院和少数职业培训中心、学校也提供职业技术教育与培训。

柬埔寨设有省级培训中心和职业培训中心，二者是非正规职业技术教育与培训的主要提供者。这些短期课程通常持续 1—4 个月，重点是基础农业、建筑、汽车修理技术、工艺和基本食品加工，培训主要用于解决社会混乱和减贫问题，特别针对农村地区。证书类课程是短期课程（非正规课程），从几周到不到一年，颁发证书，由省或职业中心或社区提供。

省级培训中心提供以下课程：1—2 周的农业课程（约占全部课程的46%），3—6 个月的技术贸易课程（15%）、纺织品服装课程（9%）、美发美容课程（5%），还包括计算机、旅游、酒店、商业、艺术和语言等课程（25%）（UNESCO – UNEVOC，2014a）。

2. 职业技术教育与培训的管理

国家培训委员会由三个技术小组委员会组成：技能标准和测试小组委员会，职业技术教育与培训课程、机构认证小组委员会以及劳动力市场信息小组委员会。此外，如图5—1所示，国家培训委员会在各省设有省级培训委员会。国家培训委员会为职业技术教育与培训的所有参与者制定了绩效标准，并制定了职业和认证标准（UNESCO – UNEVOC，2014a）。

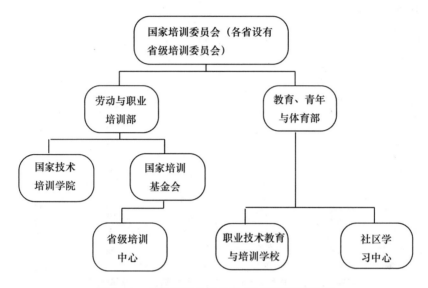

图5—1　柬埔寨职业技术教育与培训管理体系

劳动与职业培训部以及教育、青年与体育部是负责柬埔寨职业技术教育与培训的两个主要部门。职业技术教育与培训曾由教育、青年与体育部下设的技术和职业培训局负责。2005年，该职能被转移到新组建的劳动与职业培训部。但是，教育、青年与体育部的职业导向司仍然提供高中阶段的职业技术教育。社会福利部还将其非正规（短期）的职业培训移交给劳动与职业培训部。其他部委、非政府组织和私营部门也是各种职业技术教育与培训的提供者。

（三）职业技术教育与培训发展状况

1. 职业技术教育与培训毕业生规模

虽然柬埔寨职业技术教育与培训的注册人数在2008/2009—2012/2013年中有所增长，但短期培训项目占比仍高达90%以上。在2012/2013学年，柬埔寨共有93220名职业技术教育与培训毕业生。在2008/2009—2012/2013年，92.76%的毕业生接受了短期职业培训，其次是长

期培训（2.93%），大专学历课程（2.89%）和本科以上学历课程
（1.42%）。在 2008/2009—2012/2013 的五个学年中，职业技术教育与培
训毕业生人数大幅波动，但完成本科以上学历课程的人数增加了两倍，详
见图 5—2 和图 5—3。

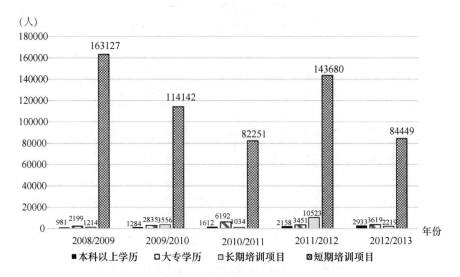

图 5—2 2008/2009—2012/2013 年柬埔寨职业技术教育与培训毕业生人数

数据来源：柬埔寨劳动与职业培训部（Ministry of Labour and Vocational Training of Cambo-
dia，2013）。

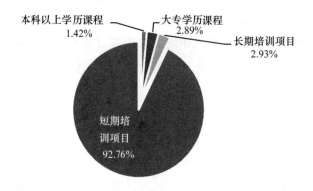

图 5—3 2008/2009—2012/2013 年柬埔寨职业技术教育与培训毕业生人数占比（%）

数据来源：柬埔寨劳动与职业培训部（Ministry of Labour and Vocational Training of Cambodia，
2013）。

2. 职业技术教育与培训课程状况

柬埔寨职业技术教育短期培训课程属于非正式课程，持续时间从几周到不到一年，完成学业后，由培训机构颁发证书，图5—4列出了柬埔寨2016—2017学年十大短期课程，从相关课程名称可以看出，短期课程以农业类课程为主。

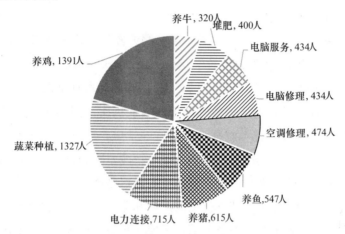

图5—4　2016—2017年柬埔寨职业技术教育短期培训十大课程及注册学生数

数据来源：柬埔寨劳动与职业培训部（Ministry of Labour and Vocational Training of Cambodia, 2017）。

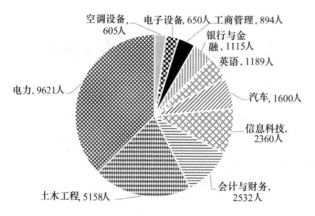

图5—5　2016—2017年柬埔寨职业技术教育长期培训十大课程及注册学生数

数据来源：柬埔寨劳动与职业培训部（Ministry of Labour and Vocational Training of Cambodia, 2017）。

在 2016—2017 学年的长期培训课程中，位居首位的为电力类课程，其次为土木工程类课程，其他大多数与商业、金融、信息科技和英语相关，工业发展所需的技能类课程并不那么受欢迎（见图 5—5）。这种现象并不符合柬埔寨国内工业化的要求，即电器、电子和汽车制造等行业所需的技能。

3. 职业技术教育与培训师资状况

2001—2013 年期间，柬埔寨共有 2449 名职业技术教育与培训教师接受了为期一年的正规技术教学培训（Ministry of Labour and Vocational Training of Cambodia，2013）。隶属于劳动与职业培训部的国家技术培训学院是职业技术教育与培训教师的公共培训机构，招收拥有初级技术教师副学士学位或高级技术教师学士学位的学员，培训期持续一年。

总体来说，柬埔寨政府近年来为缩小技能差距和劳动力与市场的不匹配作出了诸多努力。然而，缺乏技术工人仍然是该国未来经济增长的主要障碍，对于柬埔寨来说，建立一支高素质和称职的劳动力队伍仍有很长的路要走。首先，职业技术教育与培训需要注重吸引更多的学生；其次，需要提高职业技术教育与培训的质量，以满足不断变化的劳动力市场需求，这需要加强和提升师资在新技术和科学方面的知识和技能；此外需要鼓励私营部门参与，将其纳入课程设计、实地培训、学徒训练、实习的全过程中。

二 中国职业技术教育与培训发展状况

（一）职业技术教育与培训法律法规、规划及政策

职业技术教育与培训是中国教育体系的重要组成部分，对培训合格劳动力、促进就业以及推动经济发展有着至关重要的作用，相关法律法规、发展政策等如表 5—2 所示。

表5—2　　中国职业技术教育与培训相关法律法规、规范性文件、规划及政策

类型	名称	内容
法律法规	《职业教育法》（1996 年通过）	职业技术教育与培训的主要法律依据，对各种级别职业学校教育和各种形式的职业教育作出了规定
	《教育法》（2015 年修订）	第 20 条规定国家实行职业教育制度和继续教育制度；各级人民政府、有关行政部门和行业组织以及企业事业组织应当采取措施，发展并保障公民接受职业学校教育或者各种形式的职业培训；国家鼓励发展多种形式的继续教育，使公民接受适当形式的政治、经济、文化、科学、技术、业务等方面的教育，促进不同类型学习成果的互认和衔接，推动全民终身学习
	《劳动法》（2009 年修订）	第八章规定国家通过各种途径，采取各种措施，发展职业培训事业，开发劳动者的职业技能，提高劳动者素质，增强劳动者的就业能力和工作能力；各级人民政府应当把发展职业培训纳入社会经济发展的规划，鼓励和支持有条件的企业、事业组织、社会团体和个人进行各种形式的职业培训；用人单位应当建立职业培训制度，按照国家规定提取和使用职业培训经费，根据本单位实际，有计划地对劳动者进行职业培训；从事技术工种的劳动者，上岗前必须经过培训；国家确定职业分类，对规定的职业制定职业技能标准，实行职业资格证书制度，由经过政府批准的考核鉴定机构负责对劳动者实施职业技能考核鉴定
规范性文件、规划与政策	《国务院关于大力推进职业教育改革与发展的决定》（2002 年）	推进管理体制和办学体制改革，严格实施就业准入制度，多渠道筹集资金
	《国务院大力发展职业教育的决定》（2005 年）	坚持以就业为导向，大力发展民办职业教育，依靠行业企业发展职业教育，完善职业资格证书制度

类型	名称	内容
规范性文件、规划与政策	《国家中长期教育改革和发展规划纲要（2010—2020年）》	到2020年，形成适应经济发展方式转变和产业结构调整要求、体现终身教育理念、中等和高等职业教育协调发展的现代职业教育体系，满足人民群众接受职业教育的需求，满足经济社会对高素质劳动者和技能型人才的需要；到2020年，中等职业教育在校生达到2350万人，高等职业教育在校生达到1480万人，并概述了职业教育的优先发展重点
	《国务院关于加快发展现代职业教育的决定》（2014年）	引导一批普通本科高等学校向应用技术类型高等学校转型，健全企业参与制度，建设"双师型"教师队伍
	《现代职业教育体系建设规划（2014—2020年)》	现代职业教育体系建设量化目标是到2020年中等职业教育在校生数达到2350万人，专科层次职业教育在校生数达到1480万人，继续教育参与人次3.5亿人次；职业院校职业教育集团参与率达到90%，高职院校招收有实际工作经验学习者比例达到20%；职业院校培训在校生（折合数）相当于学历职业教育在校生的比例达到30%；实训基地骨干专业覆盖率达到80%；有实践经验的专兼职教师占专业教师总数的比例达到60%；职业院校校园网覆盖率达到100%；数字化资源专业覆盖率达到100%；并提出了技术技能人才培养的八个重点领域：现代农业、制造业、服务业、战略性新兴产业、能源产业、交通运输、海洋产业、社会建设与社会管理与文化产业
	《技工教育"十三五"规划》	到2020年，技工院校数超过2000所，技师学院数达到450所；年招生规模达到125万人；在校生规模达到350万人，高级技工班以上在校生比例达到40%，毕业生就业率超过97%；开展职业培训超过2800万人次；开发技工院校国家级教材1500种；一体化课程教学改革专业数达到50个；技工院校校园网覆盖率达到100%

（二）职业技术教育与培训系统及其管理

1. 职业技术教育与培训系统

1996 年修订施行的《职业教育法》第 13 条规定职业学校教育分为初等、中等、高等职业学校教育。初等、中等职业学校教育分别由初等、中等职业学校实施；高等职业学校教育根据需要和条件由高等职业学校实施，或者由普通高等学校实施。其他学校按照教育行政部门的统筹规划，可以实施同层次的职业学校教育。

初等职业教育主要由职业初中提供，此类学校一般设立在欠发达地区，课程一般为 3—4 年。中等职业教育学校包括中等专业学校（中专）、职业技术学校、高等职业学校和高等职业技术学校的中专，学制一般为 3 年。高等职业院校学制为 2—3 年，主要包括高等职业技术学院、高等技术专科学校和成人高等教育机构（UNESCO – UNEVOC，2017）。

2. 职业技术教育与培训的管理

中国的职业技术教育与培训由教育部以及人力资源和社会保障部共同管理。教育部职业教育与成人教育司主要负责管理中等职业学校和高等职业学校，同时负责中等职业教育专业目录拟定、学校设置标准、教材建设等相关工作；人力资源和社会保障部职业能力司主要负责管理技工院校，同时负责建立完善职业技能资格体系、建设高技能人才队伍。

（三）职业技术教育与培训发展状况

1. 职业技术教育在校生规模

（1）职业初中在校生规模

职业初中是中国中等教育的一种，学历等同于普通初级中学，学生毕业后可以自主就业，也可以进入职业高中或普通高中学习。2004—2016年间，中国职业初中在校学生数出现了明显的下降趋势，从 2004 年的52. 51 万人到 2016 年的不足 5000 人，占初中阶段在校学生数的比重也从2004 年的约 0. 80% 下降到 2016 年的不足 0. 01% ，中国职业初中在校生规模在过去 12 年间出现了大幅度萎缩，这在一定程度上反映了中国义务教育的普及和家庭对教育的重视程度，且可以预计，职业初中在未来将持续这种发展趋势（见图 5—6）。

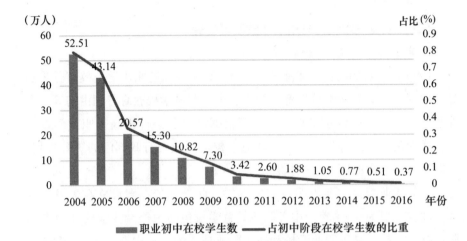

图5—6 2004—2016年中国职业初中在校学生数及其占比

数据来源：中华人民共和国国家统计局（2018a）。

（2）中等职业教育在校生规模

2004—2016年，中国中等职业教育在校学生数先从2004年的1409.25万人连续增长到2010年的2237.40万人，占中等教育在校生的比重也从2004年的13.78%增长到2010年的22.33%，达到顶峰；此后直至2016年，在校学生数和占中等教育在校学生数的比重均双双下降，到2016年，中等职业教育在校学生数为1599万人，比重仅占19.20%，与现代职业教育体系建设到2020年中等职业教育在校生数达到2350万人的目标仍有很大差距（见图5—7）。

2004—2016年，中国职业高中和技工学校在校学生数与中等职业教育在校学生数保持了相同的先升后降的发展趋势，其中，职业高中在校学生数的下降趋势更为明显，从2009年的778.42万人陡降到2016年的416.57万人；技工学校在校学生数的下降趋势较为缓和，由2011年的429.40万人下降到2016年的323.15万人（见图5—8）。

以2015年为例，中国中等职业学校在校学生基本分布在信息技术、加工制造、财经商贸、医药卫生、交通运输五大类，约占全部在校生的2/3（见图5—9）。

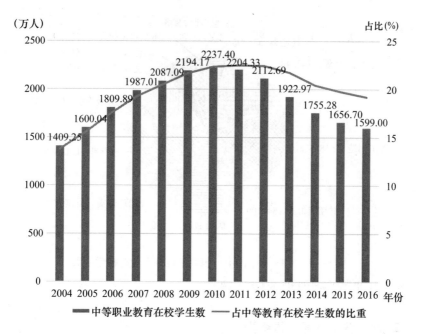

图 5—7 2004—2016 年中国中等职业教育在校学生数及其占比

数据来源：中华人民共和国国家统计局（2018a）。

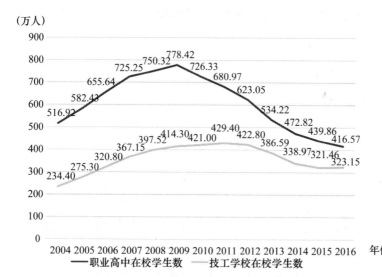

图 5—8 2004—2016 年中国职业高中与技工学校在校学生数

数据来源：中华人民共和国国家统计局（2018a）。

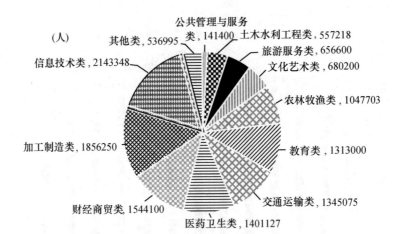

图5—9 2015年中国中等职业学校分专业在校学生数

数据来源：中华人民共和国国家统计局（2018a）。

2. 职业技术教育机构数量

（1）职业初中数量

2004—2016年，职业初中的数量变化更能反映出大幅度萎缩的发展趋势，从2004年的697所持续快速下降到2016年的16所（见图5—10）。

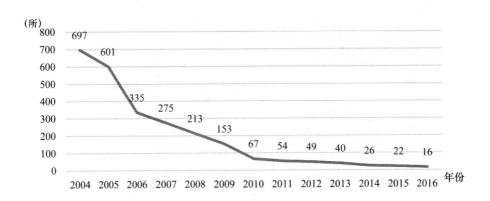

图5—10 2004—2016年中国职业初中数量

数据来源：中华人民共和国国家统计局（2018a）。

（2）中等职业学校数量

2004—2016 年，中国中等职业教育学校数在经历了 2004—2008 年的短暂增长后出现了持续下滑的趋势，到 2016 年下降到 10893 所；其中，职业高中、技工学校数量也分别下降到 2016 年的 3726 所、2526 所，后者虽已达到《技工教育"十三五"规划》提出的技工学校数量超过 2000 所的目标，但下滑趋势应引起关注（见图 5—11）。

图 5—11　2004—2016 年中国中等职业学校数量

数据来源：中华人民共和国国家统计局（2018a）。

2009—2015 年，中国民办中等职业教育学校数也出现了不断下降的趋势，到 2015 年下降到 2225 所，同时，占中等职业学校的比重也从 2010 年最高的 22.53% 下降到 2015 年的 19.86%。这一方面与中国规范民办职业教育学校、取缔不符合办学条件的民办中等职业教育学校有关，另一方面也反映了中国中等职业教育中私营部门的参与有待加强（见图 5—12）。

3. 职业技术教育专任教师数量

根据国家统计局的相关数据，2009—2016 年，中国职业初中专任教师数量均不足万人。而 2004—2016 年，中国中等职业技术教育专任教师数量，包括职业高中、技工学校专任教师数量，则均保持了较为稳定的发展趋势，分别稳定在 80 万人、29 万人、20 万人左右（见图 5—13）。

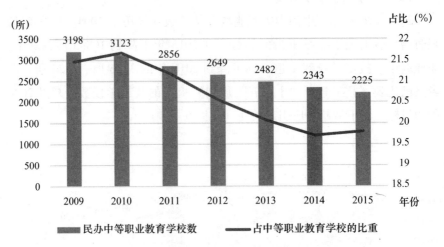

图5—12　2009—2015年中国民办中等职业学校数量及其占比

数据来源：中华人民共和国国家统计局（2018a）。

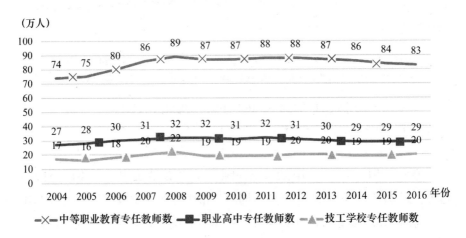

图5—13　2004—2016年中国中等职业教育、职业高中、技工学校专任教师数量

数据来源：中华人民共和国国家统计局（2018a）。

4. 职业技术国家财政性教育经费

1997—2011年，中国技工学校国家财政性教育经费虽然在绝对值上总体保持了增长趋势，但其占国家财政性教育经费的比重却出现了较为明显的下滑，到2011年，所占比重仅为0.67%，职业教育的财政投入仍需提升（见图5—14）。

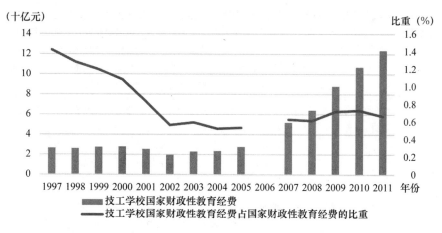

图5—14 1997—2011年中国技工学校国家财政性教育经费

数据来源：中华人民共和国国家统计局（2018a）。

整体来说，中国职业技术教育与培训相关法律、法规、规划与发展政策等的出台为职业教育的发展奠定了法律与政策基础，但是根据国家统计局的相关统计数据，近年来，中国职业技术教育与培训的发展趋势却不容乐观，在校生规模、院校数量、财政投入均出现了不同程度的下滑。中国应采取多项政策提高职业技术教育与培训和实际就业需求之间的协调，加强职业技术教育与普通教育间的联系，促进行业协会、用人单位等多主体的参与。

三 老挝职业技术教育与培训发展状况

（一）职业技术教育与培训法律法规、规划及政策

老挝职业技术教育与培训的主要目标是促进该国社会经济发展，实现减贫目标，并帮助该国在2020年之前脱离最不发达国家的行列，相关法律法规、规划及政策如表5—3所示。

表5—3　　老挝职业技术教育与培训相关法律法规、规划及政策

类型	名称	内容
法律法规	《职业教育与技能开发总理法令》（2010年通过）	提出改革职教管理体系；突出职业教育地位，促进职业教育协同发展；畅通职业教育路径，提高职业教育入学比率；建立多元化职业教育服务，扩大职业教育参与度；加快建立国家资格证书框架；鼓励发展私立职业教育；加大财政支持和经费扶持力度；提高职业教育师资地位和待遇
	《教育法》（2007年修订）	规定政府有义务扩大中等教育，为老挝公民掌握基本知识和职业技能或进修创造条件；政府根据劳动力市场和老挝公民就业的需要，规划和发展职业教育；职业教育的发展须得到政府有关部门的支持，需要国有和民营企业的参与
规划与政策	《职业技术教育与培训战略（2006—2020年)》	总体目标是：在每个省和某些条件有利的地区建立至少一所职业技术教育与培训学校和/或培训中心；增加全国60%的中学毕业生获得职业技术教育与培训的机会，提高女性、贫困人群、残疾人和少数族裔群体获得职业教育的机会；对职业培训进行分类，制定职业标准和课程；在有条件的学校中，将职业科目引入普通教育课程，并对这些科目进行试点测试；建立职业咨询制度；提高职业教育师资水平；建立职业技术教育与培训质量保障和评估体系，确保劳动力培训的有效性；改善职业技术教育与培训的管理体系；制定职业技术教育与培训相关政策、法规
	《教育部门发展规划（2016—2020年)》	提供符合老挝每个时期社会经济增长要求的相关基础后教育，培养可与东盟成员国相竞争的劳动力：9年级毕业生接受职业技术教育与培训的比率达到5%；12年级毕业生接受职业技术教育与培训（包括公立和私立）的比率达到60%；到2019/2020年，职业技术教育与培训部门的财政投入提高到教育部门财政投入的4.2%

（二）职业技术教育与培训系统及其管理

1. 职业技术教育与培训系统

2009—2010年，老挝将其教育系统从11年制学校改为12年制，包括五年小学、四年初中和三年高中。职业技术教育与培训是老挝国内一个相对较新的领域，相关机构尚不够强大。劳动和社会福利部负责12个月以下的短期技能发展培训；12个月以上的培训称为职业技术教育与培训，由教育和体育部、工业和商业部、卫生部等职能部门负责（International Labour Organization，2016）。

老挝的职业技术教育与培训可分为初、中、高三级：初等职业教育招收初中毕业生或同等学力者，学习时间六个月至三年不等；中等职业教育招收初级职业教育毕业生、高中毕业生或同等学力者，学习时间1—3年；高级职业教育招收中级职业教育毕业生、高中毕业生或同等学力者，学习时间1—3年。

完成初中学业的学生在接受"9+3"常规课程后，可获得职业教育证书。经过六个月的继续教育后，可获得职业教育与培训一级证书；此后，再经过六个月的继续教育后，可获得职业教育与培训二级证书；获得职业教育与培训三级、四级证书则需要再获得相应证书后分别再接受一年的继续教育；高中毕业生或取得职业教育证书的学生完成"12+2"常规课程后可获得技术教育文凭；已拥有职业教育与培训四级证书的学生在完成1—2年的连续课程后可获得职业教育文凭；高中毕业生完成2—3年的常规课程或已拥有技术教育文凭的学生在接受1—2年的课程（包括常规课程和继续教育课程）后，可获得技术教育高级文凭；已拥有技术教育高级文凭的学生在接受至少1.5年的常规课程或继续教育课程后，可获得学士学位（UNESCO，2013）。

2. 职业技术教育与培训的管理

2002年，老挝成立了国家培训理事会，负责制定职业技术教育与培训的相关政策，是协调公共和私营部门职业技术教育与培训的"最高机构"，由来自劳动者、用人单位、工会、部委等不同部门的代表组成。

老挝教育与体育部、劳动与社会福利部则是老挝职业技术教育与培训的主要管理机构。隶属于教育与体育部的职业技术教育与培训司设立于2008年（从高等教育发展司中脱离），负责实施职业技术教育与培训政策。劳动与社会福利部技能发展司负责技能开发和技能评估，和教育与体育部不同，劳动与社会福利部开展的培训通常持续时间较短，多为未经认证的非正规课程。

（三）职业技术教育与培训发展状况

1. 职业技术教育与培训在校生规模

1985—2013年，老挝职业技术教育在校生规模得到了一定程度的发展，其中高级文凭类课程的发展尤为突出，证书类、文凭类课程在经历了 1985—2005 年的增长后，均出现了不同程度的下降。到 2013 年，老挝职业技术教育与培训证书类、文凭类、高级文凭类课程的学生数分别达到 3301 人、10176 人、30140 人，占比分别达到 7.57%、23.33%、69.10%，高级文凭类课程学生数已占全部课程的 2/3 以上（见图 5—15）。

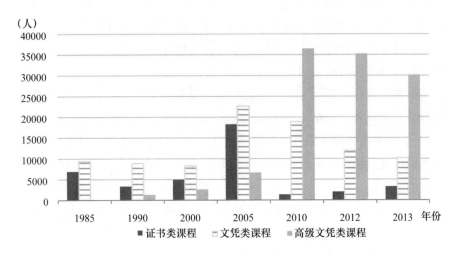

图 5—15 1985—2013 年老挝职业技术教育与培训在校学生数

数据来源：Phouvieng Phoumilay（2014）。

2. 职业技术教育与培训学校数量

1985—2010 年，老挝职业技术教育与培训学校数量的发展趋势与此阶段在校生规模的发展趋势保持一致，提供证书类课程的学校数量由 1985 年的 62 所下降到 2010 年的 17 所，提供文凭类课程的学校则始终未超过 40 所，而提供高级文凭类课程的学校则从 1990 年的 6 所增加到 2010 年的 109 所（见图 5—16）。

3. 职业技术教育与培训师资状况

2008/2009—2013/2014 年，老挝职业技术教育与培训教师数量保持了较为稳定的增长趋势，到 2013/2014 年，该国职业技术教育与培训教师数量达到 2036 人，较 2008/2009 年增长了 60.82%（见图 5—17）。

近年来，老挝职业技术教育与培训得到了一定程度的发展，表现在：在校生规模、院校数量、师资规模的扩大；2002 年国家培训委员会的成

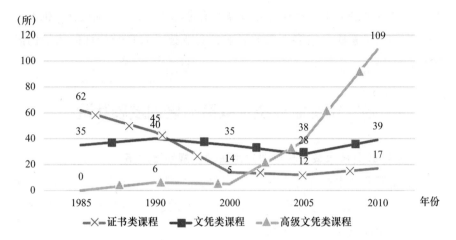

图 5—16 1985—2010 年老挝职业技术教育与培训学校数量

数据来源：Phouvieng Phoumilay（2012）。

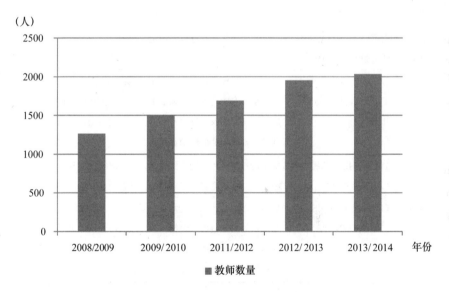

图 5—17 2008/2009—2013/2014 年老挝职业技术教育与培训教师数量

数据来源：Phouvieng Phoumilay（2014）。

立；职业技术教育与培训法律法规与发展政策的出台；等等。然而，老挝职业技术教育与培训仍面临着诸多挑战，如职业技术教育与培训的覆盖率仍然较低，特别是在农村和偏远地区；职业技术教育与培训系统不能符合社会经济发展的需求，特别是劳动力市场的需求；由于基础设施、机器设备、教学人员素质等诸多因素的影响，职业技术教育与培训的质量仍然较低。

四　缅甸职业技术教育与培训发展状况

（一）职业技术教育与培训法律法规、规划及政策

缅甸职业技术教育与培训的目标是培养技术工人和具有实践知识的熟练人员，为国家建设事业作出贡献。缅甸职业技术教育与培训相关法律法规、规划及政策如表5—4所示。

表5—4　　　缅甸职业技术教育与培训相关法律法规、规划及政策

类型	名称	内容
法律法规	《国家教育法》（2014年通过）	第五章对职业教育进行了规定
	《联邦技术、农业与职业教育法》（1989年修订）	提出主要目标是培养工业建设需要的技术人才和手工艺工人；培养农业技术人才和手工艺人才，把现代化技术广泛地应用于国家的农业发展；根据需要开展与国家的政治、经济和社会制度相适应的职业教育
	《就业与技能发展法》（2013年通过）	提出设立就业和技能发展机构，建立培训中心和技能评估中心，举办技能竞赛，建立职工技能发展基金
规划与政策	《教育战略发展规划（2016—2021年）》	提出《职业技术教育与培训行动方案》，扩大职业技术教育与培训的覆盖范围，包括少数民族、弱势群体以及残疾人在内的各种目标群体；提高职业技术教育与培训的质量和重要性；加强职业技术教育与培训的管理

（二）职业技术教育与培训系统及其管理

1. 职业技术教育与培训系统

2004年，缅甸进行了教育改革，将基础教育由十年制改为十一年制，其中小学五年制、中学六年制。未完成小学教育的学生可选择进入家政学校和贸易学校学习，这些学校有助于学生掌握一定的劳动技能，为将来进

入劳动力市场做准备。

正式的职业技术教育由职业学校、技术高中或农业高中提供。贸易学校则提供较短的兼职夜间课程。工业部下属的教育与培训机构提供中学后的职业技术教育与培训，包括机械和电子等领域，完成学业之后，学生也可以参加基础教育高中考试，进入公立技术学院、国家农业研究所、商学院等继续深造。

中学毕业生也可选择经认证的技术学院或大学。该系统的目标是培养国家公共和私营部门的熟练劳动力。技术学院或大学学制为二年、四年、五年不等，完成相应学业可分别获得政府技术学院（AGTI）的会员资格、技术学士学位（B. Tech）或工程学士学位（UNESCO – UNEVOC，2014b）。

缅甸教育研究局负责监督缅甸的非正规教育。非正规的职业技术教育与培训课程主要面向残疾人、农村人口、辍学和失学青年以及失业或贫困青年等，通常由非政府组织和国际组织提供，旨在扫盲、解决社会经济问题，在满足农村地区青年和成年人的就业需求方面发挥着重要作用。

2. 职业技术教育与培训的管理

缅甸职业技术教育与培训的职能分布在 19 个部委中，负责职业技术教育与培训的主要部门是：（1）农业和灌溉部；（2）边境事务部；（3）商务部；（4）中小企业合作部；（5）文化部；（6）国防部；（7）教育部；（8）环境保护和林业部；（9）卫生部；（10）酒店和旅游部；（11）工业部；（12）劳动、就业和社会保障部；（13）畜牧和渔业部；（14）铁路运输部；（15）宗教事务部；（16）科学技术部；（17）社会福利、救济和安置部；（18）体育部；（19）运输部。

整体而言，缅甸职业技术教育与培训面临着诸多挑战，包括培训和技能之间的不匹配，供需不匹配，缺乏足够的行业参与、师资、基础设施等。对缅甸来说，与高等教育相比，提升职业技能教育与培训似乎是一个更迫切的需求，因其更符合缅甸工业化经济的要求（Organisation for Economic Cooperation and Development，2015）。

五　泰国职业技术教育与培训发展状况

（一）职业技术教育与培训法律法规、规划及政策

泰国职业技术教育与培训的使命是培养高技能人力资源，确保泰国继续在国际劳务和经济市场中发挥重要作用，泰国制定了多项职业技术教育与培训相关法律法规、规划及政策，如表5—5所示。

表5—5　　泰国职业技术教育与培训相关法律法规、规划及政策

类型	名称	内容
法律法规	《国家教育法》（1999年通过）	第20条规定职业技术教育与培训机构包括公立学校、私立学校、培训公司或学校与企业合作办学
	《职业教育法》（2008年通过）	规定了国家职业技术教育与培训体系与各种形式的职业技术教育与培训，发展劳动力技能，并根据市场需求提升职业技术教育与培训的质量
规划与政策	《国家教育规划（2017—2036年)》	提出建立符合就业市场和国家经济社会发展需求的技能人力资源；提高职业教育学习者比例，提高职业教育的各个专业学生获得技能资格的比例；完成职业教育的受教育者一年内就业的比例达到100%（继续学习除外）；培养泰国4.0发展战略所需能力学生的职业教育和高等教育机构的数量增加

（二）职业技术教育与培训系统及其管理

1. 职业技术教育与培训系统

正规的职业技术教育与培训计划在中等教育阶段提供。中等院校和高等院校提供高中阶段的正式职业技术教育与培训计划，学制为三年。提供正式职业技术教育与培训的高等教育机构可分为以下几类：（1）技术学院；（2）职业学院；（3）农业和技术学院；（4）商业学院；（5）工业和造船技术学院；（6）渔业学院；（7）管理和旅游学院；（8）理工学院；（9）汽车工业学院；（10）工艺美术学院（UNESCO – UNEVOC，2015）。

泰国的职业教育与培训系统主要基于德国模式，学生可以参加双系统和学徒计划。双系统计划部分由教育部下属的职业学院组织，部分由企业

家、国有企业或政府机构组织。双系统计划持续三年，其中超过一半的时间为实践。

泰国的职业技术教育与培训系统与国家、地区和社区需求相关联。学生可以选择大学提供的九个专业：（1）贸易和工业；（2）工艺品；（3）家政；（4）商业和工商管理；（5）旅游业；（6）农业；（7）渔业；（8）纺织工业；（9）信息和通信技术。

在正式的职业技术教育与培训系统中，学生还可以参加简短的职业技术课程，通常持续时间长达 225 小时。这些职业技术教育与培训计划针对的是那些至少完成小学教育并旨在获得高等教育或提高劳动职业技能的人。完成 3—5 年短期课程的学生将获得证书。普通学历教育的学生也可以选择短期职业技术教育与培训计划，作为专业或辅修、选修相应课程。

高等教育阶段的职业技术教育与培训计划由高等院校提供。职业技术教育与培训计划通常分两个周期提供，每个周期为两年。高等院校也提供为期两年的副学士学位课程。

完成两年制中学后职业技术教育课程的学生可以转到本科课程，通过相应考试后，学生可获得本科学历。

非正式的职业技术教育培训和成人课程旨在培养学生的职业技能，以便应对失业和满足社区需求，包括：（1）生活技能发展的短期职业培训方案；（2）就业技能培训；（3）通过应用信息和通信技术的远程培训等。非正式的职业技术教育与培训计划以多种方式组织，社区中心和教育科学中心是主要的课程提供者。

2. 职业技术教育与培训的管理

泰国教育部负责正式的职业技术教育与培训。具体而言，教育部下设的职业教育委员会是负责泰国职业技术教育与培训体系管理的主要机构，其职责包括：制定相关政策、发展计划、标准和课程；协调改进职业技术教育与培训计划和专业标准；培养职业技术教育与培训师资；协调政府和私营部门。委员会还负责管理泰国各地职业学院，学院招生规模一般为300—6000 名学生。

私营部门在提供双系统职业技术教育与培训和学徒计划方面也发挥着重要作用。企业家、国有企业和政府机构需要与委员会管理的职业学院签订协议，并在允许学生参加实践课程之前制定课程和评估方法。

非正式的职业技术教育与培训计划由教育部的非正式教育办公室负责，职责是制定相关政策、计划和战略；促进利益相关者之间的合作；监督和评估非正式职业技术教育与培训计划。

（三）职业教育与培训发展状况

2016 年，泰国共计 696627 人参与了各种形式的职业教育与培训，其中职业教育证书类课程参与人数最多，达到 445850 人，占比约 2/3；其次为大专层次课程，占比 35.00%；本科层次课程占比最低，仅为 0.99%（见图 5—18）。

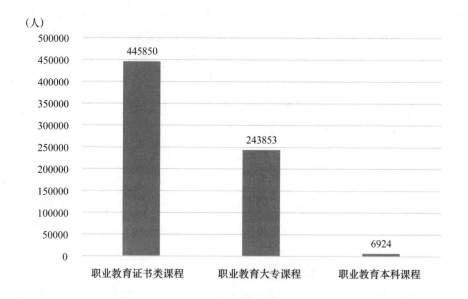

图 5—18　2016 年泰国职业教育与培训参与人数

数据来源：泰国教育部职业教育委员会（Vocational Education Commission, Ministry of Education of Thailand, 2016）。

2016 年，泰国职业教育与培训专业中，贸易与工业类最受欢迎，占比达到 54.98%；其次是商业与企业管理类，占比达到 32.14%；包括旅游业、农业、家政学、工艺美术、信息技术、渔业、纺织业在内的七类专业占比不足 20%（见图 5—19）。

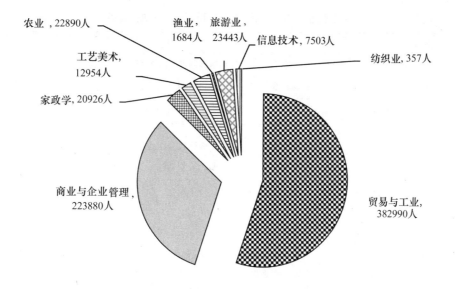

图5—19　2016年泰国职业教育与培训参与人员数量（分专业）

数据来源：泰国教育部职业教育委员会（Vocational Education Commission, Ministry of Education of Thailand, 2016）。

　　泰国职业技术教育与培训的目标是将人力资源开发到劳动力市场所需的水平，政府出台了多项推广职业技术教育与培训的措施，如加强相关机构与工业团体和其他利益相关者之间的合作，改善政府对国家职业技术教育与培训体系的政策框架。泰国的职业技术教育与培训系统同样面临着诸多挑战，包括课程的质量和种类、与私营部门的合作、师资的培养与发展等。

六　越南职业教育与培训发展状况

（一）职业教育与培训法律法规、规划及政策

　　越南职业教育和培训的目标是培养一支技术熟练的劳动力队伍，使该国在区域和全球范围内具有经济竞争力，越南政府已将职业技能培训和促进就业作为其发展目标的核心，相关法律法规、规划及政策如表5—6所示。

表 5—6 越南职业教育与培训相关法律法规、规划及政策

类型	名称	内容
法律法规	《职业教育与培训法》（2015 年修订）	规定了职业教育和培训制度，涵盖职业培训机构的组织和运作以及参与职业培训的组织和个人的权利和义务；规定了职业教育与培训目标；鼓励私营部门通过土地、税收、信贷参与提供职业教育与培训；支持技术工人参与职业培训，特别是农村地区的传统职业工人；鼓励社会组织、专业组织参与制定有关职业教育与培训的战略、规划和政策
	《教育法》（2005 年生效）	第三章对职业教育进行了规定，包括发展目标、职业教育与培训计划的持续时间、课程内容和教学法、机构类型、证书和文凭类型
规划与政策	《教育发展战略（2006—2020 年)》	完善职业教育系统，培养出一批有创造力、独立思维、责任感、职业道德、技能、外语能力、劳动技术、创业能力，能适应不断变化的劳动力市场的劳动者；到 2020 年，职业教育机构具备接收 30% 初级中学毕业生的能力，接受职业教育和大学教育的劳动者达到约 70%

（二）职业教育与培训系统及其管理

1. 职业教育与培训系统

越南为初中毕业生提供初级职业技术教育与培训，学习时间为三个月到一年，由劳动、荣军与社会事务部下设的职业培训中心以及其他部委下属的相关机构提供课程。初级培训的毕业生将获得一、二或三级证书，具体取决于所选课程和持续时间。经过初级培训的毕业生可以参加中等职业教育与培训的继续教育（UNESCO - UNEVOC，2018）。

中等职业教育和培训在高中阶段提供，持续时间最长为两年，招收初中毕业生和完成初中教育的学生，由部委和机构下设的职业中学授课。完成中等职业教育与培训的毕业生可进入高职学院接受进一步的职业技术教育与培训。

高等职业教育与培训由高职学院提供，持续 2—3 年，接收高中毕业生和在高中阶段完成中等职业教育与培训的学生，由职业学院、各部委及相关机构的学院提供。完成学业后，毕业生可以升读（普通）高等教育

学士学位课程。

越南非正式的职业教育与培训被称为继续职业教育和培训（C - VET）。《职业教育与培训法》（2015 年）将其定义为在初级、中级和大学级别提供的在职、通信或指导性自学的培训。灵活或兼职的职业培训计划也属于继续职业教育和培训。职业教育培训的持续时间取决于方案和目标受训人员的类型（如失业青年、少数民族群体、残疾人以及希望接受进一步培训的就业人员等）。

根据《职业教育与培训法》（2015 年）的规定，所有课程必须得到劳动、荣军与社会事务部的批准，并在该部注册。然而，由于越南资格框架 2016 年才得到批准并付诸实施，因此对非正式职业技术教育与培训的认可和确认仍然是一个问题。

2. 职业教育与培训的管理

2016 年 9 月 3 日之前，越南职业教育与培训由教育与培训部以及劳动、荣军与社会事务部管理。越南政府于 2016 年 9 月 3 日通过第 76/NQ - CP 号决议，指定劳动、荣军与社会事务部作为越南国家职业教育与培训体系的唯一负责部门，负责初级职业培训（部分由职业培训中心提供）、中级职业培训（由职业中学提供）和高等职业培训（由职业学院提供），该部下设的职业教育和培训总局是管理和实施职业教育与培训的具体部门。

除劳动、荣军与社会事务部外，其他部委、社会组织、私营部门也在职业教育与培训的发展中发挥着重要作用。例如，建设部、工业与贸易部以及文化、体育与旅游部等其他部委也提供职业教育与培训计划。此外，妇联、农民联盟和青年联盟等组织也设有职业培训中心，提供短期或长期职业培训计划。

（三）职业教育与培训发展状况

2016 年是越南《职业教育与培训法》实施的第二年，可被视为越南新的国家职业教育与培训系统运行的起始年，尽管直到 2016 年底，职业教育与培训系统的国家管理功能才从教育与培训部转移到劳动、荣军与社会事务部。

1. 职业教育与培训人数

如图5—20所示，截至2016年12月31日，越南当年参加职业和专业培训的人员总数为2367654人，其中高等层次职业教育与培训的人数占总人数的10.20%；中级培训入学人数占总人数的12.26%；初级培训和三个月以下培训的人数占总人数的近八成。

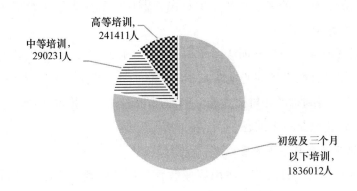

图5—20　2016年越南参与职业教育与培训人员数量

数据来源：越南劳动、荣军与社会事务部职业教育和培训管理局（Directorate of Vocational Education and Training Administration Office, Ministry of Labour – Invalids and Social Affairs of Vietnam, 2018）。

2. 职业教育与培训学校数量

如图5—21所示，截至2016年10月30日，越南共有1972所职业教育与培训机构，与2015年相比，显著增加了34.42%。各类职业教育与培训机构的增长率不同。具体而言，高职学院增长了103.68%；职业中学的数量增加了96.79%；职业教育与培训中心的数量增加了3.71%。总的来说，职业教育与培训机构数量增加的原因不是新职业技术教育与培训机构的建立，而主要是因为教育与培训部下的专业培训机构与劳动、荣军与社会事务部下的职业培训机构的合并。

按照《职业教育与培训法》，越南共有三种类型的职业教育与培训机构：公立、私立和外资职业教育与培训机构。截至2016年10月30日，职业教育与培训机构的总数为1972所，其中公立占66.28%。在1307所公立机构中，高职学院占23.26%，职业中学占23.57%，职业教育与培

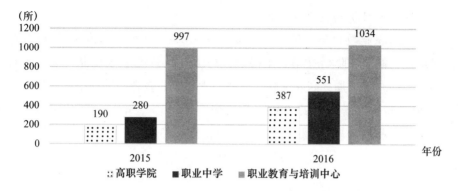

图5—21　2015—2016 年越南职业教育与培训机构数量

数据来源：越南劳动、荣军与社会事务部职业教育和培训管理局（Directorate of Vocational Education and Training Administration Office, Ministry of Labour – Invalids and Social Affairs of Vietnam, 2018）。

训中心占比超过一半；非公立机构（包括私人和外资机构）占总数的 33.72％；非公立职业教育与培训机构中，高职学院的数量仍然很少（见图5—22）。

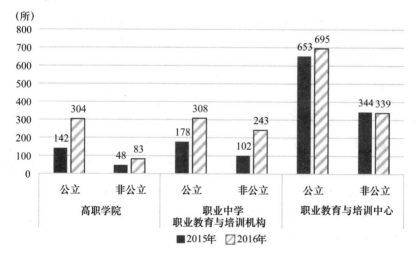

图5—22　2015—2016 年越南职业教育与培训公立与非公立机构数量

数据来源：越南劳动、荣军与社会事务部职业教育和培训管理局（Directorate of Vocational Education and Training Administration Office, Ministry of Labour – Invalids and Social Affairs of Vietnam, 2018）。

3. 职业教育与培训师资状况

越南职业教育与培训的教师数量在 2013—2016 年总体上保持稳定，经历了小幅度下降后又得到了回升；2016 年，各类职业教育与培训的教师人数均有所增加，高职学院、职业中学、职业教育与培训中心教师人数较 2015 年分别增加了 23.30%、7.03%、16.50%，增长的部分原因也是两部委职业教育与培训机构的合并（见图 5—23）。

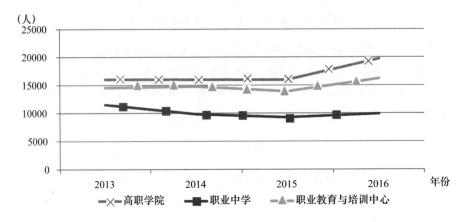

图 5—23　2013—2016 年越南职业教育与培训机构教师数量

数据来源：越南劳动、荣军与社会事务部职业教育和培训管理局 （Directorate of Vocational Education and Training Administration Office, Ministry of Labour – Invalids and Social Affairs of Vietnam, 2018）。

2016 年，随着教师数量的增加，教师素质也得到了提高：拥有硕士以上学历的教师人数占 23.54%，比 2015 年增加 22.10%；拥有本科或大专学历的教师人数占 54.02%，较 2015 年增长了 8.49%，然而，与 2015 年相比，在总人数中的比例有所下降（2015 年为 55.45%）；中专学历教师占 8.47%；其他学历占比略高于 14%（见图 5—24）。

4. 职业教育与培训经费状况

根据《国家预算法》《教育法》《职业教育与培训法》和其他规定，越南职业教育与培训机构的经费来自国家预算和其他非国家财政资源。如图 5—25 所示，2011—2016 年，整体来说，国家财政预算约占 85.65%；学费约占 10.41%；职业教育与培训机构提供的服务收入约占 1.08%；国内外组织和个人的投资和捐赠约占 2.86%。

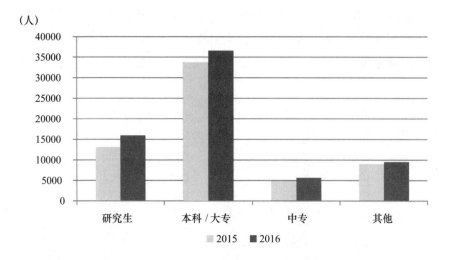

图5—24　2015—2016年越南职业教育与培训机构各学历教师数量

数据来源：越南劳动、荣军与社会事务部职业教育和培训管理局（Directorate of Vocational Education and Training Administration Office，Ministry of Labour – Invalids and Social Affairs of Vietnam，2018）。

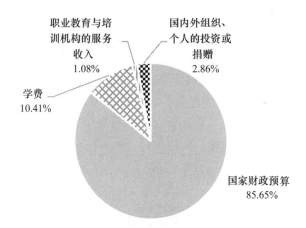

图5—25　2011—2016年越南职业教育与培训经费来源结构（合计）

数据来源：越南劳动、荣军与社会事务部职业教育和培训管理局（Directorate of Vocational Education and Training Administration Office，Ministry of Labour – Invalids and Social Affairs of Vietnam，2018）。

如图 5—26 所示，2011—2016 年期间，职业教育与培训经费结构总体上呈现相对稳定的发展趋势，国家财政预算始终是职业教育与培训最主要的经费来源。

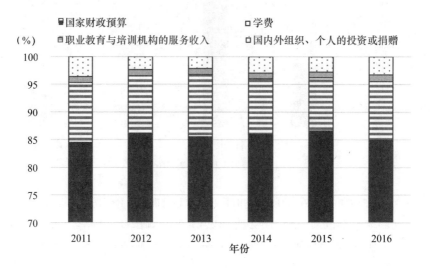

图 5—26　2011—2016 年越南职业教育与培训经费来源结构（按年度）

数据来源：越南劳动、荣军与社会事务部职业教育和培训管理局（Directorate of Vocational Education and Training Administration Office，Ministry of Labour – Invalids and Social Affairs of Vietnam，2018）。

近年来，越南职业教育与培训取得了突破性进展，主要表现在：2015 年《职业教育与培训法》的出台；职业教育与培训管理机构的明确；职业教育与培训的参与人数、机构数量、师资状况、经费保障情况的改善。同时也应注意到，仍然存在初级培训与三个月以下培训的占比较高，社会参与、师资素质有待改善等问题。《职业教育与培训法》同时规定了职业教育和培训的社会化，鼓励组织和个人参加职业教育与培训活动，应推动职业技术教育与培训机构的多样化，促进职业教育与培训机构与国内外个人和企业的合作，调动财政、人力和技术资源，提高培训服务质量。同时，有必要制定新政策，确保公立和非公立机构之间的"平等"；为私营职业教育与培训机构提供技术支持，包括培训计划、培训材料、教学和管理人员的培训与再培训。

七　澜湄国家职业技术教育与培训的特点

联合国教科文组织《关于职业技术教育与培训的建议书》指出，职业技术教育与培训通过增强个人、组织、企业和社区的能力以及促进就业、体面的工作和终身学习，促进包容和可持续的经济增长及竞争力、社会公平和环境可持续性，对可持续发展起着促进作用（UNESCO，2016a）。澜湄国家根据其社会经济发展水平，采取了多项措施促进职业技术教育与培训的发展，除柬埔寨外，其他五国均制定了职业技术教育与培训的专门法律法规，为职业技术教育与培训的发展提供了法律保障（见表5—7）；六国均设置了专门机构负责职业技术教育与培训，为职业技术教育与培训的发展提供了组织机构保障；六国也在相关文件中明确了职业技术教育与培训的融资与师资培养措施。

表5—7　澜湄国家职业技术教育与培训相关法律法规、规划及政策

国家	专门法律法规	相关法律法规	专门发展规划与政策	相关发展规划与政策
柬埔寨		√	√	√
中国	√	√	√	√
老挝	√	√	√	√
缅甸	√	√		√
泰国	√	√		√
越南	√	√		√

然而，本章内容显示，澜湄国家职业技术教育与培训的发展趋势并不尽如人意，并没有随着社会经济的发展同步提升，其中又以中国最为明显，近20年来，中国职业技术教育在校生规模、院校数量、财政投入均呈现出不同程度的下滑。这种发展趋势一方面与东亚国家在某种程度上受到儒家传统思想影响，存在一定的鼓励学生继续进行通识教育的倾向有关；更为重要的是，澜湄国家职业技术教育与培训质量不高，与市场所需劳动力技能不匹配。对澜湄国家来说，高素质的劳动力是实现工业化的基础。六国有必要尽快摸清各国人力资源需求、就业需求和培训需求，发布

就业需求清单；完善职业技术教育与培训的法律法规和总体规划；提高职业技术教育和培训的质量和效率；增进公众对职业技术教育与培训的了解，改善职业技术教育与培训的形象，在普通中小学设置职业指导和咨询课程，为学生明确职业发展道路；改善公共职业技术教育与培训机构的运作；对欠发达地区的职业技术教育与培训机构实施财政倾斜政策；建立企业、行业协会与职业技术教育与培训机构之间密切合作的机制。

第 六 章

澜湄国家就业趋势比较

本章主要依据国际劳工组织数据，比较分析澜湄国家就业人数、劳动参与率、失业率、就业者受教育程度、技术等级、就业状态、收入水平、劳动生产率等趋势和特点。

一　澜湄国家就业人数比较

下文首先对澜湄国家就业人数的绝对量，以及各国就业人数占世界就业人数的比重进行比较；其次，比较六国就业人数占各国人数比例；最后，分性别比较六国就业人数的绝对量和相对量。

（一）就业人数总量比较

1. 就业人数绝对量比较

比较 2000—2021 年澜湄国家就业人数，可以看出，中国就业人数远远高于其他各国，越南、泰国、缅甸、柬埔寨、老挝就业人数依次递减。中国就业人数在经历了 2000—2007 年的高速增长后，增速明显放缓，2015 年达到最高峰值 7.65 亿。此后出现下降趋势，国际劳工组织预测，由于中国人口老龄化，未来就业人口将加速下降。湄公河国家的就业人数均呈现持续增长态势，其中越南的增长最为明显。这与越南在湄公河国家中总人口增长最为明显的情况相吻合。详见图 6—1、图 6—2。

2. 各国就业人数占世界就业人数比例

比较 2000—2021 年澜湄国家就业人数占世界就业人数比重，可以看出，中国就业人数占世界就业人数比重呈持续下降趋势，其下降趋势在澜

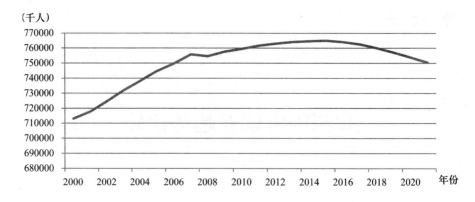

图 6—1　2000—2021 年中国就业人数

数据来源：国际劳工组织（International Labour Organization，2018c）。

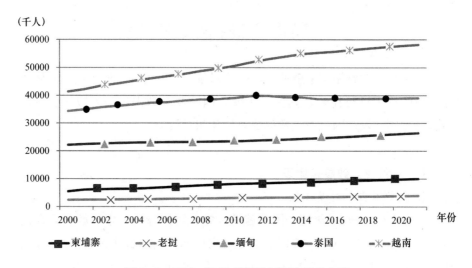

图 6—2　2000—2021 年湄公河国家就业人数

数据来源：国际劳工组织（International Labour Organization，2018c）。

湄国家中最为明显。柬埔寨和老挝的就业人数相对量呈稳步上升趋势；缅甸和泰国呈总体下降趋势；越南在 2000—2014 年呈上升趋势，此后略有下降。详见图 6—3、图 6—4。

3. 就业人数占本国总人数比例

比较 2000—2017 年澜湄国家就业人数占各国人口比例，以及世界就

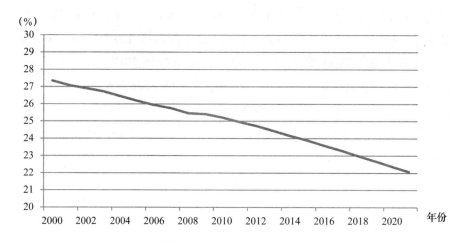

图6—3 2000—2021年中国就业人数占世界就业人数比重

数据来源：国际劳工组织（International Labour Organization，2018c）。

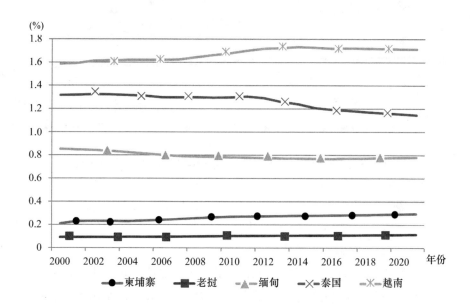

●—柬埔寨 ■—老挝 ▲—缅甸 ×—泰国 ※—越南

图6—4 2000—2021年湄公河国家就业人数占世界就业人数比重

数据来源：国际劳工组织（International Labour Organization，2018c）。

业人数占世界总人口比例，可以看出，世界就业人数占总人口比例稳中有降，从2000年的60.7%下降到2017年的58.5%，澜湄国家的就业占比均始终明显高于世界水平。柬埔寨和越南总体呈上涨趋势，其他国家总体呈下降趋势。中国就业人数占总人口比例的下降趋势最为明显，其次是缅甸，两国分别从 2000 年的 73.7% 和 70.9% 下降到 2017 年的 65.7% 和 64.6%。柬埔寨起伏最为明显，2017 年，柬埔寨的就业人数占总人口比例最高，达到84.5%；老挝和越南的比例相近，分别为77.8% 和76.6%；泰国、中国和缅甸的比例相近，分别为 67.8%、65.7%、64.6%。详见图 6—5。

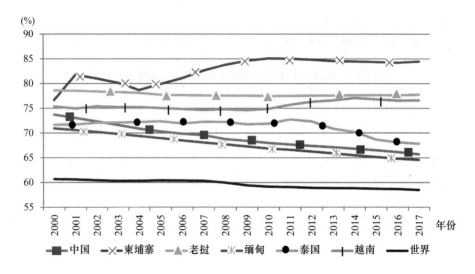

图6—5　2000—2017 年世界及澜湄国家就业人数占总人口比例

数据来源：国际劳工组织（International Labour Organization，2018c）。

（二）男、女就业人数比较

分性别比较 2000—2021 年澜湄国家就业人数绝对量，中国的男性就业人数在 2017 年出现最高值，预计未来将缓慢下降；而中国女性就业人数较男性提早出现峰值，2014 年后呈下降趋势，且预计未来将呈指数型下降。湄公河国家的男性、女性就业人数发展趋势基本一致，男性就业人数均多于女性。详见图 6—6 至图 6—9。

中国女性就业人数相对量始终高于男性，下降趋势较男性明显。湄公河国家的男性就业人数相对量高于女性。详见图 6—10 至图 6—13。

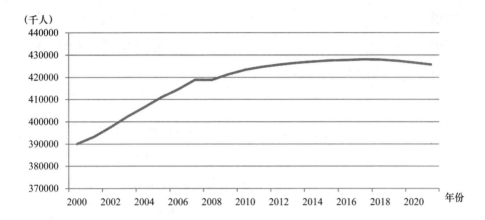

图6—6　2000—2021年中国男性就业人数

数据来源：国际劳工组织（International Labour Organization，2018c）。

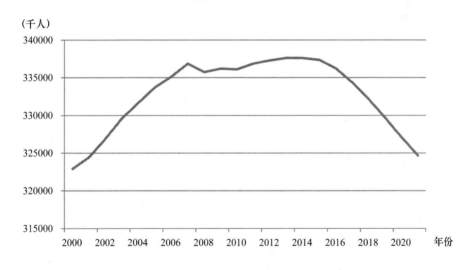

图6—7　2000—2021年中国女性就业人数

数据来源：国际劳工组织（International Labour Organization，2018c）。

（千人）

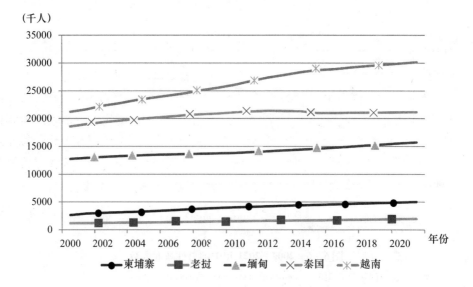

图6—8　2000—2021年湄公河国家男性就业人数

数据来源：国际劳工组织（International Labour Organization，2018c）。

（千人）

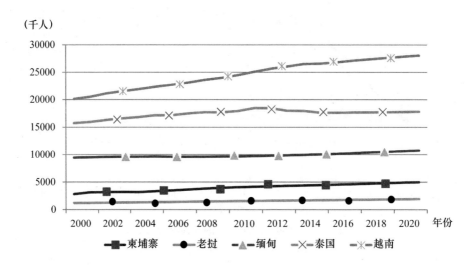

图6—9　2000—2021年湄公河国家女性就业人数

数据来源：国际劳工组织（International Labour Organization，2018c）。

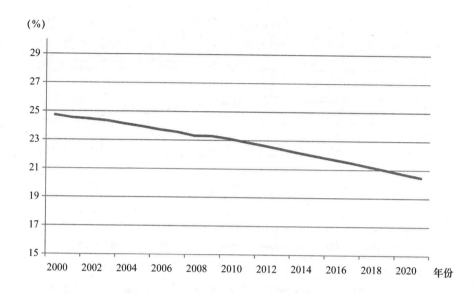

图6—10　2000—2021年中国男性就业人数占世界就业人数比重

数据来源：国际劳工组织（International Labour Organization，2018c）。

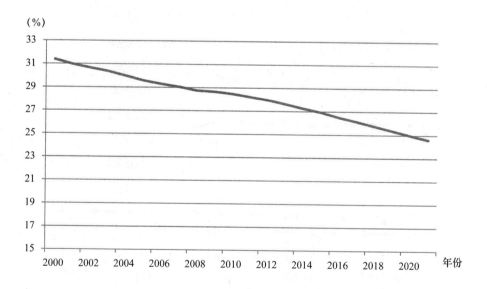

图6—11　2000—2021年中国女性就业人数占世界就业人数比重

数据来源：国际劳工组织（International Labour Organization，2018c）。

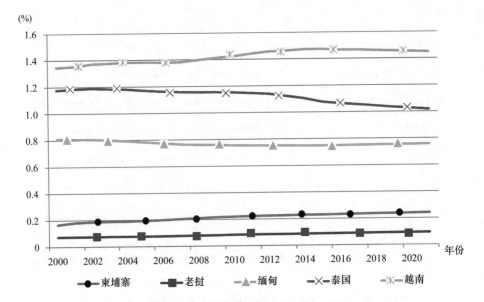

图6—12　2000—2021年湄公河国家男性就业人数占世界就业人数比重

数据来源：国际劳工组织（International Labour Organization，2018c）。

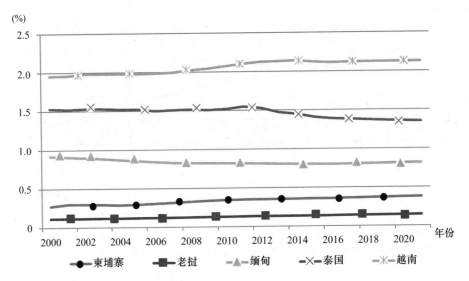

图6—13　2000—2021年湄公河国家女性就业人数占世界就业人数比重

数据来源：国际劳工组织（International Labour Organization，2018c）。

二 澜湄国家劳动参与率比较

劳动参与率是指有关年龄线上参与经济活动的人口占劳动年龄人口的百分比。它是衡量人口参与经济活动状况的标尺，一方面受个人工资、家庭收入、性别、年龄等个人人口学特征影响，另一方面受到社会保障水平、劳动力市场状况等社会宏观经济环境的影响。

（一）总体劳动参与率比较

比较 1990—2016 年世界和澜湄国家的总体劳动参与率，可以看出，1990—2016 年，世界平均劳动参与率略有下降。澜湄国家劳动参与率均明显高于世界平均水平。2016 年，劳动参与率从高到低依次为柬埔寨、越南、老挝、中国、泰国、缅甸。柬埔寨劳动参与率在进入 21 世纪以来显著提升，波动较大，且在 2001 年以后持续高于其他五国，差距愈加明显，已从 1990 年的 80.08% 上升至 2016 年的 84.39%。越南劳动参与率在 2009 年以前比较平稳，2010 年后略有提升，并于 2014 年达到最高值 78.56%，2016 年略有下降，达到 78.20%。中国、缅甸、泰国和老挝劳动参与率总体呈下降趋势，其中，中国劳动参与率在 2000 年后下降趋势明显，从 1990 年的 79.13% 下降到 2016 年的 69.37%，下降了 9.76 个百分点，创历史新低。缅甸的劳动参与率持续下降，已从 1990 年的 73.27% 下降到 2016 年的 65.31%，下降了 7.96 个百分点，且始终低于其他五个国家。泰国劳动参与率在波动中下降，从 1990 年的 75.43% 下降到 2016 年的 68.76%，下降了 6.67 个百分点。老挝劳动参与率下降趋势比较平稳，从 1990 年的 81.19% 下降到 2016 年的 78.15%，下降了 3.04 个百分点，近几年比较稳定。如图 6—14 所示。

（二）男、女劳动参与率比较

比较 1990—2016 年世界和澜湄国家的男性劳动参与率，可以看出，1990—2016 年，世界平均男性劳动参与率下降趋势明显。澜湄国家的男性劳动参与率明显高于世界平均水平。柬埔寨的男性劳动参与率波动较大，2000 年下降到最低值 80.83%，此后大幅上升，2010 年达到最高值

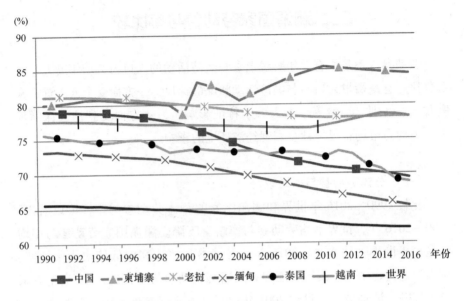

图6—14 1990—2016年世界及澜湄国家的总体劳动参与率

数据来源：世界银行（World Bank，2018ag）。

89.30%，上升了8.2个百分点，随后略有下降，2016年达到88.4%。2001年后，柬埔寨的男性劳动参与率持续高于其他五国。越南男性劳动参与率在2009年之前呈缓慢下降趋势，2010年起明显上升，2015年升至最高值83.90%，2016年达到83.50%。中国、泰国、老挝、缅甸的男性劳动参与率总体上呈下降趋势。其中，中国下降趋势最为显著，从1990年的84.79%下降到2016年的76.40%，下降了8.39个百分点；泰国在波动中下降，近年来降幅较大，从1990年的84.66%下降到2016年的77.46%，下降了7.2个百分点；缅甸从1990年的86.20%下降到2016年的80.15%，下降了6.05个百分点；老挝从1990年的82.52%下降到2016年的79.57%，下降了2.95个百分点，2008年后趋于稳定。详见图6—15。

比较1990—2016年世界和澜湄国家的女性劳动参与率，可以看出，女性劳动参与率普遍低于男性。这是由于女性在社会分工中更多地承担了家庭抚养子女和家务劳动的责任，同时社会劳动雇佣对女性劳动力的歧视

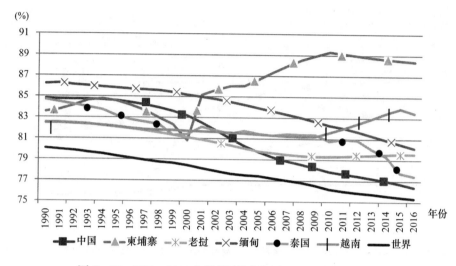

图6—15　1990—2016年世界及澜湄国家的男性劳动参与率

数据来源：世界银行（World Bank，2018v）。

现象普遍比男性严重。1990—2016年世界平均女性劳动参与率稳中有降，澜湄国家的女性劳动参与率明显高于世界平均水平。柬埔寨的女性劳动参与率在波动中上升，于2004年下降到最低值75.71%，随后持续上升至2010年达到最高值81.84%，上升了6.13个百分点，近年来稳定在80%的水平。越南女性劳动参与率在2010年之前总体呈下降趋势，2009年下降到最低值72.24%，2010年起开始缓慢上升，于2014年达到最高值73.91%，上升了1.67个百分点，近几年又缓慢下降，2016年为73.20%。中国、缅甸、泰国和老挝女性劳动参与率整体呈下降趋势，其中，中国下降趋势最为显著，从1990年的73.20%下降到2016年的62.03%，下降了11.17个百分点；缅甸紧随其后，从1990年的61.18%下降到2016年的51.45%，下降了9.73个百分点；泰国在波动中缓慢下降，从1990年的67.19%下降到2016年的60.66%，下降了6.53个百分点；老挝女性劳动参与率降幅比较平缓，从1990年的79.90%下降到2016年的76.76%，下降了3.14个百分点，近年来稳定在77%左右。详见图6—16。

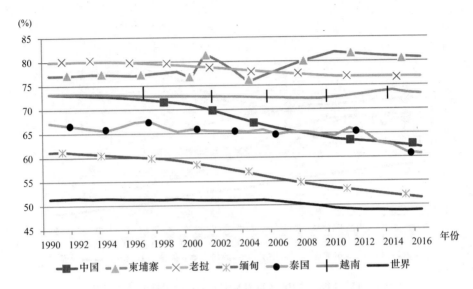

图6—16 1990—2016 年世界及澜湄国家的女性劳动参与率

数据来源：世界银行（World Bank，2018u）。

三 澜湄国家失业率比较

（一）总体失业率比较

比较 2000—2021 年澜湄各国失业率，可以看出，中国的总体失业率远高于其他各国，2017 年达到 4.0%，其他国家同期失业率从高到低依次是越南（1.17%）、缅甸（0.54%）、泰国（0.53%）、老挝（0.35%）、柬埔寨（0.15%）。

分析失业率变化情况，中国的总体失业率在 2000—2007 年呈下降趋势，2007 年达到最低值 2.76%，之后基本呈持续上升趋势，预计未来将继续上升。详见图 6—17。

越南、泰国、柬埔寨总体失业率有一些共性，包括波动较为频繁，且近年来呈上升态势。此外，这三个国家的失业率均在 2008 年金融危机后的两三年内呈现出快速上升又下降的变化特征。以柬埔寨的主要工业部门——成衣制造业为例，2008 年，成衣制造业占工业产出的 72.8%：

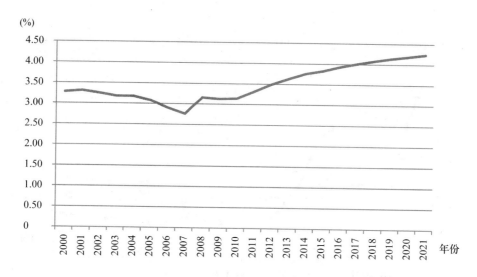

图 6—17　2000—2021 年中国失业率

数据来源：国际劳工组织（International Labour Organization，2018e）。

2008 年的全球金融危机严重打击了柬埔寨的成衣制造业，由于美国及欧盟国家订单减少，出口下降，柬埔寨大批成衣制造厂停工倒闭，工厂由 2008 年 9 月的 310 家减少至 2009 年 5 月的 262 家，这一时期下岗工人达到 6.2 万人，约占制衣工人的 18%（卢军、郑军军、钟楠，2012）。

2000—2017 年，泰国、柬埔寨和老挝的总体失业率呈下降趋势，其中柬埔寨最为明显。

越南和泰国的就业受金融危机的影响较大，其中越南在 2009 年出现了总体失业率的历史极值，除了这一高峰外，越南总体失业率基本保持在 1%—1.5% 范围内上下波动。泰国在 2010 年后恢复总体失业率下降态势，然而在 2013 年后，泰国的总体失业率再次出现上涨趋势。这主要由于多数工厂采用高效率的新机器。机器的更新，对就业人员的数量要求有所降低，技能要求有所增加，而泰国就业人员的技能水平没有及时适应新形势的发展，从而影响了劳动力市场。2013 年，泰国制造业的失业人口数达到 10 万人，约占同期失业人口总数的 13% 左右。

缅甸的总体失业率最为稳定，基本保持在 0.53% 的水平。详见图 6—18。

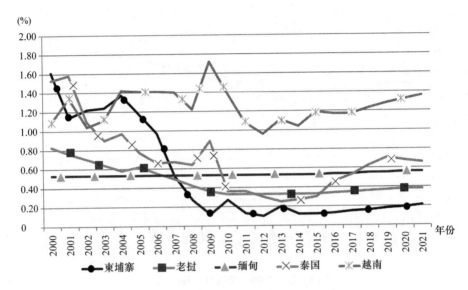

图6—18 2000—2021年湄公河国家失业率

数据来源：国际劳工组织（International Labour Organization，2018e）。

比较澜湄各国总体失业率占世界平均失业率比例，可以看出2000—2017年，中国总体失业率保持在世界平均失业率的75%—100%之间。国际劳工组织预测中国总体失业率将在2021年上升至世界平均水平。澜湄各国总体失业率均在世界平均水平以下，2000—2021年，湄公河国家的总体失业率始终保持在世界平均水平的40%以内。湄公河国家在总体低失业率上具有明显优势。近年来，中国和泰国总体失业率占世界平均失业率的比例有较大幅度上升，柬埔寨和老挝略有增大，越南和缅甸较为稳定。详见图6—19和图6—20。

（二）男、女失业率比较

分性别比较2000—2021年澜湄各国失业率，可以看出，中国、越南和老挝的男性失业率高于女性。缅甸情况相反。越南的女性失业率波动较男性明显。柬埔寨和泰国的男性女性失业率基本一致。详见图6—21至图6—24。

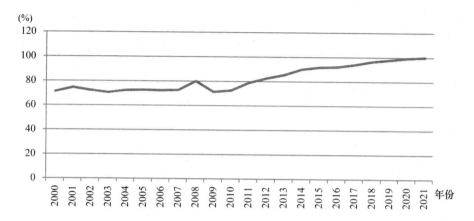

图6—19 2000—2021年中国总体失业率占世界平均失业率比例

数据来源：国际劳工组织（International Labour Organization，2018e）。

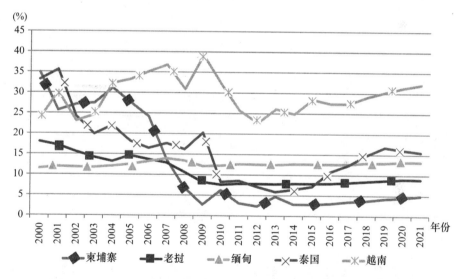

图6—20 2000—2021年湄公河国家总体失业率占世界平均失业率比例

数据来源：国际劳工组织（International Labour Organization，2018e）。

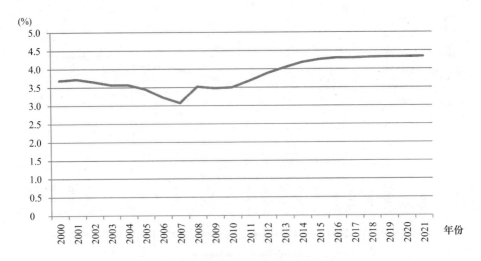

图6—21 2000—2021年中国男性失业率

数据来源：国际劳工组织（International Labour Organization，2018e）。

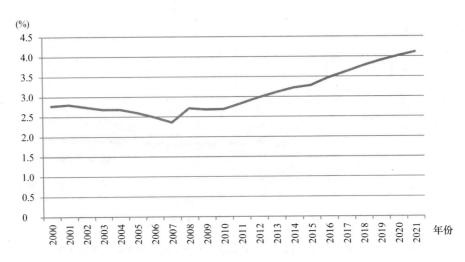

图6—22 2000—2021年中国女性失业率

数据来源：国际劳工组织（International Labour Organization，2018e）。

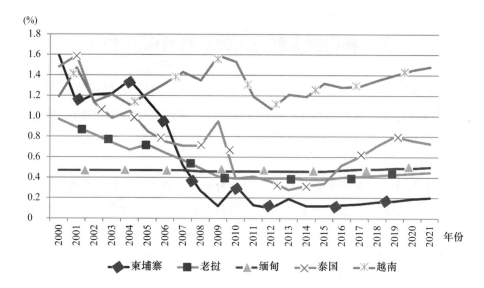

图 6—23 2000—2021 年湄公河国家男性失业率

数据来源：国际劳工组织（International Labour Organization，2018e）。

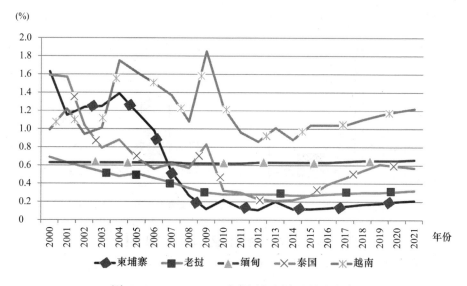

图 6—24 2000—2021 年湄公河国家女性失业率

数据来源：国际劳工组织（International Labour Organization，2018e）。

四　澜湄国家就业人员受教育程度比较

国际劳工组织将就业人员受教育程度分为四个阶段：低于基础水平，即未受教育或学前教育程度；基础水平，即小学或初中教育程度；中等水平，即高中、中专或技校教育程度；高等水平，即大专、本科和研究生教育程度。

比较湄公河国家就业人员近期受教育程度情况[①]，除柬埔寨外，其他国家均以受教育程度达到基础水平的就业人员为主，柬埔寨以受教育程度低于基础水平的就业人员为主。湄公河国家中，泰国就业人员的受教育程度最高，其次是越南、老挝、缅甸、柬埔寨。世界经济论坛发布的《全球人力资本报告（2017）》将柬埔寨列为东盟国家中教育培训作用于人力资源开发效果最差的国家（World Economic Forum，2017）。泰国的高等教

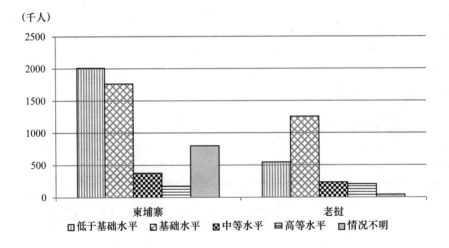

图6—25　柬埔寨、老挝就业人员受教育水平情况

数据来源：国际劳工组织（International Labour Organization，2018a）。

---

① 柬埔寨的数据来源于2012年，老挝的数据来源于2010年，缅甸的数据来源于2015年，泰国的数据来源于2016年，越南的数据来源于2017年，国际劳工组织数据库中未提供中国就业人员受教育程度数据。

育程度就业人员占泰国就业人员总量的比例最高，缅甸最低。详见图6—25、图6—26。泰国是湄公河国家中唯一一个已经进入高等教育大众化初级阶段的国家，高等教育毛入学率始终保持在20%左右，其他国家尚未突破10%，与泰国差距明显。这使得泰国受教育程度达到高等水平的就业人员占比最高。

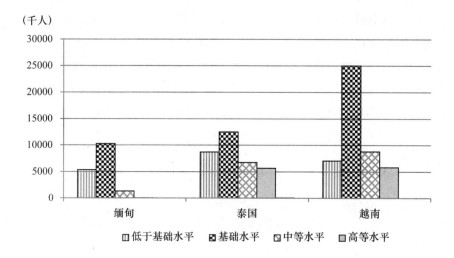

图6—26 缅甸、泰国和越南就业人员受教育水平情况

数据来源：国际劳工组织（International Labour Organization，2018a）。

五 澜湄国家就业人员技术等次比较

国际劳工组织估算和预测了2000—2021年澜湄国家就业人员技能等次情况，将技术等次分为高技术工作者、中等技术工作者和低技术工作者三个等次。高技术工作者包括管理人员和专业技术人员；中等技术工作者包括文书、办事员，服务和销售人员，农业、林业和渔业领域技术工人，手工制品制作者和相关销售人员，工厂和机械操作人员和装配工；低技术工作者指的是初级职业从业人员。

（一）高技术工作者数量比较

比较澜湄国家高技术工作者绝对数量，可以将其分为三个阵营，中国的高技术就业者数量远远多于其他各国，越南、泰国、缅甸三国的数量相差不大，老挝和柬埔寨的高技术工作者数量都非常少。从历年发展情况和未来趋势预测看，2000—2021 年，六国的高技术工作者数量均有明显上升，其中越南最为明显，已经从 2000 年澜湄国家中的第四位，在 2008 年赶超泰国和缅甸，跃居第二位，2017 年较 2000 年增幅高达 154.7%，且未来涨势明显。柬埔寨、缅甸和中国 2017 年的高技术工作者数量较 2000年增长率相当，分别为 75.6%、72.1% 和 73.1%。老挝增长率相对略低，为 65.2%。泰国的高技术工作者队伍发展迟缓，其经过 2008—2012 年的低谷后，2017 年恢复到 2007 年的历史最高水平，预计未来会缓慢增长。详见图 6—27 和图 6—28。

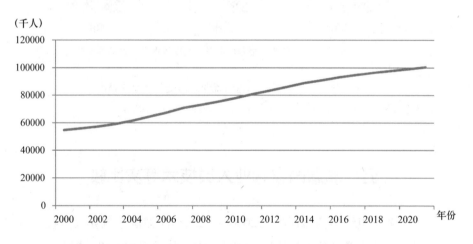

图 6—27　2000—2021 年中国高技术工作者人数

数据来源：国际劳工组织（International Labour Organization，2018b）。

比较澜湄国家高技术工作者相对发展情况可知，受高等教育扩招政策和高技术人才回国潮的影响，中国的高技术工作者相对量提升最为明显，从 2000 年的 13.8% 提高到 2017 年的 15.1%。在湄公河国家中，除泰国外，其他国家的占比均总体呈增长趋势。泰国的高技术工作者占比呈缩小

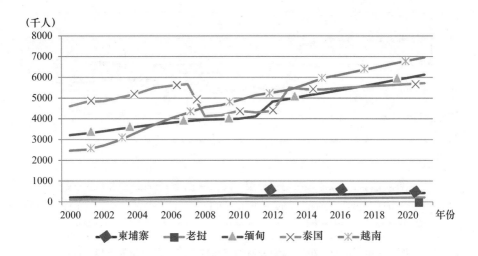

图6—28　2000—2021年湄公河国家高技术工作者人数

数据来源：国际劳工组织（International Labour Organization，2018b）。

趋势。详见图6—29和图6—30。

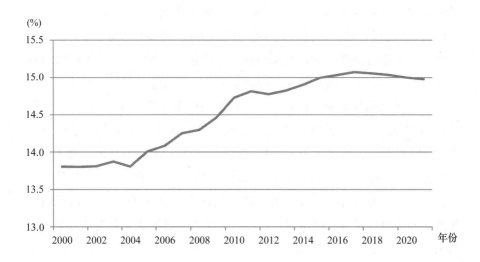

图6—29　2000—2021年中国高技术工作者数量的世界占比

数据来源：国际劳工组织（International Labour Organization，2018b）。

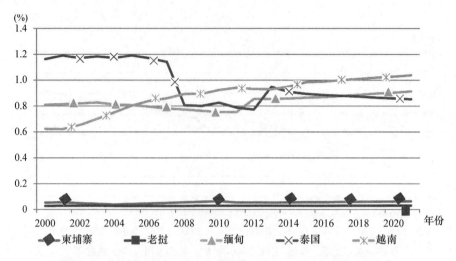

图6—30　2000—2021年湄公河国家高技术工作者数量的世界占比

数据来源：国际劳工组织（International Labour Organization，2018b）。

以上数据说明，多数国家对其高技术工作者的培养开发力度在持续加强。以越南为例，近几年来，越南政府逐年加大科技投入。从2000年起，对科技的投入达到国家财政总支出的2%，其中，用于发展科研机构的占30%，科技事业的占70%。2003年，越南科技财政支出达到了3.15万亿越南盾①，占科技社会总投资的60%（黄伟省，2008）。2012年，国家财政给科技事业的经费达到6万越南盾（越南国会，2011）。随着国家对科技投入的逐年增加，越南研究机构和院校的科技人才队伍日益壮大。越南的科技组织机构发展到1100多家，有近300个科研机构（院、中心），197所高等院校，其中30所非公立院校；培养大专以上文化程度的科技人才180多万人，其中3万人获得本科以上学历（1.4万名博士和1.6万名硕士），2.2万人直接从事科研工作；此外还培养了200多万名技术工人，其中3.4万人直接服务于国家科技领域。自2000年始，越南政府每年拨出专项财政资金，输送数千名在校大学生及科研人员到发达国家接受培训。

_____

① 按2003年汇价，约合人民币1565万元。

（二）中等技术工作者数量比较

比较澜湄国家中等技术工作者绝对量，可以看出，中国的中等技术就业者数量远远高于其他各国，2017 年湄公河国家中等技术工作者数量从高到低依次为泰国、越南、缅甸、柬埔寨、老挝。从历年发展情况和未来趋势预测看，2000—2021 年，各国中等技术工作者增减情况不一。增幅最大的是越南，越南经历了 2004—2009 年的飞速增长，在 2006 年赶超了缅甸，此后继续稳步增长，目前发展水平接近泰国。泰国在 2008 年和 2012 年出现了两次高峰，目前发展平稳。缅甸 2012 年以前发展平缓，2011—2012 年有所下降，随后稳步增长。柬埔寨和老挝均始终保持稳步增长态势。中国的中等技术工作者在 2000—2007 年间快速增长，但此后出现明显下降趋势，预测未来数量依然快速下降。中国劳动力老龄化问题不断加剧，同时青壮年劳动力的非农化转移加大，使得农业劳动力老龄化程度要高于、快于其他产业劳动力的老龄化。详见图 6—31、图 6—32。

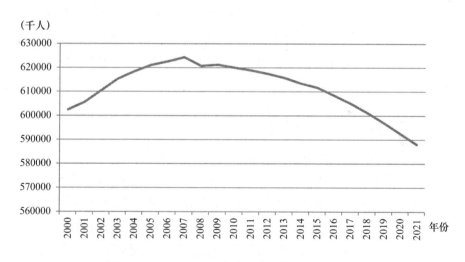

图 6—31　2000—2021 年中国中等技术工作者人数

数据来源：国际劳工组织（International Labour Organization，2018b）。

比较澜湄国家中等技术工作者相对量发展情况，中国中等技术工作者

（千人）

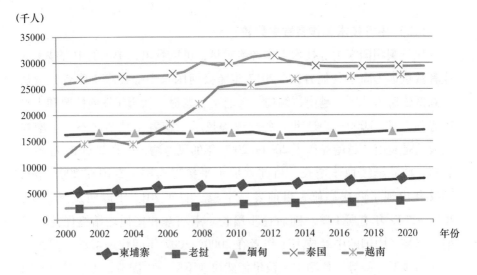

图6—32　2000—2021年湄公河国家中等技术工作者人数

数据来源：国际劳工组织（International Labour Organization，2018b）。

相对值持续下降。柬埔寨、老挝中等技术工作者占比持续扩大。越南经历了2004—2009年的飞速增长，在2006年赶超了缅甸，此后发展平稳，目前占比接近泰国。泰国在2008年和2012年出现了两次高峰后，近年来呈下降趋势。缅甸也总体呈下降趋势，近年来比较平稳。详见图6—33、图6—34。

（三）低技术工作者数量比较

比较澜湄国家低技术工作者绝对数量，可以将其分为三个阵营，中国低技术工作者数量远远高于其他五国；柬埔寨、缅甸、泰国三国的数量较少，且相差不大；越南低技术工作者数量低于中国，但明显高于上述三国；国际劳工组织估算的老挝数据过低。从历年发展情况和未来趋势预测看，2000—2021年，柬埔寨的增长趋势最为明显，缅甸增长较平缓。泰国经过一段时间波动后，2017年的数量较2000年略有增长，预计未来将缓慢增长。越南经过2000—2009年的大起大落后，持续增长，但2017年的数量仍不及2007年以前的水平。中国低技术工作者数量在2000—2007年间快速增长，此后增速放缓，2016年到达顶峰，此后数量下降，预计

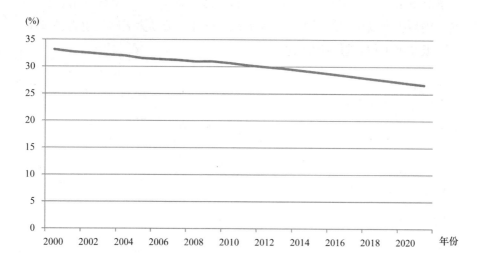

图6—33　2000—2021年中国中等技术工作者人数的世界占比

数据来源：国际劳工组织（International Labour Organization，2018b）。

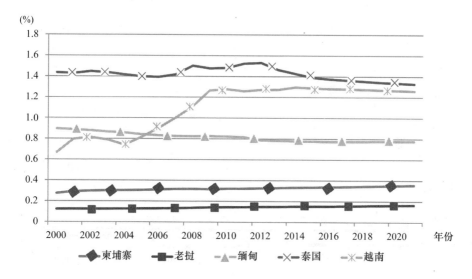

图6—34　2000—2021年湄公河国家中等技术工作者人数的世界占比

数据来源：国际劳工组织（International Labour Organization，2018b）。

将继续下滑。详见图6—35和图6—36。这与2007年始于珠三角、长三角，随后扩展到全国的用工荒不无关系。此外，劳动力老龄化也将进一步加剧低技术工作者短缺的问题。

（千人）

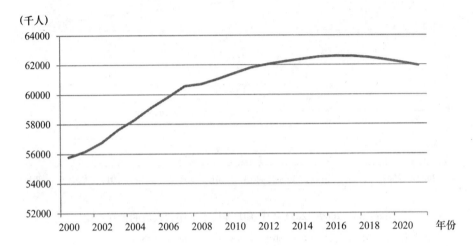

图6—35　2000—2021年中国低技术工作者人数

数据来源：国际劳工组织（International Labour Organization，2018b）。

（千人）

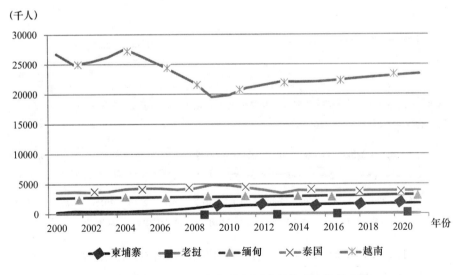

東埔寨　　老挝　　缅甸　　泰国　　越南

图6—36　2000—2021年湄公河国家低技术工作者人数

数据来源：国际劳工组织（International Labour Organization，2018b）。

　　比较澜湄国家低技术工作者相对量发展情况，中国和越南的低技术工作者占世界比重较高，但呈明显下降趋势；其他国家占比较低，发展较为平稳。详见图6—37和图6—38。

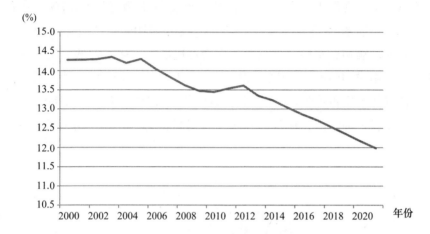

图6—37　2000—2021年中国低技术工作者人数的世界占比

数据来源：国际劳工组织（International Labour Organization，2018b）。

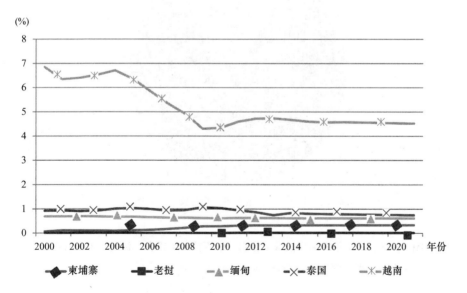

图6—38　2000—2021年湄公河国家低技术工作者人数的世界占比

数据来源：国际劳工组织（International Labour Organization，2018b）。

（四）各技术等次工作者占比

分别分析澜湄国家各技术等次工作者占比情况，可以看出，各国的中等技术工作者均占比最高，占比从高到低依次为老挝 93.7%、中国 79.4%、柬埔寨 78.8%、泰国 75.7%、缅甸 66.0%、越南 48.8%。中国、老挝、缅甸、泰国的低技术工作者占比最小，从高到低分别为缅甸 12.1%、泰国 10.0%、中国 8.2%、老挝 1.1%；柬埔寨和越南的高技术工作者在本国占比最小，分别为 4.0% 和 11.2%。可见，柬埔寨的高技术工作者最为短缺，缅甸高技术工作者资源最为丰富。详见图 6—39 至图 6—44。

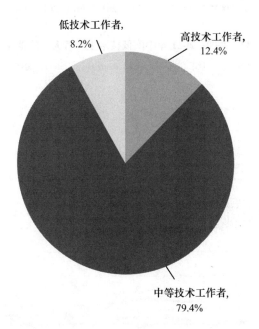

图 6—39 2017 年中国高技术工作者、中等技术工作者、低技术工作者占比

数据来源：国际劳工组织（International Labour Organization，2018b）。

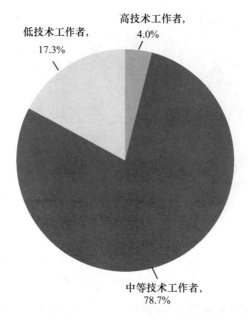

图6—40　2017年柬埔寨高技术工作者、中等技术工作者、低技术工作者占比

数据来源：国际劳工组织（International Labour Organization，2018b）。

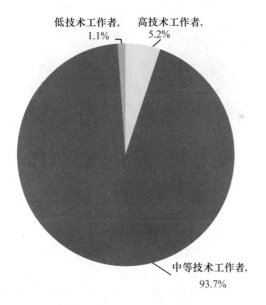

图6—41　2017年老挝高技术工作者、中等技术工作者、低技术工作者占比

数据来源：国际劳工组织（International Labour Organization，2018b）。

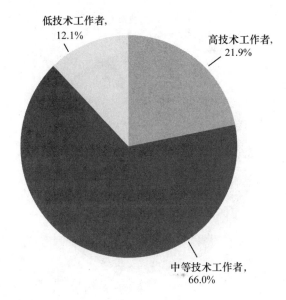

图6—42　2017年缅甸高技术工作者、中等技术工作者、低技术工作者占比

数据来源：国际劳工组织（International Labour Organization，2018b）。

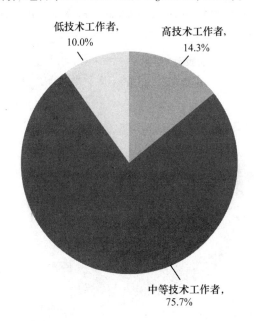

图6—43　2017年泰国高技术工作者、中等技术工作者、低技术工作者占比

数据来源：国际劳工组织（International Labour Organization，2018b）。

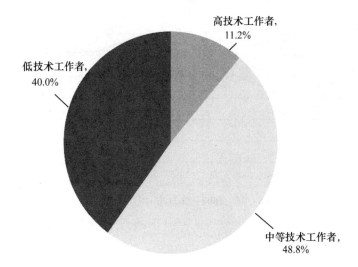

图6—44　2017年越南高技术工作者、中等技术工作者、低技术工作者占比

数据来源：国际劳工组织（International Labour Organization，2018b）。

六　澜湄国家就业状态比较

国际劳工组织将就业状态分为雇主、雇员、自雇工作者、家族企业家族成员工作者四类，并估算和预测了2000—2021年澜湄国家四类就业状态所属人员的数量。

（一）雇主数量比较

比较2000—2021年澜湄国家雇主总量，可以看出，中国的雇主数量远远高于其他各国，越南、泰国、缅甸三国的雇主数量相差不大，老挝和柬埔寨的雇主数量都非常少。从发展趋势看，除泰国外，其他国家的雇主数量均呈上升趋势。其中，越南雇主数量提升最为明显，且预计未来将继续缓慢上升。中国雇主数量在2000—2014年增长迅速，在2014年出现最高峰值后，有所下降，预计未来将保持稳定。缅甸雇主数量增长也较为明显，2015年出现最高峰值后略有下降，然后恢复缓慢增长态势。泰国雇主数量波动明显，总体呈下降趋势。详见图6—45和图6—46。

比较2000—2021年澜湄国家雇主相对量，可以看出，中国占比在

(千人)

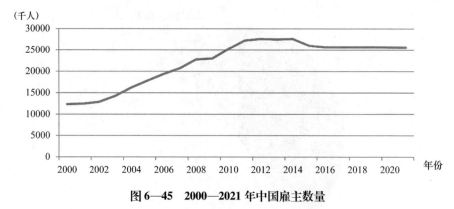

图 6—45　2000—2021 年中国雇主数量

数据来源：国际劳工组织（International Labour Organization，2018b）。

(千人)

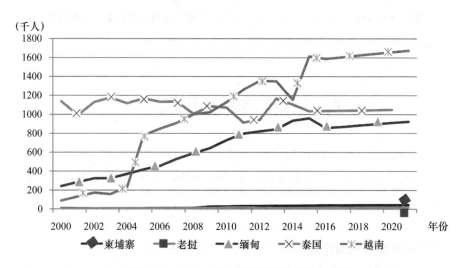

图 6—46　2000—2021 年湄公河国家雇主数量

数据来源：国际劳工组织（International Labour Organization，2018b）。

2010 年前呈上升趋势，2010 年出现最高峰值 27.9%，此后缓慢下降，2017 年达到 25.0%，预计占比将进一步下降。越南雇主相对量增长最为明显，其次是缅甸、柬埔寨和老挝。泰国雇主相对量总体呈现下降趋势，2011 年出现最低值 0.93%，近几年呈缓慢下降趋势，预计未来继续缓慢下降。详见图 6—47 和图 6—48。

(%)

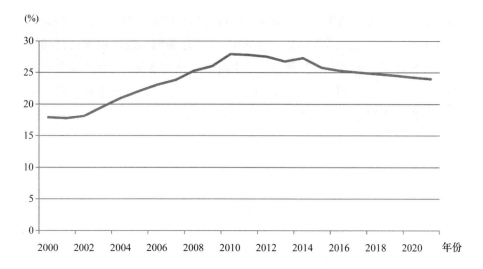

图6—47　2000—2021年中国雇主数量占世界比重

数据来源：国际劳工组织（International Labour Organization，2018b）。

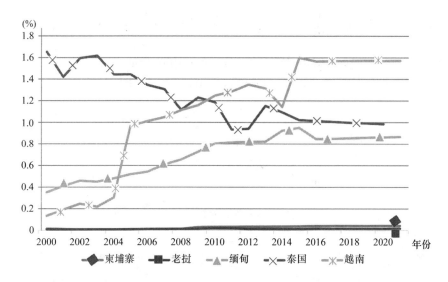

图6—48　2000—2021年湄公河国家雇主数量占世界比重

数据来源：国际劳工组织（International Labour Organization，2018b）。

（二）雇员数量比较

比较2000—2021年澜湄国家雇员总量，可以看出，中国的雇员数量远远高于其他各国，其他五国从高到低依次为越南、泰国、缅甸、柬埔寨、老挝。从发展趋势看，各国雇员数量均呈总体上升趋势。湄公河国家中越南雇员数量提升最为明显，在 2011 年超过泰国，现位居湄公河国家之首。预计湄公河国家雇员数量在未来将继续稳步增长。中国雇员数量在 2000—2016 年增长明显，在 2016 年出现最高峰值后，略有下降，预计未来有缓慢下降趋势。详见图 6—49 和图 6—50。

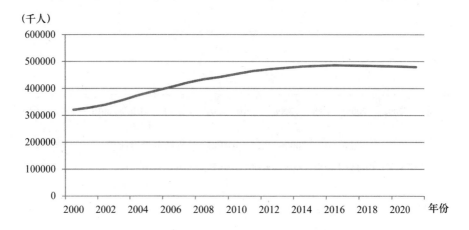

图 6—49　2000—2021 年中国雇员数量

数据来源：国际劳工组织（International Labour Organization，2018b）。

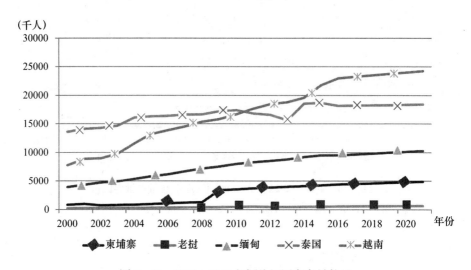

图 6—50　2000—2021 年湄公河国家雇员数量

数据来源：国际劳工组织（International Labour Organization，2018b）。

　　比较2000—2021年澜湄国家雇员相对量，可以看出，中国占比始终
保持在25%以上，在2010年之前稳步上升，2010年出现最高峰值

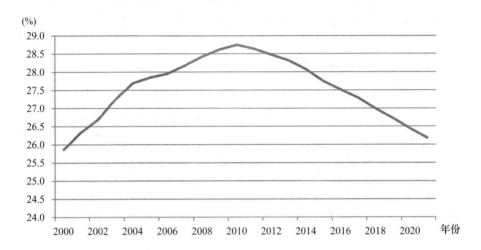

图6—51 2000—2021年中国雇员数量占世界比重

数据来源：国际劳工组织（International Labour Organization, 2018b）。

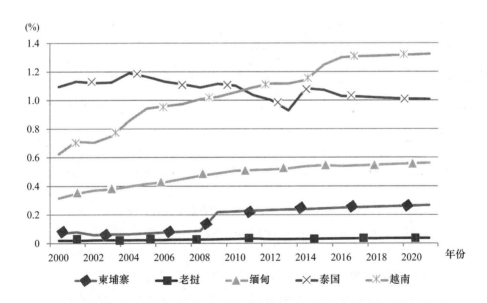

图6—52 2000—2021年湄公河国家雇员数量占世界比重

数据来源：国际劳工组织（International Labour Organization, 2018b）。

28.7%，此后逐步下降，2017 年达到 27.3%，预计占比将进一步下降。越南雇员相对量增长最为明显，其次是缅甸、柬埔寨和老挝。泰国雇员相对量总体呈现下降趋势，2013 年出现最低值 0.93%，近几年呈缓慢下降趋势，预计未来继续缓慢下降。详见图 6—51 和图 6—52。

（三）自雇工作者数量比较

比较 2000—2021 年澜湄国家自雇工作者总量，可以看出，中国的自雇工作者数量远远高于其他各国，其他五国从高到低依次为越南、泰国、缅甸、柬埔寨、老挝。从发展趋势看，湄公河国家总体均呈现缓慢上升趋势，越南和泰国自雇工作者数量均在 2013 年出现高峰，2014 年迅速下降，此后发展平缓。中国自雇工作者数量波动明显，总体呈下降趋势，2016 年以来持续下降，预计未来将加速下降。详见图 6—53 和图 6—54。

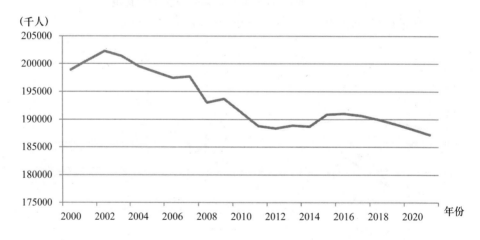

图 6—53　2000—2021 年中国自雇工作者人数

数据来源：国际劳工组织（International Labour Organization，2018b）。

比较 2000—2021 年澜湄国家自雇工作者相对量，可以看出，中国占比始终处于下降趋势，从 2000 年的 23.1% 下降到 2017 年的 18.1%。老挝是唯一保持自雇工作者相对量稳步上升的国家，从 2000 年的 0.11% 上升到 2017 年的 0.17%。越南基本稳定在 2% 的水平。缅甸稳中有降，从

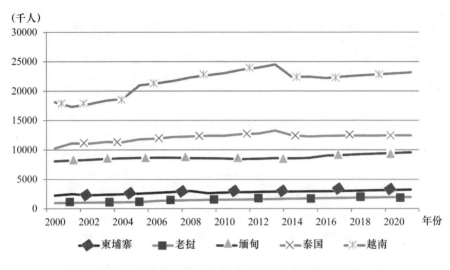

图6—54　2000—2021年湄公河国家自雇工作者人数

数据来源：国际劳工组织（International Labour Organization，2018b）。

2000年的0.94%下降到2017年的0.88%。越南和泰国在2013年出现高峰，此后呈下降趋势。预计未来缅甸、柬埔寨和老挝的自雇工作者相对量保持稳定，中国、泰国和越南呈下降趋势。详见图6—55和图6—56。

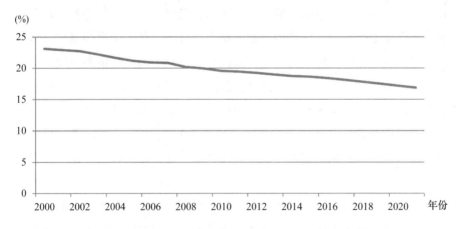

图6—55　2000—2021年中国自雇工作者数量占世界比重

数据来源：国际劳工组织（International Labour Organization，2018b）。

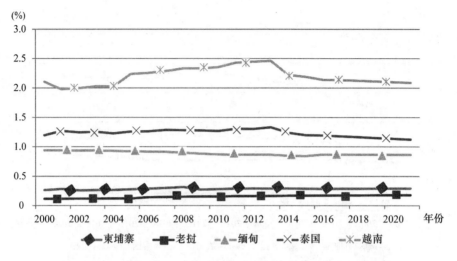

图6—56　2000—2021年湄公河国家自雇工作者数量占世界比重

数据来源：国际劳工组织（International Labour Organization，2018b）。

（四）家族企业家族成员工作者数量比较

比较2000—2021年澜湄国家家族企业家族成员工作者总量，可以看出，中国的家族企业家族成员工作者数量远远高于其他各国，其他五国从高到低依次为越南、泰国、缅甸、柬埔寨、老挝。从发展趋势看，除老挝的家族企业家族成员工作者数量稳中略有提升外，其他国家均呈现总体下降趋势，其中中国下降最为明显，其次是越南和缅甸。越南和泰国波动相对明显。美国《福布斯》的一篇报道称，中国最早一批创业先驱中的很多人发现他们的子女无意接管家族企业。许多子女选择进入金融或投资行业并希望创办自己的公司；有些甚至选择为别人打工（王惜梦，2016）。预计未来，澜湄国家的家族企业家族成员工作者数量均较为稳定。详见图6—57和图6—58。

比较2000—2021年澜湄国家家族企业家族成员工作者相对量，可以看出，中国的世界占比始终呈现明显下降趋势，从2000年的41.4%下降到2017年的18.0%。老挝是唯一保持家族企业家族成员工作者相对量稳步上升的国家，从2000年的0.26%上升到2017年的0.34%。柬埔寨在经过起伏后又恢复到0.5%的水平。缅甸基本保持下降趋势。泰国和越南

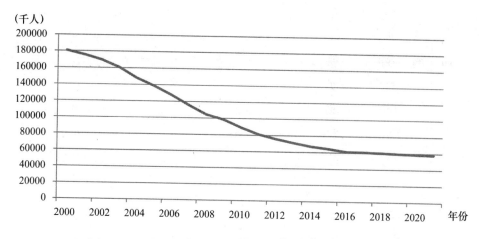

图6—57 2000—2021年中国家族企业家族成员工作者数量

数据来源：国际劳工组织（International Labour Organization，2018b）。

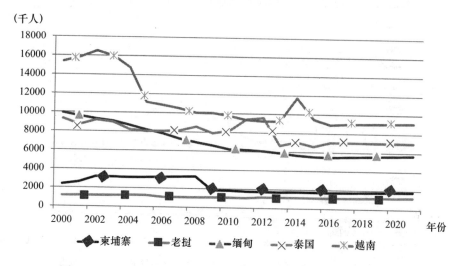

图6—58 2000—2021年湄公河国家家族企业家族成员工作者数量

数据来源：国际劳工组织（International Labour Organization，2018b）。

波动最为明显，最高值分别为2.7%和3.6%，最低值分别为1.9%和2.6%。预计未来中国、泰国、越南、缅甸家族企业家族成员工作者呈下降趋势，柬埔寨和老挝稳中有升。详见图6—59和图6—60。

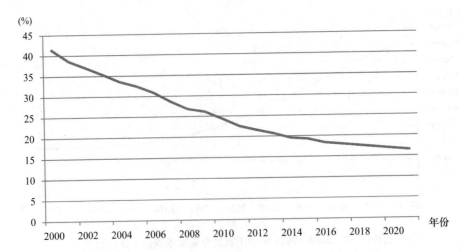

图6—59　2000—2021年中国家族企业家族成员工作者人数的世界占比

数据来源：国际劳工组织（International Labour Organization，2018b）。

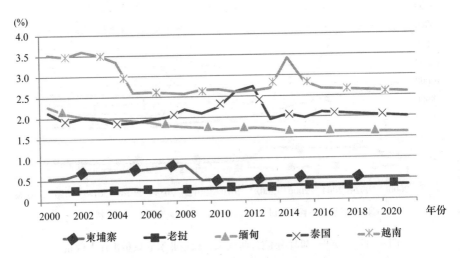

图6—60　2000—2021年湄公河国家家族企业家庭成员工作者人数的世界占比

数据来源：国际劳工组织（International Labour Organization，2018b）。

（五）各就业状态就业人员占比

分别分析中国、柬埔寨、老挝、缅甸、泰国和越南不同就业状态的就业人员占比情况，可以看出，中国就业人员的就业状态以雇员为主，高达

63.6%，其次是家族企业家族成员工作者（25.0%）、自雇工作者
（8.0%）和雇主（3.4%）。详见图6—61。

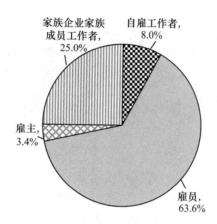

图6—61　2017年中国各就业状态就业人员占比

数据来源：国际劳工组织（International Labour Organization，2018b）。

　　柬埔寨就业人员的就业状态以雇员为主，占比48.5%，其次是家族企
业家族成员工作者（32.2%）、自雇工作者（18.8%）和雇主（0.5%）。详
见图6—62。

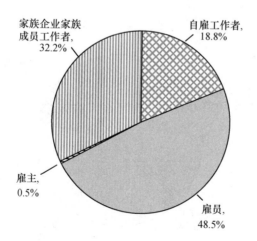

图6—62　2017年柬埔寨各就业状态就业人员占比

数据来源：国际劳工组织（International Labour Organization，2018b）。

　　老挝就业人员的就业状态以家族企业家族成员工作者为主，占比50.6%，其次是自雇工作者（32.3%）、雇员（16.7%）和雇主（0.4%）。详见图6—63。

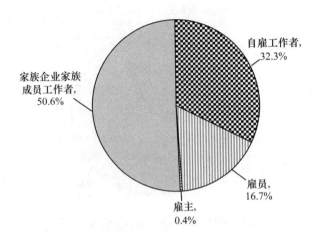

图6—63　2017年老挝各就业状态就业人员占比

数据来源：国际劳工组织（International Labour Organization，2018b）。

　　缅甸就业人员的就业状态以雇员为主，占比38.3%，其次是家族企业家族成员工作者（36.2%）、自雇工作者（22.0%）和雇主（3.5%）。详见图6—64。

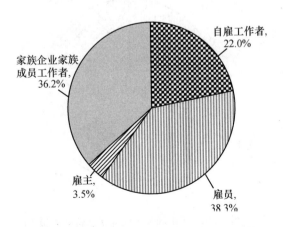

图6—64　2017年缅甸各就业状态就业人员占比

数据来源：国际劳工组织（International Labour Organization，2018b）。

泰国就业人员的就业状态以雇员为主，占比 47.1%，其次是家族企业家族成员工作者（32.0%）、自雇工作者（18.2%）和雇主（2.7%）。详见图 6—65。

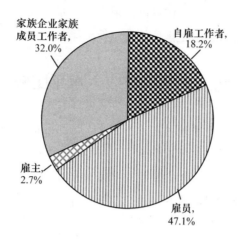

图 6—65　2017 年泰国各就业状态就业人员占比

数据来源：国际劳工组织（International Labour Organization, 2018b）。

越南就业人员的就业状态以雇员为主，占比 41.3%，其次是家族企业家族成员工作者（39.8%）、自雇工作者（16.0%）和雇主（2.9%）。详见图 6—66。

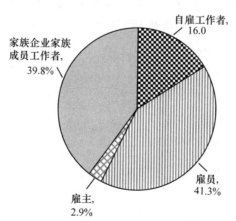

图 6—66　2017 年越南各就业状态就业人员占比

数据来源：国际劳工组织（International Labour Organization, 2018b）。

比较而言，中国、泰国和柬埔寨的雇员数量占比优势最为明显。缅甸和越南虽然雇员占比最高，但与第二大占比的就业状态——家族企业家族成员工作者差距不大。除老挝外，其他国家的各就业状态占比排序一致。老挝的家族企业家族成员工作者占比最高，占半壁江山；在其他国家占比最高的雇员，在老挝的占比排位仅处于倒数第二。

七　澜湄国家收入水平比较

比较近期澜湄国家平均月薪水平[①]，从高到低依次为中国、泰国、越南、缅甸、柬埔寨、老挝。这与六国的 GDP 水平排名相吻合。中国约为位居第二的泰国月薪的两倍。柬埔寨和缅甸的平均月薪水平相近。越南约为柬埔寨和缅甸平均月薪水平的两倍。老挝平均月薪水平最低，约为中国的 1/8。详见图 6—67。

澜湄国家普遍存在女性就业人员收入水平低于男性的状况。其中柬埔寨的男女收入差距最大，高达 35%；越南的差距为 18%（Charles and Sen，2016）；泰国差距最小，为 1.4%（International Labour Organization，2014）。纵向分析看，随着劳动力跨国流动逐步扩大，以及东盟统一市场的逐步形成，湄公河国家人均收入差距有逐步缩小的趋势（吴明革，2008）。

在最低工资方面，2017 年，最低月薪从低到高依次为：缅甸 78 美元/月、老挝 108 美元/月、柬埔寨 153 美元/月、泰国 255 美元/月（National Wages and Productivity Commission，Philippines，2017）。越南的最低工资的地区差异较大，达到 117—162 美元/月（Xiang，2016）。2016 年初，中国的工资水平是柬埔寨的近四倍（Asian Development Bank，2016）。

澜湄国家中，柬埔寨的最低工资上涨最为迅速。柬埔寨劳动和职业培训部设定的 2013 年成衣和纺织产业最低工资（月薪）为 80 美元/月（International Labour Organization，2013）。成衣和纺织产业基本成为其他产业

---

① 柬埔寨数据来源于 2012 年的劳动力调查；中国数据来源于 2016 年的中国官方统计数据；老挝数据来源于 2010 年劳动力调查；国际劳工组织数据库中缅甸的数据有误，故使用缅甸劳动、移民和人口部《年度劳动力调查——2017 年季度报告》（Ministry of Labour, Immigration and population, Annual Labour Force Survey——2017 Quarterly Report）的数据替代；泰国数据来源于 2016 年劳动力调查；越南数据来源于 2017 年劳动力调查。

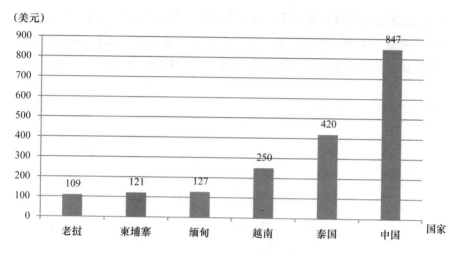

图6—67 澜湄国家月薪情况

数据来源：国际劳工组织（International Labour Organization，2018f），缅甸劳动、移民和人口部（Myanmar Ministry of Labour，Immigration and Population，2017）。

最低工资的标准（Charles and Sum，2015）。经过几次成衣和纺织产业大罢工后，柬埔寨劳动和职业培训部于2015年1月将最低工资水平提高到128美元/月（Heng，2014）。成衣产业最低工资随后继续上涨，2016年为140美元/月（Mom and Charles，2015）、2017年为153美元/月（Prak，2016）、2018年为170美元/月（Yon and Ananth，2017）。

在柬埔寨公共部门，2017年4月的最低月薪分别为：公务员213美元、警察234美元、军人220美元、医生和教师238美元（除偏远地区教师补贴外）（Pech，2017）。

八 澜湄国家劳动生产率比较

比较澜湄国家2000—2021年劳动生产率，可以看出，2017年，中国和泰国劳动者的劳动生产率远远高于其他各国；越南、缅甸、老挝相差较小；柬埔寨最低。劳动生产率从高到低依次为中国、泰国、老挝、缅甸、越南、柬埔寨。纵向分析看，各国劳动生产率均呈明显上升态势，预计未来将继续攀升。这说明澜湄各国的劳动者平均熟练程度、科学技术的发展程度、劳动组织和生产管理优化程度均在不断提升。中国劳动者的劳动生产率在2011年赶超了泰国。缅甸在2000年处于末位，随后先后赶超了柬埔寨、越南和老挝，且预计未来继续保持明显涨势。详见图6—68和图6—69。

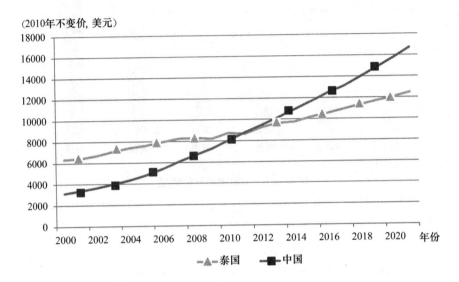

图6—68　2000—2021年中国、泰国劳动生产率

数据来源：国际劳工组织（International Labour Organization，2018d）。

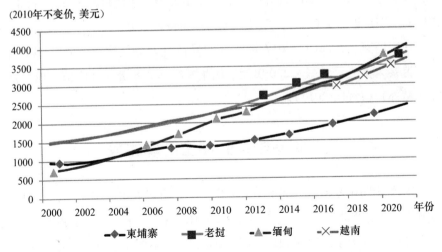

图6—69　2000—2021年柬埔寨、老挝、缅甸、越南劳动生产率

数据来源：国际劳工组织（International Labour Organization，2018d）。

　　2000—2017 年，各国劳动生产率的增长率由高到低分别为：缅甸 333.8%、中国 317.0%、老挝 110.1%、柬埔寨 105.6%、越南 100.3%、泰国 72.0%。缅甸和中国劳动生产率增长趋势最为明显，约为第二梯队——老挝、柬埔寨和越南的三倍；泰国劳动者的劳动生产率增长率最低，这与泰国 GDP 年增长率在澜湄国家中处于最低水平的情况相一致。

　　比较澜湄各国劳动生产率占世界平均劳动生产率的比例，可以看出，虽然各国劳动生产率快速提升，但与世界平均水平的差距依然明显。中国劳动者的劳动生产率自 2015 年起达到世界平均水平的 50.0%，预计在 2021 年达到 63.8%。泰国在 2017 年上升至 43.4%。2017 年，老挝、缅甸和越南占世界平均劳动生产率的比重近似，为 12%—13%。柬埔寨仅为 8.1%。详见图 6—70 和图 6—71。

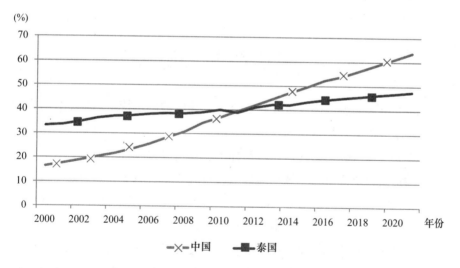

图 6—70　2000—2021 年中国、泰国劳动生产率占世界平均水平比重

数据来源：国际劳工组织（International Labour Organization, 2018d）。

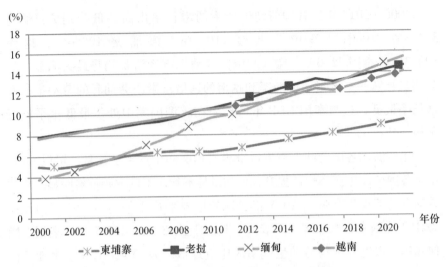

图 6—71　2000—2021 年柬埔寨、老挝、缅甸、
越南劳动生产率占世界平均水平比重

数据来源：国际劳工组织（International Labour Organization，2018d）。

九　澜湄国家就业的特点

综上所述，澜湄国家就业发展有诸多共性和个性特点，具备人力资源交流合作、优势互补的空间，总结分析如下。

澜湄国家就业的共性特点包括如下几点。

一是人力资源丰富。澜湄地区人力资源丰富、就业人员充足。澜湄国家就业人数占总人口比例均明显高于世界水平，高于世界水平 10%—25%，湄公河国家的就业人数均呈现持续增长态势。澜湄国家劳动参与率均明显高于世界平均水平。这是澜湄国家发展的重要优势。

二是男、女就业情况相似。澜湄国家的男性就业人数均多于女性，但澜湄国家女性就业人数相对量始终高于男性。

三是受教育程度达到基础水平的就业群体庞大。除柬埔寨外，其他国家均以受教育程度达到基础水平的就业人员为主。

四是中等技术水平就业群体庞大。各国的中等技术工作者占就业人员总量的比例都是最高的。

五是高技术工作者数量规模扩大趋势明显。澜湄国家对其高技术工作者的培养开发力度持续加强，各国的高技术工作者数量均有明显上升，且预计未来将继续增长。

六是就业状态较为相似。除泰国外，其他澜湄国家的雇主数量均呈上升趋势；澜湄国家雇员数量总体均呈增长态势；湄公河国家自雇工作者数量总体均呈现缓慢上升趋势；除老挝的家族企业家族成员工作者数量稳中略有提升外，其他国家均总体呈现下降趋势。

七是劳动生产率均有待加强。各国劳动生产率虽然总体上逐渐接近世界平均水平，但差距依然明显。这是澜湄国家发展的不可忽视的劣势。

八是失业率较低。澜湄各国失业率均在世界平均水平以下。这是澜湄国家发展的重要优势。

澜湄国家就业的个性特点如下。

中国就业的个性特点是，受老龄化影响，中国就业人数占世界就业人数比重的下降趋势在澜湄国家中最为明显，且预计未来继续快速下降；湄公河国家中等技术就业者数量稳中有升，但中国受工业化与城镇化影响，中等技术就业者数量近年来下降迅速；中国是唯一的自雇工作者数量总体呈下降趋势的国家；收入水平远高于其他国家；失业率远高于其他国家。

柬埔寨就业的个性特点是，其他国家均以受教育程度达到中等水平的就业人员为主，而柬埔寨以受教育程度低于基础水平的就业人员为主；高技术工作者最为短缺；最低工资上涨最为迅速。柬埔寨的劳动参与率明显高于其他国家，尤其是男性劳动参与率。

缅甸就业的个性特点是，缅甸的就业人数占总人口比例远高于其他澜湄国家，这是缅甸人力资源开发的重要优势；然而，高等教育程度就业人员占缅甸就业人数总量的比例最低；劳动生产率的增长幅度最大；缅甸的劳动参与率明显低于其他国家；此外，缅甸还是唯一女性失业率高于男性的国家。

老挝就业的个性特点是，四类就业状态人数占比排序和其他澜湄国家不同，家族企业家族成员工作者占比最高，而在其他国家占比最高的雇员，在老挝的占比排位处于倒数第二；老挝还是唯一保持自雇工作者和家族企业家族成员工作者相对量稳步上涨的国家。

泰国就业的个性特点是，泰国的高等教育程度就业人员占泰国就业人员总量的比例最高，其就业人员的受教育程度最高，这是泰国人力资源开发的重要优势。但同时泰国的就业发展同样面临一些劣势，包括：泰国是湄公河国家中就业人数近年来唯一出现下降趋势的国家，是澜湄国家中唯一在高技术工作者发展过程中数量出现明显低谷的国家，是澜湄国家中唯一高技术工作者数量占世界高技术工作者总量比例在近年来出现下降趋势的国家，是湄公河国家中中等技术工作者人数近年来唯一停滞不前的国家，是澜湄国家中唯一雇主数量总体呈下降趋势的国家，是湄公河国家中唯一雇员数量占世界比重在近年来出现下降的国家，是澜湄国家中劳动生产率增长率最低的国家。这体现出泰国就业发展后劲不足的问题。

越南就业的个性特点是，多方面的增长都是澜湄国家中最为明显的，包括就业人员绝对量、高技术工作者绝对量、中等技术工作者绝对量和相对量、雇主绝对量和相对量、雇员绝对量和相对量。这是越南人力资源开发的重要优势，也反映了越南在澜湄国家中的发展势头比较强劲。

第 七 章

澜湄国家就业结构与产业结构关系分析

在经济发展过程中，产业是就业的载体，产业结构发生变化时，就业结构也会随之改变，产业结构的演进与就业结构的调整从根本上来说是对资源的重新配置，也是经济发展的动力。借助世界银行和国际劳工组织相关数据，本章聚焦澜湄国家三次产业的发展和三次产业中的就业情况，通过计算各产业增加值占比和就业占比的比值与 1 之差，分析各国产业和就业结构的匹配程度，总结各国产业结构和就业结构的特点，比较二者匹配度方面的优势和劣势，揭示澜湄国家就业与产业之间的关系。

一　澜湄国家产业结构发展趋势分析

近年来，澜湄国家的生产和分配方式都在不断调整和演进，本章首先以产业结构的变化为切入点进行分析。产业结构广义上是指在社会再生产过程中，一个国家或地区的产业组成情况，即资源在产业间的配置状况以及产业的发展水平，简单来说就是各产业所占的比重。其中对产业的分类，本章采取的是世界上比较通用的三次产业分类法，将直接从自然界获取产品的部门称为第一产业，对初级产品进行再加工的部门称为第二产业，为生产和消费提供各种服务的部门称为第三产业。

（一）澜湄国家产业结构的发展趋势

本章对澜湄国家的三次产业增加值及其占比的变化进行了数据分析。首先，通过比较各国三次产业增加值情况发现，柬埔寨、中国、越南、缅甸、老挝和泰国六个国家的三次产业增加值都有较大幅度提升，且近年来第三产业增加值明显超过其他产业。对于第二产业来说,尽管各国的工业内部结构不尽相同,但总体上制造业在国民经济中的地位是不断提升的(王勤,2014)。而对于第一产业来说,中国、越南和泰国的第一产业产值明显低于第二和第三产业。

接着,通过对各国三次产业增加值占 GDP 的比重进行分析和比较发现,柬埔寨、中国、泰国、缅甸和老挝的第二产业和第三产业增加值所占的比例都有不同程度的提升,第一产业占比普遍呈下降趋势,而越南各产业增加值所占比重变化幅度很小,基本保持稳定发展状态。以下逐一分析各国三次产业增加值及其占比情况。

1. 柬埔寨产业结构的发展趋势

由于历史上的连年战争,工业基础比较薄弱,农业是柬埔寨经济的第一大支柱产业。1993 年,随着柬埔寨民族和解的实现和国家机构的相继成立,柬埔寨进入经济发展时期。柬埔寨第三届政府在成功实施三角战略政策的基础上,提出了增长、就业、平等和效率的四角战略,并落实提高农业生产、发展私营经济和增加就业、恢复与重建基础设施等具体工作。1999 年,加入东盟后,柬埔寨经济发展成效显著,三次产业结构开始发生改变。其中,第三产业发展迅速。柬埔寨有着世界知名的文化遗产,2009 年,柬埔寨政府颁布并实施了旅游战略发展计划,大力推动旅游业发展,同时带动金融、交通运输、酒店、餐饮和服务业等相关产业的发展,与此同时,房地产行业投资的日益增多也对第三产业的快速发展起到了一定作用。近年来,柬埔寨第三产业增加值明显高于第一和第二产业。在第三产业快速发展的同时,第二产业也增长势头强劲。随着东南亚国家工业化进程的不断推进,柬埔寨加快了产业结构转型的步伐。

总体而言,柬埔寨经济有较快发展,2001 年,第三产业增加值超过第一产业并稳居第一,第二产业与第三产业发展趋势相近,但第二产业总体结构变化不大,工业仍以纺织和制衣加工业为主,具有自主研发和制造能力的产业尚属空白。到 2015 年,第二产业增加值赶超第一产业,并有了显著增长;与此同时,第一产业增加值的增幅减小,并逐渐趋于平缓。详见图 7—1。

自 20 世纪 90 年代中后期以来,柬埔寨第一产业增加值占 GDP 比重总体下降,降低了大约 20 个百分点;第二产业的比重总体上升;进入

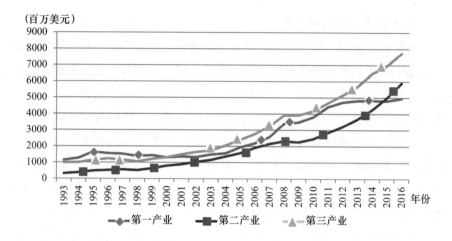

图7—1 1993—2016年柬埔寨三次产业增加值变化情况

数据来源:世界银行(World Bank, 2018f; 2018s; 2018ad)。

2000年后,旅游业的发展带动了金融、交通运输、酒店、餐饮和服务业等相关产业的发展,第三产业的比重经小幅上升后稳定在40%。详见图7—2。

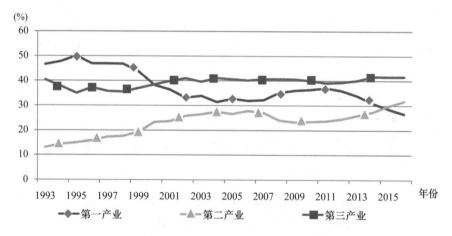

图7—2 1993—2016年柬埔寨三次产业增加值占GDP比例

数据来源:世界银行(World Bank, 2018g; 2018t; 2018ae)。

2. 中国产业结构的发展趋势

近年来，中国三次产业发展整体上呈现第一产业平稳增长、第二产业比重稳中有降、第三产业发展加快的趋势特征。改革开放前，中国产业结构不够合理，农业占比较高，随后由于纺织和耐用消费品的推动，工业开始得到快速增长（李仲生，2003）。1992 年以来，中国推行了外国资本与技术引进、工业制品对外输出、信息化推进和高新技术培育等一系列产业政策。与此同时，中国在"九五"期间提出了大力发展第三产业的方针，国家发展计划委员会也提出了《关于发展第三产业扩大就业的指导意见》等政策，要求在继续发展批发零售贸易业和社会服务业等传统产业的同时，积极发展旅游、信息、咨询服务等新兴产业。各级地方政府也据此制定了一系列发展第三产业的计划、方针和政策，促使中国第二产业和第三产业呈快速上升趋势，第三产业增加值在 2012 年超过第二产业，并继续保持高速增长态势。第一产业则相对发展缓慢，目前增加值远低于第二和第三产业。详见图 7—3。

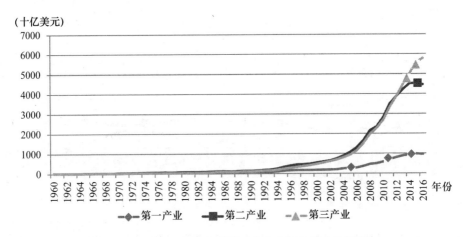

图 7—3　1960—2016 年中国三次产业增加值变化情况

数据来源：世界银行（World Bank，2018f；2018s；2018ad）。

中国是传统的农业大国，中华人民共和国成立初期经济发展水平较低，第一产业占比较第二、三产业略高。随着工业化进程加快，第二产业迅速发展，1968 年，第二产业的比重开始超过第一产业，这与国家推行通过短期内快速发展第二产业以实现经济独立的政策相一致。1978 年改革开放解放了生产力，国内经济实现快速增长。1984 年，产业结构由"二一三"阶段演变成"二三一"。1992 年社会主义市场经济确立以及西部大开发、重振东北老工业基地、新农村建设等一系列战略的实施加快了产业结构调整的步伐，第三产业的比重大幅增加，2012 年第三产业比重赶超第二产业，产业结构逐渐由"二三一"阶段演变成"三二一"（景建军，2016）。2003—2008 年，第三产业比重一直徘徊在 40%，这是因为中国处于工业化中后期阶段，工业处在快速上升通道，尤其是资金密集度高、产值拉动能力强的重化工业的迅速发展，使得第二产业比重上升（韩晓娜，2013）。2008 年后受金融危机影响，第二产业发展受到一定限制，比重呈下降趋势，而第三产业相反，增长速度相对较快。详见图 7—4。

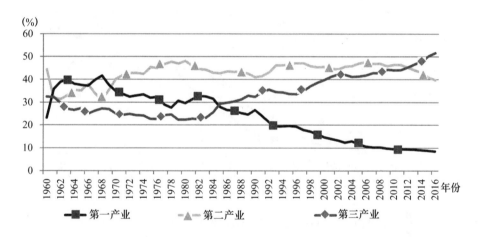

图 7—4　1960—2016 年中国三次产业增加值占 GDP 比例

数据来源：世界银行（World Bank，2018g；2018t；2018ae）。

3. 缅甸产业结构的发展趋势

因长期遭受西方国家的压迫和军政府控制，缅甸经济落后，发展缓慢。由于缅甸多山地且自然资源丰富，农业人口居多，第一产业长期占据主导地位。20 世纪 90 年代后期，随着民选政府的执政和经济发展政策的推进，缅甸的三次产业在 1998—2010 年均呈高速增长趋势。缅甸地理位置优越、油气资源丰富、市场潜力较大，随着外资优惠政策的出台，各国纷纷积极投资缅甸。中缅双方于 2001 年签署《关于鼓励促进和保护投资协定》，极大推动了中缅双边贸易发展，加工制造业、石油天然气等能源、采矿业的发展拉动了第二产业增长（刘翔峰，2014）。从 2012 年开始，第一产业增加值低于第二和第三产业，并且差距逐渐加大。其主要原因之一是 2012 年 11 月缅甸颁布新外国投资法，吸引了大量投资者，加强与中国、泰国、新加坡、日本、韩国等重要贸易伙伴国的贸易往来，进一步推动了第二、第三产业发展。同时，旅游业的发展迅速带动房地产、交通运输业等相关行业发展，第三产业增加值超越第一、第二产业，位居首位。近年来，第二、第三产业的增长势头有所减缓，第一产业则出现负增长。详见图 7—5。

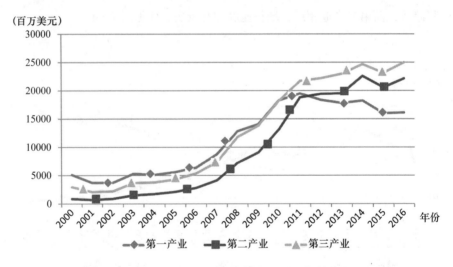

图 7—5　2000—2016 年缅甸三次产业增加值变化情况

数据来源：世界银行（World Bank，2018f；2018s；2018ad）。

　　早期，缅甸经济以农业经济为主，因此起初第一产业占比要高于第二、第三产业。受各国工业化进程加快的影响，缅甸开始逐步发展以加工制造业、能源、采矿业为主的第二产业。2012 年前后，第二产业首次超过第一产业，缅甸第一产业所占比重持续下降，已经降低了大约 30 个百分点；第二产业所占比重持续上涨，且增幅较大，大约上涨了 25 个百分点；近年来，旅游业持续繁荣，带动相关产业发展，使得第三产业占比有所增长，但增幅不足 10 个百分点。详见图 7—6。

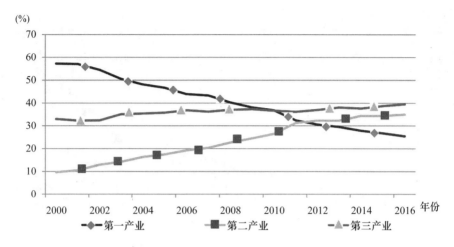

图7—6　2000—2016年缅甸三次产业增加值占GDP比例

数据来源：世界银行（World Bank，2018g；2018t；2018ae）。

4. 泰国产业结构的发展趋势

总体来说，虽然泰国的三次产业增长有波动，但整体是逐步提高的。泰国是一个传统的农业国，农业长期占主导地位。20世纪60年代以来，随着国家经济的发展、人民收入水平的提高，泰国社会的需求结构和消费结构发生了很大的变化，中等技术和资金密集型产业开始快速发展。再加上泰国劳动力资源丰富、工资成本较低，跨国公司纷纷将其作为产业转移的重要地区，国际市场需求的急剧扩大使得泰国工业化进程进一步加快，因此第二、第三产业呈现高速增长的态势。但是，由于受1997年亚洲金融危机的影响，三次产业均出现不同程度的下降，泰国政府认识到产业结构的问题，积极引进外资，实施经济转型和产业升级计划，投资2万亿泰铢（约合686亿美元）用于55个项目基础设施建设，使经济得以恢复并进一步发展（熊彬、李洋，2018）。

泰国通过制造业的发展拉动第二产业增长，其中，汽车及零部件产业使得泰国成为全球十大汽车生产国（安彩丽，2017）。旅游业的飞速发展为泰国带来巨大的经济收益，使其跻身世界旅游大国的行列，实现第三产业的飞速发展。近40年来，三次产业增加值和增速始终从高到低依次为第三产业、第二产业、第一产业。近年来，第三产业发展势头依然强劲，而第一产业和第二产业增加值出现下降趋势。详见图7—7。

（十亿美元）

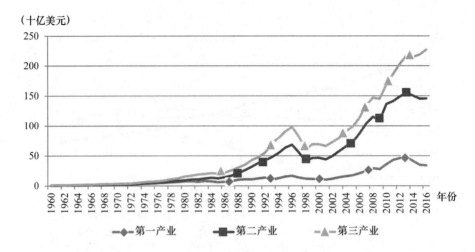

图7—7　1960—2016年泰国三次产业增加值变化情况

数据来源：世界银行（World Bank，2018f；2018s；2018ad）。

虽然泰国是传统的农业国，但是自20世纪60年代以来，经济水平显著提高，外商投资激增，中等技术和资金密集型产业逐步发展起来，第二、第三产业比重大幅上升，其中，第三产业的比重较大，明显高于第一、第二产业所占比重，且依然呈波动式增长趋势，但增幅不大；以制造

（%）

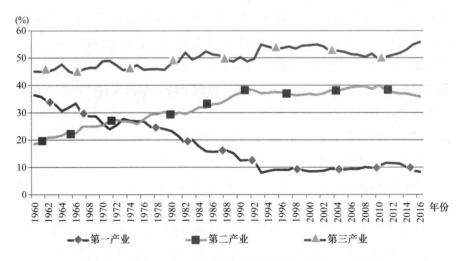

图7—8　1960—2016年泰国三次产业增加值占GDP比例

数据来源：世界银行（World Bank，2018g；2018t；2018ae）。

业为首的第二产业在 1960—1992 年保持持续上升趋势，增幅大约为 20 个百分点，在 1992 年以后发展较为稳定，变动不大；第一产业则从 1960—1993 年呈持续下降趋势，下降幅度大约为 30 个百分点，从 1994 年起发展较为稳定，基本保持在 10% 左右。详见图 7—8。

5. 越南产业结构的发展趋势

越南也是一个传统的农业国家，农业以生产粮食作物和水产品为主，部分农产品出口，故而在 20 世纪 90 年代以前，第一产业增加值最高。近年来，越南工业发展较快，这主要得益于越南对工业的投资。此外，劳动力成本低下使得一些发达国家将制造业向越南转移，带动了越南第二产业的发展。与此同时，第三产业在工业发展的推动下也呈较快发展趋势。1995—2005 年，越南第一、第三产业增加值同时呈下降的趋势，是由于期间越南政府采取了优先发展工业的政策，资源配置过度集中在第二产业，越南政府在此阶段大力发展工业，实现经济以农业为主逐步向工业发展的改革目标，促使第二产业增加值日益上升（杜海兴，2016）。与此同时，越南金融、旅游等服务业不被关注，第三产业还未发展，因此第三产业所占比重不高。

2006 年，越南政府提出社会经济发展战略，其战略目标为在 2015—2020 年发展成为一个工业化和现代化国家，其目标强调，越南经济应以建立社会主义的市场经济体制、促进工业化与现代化为中心，提高工业生产技术和高科技产业。这一战略直接影响了 2006—2014 年越南经济的发展，三次产业增加值迅速增长。在国际金融危机的冲击下，2008 年越南经济出现衰退，政府出台经济振兴总蓝图，以实现经济转型与产业升级的政策目标。整体来看，1997 年后，越南三次产业增加值都呈现增长势头，第二、第三产业增加值高于第一产业。2012 年后，三者的差距越来越大，第三产业的优势愈加明显，第一产业增加值趋于平缓。详见图 7—9。

越南的三次产业增加值比重较为稳定，发展平缓，第一产业基本保持在 20% 左右，第二产业基本保持在 35%—40%，第三产业基本保持在 40%—45%，近年来有突破 45% 的趋势。其原因主要在于，越南政府集中促进工业化与现代化发展，逐步巩固市场经济体制，主要发展第二产业和第三产业。因此，第一产业的比重持续下降。与此同时，越南吸引了 200 多家外商来越投资，投资项目主要集中在电子类、制造业、建筑业、

（十亿美元）

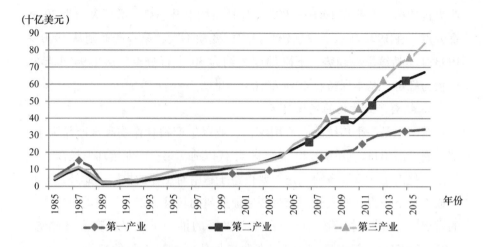

图7—9 1985—2016年越南三次产业增加值变化情况

数据来源：世界银行（World Bank，2018f；2018s；2018ad）。

金融与银行等第二产业和第三产业。2007年越南加入世界贸易组织后，吸引外商投资的能力进一步提升。大量外资流入拉动了越南国民收入水平，也刺激了国内消费需求，旅游、保险、地产、休闲娱乐等第三产业随之开始蓬勃发展（杜海兴，2016）。在澜湄国家中，只有越南的三次产业增加值占比发展稳定。详见图7—10。

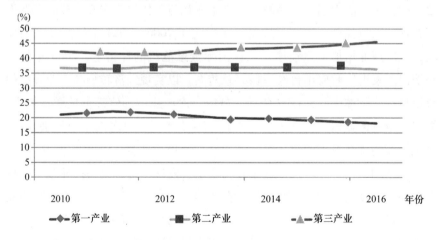

图7—10 2010—2016年越南三次产业增加值占 GDP 比例

数据来源：世界银行（World Bank，2018g；2018t；2018ae）。

6. 老挝产业结构的发展趋势

老挝是传统农业国，缺乏资金、技术和劳动力，农田水利等农业基础设施比较落后，农业生产效率低下，早期的第一产业虽然是主导产业，但是发展缓慢；老挝工业基础比较薄弱，主要以资源和手工业为主；第三产业以资源出口商品为主，出口产品结构单一，主要有服装、电力、木材和咖啡等。

老挝的三次产业从 1988 年起呈缓慢增长趋势，各产业之间差距不大。2004 年起，三次产业的上升幅度都开始增大。2008 年世界金融危机之后，老挝的第一、第二产业的发展势头呈现出短期减弱后回升的态势，而第三产业却表现出持续增长的发展趋势。究其原因，是第三产业的发展对其他产业的拉动作用，从老挝旅游业发展的过程来看，一方面，其他相关产业的配合极大地推动了旅游业的发展，并与金融业、交通业、餐饮业、住宿业和工艺品加工业等行业形成良性互动；另一方面，旅游业的快速发展也为第一、第二产业的发展提供了强大的支撑和动力。根据相关研究推算，旅游收入与其他产业收入之比为 1∶4 至 1∶5，国际贸易组织发布的权威资料显示，旅游业的发展能够给其相关产业的投资带来 1∶7 的效应（杨名福，2017）。旅游业的快速发展为老挝开辟出新的消费市场，同时第三产

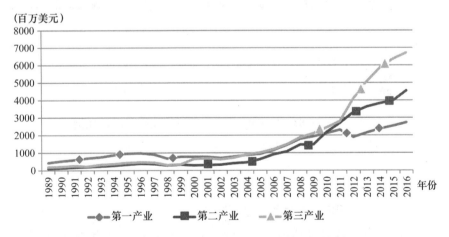

图 7—11　1989—2016 年老挝三次产业增加值变化情况

数据来源：世界银行（World Bank，2018f；2018s；2018ad）。

业自身产业链的扩展和延伸带来的产业溢出效应也不断加强。《万象日报》的调查研究表明，大规模的国外游客对促进老挝行、用、住、吃和演艺、工艺品加工等方面的发展发挥了重要作用。2011 年起，第二和第三产业增加值均高于第一产业，且差距越来越大，第三产业遥遥领先，呈指数型增长。详见图 7—11。

从增长趋势来看，老挝的第一产业所占比重在 1989—2012 年间有大幅度的下降，降低了大约 40 个百分点。从 2013 年开始平稳发展，基本保持在 20% 左右。第二产业和第三产业的比重则保持上升状态。由于老挝基础设施比较落后，工业基础比较薄弱，第二产业涨幅要低于第三产业。老挝在改革开放过程中，服务业年均增长 6.7%，第三产业增加值占比在 2004 年首次超过第一产业，并继续呈发展态势。详见图 7—12。

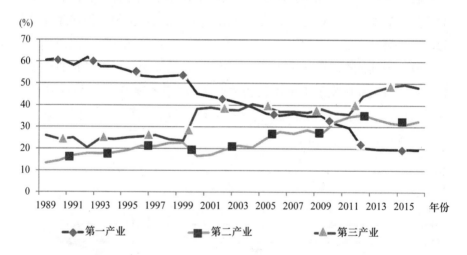

图 7—12　1989—2016 年老挝三次产业增加值占 GDP 比例

数据来源：世界银行（World Bank，2018g；2018t；2018ae）。

（二）澜湄国家产业结构发展趋势比较

澜湄国家三次产业增加值及在国内生产总值占比的总体特征为：第一产业增加值及占比持续下降，第二产业（尤其是制造业）增加值及比重迅速提高，第三产业增加值及比重总体趋于上升。其中，各国新兴制造业如电子信息工业、石油化工、汽车制造业迅速崛起，超越了传统制造业，成为拉动第二产业的主导力量。而第三产业的发展主要依赖于金融与旅游业。各国放宽金融管制，改革金融制度，扩大金融市场，使得金融业在服务业中的占比持续上升；另外作为第三产业中发展最快的旅游业，也为各国创造出巨大的经济价值（王勤，2006）。

整体来看，在1989—2016年间，各国工业化进程的推进及发展变革对农业的发展造成一定影响，第一产业所占比重都表现为下降趋势，尤其是老挝的降幅最大；而第三产业则相反，都呈现不同程度的上升趋势，其中老挝的增幅最大；在第二产业上，中国、泰国、越南的变动幅度较小，而其他三国则表现出较大幅度的增长。以下分别对各国三次产业增加值的绝对及相对趋势展开具体分析。

1. 澜湄国家第一产业发展趋势比较

将2000—2016年柬埔寨、老挝、缅甸、泰国和越南第一产业增加值变化情况进行对比，可以看出，泰国第一产业从2000年到2012年间一直呈上升趋势，明显高于湄公河其他国家；从2013年开始快速下降，2016年降至339.8亿美元，略高于位居第二的越南。越南的第一产业增加值呈明显持续上升趋势，增幅较大。柬埔寨和老挝的第一产业相比于其他国家一直都较低，发展较为平缓。详见图7—13。

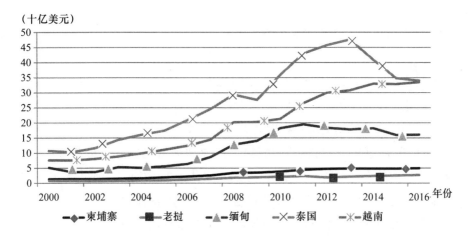

图7—13　2000—2016年湄公河国家第一产业增加值对比

数据来源：世界银行（World Bank，2018f）。

分析澜湄国家第一产业增加值比重的发展趋势可见，各国第一产业增加值均呈下降趋势，除越南以外其他五国的下降幅度都很大，其中老挝的降幅最大，大约下降40个百分点；从占比来看，近年来中国、泰国第一产业增加值占比基本维持在10%左右，老挝和越南维持在20%左右，柬埔寨和缅甸的占比高于其他四国。详见图7—14。

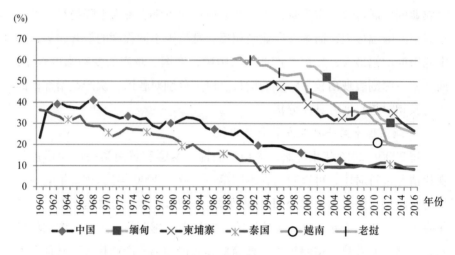

图7—14 1960—2016年澜湄国家第一产业增加值比重

数据来源：世界银行（World Bank，2018g）。

2. 澜湄国家第二产业发展趋势比较

从1960—1990年间各国第二产业的发展趋势上看，泰国的发展远远高于其他各国，且在1976—1988年间实现了飞速增长，柬埔寨和老挝的第二产业发展基本持平，明显低于其他国家，缅甸和越南的发展呈上升趋势，但相比之下越南的增长幅度更大。详见图7—15。

对1989—2016年间澜湄国家第二产业增加值比例进行分析，中国、泰国和越南的发展趋势较为平缓，其中中国是六国中第二产业占比最高的国家，维持在40%—50%，泰国和越南次之，维持在35%—40%，而缅甸、老挝和柬埔寨虽然刚开始占比较少，但随着快速发展，占比逐年增高，在2016年基本接近泰国和越南，其中缅甸增长的幅度最大，大约增长了25个百分点。详见图7—16。

图 7—15　1960—1990 年湄公河国家第二产业增加值对比

数据来源：世界银行（World Bank，2018s）。

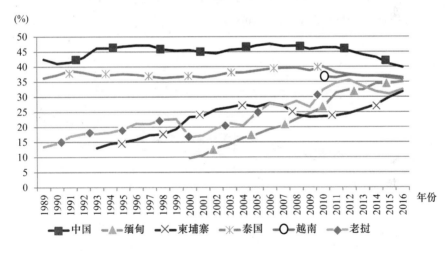

图 7—16　1989—2016 年澜湄国家第二产业增加值比重

数据来源：世界银行（World Bank，2018t）。

3. 澜湄国家第三产业发展趋势比较

在 1960—1990 年间，湄公河国家的第三产业都表现为上升趋势，和第二产业的发展基本相似，其中，泰国的发展依然远远高于其他四国，柬埔寨和老挝的发展基本一致，相对于其他国家一直比较低，越南和缅甸都有所上升，但相比之下越南的发展更快。详见图7—17。

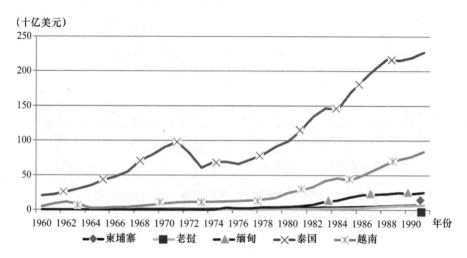

图7—17 1960—1990年湄公河国家第三产业增加值对比

数据来源：世界银行（World Bank，2018d）。

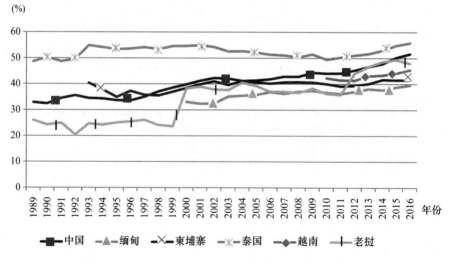

图7—18 1989—2016年澜湄国家第三产业增加值比重

数据来源：世界银行（World Bank，2018e）。

从澜湄国家第三产业的增长趋势来看，老挝的涨幅最大，其次是中国，涨幅大约是 20 个百分点，其他国家也保持增长趋势，但涨幅较小；从占比来看，泰国占比最高，约在 50% 以上；其他国家近年来大多数集中在 40%—50% 之间。详见图 7—18。

二　澜湄国家就业结构发展趋势分析

产业结构决定劳动力的就业结构，就业结构会随着产业结构的调整而发生变化。下文逐一分析澜湄国家三次产业就业占总就业的比重，先展示各国各自情况，再进行横向比较。

（一）澜湄国家就业结构的发展趋势

从整体发展趋势来看，由于各国第一产业的发展均呈现不同程度的下降趋势，所以相应地各国第一产业所对应的就业比重也表现为下降趋势；同样，因为各国第二、第三产业都表现出上涨的发展趋势，所以第二、第三产业对应的就业比重也是上升的。其中，老挝的发展较为稳定，第二产业对应的就业结构基本不变。

1. 柬埔寨就业结构的发展趋势

柬埔寨早期以农业为主，工业基础薄弱，但随着 20 世纪 90 年代进入和平发展阶段，柬埔寨开始了工业化进程，人力资源的流动也随着产业发展发生了巨大的变化。第一产业所对应的就业呈下降趋势，且降幅很大，大约下降 40 个百分点，第二产业和第三产业就业呈上升趋势，且上涨幅度较为相似。1991—2016 年，占比从高到低依次为第一产业、第三产业、第二产业，三次产业占比的次序始终未变，但三者之间的差距不断缩小。详见图 7—19。

2. 中国就业结构的发展趋势

随着农业基础设施建设以及农业现代化水平的不断提高，中国的第一产业生产效率不断提高，越来越多的农村剩余劳动力开始从事其他产业工作。20 世纪 90 年代中期，城市非国有经济的崛起拉动了第三产业的增长，使第一、第二产业劳动力的一部分向第三产业移动，个体经济营业人数也在迅速增长，从而使第一产业就业人员比重呈持续下降趋势，占比大

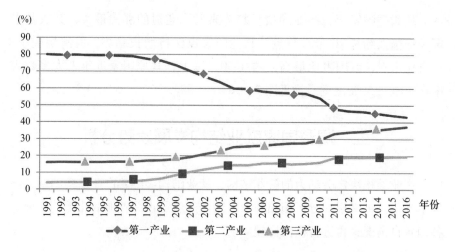

图7—19　1991—2016年柬埔寨三次产业就业占比

数据来源：世界银行（World Bank, 2018i；2018j；2018k）。

约下降了30个百分点。第二产业就业占比变化较小，在三次产业就业中，第二产业就业占比始终最小。20世纪90年代后期，由于国有企业改革力度加大，造成大量职工下岗，所以1997—2003年第二产业的就业占比稍有下降，但在2003年之后，随着制造业的快速发展，相应地就业占比又

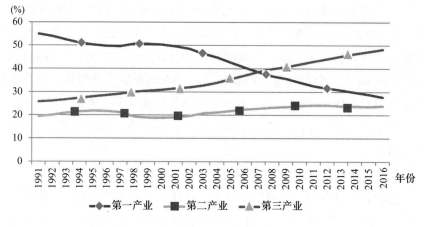

图7—20　1991—2016年中国三次产业就业占比

数据来源：世界银行（World Bank, 2018i；2018j；2018k）。

有小幅度的上升，并在近年来趋于平稳。第三产业的快速发展吸纳了众多农村剩余劳动力以及第二产业富余人员，导致第三产业就业人员比重呈持续增长形势，涨幅大约为 20 个百分点，在 2007 年占比超过第一产业就业，成为占比量最大的就业，且与第一和第二产业差距明显。详见图 7—20。

3. 缅甸就业结构的发展趋势

缅甸在 1989 年颁布《国营企业法》，宣布实行市场经济，并逐步对外开放，使得以往以农业为基础的经济发展在 20 世纪 90 年代后开始出现一些改变，与此相关的就业形势也发生了相应变化。具体表现为，第一产业的就业占比持续下降，且下降幅度较大，降幅超过 30 个百分点，从占比第一的位置降至第二位。第二产业稍有增长，但幅度较小，在三次产业就业中，第二产业就业占比始终最小。第三产业就业占比始终保持增长态势，在 2006 年成为占比最大的就业，并与第一和第二产业的差距越来越大。详见图 7—21。

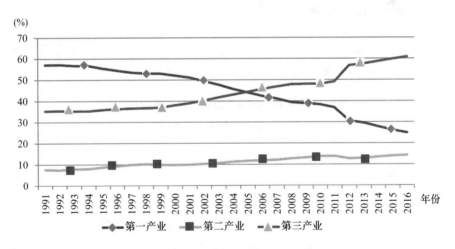

图 7—21　1991—2016 年缅甸三次产业就业占比

数据来源：世界银行（World Bank，2018i；2018j；2018k）。

4. 越南就业结构的发展趋势

越南从 1986 年开始经济改革以来，逐渐从集体计划经济转换成社会主义方向的市场经济。随着改革计划的持续进行，越南的产业结构也在不断调整，农业增加值占比逐年减少，相应地就业也逐年下降，1991—2016 年，占比大约下降 30 个百分点。与制造业和服务业相关的第二和第三产业的就业则呈现平稳增长趋势，二者涨幅较为相似，大约为 15 个百分点。三次产业就业占比的差距越来越小，但占比量从高到低的次序始终是第一产业、第三产业、第二产业。可见越南传统就业结构的主导地位仍未动摇，绝大多数劳动力仍集中在第一产业（吕亚军，2012）。详见图 7—22。

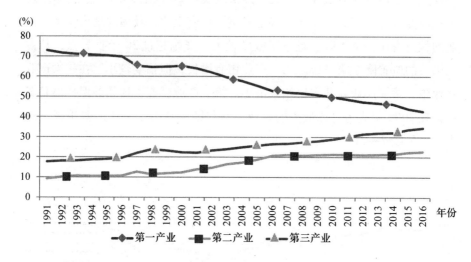

图 7—22　1991—2016 年越南三次产业就业占比

数据来源：世界银行（World Bank，2018i；2018j；2018k）。

5. 泰国就业结构的发展趋势

随着工业化的发展，泰国的农业在国民经济中的增加值和就业比重都呈下降趋势，而制造业和服务业在国民经济中的增加值和就业比重都有不同程度的提高。近年来泰国的旅游业发展迅速，带动了就业人员的流动，使得第三产业的就业占比呈现增长趋势。具体从占比的变动幅度上看，第一产业的就业占比大约降低了 25 个百分点，第三产业的就业占比大约上涨了 17.6 个百分点，第二产业就业占比上涨了约 7 个百分点。近年来三次产业就业占比从高到低依次稳定在第三产业、第一产业、第二产业。详见图 7—23。

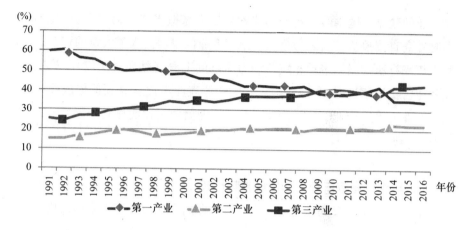

图7—23　1991—2016年泰国三次产业就业占比

数据来源：世界银行（World Bank，2018i；2018j；2018k）。

6. 老挝就业结构的发展趋势

老挝的三次产业对应的就业结构较为稳定。自1997年遭受亚洲金融危机严重冲击后，老挝政府采取加强宏观调控、整顿金融秩序、扩大农业生产等措施，基本保持了社会安定和经济稳定。在工业经济发展的同时，农业增加值的就业占比相对应略有下降，降幅不足10个百分点。一些新

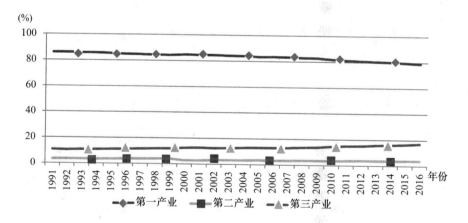

图7—24　1991—2016年老挝三次产业就业占比

数据来源：世界银行（World Bank，2018i；2018j；2018k）。

兴工业的建立、国内服务业的迅速发展促进老挝第二、第三产业的就业。同时外商直接投资，给老挝第二、第三产业的发展注入了大量的资金，使其近年来有所发展，带动相应劳动力需求的上涨（钱美，2017）。第三产业就业占比增幅近 10 个百分点。三次产业就业占比从高到低依次稳定在第一产业、第三产业、第二产业。第一产业就业占比明显高于第二、第三产业。详见图 7—24。

（二）澜湄国家就业结构发展趋势比较

上文分析了每个国家内部三次产业就业所占比重，接下来横向比较各国三次产业的就业占比。

1. 澜湄国家第一产业就业趋势比较

随着现代商业和工业经济的快速发展，澜湄国家第一产业的就业占比都明显呈下降趋势。老挝第一产业就业所占比重下降的幅度相对最小。这主要是由于老挝是典型的以农业经济为基础的国家，且政府长期实施优先发展农林业的政策。柬埔寨的下降幅度最大。柬埔寨农业部 2017 年 6 月发布的一项研究报告指出，柬埔寨第一产业就业人数占比由 1993 年的

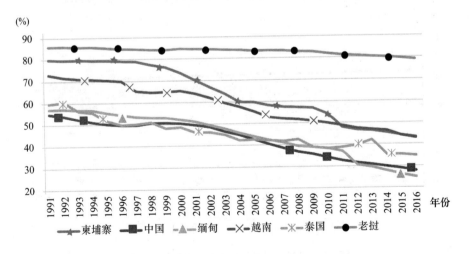

图 7—25 1991—2016 年澜湄国家第一产业就业占比

数据来源：世界银行（World Bank，2018i）。

80%锐减到2017年的40%，与其他亚洲国家如泰国（由77%下降到32%）的情况相当。造成这一现象的主要原因是劳动力大规模向商业转移，机械替代劳动力以及新产业、新业态的发展。缅甸和中国的下降趋势相近。2016年，第一产业就业占比从高到低依次为老挝、柬埔寨、越南、泰国、中国、缅甸。详见图7—25。

2. 澜湄国家第二产业就业趋势比较

从第二产业就业占比的发展趋势来看，柬埔寨、中国、缅甸、越南和泰国整体上都是上升的，而老挝由于工业经济较为薄弱，发展速度最慢，占比变化不大。从就业占比变动幅度上看，柬埔寨和越南的增幅大约是15个百分点，增幅最大。2016年，第二产业就业占比从高到低依次为中国、越南、泰国、柬埔寨、缅甸、老挝。详见图7—26。

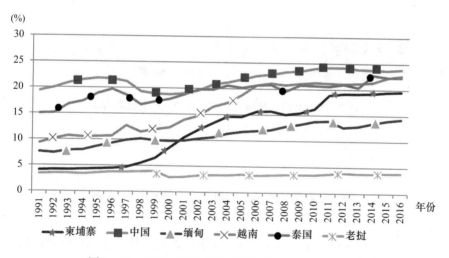

图7—26　1991—2016年澜湄国家第二产业就业占比

数据来源：世界银行（World Bank, 2018j）。

3. 澜湄国家第三产业就业趋势比较

20世纪90年代以后，随着技术更新加速和人口老龄化现象的加剧，产品和服务市场需求发生变化，服务业吸纳就业的能力逐渐增强，进一步加快了劳动力向第三产业转移的步伐。澜湄国家第三产业就业占比均呈上涨态势。但从增长幅度上进行比较，可看出缅甸的增幅最大，老挝的服务业起步较晚，所以增长速度较缓，增幅不到 10 个百分点，柬埔寨、泰国、中国以及越南的变动幅度相似，增幅在 20 个百分点左右。2016 年，第三产业就业占比从高到低依次为缅甸、中国、泰国、柬埔寨、越南、老挝。详见图 7—27。

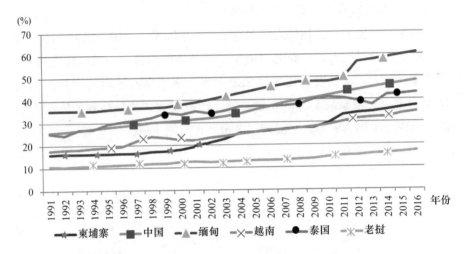

图7—27 1991—2016 年澜湄国家第三产业就业占比

数据来源：世界银行（World Bank，2018k）。

三　澜湄国家就业结构与产业结构关系比较

一个国家三次产业结构与就业结构的匹配度直接关系到经济发展与社会稳定。下文以澜湄国家产业增加值占比与就业占比比值与 1 的差值作为结构偏离度指标，研判各国产业和劳动力的匹配度。通过对各国三次产业结构与就业结构的分析发现，整体上各国第一产业的产业份额均有所下降，但产业结构与就业结构不匹配的现象仍然很严重。第二产业的产业占比高于就业占比，仍具吸纳就业的能力。各国第三产业发展均有提升，但在就业人员配置方面也存在一定问题。

产业结构和就业结构不匹配的主要原因可以概括为两方面，一方面，各国的工业化过程不尽相同，第二产业吸收就业能力有限，而且第三产业的发展速度和规模与吸纳劳动力的能力不相匹配，难以实现不同产业过剩劳动力与就业缺口之间的互补。另一方面，由于部分国家发展相对比较落后，人力资源素质与技能无法满足特定产业的就业需要，无法适应产业结构优化调整的需求，导致结构性失业。产业与就业结构的偏离可以依赖各国自身产业的调整或产业间劳动力转移或者劳动力跨国流动来实现产业与就业的均衡发展（张原、刘丽，2017）。

澜湄国家中，中国、泰国处于工业化中后期阶段，缅甸、老挝、柬埔寨、越南处于工业化起步阶段，由于各国工业化进程不一，劳动力的产业分布结构也存在明显差异。中国城市化率相对较高，城市人口占比超过50%，基本越过"刘易斯拐点"，第一产业向其他产业转移的劳动力逐步趋于零。泰国城市人口比重在50%以下但接近50%，因此，第一产业向其他产业转移仍存在较大空间。而越南、缅甸、柬埔寨等国的第一产业待转移劳动力规模较大，中长期人口红利仍可持续。预期未来10年，城市人口比重超过50%的国家将有望超过3/4，第一产业劳动力转移的总量和速度将迅速下降（张原、刘丽，2017）。

结构偏离度这一指标用来检验和衡量产业增加值的比重与该产业就业比重是否平衡发展。以产业增加值占比与就业占比之比与1的差值作为评判标准，若差值为零，则该产业的就业结构和产业结构的关系处于平衡状态，表明该产业发展需求与劳动力就业规模相当匹配，不存在从事该产业的劳动力短缺或者剩余的情况。若结构偏离度小于零，表示该产业存在大量隐性失业，需要采取措施使劳动力从该产业向其他产业转移。若结构偏离度大于零，表示该产业劳动力短缺，需要吸纳更多的劳动力。以下分别对各国结构偏离度进行分析。

（一）中国就业结构与产业结构关系比较

从中国1991—2016年三次产业增加值占比和就业占比之比与1的差值的变化上看，三次产业的就业与产业结构偏离度总体呈现缩小态势。第一产业始终负偏离，近年偏离度稳定在−0.7，表明第一产业仍存在劳动力过剩问题。第二产业为正偏离，但偏离值呈缩小趋势，说明第二产业劳动力供给不足问题逐渐有所缓解。第三产业偏离度为正，其绝对值最小，2011—2014年第三产业的偏离度几乎接近于0，之后略有增长。这说明，第二产业的产业和就业匹配度最低,其次是第一产业,第三产业匹配度最高。第二和第三产业均出现劳动力供给不足的情况,其中第二产业更为明显。第三产业在2012—2014年间产业和劳动力基本匹配,但此后劳动力供给不足问题略有显现。同时,第二、第三产业仍有吸纳第一产业的劳动力的可能。详见图7—28。

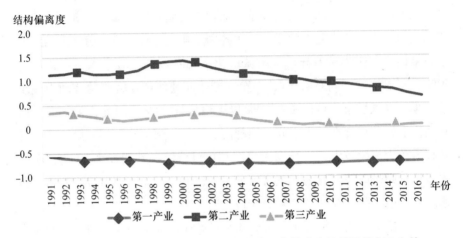

图7—28　1991—2016年中国产业增加值占比与就业占比的比值与1之差

数据来源:世界银行(World Bank, 2018g; 2018t; 2018ae)。

(二) 柬埔寨就业结构与产业结构关系比较

从柬埔寨1993—2016年三次产业增加值占比和就业占比之比与1的差值的变化上看,三次产业的就业与产业结构偏离度总体呈现缩小态势,但不能忽视的是,近年来略有加大趋势。第一产业始终为负偏离,且保持在 -0.5 之内,表明柬埔寨第一产业存在剩余劳动力,但总体偏离度不大。第二产业和第三产业均为正偏离,说明第二产业和第三产业均有劳动力供给不足问题。相对而言,第二产业偏离更大,第三产业的偏离度越来越接近于0,即第三产业的产业结构与就业结构的匹配度越来越高。详见图7—29。

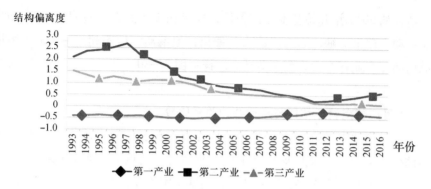

图 7—29　1993—2016 年柬埔寨产业增加值占比与就业占比的比值与 1 之差

数据来源：世界银行（World Bank，2018g；2018t；2018ae）。

（三）缅甸就业结构与产业结构关系比较

从缅甸 2000—2016 年三次产业增加值占比和就业占比之比与 1 的差值的变化上看，三次产业的就业与产业结构偏离度总体呈现扩大趋势。第一产业经历了由正偏离向负偏离的转变最后稳定在 0，表明缅甸第一产业不存在劳动力短缺的问题，第一产业偏离度始终较小，因此就业结构与产业结构匹配度较高。第二产业为正偏离，在 2000—2012 年偏离幅度逐年

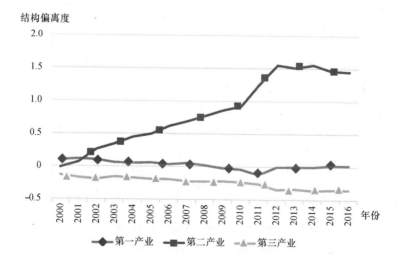

图 7—30　2000—2016 年缅甸产业增加值占比与就业占比的比值与 1 之差

数据来源：世界银行（World Bank，2018g；2018t；2018ae）。

递增，从 2013 年开始基本保持平稳，稳定在 1.5 左右，表明缅甸第二产业劳动力严重短缺。第三产业为负偏离，但偏离幅度不超过 -0.5，表明缅甸第三产业存在少许剩余劳动力。详见图 7—30。

（四）越南就业结构与产业结构关系比较

从越南 2010—2016 年三次产业增加值占比和就业占比之比与 1 的差值的变化上看，三次产业的就业与产业结构偏离度近年来表现得较为稳定，总体呈现缩小态势。第一产业偏离度基本不变；第二和第三产业的偏离度有小幅下降。越南第一产业的偏离度始终为负偏离，保持在 -0.6 左右，说明第一产业就业结构与产业结构呈现不协调的状态，第一产业存在大量剩余劳动力。越南第二、第三产业的偏离度数值均大于零，其结构偏离的数值处于明显下降的状态，就业结构与产业结构趋向均衡的状态，但是仍存在劳动力供给不足的问题，其中第二产业的问题较为突出。详见图7—31。

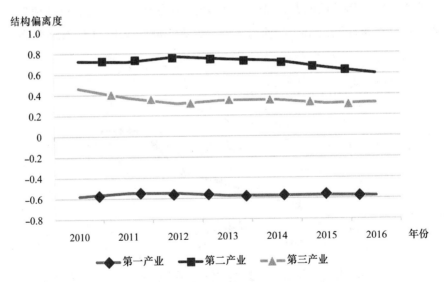

图 7—31 2010—2016 年越南产业增加值占比与就业占比的比值与 1 之差

数据来源：世界银行（World Bank，2018g；2018t；2018ae）。

（五）泰国就业结构与产业结构关系比较

从泰国1991—2016年三次产业增加值占比和就业占比之比与1的差值的变化上看，三次产业的就业与产业结构偏离度总体呈现缩小态势。泰国第一产业为负偏离，偏离度的数值变化较稳定，保持在－1以内，说明第一产业的就业结构与产业结构不匹配，存在大量剩余劳动力。第二、第三产业的偏离度数值均为正偏离，说明存在劳动力供给不足的问题。从发展趋势看，其结构偏离的数值处于明显下降的状态，表明第二、第三产业就业结构与产业结构有趋向均衡的态势。详见图7—32。

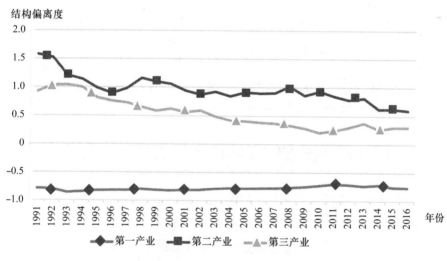

图7—32　1991—2016年泰国产业增加值占比与就业占比的比值与1之差

数据来源：世界银行（World Bank，2018g；2018t；2018ae）。

（六）老挝就业结构与产业结构关系比较

从老挝1991—2016年三次产业增加值占比和就业占比之比与1的差值的变化上看，三次产业的就业与产业结构偏离度总体呈现扩大趋势。老挝第一产业为负偏离，偏离度的数值变化不大，稳定在0附近，说明第一产业存在少许剩余劳动力。第二、第三产业的偏离度数值均为正偏离，存在劳动力短缺问题。其中，第二产业偏离度整体上逐年增长，表明第二产业的产业结构与就业结构高度不匹配。第三产业结构偏离度数值在 2.0 附近波动。相比之下，第二产业的结构失衡问题最为严重。详见图 7—33。

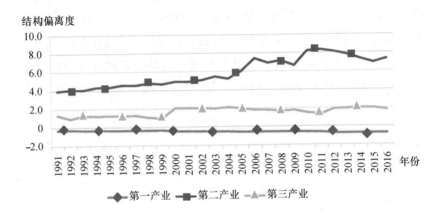

图 7—33　1991—2016 年老挝产业增加值占比与就业占比的比值与 1 之差

数据来源：世界银行（World Bank，2018g；2018t；2018ae）。

四　澜湄国家就业结构与产业结构的特点

综上所述，澜湄国家在产业结构方面的共性特点是：六国的三次产业增加值都有较大幅度提升，第三产业的发展尤其迅速，近年来其增加值明显超过其他产业。从各产业增加值所占比重上看，六国的第一产业所占比重都表现为下降趋势，第三产业占比均为上升趋势。中国、泰国和越南的第二产业增加值发展较为平缓；缅甸、老挝和柬埔寨发展较快。

产业结构的个性特点有：当前，中国的第二产业增加值占比最高；柬埔寨的第一产业增加值占比最高，第二产业增加值占比最低；缅甸的第二产业增加值增幅最大，第三产业增加值占比最低。泰国的第一产业增加值占比最低，第三产业占比最高；老挝的第一产业增加值降幅最大，第三产业增加值增幅最大。

澜湄国家在就业结构方面的共性特点是：六国第二产业和第三产业的就业占比都呈上升趋势，而第一产业的就业占比则表现为下降趋势。

　　澜湄国家在就业结构方面的个性特点是：柬埔寨的第一产业的就业降幅最大，第二产业的就业增幅最大；缅甸的第三产业的就业降幅最大；老挝的第一产业的就业降幅最小，第二产业和第三产业的就业增幅最小。

　　在澜湄国家中，中国和泰国的就业与产业结构呈现许多共性。首先在产业结构上，两国第一产业的增加值明显低于第二产业和第三产业的产值，且占比逐年降低；第二产业在2010年以前呈快速发展状态，2010年以后都表现为不同程度的下降趋势；第三产业都表现为高速增长状态。其次，两国的就业结构也较为相似，均是第三产业就业占比最大，其次是第一产业，最后是第二产业。

　　澜湄国家在就业与产业结构匹配方面的共性特点表现为，近年来，除泰国外，其他国家的就业产业最为不匹配的产业都是第二产业。除缅甸外，其他五国的结构偏离度均为"负正正"，即第一产业劳动力过剩、第二产业和第三产业劳动力不足。老挝和缅甸的就业产业匹配度从低到高是"二三一"，中国、柬埔寨、越南、泰国是"二一三"。

　　澜湄国家在就业和产业匹配方面的个性特点有以下几方面。越南是唯一产业结构和就业结构长期保持稳定状态的国家。缅甸是唯一第一产业劳动力略有不足的国家，也是唯一第三产业劳动力过剩的国家。整体上，越南的就业和产业匹配度最高；老挝最低。当前第一产业匹配度最高的国家是缅甸，最低的是泰国；第二产业匹配度最高的国家是泰国，最低的是老挝；第三产业匹配度最高的国家是中国，最低的是老挝。

第 八 章

澜湄国家人力资本对经济
增长影响的实证分析

本章利用澜湄国家2001—2015年的面板数据和相关模型，定性和定量分析人力资本与区域内国家经济增长之间的关系。一方面分析澜湄国家人力资本与经济发展的协同度、人力资本对经济增长的贡献率，对区域发展质量作出评估，为今后区域发展战略的优化实施提供人力资本视角的政策建议；另一方面，通过人力资本综合指标体系的设定对区域人力资本进行测度，从人力资本存量的角度扩展对区域经济发展差距的解释思路。

一 人力资本对经济增长影响的理论分析

（一）人力资本理论

较为系统、完整的人力资本理论形成于20世纪60年代。对其作出基础贡献、具有代表性的学者及论述有：1958年，"人力资本理论创始人" Mincer创立了人力资本的投资收益率模型，第一次系统地研究了人力资本和个人收入之间的关系（Mincer，1958）；在1960年美国经济学年会上，"人力资本之父"舒尔茨作题为《人力资本投资》的演讲；"干中学"理论扩展了人力资本理论的内涵，为从人力资本视角出发的内生经济增长理论奠定了基础（Arrow，1982）。

如何保持一个区域经济体经济水平的高增速、可持续的发展，以及实现这一目标背后的推动力是什么，始终是学界、政界关注的问题。始于第二次世界大战后经济学的数量革命，数量经济学的日益成熟为经济学家对

"索罗剩余"研究的不断扩展提供了新的思路和方法。Romer（1986；1987；1990）、Lucas（1988）等开创了内生化的经济增长模型，导致了在随后的经济增长理论探索中，"知识创新"和"人力资本外溢"的作用逐步凸显出来。内生经济增长理论引入技术进步和人力资本这两种生产性要素，并将生产、教育和研发进行有机结合，开始取代新古典经济增长理论，成为经济增长研究领域内的前沿。

（二）基于人力资本的经济增长理论

关于经济增长中人力资本效应的研究，可以追溯到 Robert（1956）、Mincer（1958）和 Schultz（1961），而奠定有关人力资本与经济增长关系基础的研究，大多伴生于内生经济增长理论。在诸多内生增长理论学派和观点中，人力资本是经济增长的推动因素是始终不变的假设。

综合分析国外学者的研究成果，关于人力资本的经济增长内生效应，至少形成了完整规范的三种机制：第一种机制是直接作用机制，将人力资本视为最终产品生产过程中的直接投入要素；第二种机制是间接作用机制，人力资本并不是最终产品的直接投入要素，而是通过与技术进步（全要素生产率来体现）这一中介结合，间接地对经济增长产生作用；第三种机制是综合作用机制，即综合了以上两种作用模式。在此基础上，国内外大多数相关实证研究可归结为两个方面：一是从微观角度出发，通过衡量教育投入、人力资本投资等因素的回报率来测度其对整个社会产出的增长的影响；二是从宏观角度出发，建立纳入了人力资本的经济增长模型，通过对单个区域内部或者跨区域的实证分析，考察人力资本对经济增长的单向影响。对结果进行分类整理后可以发现，研究结果中表明人力资本对经济增长有显著的正向作用占大多数（Aghion and Howitt，1992；Barro and Sala，1995）。

总之，作为主要的经济增长投入要素，劳动力这一变量向来受到学界和政府的重视，有关劳动力要素投入和经济增长之间关系的研究也从未中断过。从劳动力数量和质量差别这个角度来看，可以将这一领域内的研究分为两类。一类研究从劳动力数量的角度，认为劳动力供给是无差别的、同质的，不同区域经济体经济增长水平差异完全是劳动力数量的差异造成的。古典和新古典经济增长理论均以此为假设。在此种假设下，不同区域经济体的经济增长差异完全由劳动力数量决定，缺乏说服力，这也是索罗模型中的一个缺陷。从实证的角度来看，该假设也与事实不相符合。另一类研究假设劳动力个体间存在质量上的差异，差异可以是脑力、身体、心理多个维度的。在这种假设下，就长期经济增长而言，由于存在内生的人力资本，克服新古典经济增长理论中边际报酬递减规律限制的可能性，并进一步有可能保持规模报酬递增。在与技术创新这一经济增长投入要素结合后，对劳动力投入的重新思考与定位衍生出了经济可持续性增长的新思路，人力资本积累与技术创新的协同、带动作用，被纳入内生经济增长理论。

在区域经济增长中，人力资本要素投入的重要性已经得到了学界的认同。然而对于在生产过程中的人力资本投入对经济增长的贡献度这一问题，始终未能形成一致意见。事实上，不同产业对不同类型的人力资本的需要差异较大，通常而言，劳动密集型产业对人的身体素质和数量要求更高，技术密集型产业对人的脑力素质要求更高。同时，对于区域经济增长的差异在多大程度上受人力资本的影响这一问题，至今也未能形成一致意见。事实上，区域经济增长不同阶段对不同质量的人力资本的需求差异也较大。此外，由于人力资本的天然逐利性，区域间经济增长差异必然引起人力资本的流动，双向关系容易导致核算结果的不稳定。因此，相对于整个宏观经济体和不同区域间差异，不同产业、不同经济增长阶段中人力资本的合理配置问题更需要进一步拓展。

（三）相关概念界定

1. 人力资本

舒尔茨（Schultz，1961）的观点是，人力资本是知识、技能、健康等特征在劳动者身上的体现，这些特征来源于人力资本投资的多个途径，如教育、职业培训、医疗保健、迁移等。这一观点扩充了资本的概念，突破了把物质资本作为唯一生产性资本的旧限制。在此基础概念上，西方学者对其进行了更加深入的探究和争论，其内涵不断扩充、变化。如在2001年OECD报告中，人力资本被界定为个体劳动者所具备的，有利个人、经济、社会福祉创造的知识、技能和素质。

现代心理学研究表明，人的行为（包括经济行为）总是要受到自身心理活动规律的影响，心理素质的高低以及心理状态健康与否，直接关系到劳动者的脑力素质、身体素质的发挥程度。从微观的劳动者心理特征的角度来看，劳动者在作出决策时往往是有限理性的，在生产过程中也是如此。因此，综合考虑劳动者的心理素质、脑力素质与身体素质，人力资本可以水平分解为理性与非理性两个部分。这种社会心理学与传统经济学的学科交叉，强调经济行为的研究必须建立在现实的心理特征基础上，这是对新古典经济学中的理性人的基础假设的一个新的探索方向。

在本章中，考虑到实际研究需要和相关人力资本数据的代表性、可得性，以人力资本的存在方式的差异为标准将人力资本划分为两种类型："脑力素质"人力资本和"身体素质"人力资本。

2. 经济增长

对于某一经济体而言，经济增长是政治、社会、文化发展的基础，不仅代表着该经济体在经济生产方面取得的成果，也意味着该经济体在世界范围内的影响力和竞争力。鉴于变量指标的代表程度、研究的需要以及数据的可得性，本章对经济增长作出如下界定：经济增长是一个多层次的系统概念，至少包含区域实际总收入的增加、区域开放程度的提高、区域产业结构的优化。

（四）不同人力资本对经济增长的影响

1. "脑力素质"人力资本对经济增长的影响

就业者"脑力素质"人力资本的增强可以带来自身生产效率的提高。对于技术岗位从业者而言，其受到的学校理论知识教育使其科技素养、思维方式和文化素质提高，因而具有更强的研究开发能力和将新科技转化为实际产品，进一步转化为生产力的能力；对体力岗位从业者而言，由于接受工作后的专业技能培训带来相关专业技能的增强，可以使得就业者提高工作熟练程度、减少甚至避免操作上的失误与浪费现象，同时也具有更好的学习能力和适应能力。就业者"脑力素质"人力资本的增强还可以带动其他生产要素的增长。"脑力素质"人力资本的增长本身就伴随着一定的物质资本投入：要大力兴办正规教育、职业培训机构、职业学校和技工学校来提升人力资本存量水平，必须投入一定数量的房屋、桌椅、教具和教材等物质资本；科研发明也需要一定数量的仪器、设备和实验室等物质资本投资。

2. "身体素质"人力资本对经济增长的影响

人的身体是人力资本的载体，无论是对知识的探索、对技能的使用还是对管理的施行，都需要相应的人来完成。绝大多数由人参与的经济活动是脑力和身体的结合，即使是技术岗位和管理岗位，就业者"身体素质"人力资本的增强也可以使得就业者延长必要劳动时间、提高单位时间内的工作效率；同时从人的整个生命周期来考虑，就业者身体状况决定了其所能为社会提供服务的年限，更好的身体素质意味着就业者可以为社会提供更长时间的服务，因而有利于经济增长。另外，体现在就业者身上的知识、技能、健康和其他素质在形成后并不是一成不变的，会与就业者工作、生活密切程度、使用程度而发生变化：与工作、生活相关性差，不常用的知识、技能、身体部位会减弱；与工作、生活相关性高，常用的知识、技能、身体部位会增强。但是由教育、社会文化、经济环境、身体训练长期影响而形成的价值观念、思维模式、体质记忆是很难被改变和消除重建的。只要作为载体的身体还存在，以前人力资本投资形成的先进思想和价值观念就存在，一旦有了其他要素的适量投入和合适的激发制度，其就会与其他生产因素相结合，共同影响经济增长。

二　澜湄国家人力资本对经济增长影响的因果实证分析

（一）模型描述与数据说明

1. 卢卡斯人力资本溢出模型

基本模型如下（Lucas, R. E. Jr. , 1988）：

$$Y(t) = AK(t)^\beta N(t)^{1-\beta} h(t)^\gamma \qquad 公式（1）$$

其中 Y 为当期的总产出，A 为不变的技术水平，K 为资本投入，N 为总人力资本水平，h 为劳均人力资本水平，该模型从人力资本的数量（N 体现）和质量（h 体现）两个方面来核算人力资本的内生增长作用。

2. 有效劳动模型

$$Y(t) = AK(t)^\alpha N(t)^\beta \qquad 公式（2）$$

该式各变量的意义与（1）式相同，该模型从人力资本的数量（N 体现）方面核算人力资本对经济增长的贡献。

3. 各投入要素的产出贡献率

$$R_{ci} = \frac{R_i \times E_i}{R_g} \times 100\% \qquad i = 1，2，3，4 \qquad 公式（3）$$

R_{ci} 为要素贡献率、R_i 为要素增长率、E_i 为要素产出弹性、R_g 为产出（GDP）增长率，i = 1，2，3，4 分别代表资本 K、总人力资本 N、劳均人力资本 h 和劳动力总量 L。

4. 脑力素质

参照其他学者的方法（Barro，R. J. and Sala，I. M. S.，1995；Eisner，R.，1978），并结合数据的可得性，本研究采用教育年限法和教育成本法两种方法来计算劳均人力资本水平：

教育年限法：$h = 3h_1 + 7.5h_2 + 10.5h_3 + 14h_4$ 公式（4）

教育成本法：$h' = 2h_1 + 3.4h_2 + 8h_3 + 44h_4$ 公式（5）

上式中 h 和 h' 为劳均人力资本水平，h_1 至 h_4 分别代表初中以下、初中、中等学校、高等学校。两种方法均可以表征劳均人力资本脑力素质水平，在劳动力总量 L 已知的情况下，总人力资本为 N = Lh。

5. 身体素质

人均预期寿命受营养、保健、生活条件等多方面的影响，可以用来表征人均人力资本的身体素质。用 A 代表劳均人力资本的身体素质，总人力资本为 N = LA。

6. 综合素质

将上述人力资本的脑力素质和身体素质进一步合并，可求得劳均人力资本的综合素质为 h = AE；总人力资本的综合素质为 N = LAE。在计算时，为去除不同变量之间量纲的影响，可使用系数代表相应变量，其中 A 代表身体素质系数，E 代表脑力素质系数。

（二）数据选择及处理

文中数据来源于世界银行（https：//data. worldbank. org/indicator），国际劳工组织（http：//www. ilo. org/global/statistics – and – databases/lang – – en/index. htm），相关年度《中国统计年鉴》《新中国 60 年统计资料

汇编》，以及其他文献书籍、期刊等权威资料，部分年份缺失的数据通过移动平均法、内插值法计算得到。另外，本研究选择固定资本投资总额作为衡量资本投入的指标变量。通过永续盘存法计算各国每年固定资本投资总量：$K_G = K_G^{'}(1-D) + K_t$。其中，K_G 为每年固定资本投资总量，K_t 为每年新增固定资本投资总量，$K_G^{'}$ 为上年年末未扣除折旧的固定资本投资总量，D 为折旧率，根据已有的研究结果，选择 5% 的折旧率（李京文等，1998）。

（三）人力资本产出弹性系数的估计

通过公式（4）、（5）两式核算得到人均受教育年限和成本。对公式（1）式两边取对数并整理得：

$$\ln Y(t) - \ln N(t) = \ln A + \beta[\ln K(t) - \ln N(t)] + \gamma \ln h(t)$$

公式（6）

观察表 8—1 中的回归系数，可得出以下结论。

一是从国别层次来看，六国间人力资本溢出模型的估计结果（系数）存在显著差异。观察可知，以脑力素质年限法为例，柬埔寨（0.71，0.23），老挝（0.67，0.36），缅甸（0.63，0.39）三个国家资本产出弹性系数均大于劳均人力资本产出弹性系数，反映了区域内经济增长对资本变化的反应更敏感，表现了资本投入对经济增长具有较强推动作用。中国（0.32，0.69）、泰国（0.48，0.56）、越南（0.46，0.48）的资本产出弹性系数比人力资本弹性系数小，反映了人力资本对经济增长的影响较强。

二是从以脑力素质、身体素质合成的综合素质来看，中国、泰国、越南（年限法）及越南（成本法）核算出的资本产出弹性系数比劳均人力资本产出弹性系数要小。这与仅以脑力素质和仅以身体素质核算的人力资本对经济增长的影响大致相似，都反映了人力资本投资是几国经济增长的相对主要因素。

表8—1　2001—2015 年澜湄国家人力资本溢出模型的估计结果（系数）

国别	脑力素质				身体素质		综合素质			
	年限法		成本法				年限法		成本法	
	lnK – lnN	lnh	lnK – lnN	lnh	lnK – lnN	lnh	lnK – lnN	lnh	lnK – lnN	lnh
柬埔寨	0.71 (0.01)	0.23 (0.05)	0.69 (0.01)	0.32 (0.01)	0.66 (0.01)	0.31 (0.05)	0.68 (0.01)	0.42 (0.01)	0.61 (0.01)	0.39 (0.05)
中国	0.32 (0.01)	0.69 (0.05)	—	—	0.42 (0.01)	0.61 (0.01)	0.41 (0.05)	0.68 (0.01)	—	—
老挝	0.67 (0.01)	0.36 (0.01)	—	—	0.63 (0.01)	0.41 (0.05)	0.61 (0.01)	0.31 (0.01)	—	—
缅甸	0.63 (0.01)	0.39 (0.01)	0.61 (0.01)	0.35 (0.05)	0.59 (0.01)	0.41 (0.01)	0.62 (0.01)	0.47 (0.01)	0.63 (0.01)	0.46 (0.05)
泰国	0.48 (0.01)	0.56 (0.01)	—	—	0.31 (0.01)	0.46 (0.05)	0.44 (0.01)	0.58 (0.01)	—	—
越南	0.46 (0.01)	0.48 (0.01)	0.36 (0.01)	0.46 (0.05)	0.47 (0.01)	0.58 (0.01)	0.49 (0.01)	0.52 (0.05)	0.36 (0.01)	0.62 (0.05)

说明：1.（）内数字表示1% 显著，5% 显著，下表同。

2.“—”表示未通过检验，下表同。

3. 表格中数据根据计算结果，整理所得。

（四）人力资本总贡献率分析

以各生产要素的贡献率为基础，可以对人力资本的产出贡献进行全面衡量。贡献包括两部分：直接贡献和间接贡献，间接贡献可视为该种生产要素对经济增长的外溢效用。

首先计算人力资本存量中由于知识和技能进步引起的经济增长的贡献，即净人力资本存量贡献率 = 总人力资本存量 N 的贡献率 – 总劳动力数量 L 的贡献率；然后计算人力资本对经济增长的直接贡献率，即净人力资本存量贡献率 + 人均人力资本的贡献率。最后，将有效劳动模型（2）两边取对数，得：

$$\ln Y_{(t)} = \ln A + \alpha \ln K_{(t)} + \beta \ln N_{(t)} \qquad 公式（7）$$

对模型进行系数估计（结果见表 8—2），计算出 K、L 的产出贡献率。

表 8—2 2001—2015 年澜湄国家有效劳动模型的估计结果

国别	脑力素质				身体素质		综合素质			
	年限法		成本法				年限法		成本法	
	lnK	lnN	lnK	lnN	lnK	lnN	lnK	lnN	lnK	lnN
柬埔寨	0.72 (0.01)	0.25 (0.05)	0.67 (0.01)	0.34 (0.01)	0.62 (0.01)	0.38 (0.01)	0.69 (0.01)	0.49 (0.05)	0.62 (0.01)	0.42 (0.01)
中国	0.33 (0.01)	0.68 (0.05)	—	—	0.43 (0.01)	0.62 (0.01)	0.41 (0.01)	0.69 (0.05)	—	—
老挝	0.66 (0.01)	0.38 (0.01)	—	—	0.64 (0.01)	0.46 (0.01)	0.62 (0.01)	0.34 (0.01)	—	—
缅甸	0.62 (0.01)	0.39 (0.01)	0.60 (0.01)	0.34 (0.05)	0.57 (0.01)	0.46 (0.01)	0.61 (0.01)	0.49 (0.05)	0.61 (0.01)	0.43 (0.01)
泰国	0.47 (0.01)	0.58 (0.01)	—	—	0.31 (0.01)	0.49 (0.05)	0.44 (0.01)	0.59 (0.01)	—	—
越南	0.45 (0.01)	0.49 (0.01)	0.37 (0.01)	0.43 (0.05)	0.47 (0.01)	0.56 (0.01)	0.49 (0.01)	0.53 (0.01)	0.38 (0.01)	0.61 (0.01)

通过对上文相关数据的分析与计算可得到区域内人力资本的直接、间接及总贡献率，结果见表 8—3。

观察表 8—3 中的实证结果，可得出以下结论。

一是由五种核算结果可知，人力资本对经济增长的直接贡献率在不同国家存在差别。在脑力素质年限法中，柬埔寨（40.6）、缅甸（23.4）、老挝（22.8）直接贡献值居前三位；在综合素质年限法中，柬埔寨（34.8）、老挝（25.9）、缅甸（24.6）直接贡献值居前三位。表明人力资本高贡献率国家更多地出现在经济发展排名相对靠后的国家，该结果也得到了其他方法的证明。主要原因是这些国家资本、技术的积累不足，增长主要依靠由于人口的增长而带来的人力资本增长。

二是由五种核算结果可知，在脑力素质年限法中，人力资本对经济增长的间接贡献率除中国（0.5）、泰国（0.1）为较小正值外，其他国均为负值；在综合素质年限法中，人力资本对经济增长的间接贡献率除中国（0.8）、泰国（0.3）为较小正值外，其他国均为负值。该情况在身体素质核算法中更为显著，表明澜湄国家人力资本对经济增长间接贡献较小。

三是通常认为人力资本水平越高，对经济增长的影响越大。然而，上述分析结果并未完全表现出这一特征。对此可解释为，在初始的低人力资本水平阶段，存在着边际报酬递增，因此人力资本的产出贡献较高，而当其达到一定数量时，会陷入边际报酬递减陷阱，人力资本的边际产出反而可能会比较低。这一实证结果也进一步证明了卢卡斯模型的一个重要结论：随时间推移，人力资本的外溢效应将逐渐减弱。

表 8—3　　　　　　　　　　**2001—2015 年澜湄国家人力资本对**
经济增长的总贡献率　　　　　　　　　单位:%

| 国别 | 脑力素质 | | | | | | 身体素质 | | | 综合素质 | | | | | |
| | 年限法 | | | 成本法 | | | | | | 年限法 | | | 成本法 | | |
	d	i	t	d	i	t	d	i	t	d	i	t	d	i	t
柬埔寨	40.6	−9.2	31.4	—	—	—	9.9	−13.8	−3.9	34.8	−8.5	26.3	—	—	—
中国	8.9	0.5	9.4	—	—	—	3.8	0.1	3.9	10.1	0.8	10.9	—	—	—
老挝	22.8	−8.4	14.4	21.3	−7.1	14.2	9.8	−9.7	0.1	25.9	−9.8	16.1	24.4	−8.1	16.3
缅甸	23.4	−7.1	16.3	24.8	−9.7	15.1	8.8	−8.9	−0.1	24.6	−8.2	16.4	26.7	−9.1	17.6
泰国	10.2	0.1	10.3	—	—	—	4.8	0.3	5.1	11.8	0.3	12.1	—	—	—
越南	11.8	−1.2	10.6	12.2	−1.8	10.4	11.2	−3.1	8.1	14.4	−1.1	13.3	13.5	−1.8	11.7

注：d 表示直接贡献率，i 表示间接贡献率，t 表示总贡献率且 t = d + i。

三　澜湄国家人力资本对经济
增长影响的协同实证分析

（一）两系统耦合方法简介

耦合系统理论借鉴物理学，以"协调度"和"发展度"两个互有交叉的指标为特征，可以衡量多个系统性实体的协同、发展程度。"耦合度"指标是对"协调度"和"发展度"两个指标的进一步综合,考察的是多系统在不同协同程度下的演化发展程度。结合文献研究（逯进、周惠民,2013),本章建立了经济增长—人力资本两系统耦合模型。

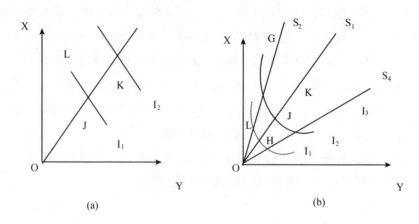

图8—1 系统耦合模型解析

模型建立过程如下:在图 8—1(a)中,X、Y 表示两个相互独立的非负系统。首先,根据"协调度"概念,其在图形上应表示为第 1 象限任意一点到纵、横坐标轴的距离之比,即考虑第一象限坐标(x,y)时 x/y 的值。处在 x/y=1 状态中的点,也即处在图中斜率为 1 的射线上的点集中,两系统达到了完全协同的程度。其他 x/y 的值对 1 的偏离程度由射线向两条坐标轴方向递减,表示为两系统协同程度的减弱。如图中 I_1 线上 J 点的协同程度（完全协同）大于 L 点（部分协同）,并进一步可以计算协同度的损失为 | x/y－1 | 。然后,根据"发展度"概念,其在图形上应表示为第 1 象限内任意一点距离原点的距离,考虑两独立系统的潜在的可替代性（完全）,可用无差异曲线来表示。图中 I_1 和 I_2 为两条不同水平的无差异曲线。最后,综合"协调度"与"发展度"来看,形成耦合度的排序由高到低为 K、J、L。

在图 8—1(b)中,放松了两独立系统的完全替代性假设后,考虑边际替代率递减规律。此时,可用一组凸向原点的无差异曲线来表示两系统发展曲线,用从一组原点出发的射线来表示两系统协调曲线。如上所述,图中 O S_1 为最优协调线,若 O S_2、O S_3 相对于 O S_1 对称,则 O S_2、O S_3 上的点集的协调度是相同的。I_1、I_2、I_3 三条发展度曲线递增,因而相应在其上的发展度点的排序由高到低为 K、J、H。从耦合度的角度来看，图中各点由高到低排序为 K、J、H、L。G 点与 J 点的耦合度相对大小则需进一步确定。

（二）变量选择与数据说明

以上文中对人力资本、经济增长定义的理论为基础，分别从脑力素质和身体素质两个方面对人力资本水平进行了量化；从增长水平、开放程度、产业结构三个方面对经济增长水平进行了量化，使用替代指标对人力资本和经济增长的各个构成特征进行了替代，具体指标体系见表8—4。

表8—4　　　　　　　　　　人力资本与经济增长指标体系

变量		指标		
人力资本	教育规模	初中教育水平从业人口占比	高中教育水平从业人口占比	高等教育水平从业人口占比
	文化环境	公共图书馆与博物馆总数	人均文教娱乐支出	
	生活质量	人口预期寿命	人均肉蛋奶营养摄入量	
	医疗保健	人均医疗支出	医疗支出占国内生产总值的比重	
经济增长	增长水平	GDP	人均 GDP	GDP 增长率
	开放程度	进出口总额	利用外资额	
	产业结构	第一产业增加值占比	第二产业增加值占比	第三产业增加值占比

其中，关于人力资本构成的主要假设有以下两点。一是就业者的脑力素质主要来源于所受到的学校教育和成长过程中的文化环境。其所受教育时间越长，学历越高，其掌握的技能和专业知识就越多，其将理论知识转化为实际生产力的能力就越强；就业者会从电视、图书、博物馆以及其他科教文化活动中受到启发，获得学校之外的知识，并将之转化为实际工作能力。

二是就业者的身体素质主要来源于生活方式的健康程度与医疗保健完善程度。日常生活中营养的摄入量，是充沛体能和体力型劳动的基础，更多的营养摄入量，意味着从事更高强度和更长时间工作的能力越强，平均预期寿命的增加也意味着有更多的人力资本可以投入。同时一定的参与体育锻炼的时长和强度是良好身体素质的重要保障，国家体质标准测试的达标率能较准确地反映国民运动参与情况；医疗保健的覆盖率和完善程度是就业者身体素质的另一重要来源，人均享受的医疗资源越多，则对各类疾病的预防与治疗、伤残的修复与处理便越有效。

本章以2001—2015年为考察期，根据上述指标体系收集了澜湄国家的面板数据。这一时期开始于中国加入WTO及中国—东盟自由贸易区合作框架建立，涵盖了澜湄区域发展重要时期，数据具有较强的实证研究基础和价值。

在本章中，对实证结果的分析分别以时间维度和空间维度为标准，分成了两个层次。时间维度的第一个层次为完整时期各指标的变化特征；第二个层次则以2010年中国—东盟自由贸易区正式全面启动发展阶段特征为标准，将其划分为两个相互衔接的发展阶段：2001—2009年为非均衡协调发展阶段（阶段1）；2010—2015年为均衡统筹协调发展阶段（阶段2）。

本章数据来源于世界银行，国际劳工组织，相关年度《中国统计年鉴》《新中国60年统计资料汇编》以及其他文献书籍、期刊等权威资料，部分年份缺失的数据通过移动平均法、内插值法计算得到。

（三）模型构建

应用实证分析模型公式如下（廖重斌，1999）：

$$T = \lambda f^{\theta}(x) \, g^{1-\theta}(y) \qquad\qquad 公式（8）$$

$$C = \frac{4 f(x) g(y)}{[f(x) + g(y)]^2} \qquad\qquad 公式（9）$$

$$D = \sqrt{C * T} \qquad\qquad 公式（10）$$

在公式（8）中，$f(x)$ 代表人力资本系统的水平，而 $f(x) = ax$，x 代表人力资本指标值，a 代表各指标对应的权重；$g(y)$ 代表经济增长系统水平，而 $g(y) = by$，y 代表经济增长指标值，b 代表各指标对应的权重。λ

≥0 为外生参量，θ 为人力资本系统产出弹性系数，$1-\theta$ 为经济增长系统产出弹性系数，基于人力资本与经济增长系统两系统地位对等的假设，文中 θ 取 0.5。T 即为两系统的发展度。在公式（9）中，C 为协调度。在公式（10）中，D 为耦合度，其判别标准及类型划分见表 8—5（吴文恒、牛叔文，2006）。

表 8—5　　　　　　　　　　**耦合度的判别标准及类型划分**

负向耦合（失调发展）		正向耦合（协调发展）	
D 值	类型	D 值	类型
0.00—0.09	极度失调衰退	0.50—0.59	勉强协调发展
0.10—0.19	严重失调衰退	0.60—0.69	初级协调发展
0.20—0.29	中度失调衰退	0.70—0.79	中级协调发展
0.30—0.39	轻度失调衰退	0.80—0.89	良好协调发展
0.40—0.49	濒临失调衰退	0.90—1.00	优质协调发展

　　指标权重的计算方法参照文献（李新运等，1998），限于篇幅，具体权重计算矩阵未列出。对指标体系中的正负指标原始数据分别进行极差标准化处理，以消除量纲并降维（逯进、周惠民，2013）：

$$正指标的标准化：x_{ij} = \frac{x_{ij} - \min x_{ij}}{\max x_{ij} - \min x_{ij}}$$

$$负指标的标准化：x_{ij} = \frac{\max x_{ij} - x_{ij}}{\max x_{ij} - \min x_{ij}}$$

（四）实证过程与结果解读

　　将标准化数据与相应的权重相乘，并逐级求和，就可以得到以国别为分类的人力资本、经济增长两类独立的综合指数。区域内分时段人力资本和经济增长指数增长率见表 8—6。

　　观察表中实证结果可知：不同的区域内国家，不同发展时段的两个指数的增长率不同。从人力资本指数增长率看，2001—2009 年时段，2010—2015 年时段，2001—2015 年时段，中国（97.55，117.55，134.78），泰国（89.38，79.38，115.29），越南（69.86，83.67，

94.76）居前三位。从经济增长指数增长率看，2001—2009 年时段，
2010—2015 年时段，2001—2015 年时段，中国（90.46，100.46，
129.57），泰国（109.8，99.41，123.08），越南（64.76，79.55，
86.87）居前三位。

根据区域内国家值，计算三个不同发展时段的两个指数的增长率，可
知 2001—2009 年时段，2010—2015 年时段，2001—2015 年时段，澜湄国
家人力资本指数增长率分别为：72.5%、84.1%、101.4%；经济增长指
数增长率分别为：68.9%、79.9%、94.8%。此结果表明，三个发展时段
中，人力资本在不断积累、经济增长在持续发展。经济增速与人力资本水
平增速有正相关性，表现在时段 2 中两者增幅出现同时下滑或同时递增。
另外，区域内总体上人力资本存量水平增速快于经济增长水平增速。但时
段 2 中，泰国人力资本存量水平增速低于时段 1 水平，且低于经济增速水
平，表明人力资本与经济增长的协同作用并没有全部发挥出来，在同期人
力资本并没有全部发挥出对经济增长的促进作用。

表 8—6　　　　　区域内分时段人力资本与经济增长指数增长率　　　单位:%

区域	指数	时段		
		2001—2009 年	2010—2015 年	2001—2015 年
柬埔寨	人力资本	53.94	72.95	80.65
	经济增长	45.67	65.56	68.45
中国	人力资本	97.55	117.55	134.78
	经济增长	90.46	100.46	129.57
老挝	人力资本	56.78	78.98	90.46
	经济增长	51.78	72.65	85.65
缅甸	人力资本	67.54	71.86	92.64
	经济增长	50.65	61.76	74.88
泰国	人力资本	89.38	79.38	115.29
	经济增长	109.8	99.41	123.08
越南	人力资本	69.86	83.67	94.76
	经济增长	64.76	79.55	86.87

（五）耦合分析

根据公式（8）（9）（10），结合各国的人力资本与经济增长计算数据，可计算得到两系统的协调度 T、发展度 C、耦合度 D，其中耦合度 D 部分年度值见表8—7。

表8—7　　　　　部分年度人力资本与经济增长的系统耦合度

类别	2001 年	2005 年	2006 年	2009 年	2010 年	2013 年	2015 年	均值
柬埔寨	0.31	0.36	0.34	0.36	0.37	0.39	0.41	0.36
中国	0.44	0.50	0.51	0.54	0.56	0.58	0.61	0.53
老挝	0.34	0.35	0.35	0.36	0.36	0.37	0.40	0.36
缅甸	0.32	0.35	0.34	0.36	0.37	0.38	0.42	0.36
泰国	0.41	0.43	0.44	0.46	0.49	0.52	0.58	0.48
越南	0.35	0.37	0.32	0.38	0.39	0.41	0.43	0.38
均值	0.36	0.39	0.38	0.41	0.42	0.44	0.48	0.41

观察表中实证结果可得出以下结论。一是从 2001—2015 年区域均值来看，在时段 1 中，受经济增长指数的波动影响，两系统耦合值波动上升。时段 2 中各年度两系统耦合值持续递增。在时段 3 中，两系统耦合值呈现出逐步上升的协调发展的趋势，数值从 0.36 上升至 0.48，增幅为 33.3%。但从耦合度判别标准及类型划分的角度来看，仅从轻度失调衰退类型进化为濒临失调衰退类型，两系统的协同发展程度不高。

二是从 2001—2015 年国别均值来看，国家间的两系统耦合度平均水平也存在显著差异。从耦合度判别标准及类型划分的角度来看，中国（0.53）为勉强协调发展状态，泰国（0.48）为濒临失调衰退状态，其余各国多处于轻度失调状态。

三是从考察期中最接近现在的 2015 年数据来看，中国（0.61）为初级协调发展状态，泰国（0.58）为勉强协调发展状态，其余各国多处于濒临失调衰退状态。

四   澜湄国家人力资本对经济增长影响的特点

第一，柬埔寨、老挝、缅甸三个国家资本产出弹性系数均大于劳均人力资本产出弹性系数，反映了三个国家经济增长对资本变化的反应更敏感，表现了资本投入对经济增长具有较强推动作用，人力资本对经济的影响反而不如资本投入的影响大。这样的情况表明对澜湄国家人力资本开发不能一概而论，一部分国家还是要以资本投入先行。而中国、泰国、越南的资本产出弹性系数比人力资本弹性系数小，反映了人力资本对经济增长的影响较强，推动经济增长过程中，应把人力资本开发放在首要位置。

第二，人力资本高贡献率国家更多地出现在经济发展排名相对靠后的国家，说明这些国家资本、技术的积累不足，增长主要依靠由于人口的增长而带来的人力资本增长。同时，也由于经济发展水平不高，产业结构中低技术水平的一、二产业的比例较大，经济发展更多依靠人口数量的增加，因此人力资本水平对经济环境有更好的适宜性。但是带来的问题是，在土地、粮食等资源约束下，人口数量增长不可持续，限制了经济的跨越式发展。

第三，以脑力素质年限法衡量，人力资本对经济增长的间接贡献率除中国、泰国为较小正值外，其他国均为负值。该情况与其他核算方法中情况大体一致，尤其在身体素质核算法中更为显著，表明人力资本对经济增长间接贡献较小，澜湄国家人力资本的溢出效应较小，甚至为负。如何加强人力资源开发合作，使一个拥有较高人力资本的个体对其周围的个体产生更多有利影响，提高其他个体的生产效率，进而促进经济增长，至关重要。

第四，通常认为人力资本水平越高，对经济增长的影响越大。然而，因果实证分析部分却并未完全表现出这一特征。对此可解释为，在初始的低人力资本水平阶段，存在着边际报酬递增，因此人力资本的产出贡献较高，而当其达到一定数量时，会陷入边际报酬递减陷阱，人力资本的边际产出反而可能会比较低。这 实证结果也进一步证明了卢卡斯模型的一个重要结论：随时间推移，人力资本的外溢效应将逐渐减弱。

第五，从2001—2015 年来看，澜湄国家人力资本在不断积累，经济增长在持续发展。经济增速与人力资本水平增速有正相关性。另外，人力资本与经济增长两系统耦合值呈现出逐步上升的协调发展的趋势。但从耦合度判别标准及类型划分的角度来看，仅从轻度失调衰退类型进化为濒临失调衰退类型，两系统的协同发展程度不高。主要原因在于，澜湄区域合作面临来自其他大国竞争、文化传统、宗教习俗、语言文化等方方面面的挑战，合作实施过程又面临项目规划、资金、人员技术等重重困难，如何建立更好的互信、互助、和谐发展的关系，值得深思。

五　澜湄国家人力资源开发合作的建议

根据澜湄国家人力资本对经济增长影响的特点，针对人力资本脑力素质和身体素质两个方面，借助实用技术培训、学历教育、职业教育、研修交流等多种形式，培养适合澜湄国家经济社会发展所需的各领域人才，为湄公河国家经济增长和社会发展注入更多"中国动力"。

（一）人力资源开发要适应当地产业结构特点

要提高劳动力受教育的质量、扩大教育普及面，劳动力所接受的教育内容要与当地产业结构特征相适应，使传授的知识与生产性技能更好地结合，不能阻碍人力资本红利的释放。要帮助当地利用现存的人力资本存量优势，发展与经济增长方式转型相适应的产学研模式，进而刺激当地经济增长。具体可以进一步加强以下几个产业人力资源的培养和开发。

一是农业领域，澜湄地区各国的农业互补性很强，各国在种植业、养殖业、林业等方面合作不断扩展。其中，在农业科技、农业技术人才培训以及动物疫病防控等方面，各国可以进一步开展合作。中国作为澜湄地区农业技术比较先进的国家，可以举办更多高质量的种植业、农业可再生能源等方面的技术培训班，吸引来自区域内各国的相关人员参加，有效推广农业技术的应用。

二是旅游业领域，东南亚地区是21世纪海上丝绸之路建设的重点，基于中国与东盟旅游合作发展的基础，以及澜湄国家具有各不相同的自然风景和文化资源，应进一步促进旅游项目合作、旅游产品开发，以及旅游人才合作培养等工作。

三是教科领域，要进一步加强各国教育交流，中国可以增加向湄公河国家提供的政府奖学金名额，通过设立孔子学院、孔子课堂等加强在各国的汉语言教学。同时，在更多高校开设湄公河国家语言教学专业，增加高校间的学术交流。下一阶段，要积极构建澜湄国家教育交流与合作的平台，欢迎各国留学生到中国学习深造，为其他国家培养适应科技进步、产业升级和经济发展所需要的科技人才和高技能专业人才。

（二）人力资源开发要尊重当地传统和习俗

人力资本作用的发挥强烈依赖宏观政策、制度环境和文化背景。澜湄国家传统文化、宗教信仰、生活习俗具有很多差异，而文化交流合作又会对人力资本合作和经济增长产生深远影响。因此，要以提高澜湄区域经济增长与该区域人力资本的协同性为目标，注意政策适宜性问题，要加强国家间优良传统文化和习俗的融合，对于不同的人力资本水平和结构，应因地制宜地设计相符合的人力资本引进、培养和激励制度。除了输送中国人才去其他各国工作外，还要加大其他国家留学生培养力度，使更多其他国家青年学子学成回国，他们熟悉自己国家文化和懂得母国市场，也能更好参与当地经济建设，提高人力资本效率。

（三）人力资源开发要注重提升身体素质

人的身体是人力资本的载体，无论是对知识的探索、对技能的使用还是对管理的施行，都需要就业者"身体素质"作保证，身体素质也是人力资本影响经济增长的重要方面。因此，澜湄区域国家应进一步提升人力资本身体素质，进而促进经济社会发展。为此，中国除了实施中缅、中老、中越边境地区疟疾防控试点项目，并启动中缅、中老、中越边境地区登革热防控等项目外，还要加强澜湄国家在医疗方面的合作。由于中国的总体医疗技术水平较高，因此应该进一步拓宽与湄公河国家医疗合作的范围，帮助其提升医疗技术水平，提高人民的身体素质。同时，组织卫生技术人员交流和培训，加强传统医学研究和开发，合作办医院和药厂等。通过这些形式不仅可以提高中国的人力资源开发水平，而且可以极大地促进湄公河国家的人力资源开发水平。

(四) 人力资源开发要加大资金投入力度

要树立教育投入、智力投资的发展战略意识，切实提高人力资本的身体素质和脑力素质。把教育发展和教育投资体现在财政预算编制中，设立专门用于山区、贫困地区的基础教育和高等教育的经费。对于区域内经济增长对资本变化反应敏感的国家，要把资金、设备用于卫生设施、基础设施建设上，并改造、升级基础设施服务。要扩大经费的筹资渠道。发展教育，建设基础设施，由各国政府单一出资是很不现实的。应积极协调各方力量展开工作，鼓励和支持社会组织参与投资，推动亚洲基础设施投资银行、丝路基金等平台，积极支持澜湄地区合作开发。

第九章

湄公河国家学生来华留学趋势分析

留学生是澜湄国家人才队伍的重要组成部分，澜湄国家之间留学教育的急剧升温和留学生队伍的不断扩大，为澜湄合作提供了巨大动力和人才保障。中国与湄公河国家之间的留学教育，是澜湄国家之间留学教育的重要组成部分。根据教育部国际合作与交流司统计数据，2016 年度来华留学生前十五大生源国中，泰国、越南、老挝分别为第三、第十、第十二位，且人数均较 2015 年显著增加（教育部国际合作与交流司，2017）。中国赴湄公河国家尤其是泰国的留学生人数也有较大提升。深入研究中国与湄公河国家之间的留学教育，总结经验教训，对于澜湄国家促进人力资源开发、推动经济发展和社会进步具有重要意义。

中国与湄公河国家之间的留学教育，按留学方向分为中国学生赴湄公河国家留学和湄公河国家学生来华留学，本章分析湄公河国家学生来华留学趋势。

一　湄公河国家学生来华留学背景分析

进入 21 世纪以来，全球化进程加快，国际政治、经济格局发生了急剧变化，中国快速崛起，与包括湄公河国家在内的东盟国家的经济文化交流不断扩大和深化，中国也已经成为东盟的最大贸易伙伴。在这一新形势下，湄公河国家来华留学生数量也快速上升。

（一）中国经济快速发展

中国的经济规模迅速扩大，人均 GDP 稳步增长。世界银行公开数

据显示，1960 年，中国的 GDP 为 597 亿美元，占世界 GDP 的比重为
4.37%。经过较长时间的缓慢增长后，在 21 世纪进入高速上升期。
2010 年，中国超过日本，成为世界第二大经济体。2016 年，中国的
GDP 达到 11.2 万亿美元，占世界的 14.77%，是世界第三大经济体日
本的 2.26 倍。1960 年，中国人均 GDP 为 89.52 美元，仅为世界平均水
平的 19.86%，是世界上最贫穷的国家之一；到 2016 年，中国人均
GDP 达到 8123.18 美元，为世界平均水平的 79.70%，已属于上中等收
入国家。

2016 年，中国消费品零售总额约合 5 万亿美元，接近美国的 5.5 万
亿美元；2017 年，中国全年社会消费品零售总额 366262 亿元（中华人民
共和国国家统计局，2018a），约合 5.42 万亿美元，与美国 5.76 万亿美元
的消费零售总额已相差不远。近年来，中国消费品零售市场每年以
10%以上的速度增长，美国增速仅 3%左右。

经济规模扩大、人均 GDP 增长、市场规模膨胀，使中国迅速成为
贸易大国。2014 年时，中国已是 120 多个国家和地区的最大贸易伙伴，
这一数量近年来也一直稳定上升。中国在自身迅速发展的同时，推动了
全球经济的增长，给世界各国人民带去了更多中国机遇，中国的地区与
全球影响力也与日俱增，世界各国人民尤其是中国周边国家的人民有了
更多走近中国、认识中国、了解中国的愿望和动力。

（二）湄公河国家经济与国民收入较快增长

湄公河国家 GDP 总量实现较快增长。五国 GDP 占世界 GDP 的比重
均出现不同程度的上升。根据世界银行数据库的数据计算，截至 2016
年底，柬埔寨 GDP 占世界 GDP 的比重由 1993 年的 0.01%上升到
0.03%，老挝由 1984 年的 0.01%上升到 0.02%，缅甸由 2000 年的
0.03%上升到 0.08%，泰国由 1960 年的 0.20%上升到 0.54%，越南由
1985 年的 0.11%上升到 0.27%，五国 GDP 总量均实现了相对更高的增
长。五国 GDP 的增长率均高于世界平均水平。根据世界银行数据库的
数据计算，1990—2016 年，世界 GDP 平均增长率为 2.81%，五国这一
阶段的 GDP 平均增长率均远高于世界平均水平，柬埔寨的平均增长率
为 7.64%，老挝为 6.88%，缅甸为 8.78%，泰国为 4.47%，越南

为 6.77%。

湄公河国家人均 GDP 与人均 GNI 较快提高。相对世界平均水平，湄公河国家人均 GDP 提升速度更快。通过对世界银行数据的分析可以发现，1990 年以来，五国人均 GDP 对世界人均 GDP 的差值均呈逐步减小的趋势，与世界人均 GDP 的比值呈逐步增大的趋势。截至 2016 年底，世界人均 GDP 为 10192 美元，五国依次为泰国 5911 美元、老挝 2339 美元、越南 2171 美元、柬埔寨 1270 美元、缅甸 1196 美元。人均 GNI 是衡量人民富裕程度的一个重要指标。1990 年以来，五国的人均 GNI 增长速度也高于世界平均水平，五国与世界平均水平的差值逐步缩小，比值逐步增大。截至 2016 年底，按图表集法衡量的人均 GNI（现价美元），五国依次为泰国 5640 美元、老挝 2150 美元、越南 2060 美元、缅甸 1190 美元、柬埔寨 1140 美元（World Bank，2018a）。

相对较快的 GDP、人均 GDP 和人均 GNI 增长速度，使湄公河国家人民的收入水平逐步提高。按照世界银行 2015 年的收入分组标准，人均 GNI 位于 1045—12735 美元之间的国家属于中等收入国家，湄公河国家都已达到中等收入国家的标准，其中泰国属于上中等收入国家。收入水平提高使人民有更大动力与能力走出国门留学，但中产家庭规模有限、富裕程度不高，也使五国人民有意愿寻求性价比更高的留学目的地。

（三）中国与东南亚国家经济融合度不断提升

中国与东盟区域经济一体化建设取得显著成效。2000 年 11 月，朱镕基总理在新加坡首次提出建立中国—东盟自由贸易区构想。2002 年 11 月，朱镕基总理与东盟十国领导人在柬埔寨签署《中国与东盟全面经济合作框架协议》，决定到 2010 年建成自贸区。2010 年 1 月 1 日，中国—东盟自由贸易区正式建成，双方对超过 90% 的产品实行零关税。自贸区涵盖 11 个国家、19 亿人口、近 6 万亿美元 GDP，是人口最多也是发展中国家间最大的自贸区。2015 年，双方完成自贸区升级谈判。双方还有一系列区域合作的制度性安排，如"10+1"（中国和东盟十国）、"10+3"（中日韩和东盟十国）和东亚峰会等。

中国长期保持东盟第一大贸易伙伴地位。中国与东盟的双边贸易额，1991 年为 79.6 亿美元（苏诗钰，2016），2004 年达 1058.8 亿美元，2015

年达 4721.6 亿美元（王艳、施梅超，2016a），年均增长 18.5%（苏诗钰，2016），25 年增长 59.3 倍。从 2009 年开始，中国一直保持东盟第一大贸易伙伴和第一大出口目的地国地位；2011 年开始，东盟成为中国第三大贸易伙伴、第四大出口市场和第二大进口来源地（刘健，2017），双边贸易额占中国对外贸易额的比重由 1991 年的 5.9% 上升到 2015 年的 11.9%（苏诗钰，2016）。

中国与东盟在投资、产业合作和基础设施建设等方面成效显著。双向累计投资额 1991 年仅约 5 亿美元（张志文，2016），截至 2017 年 5 月底，已超过 1830 亿美元（刘健，2017），是 1991 年的 366 倍。近年来，中国对东盟的投资额逐渐超过东盟对中国的投资额，2016 年，中国对东盟直接投资 93.1 亿美元，东盟对华投资近 30 亿美元（刘健，2017），中国逐渐成为东盟主要外资来源，成为柬埔寨、老挝的最大外资来源国。中国与东盟国家的产业合作步伐加快，在越南、泰国、柬埔寨、老挝、马来西亚等国家合作建设了多个产业园区。双方在基础设施建设和互联互通合作方面取得了较大成绩，建设和正在建设一大批公路、铁路、港口、桥梁、航空和电力项目。双方人文交流活跃，中国已成为东盟第一大境外游客来源地、湄公河国家最大留学目的地国。

（四）"一带一路"倡议与澜湄合作顺利推进

2013 年 9 月，中国国家主席习近平在哈萨克斯坦首次倡议，用创新的合作模式，共同建设"丝绸之路经济带"，逐步形成区域大合作。同年 10 月，习近平主席在印度尼西亚提出，中国愿同东盟国家加强合作，共同建设 21 世纪"海上丝绸之路"，实现共同发展、共同繁荣。两大倡议合称"一带一路"倡议，旨在打造欧亚大陆乃至更广泛区域的政治互信、经济融合、文化包容的利益共同体、命运共同体和责任共同体。2015 年 3 月，中国政府发布的《推动共建丝绸之路经济带和 21 世纪海上丝绸之路的愿景与行动》指出，共建"一带一路"，"旨在促进经济要素有序自由流动、资源高效配置和市场深度融合，推动沿线各国实现经济政策协调，开展更大范围、更高水平、更深层次的区域合作"。

澜湄合作是在"一带一路"倡议不断取得进展的背景下产生的。2015 年 11 月澜湄合作首次外长会议在中国云南省成功举办后，澜湄国家国家元首或政府首脑又于 2016 年 3 月在中国海南省举行了澜湄合作首次领导人会议，会议通过了澜沧江—湄公河合作首次领导人会议"三亚宣言"，确认六国合作的共同愿景是"有利于促进澜湄沿岸各国经济社会发展，增进各国人民福祉，缩小本区域国家发展差距"。"三亚宣言"提出了 26 项合作措施，包括：深化人力资源开发、教育政策、职业培训合作和教育主管部门及大学间交流；加强各领域人才培训合作，提升澜湄国家能力建设，为澜湄合作的长远发展提供智力支撑；中方承诺未来三年向湄公河国家提供 1.8 万人年奖学金和 5000 个来华培训名额，用于支持澜湄国家间加强合作。2018 年 1 月，澜湄合作第二次领导人会议在柬埔寨首都金边举行，会议发表了澜湄合作第二次领导人会议"金边宣言"，为澜湄合作机制指明未来十年发展进程。

"一带一路"倡议提出以来，全球关注度不断提高，参与国家不断增多，中国的国际影响力进一步增强。澜湄合作提出后，短短两年时间，合作机制已从萌芽期发展为成熟的区域合作机制，澜湄水资源合作中心、环境合作中心、全球湄公河研究中心已经建成，澜湄合作专项基金开始运转，45 个早期收获项目以及中方在第二次外长会议上提出的 13 个倡议取得实质进展。

（五）中国高等教育水平与高校国际排名稳步提高

改革开放以来，中国的高等教育水平不断提高。1995 年 11 月，国务院批准正式启动"211 工程"，即面向 21 世纪重点建设 100 所左右的高等学校和一批重点学科。"211 工程"是中华人民共和国成立以来规模最大、层次最高的高等教育发展项目。1998 年 5 月，中国宣布要建设若干所具有世界先进水平的一流大学。1999 年，"985 工程"正式启动，国家加大投入力度，重点支持国内部分高校创建世界一流大学和国际知名的高水平大学。"985 工程"一期建设率先在北京大学和清华大学开始实施，到 2003 年，共有 39 所中国著名高校入选"985 工程"建设名单。2015 年 10 月，国务院印发《统筹推进世界一流大学和一流学科建设总体方案》，将"211 工程"、"985 工程"和"优势学科创新平台"等重点建设项目统一纳入世界一流大学和一流学科建设，推动一批高水平大学和学科进入世界一流行列或前列。2017 年 9 月，教育部等部门公布名单，首批双一流建设高校共计 137 所，其中世界一流大学建设高校 42 所，世界一流学科建设高校 95 所；双一流建设学科共计 465 个。经过多年的大规模投入与建设，中国高等教育的整体水平得到快速提高。

中国高校国际排名与学术声誉快速上升。近年来，中国高校在国际上比较受关注的 ARWU、QS、THE 和 US News 四个世界高校排行榜上均表现较好。在相对较为客观的上海交通大学世界大学学术排名（Academic Ranking of World Universities，ARWU）中，2010 年中国大陆 2 所高校跻身 200 强；2017 年 9 所高校进入 200 强，其中 2 所进入 100 强，在世界排名前 500 的亚洲大学中，中国以 57 所的规模远远领先日本的 17 所和韩国的 12 所。英国教育评估组织 Quacquarelli Symonds（QS）2010 年的世界大学排名中，中国大陆有 6 所大学进入前 200 名，其中 2 所进入前 100 名，名次最好的北京大学排名第 47 位；2018 年，中国大陆 7 所高校进入前 200 名，其中 6 所进入前 100 名，名次最好的清华大学位居第 25 名。在 QS 亚洲大学排名中，2010 年中国大陆 40 所高校进入亚洲前 200 名，没有高校进入前 10 名；2018 年，中国大陆 49 所高校进入亚洲前 200 名，3 所高校跻身前 10 名。英国泰晤士高等教育（Times Higher Education）发布的 2018 年亚洲大学排名中，中国大陆 24 所高校进入百强，7 所位居前 20 名，均为亚洲第一。

虽然各种排行榜的指标体系设计各有其缺陷，有的指标主观性较大，有的指标更有利于英语地区，但中国顶尖大学在排行榜中的数量不断增加、名次不断上升并跻身世界前列，客观上有利于提高中国高校的学术声誉，有利于吸引更多留学生尤其是学历留学生来华就读。

（六）中国政府越来越重视来华留学工作

中国政府越来越重视来华留学生的管理和服务工作。2000 年 1 月，教育部等三部门发布《高等学校接受外国留学生管理规定》，提出"深化改革，加强管理，保证质量，积极稳妥发展"的外国留学生工作方针。2001 年 4 月，教育部发布《关于中国政府奖学金的管理规定》，以更好地资助世界各国学生、学者到中国高等学校进行学习和研究，发展中国与世界各国在教育、科技、文化等领域的交流合作。在中国政府奖学金的规范发展过程中，奖学金的类别、项目、名额和资助金额不断增加，申请与办理程序日趋便利化，对推动世界各国学生、学者来华学习和研究发挥了重要作用。此后，中国政府陆续出台了一些相关政策，以加强留学生的管理和服务工作。

中国政府大力实施促进来华留学政策。2010 年 7 月，《国家中长期教育改革和发展规划纲要（2010—2020 年)》提出，要实施留学中国计划，扩大来华留学生规模；增加中国政府奖学金数量，重点资助发展中国家学生，优化来华留学人员结构。2010 年 9 月，教育部印发的《留学中国计划》提出，大力加强来华留学宣传和推介力度，逐步增加中国政府奖学金名额，鼓励和支持各类机构、自然人设立各类来华留学奖学金，到 2020 年，使中国成为亚洲最大的留学目的地国家，全年在内地高校及中小学校就读的外国留学人员达到 50 万人次，其中接受高等学历教育的留学生达到 15 万人。2015 年 7 月，教育部等五部门印发《2015—2017 年留学工作行动计划》，提出要打造来华留学国际品牌，到 2017 年来华留学生总人数达到 45 万人；围绕国家发展大局和"一带一路"建设，优化、调整中国政府奖学金重点资助方向和专业；扩大中国政府奖学金招收学历生规模，提高高校招收来华留学生的生源质量与层次。2016 年，中国又分别承诺向湄公河国家和其他"一带一路"沿线国家提供奖学金名额，支持和鼓励来华留学。

二 湄公河国家学生来华留学总体趋势分析

来华留学生是指在中国境内各类高等院校、科研院所、中学和小学学习、进修或开展研究的非中国国籍学生。本书只研究高等教育与科研院所领域的来华留学生。根据中国教育部的统计口径，来华留学生的年度统计数据包括三部分，即当年毕业和结业的学生、当年来华的新生以及继续学习的学生。

根据教育部的定义，来华留学生按是否以攻读中国高等学历学位为目的，分为学历来华留学生和非学历来华留学生两大类，分别简称为学历生和非学历生。学历来华留学生以攻读学历学位为目的，包括专科留学生、本科留学生、硕士研究生和博士研究生，分别简称为专科、本科、硕研和博研。非学历来华留学生是指不以攻读学历学位为目的的各类长短期留学生，包括高级进修生、普通进修生、语言进修生和短期留学生。高级进修生指具有硕士及以上学历学位、就某一专题来华进修的留学生，普通进修生指具有大学二年级以上学历的来华进修留学生，语言进修生指以学习、提高汉语言水平为目的的来华留学生，短期留学生指学习期限少于一个学期的来华留学生。在教育部的统计数据中，普通进修生包括了非学历生中除高级进修生和短期留学生之外的所有其他非学历生，即语言进修生一般并入普通进修生的统计中。因此，本书的数据与研究中，非学历来华留学生分为高级进修生、普通进修生和短期留学生三类。

（一）湄公河国家学生来华留学总体趋势

1. 湄公河国家来华留学生国别分析

1999 年以来，湄公河国家来华留学生人数逐年快速上升。五国来华留学生合计人数，1999 年为 1425 人，2016 年达 51502 人，是 1999 年的 36.1 倍。2016 年，柬埔寨、老挝、缅甸、泰国和越南的来华留学生人数分别为 2250 人、9907 人、5662 人、23044 人、10639 人，分别是 1999 年的 19.6 倍、35.6 倍、115.6 倍、45.0 倍和 22.6 倍，增幅惊人。如图 9—1 所示，在来华留学生数量变化曲线上，越南在 2011 年后进入缓慢下降趋势，2016 年人数止跌企稳；其他国家除了个别年份偶尔下降，留学生数量始终保持增长趋势，2010 年后，甚至出现加速增长势头。

泰国来华留学生人数最多，占比最高。如图 9—2 所示，1999—2016 年间，来华留学生总人数由多到少依次为泰国 172397 人、越南 141722 人、老挝 40087 人、缅甸 23921 人、柬埔寨 11662 人，分别占五国来华留学生总人数的 44.23%、36.36%、10.28%、6.14% 和 2.99%。

影响五国来华留学生数量状况与变化趋势的因素是复杂的。

首先，来华留学生数量和变化趋势主要取决于各国经济发展状况、人口规模和人均 GNI。2016 年，五国的人口总数依次为越南 9457 万人、泰国 6886 万人、缅甸 5289 万人、柬埔寨 1576 万人、老挝 676 万人（World Bank，2018b）；五国的人均 GNI 排名依次为泰国、老挝、越南、缅甸和柬埔寨，其中泰国属于上中等收入国家，其他属于下中等收入国

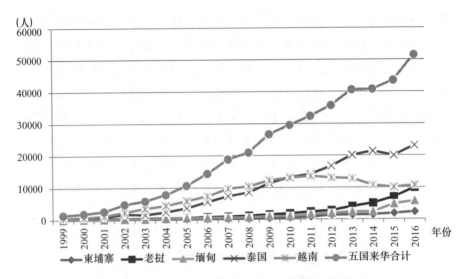

图9—1 1999—2016年湄公河国家来华留学生数量变化

资料来源：教育部国际合作与交流司（2000；2001；2002；2003；2004；2005；2006；2007；2008；2009；2010；2011；2012；2013；2014；2015；2016；2017）。

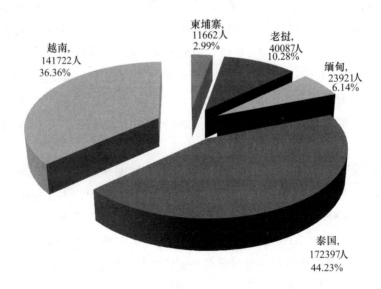

图9—2 1999—2016年湄公河国家来华留学生总数构成比例

资料来源：教育部国际合作与交流司（2000；2001；2002；2003；2004；2005；2006；2007；2008；2009；2010；2011；2012；2013；2014；2015；2016；2017）。

家。五国来华留学生数量总体上与五国的人均 GNI 相对应，但越南人口是老挝的 14 倍，因此越南的来华留学生总数也远高于老挝；泰国、缅甸、柬埔寨的来华留学生总数排行反映了各自的人口规模；1999—2016年，五国均有较高的经济发展速度，因此来华留学生也保持了较快的增长势头。

其次，双边外交关系与国际政治经济突发事件也会对来华留学生的短期变化产生较大影响。总体而言，中国与湄公河国家均保持着友好的双边外交关系，泰国、老挝、柬埔寨与中国几乎不存在摩擦点，三国民间对中国的亲善度较高，因此，中国也成为三国学生留学首选目的地。中国与越南的双边关系则是在曲折中前进。2009 年 7 月，美国开启"重返亚洲"战略，开始介入南海问题。南海问题升温后，美越关系大幅改善，中越关系陷入波动，越南国内对华舆论转向负面，此后越南来华留学生基本停止增长并开始步入下降趋势；同一时期，越南赴美留学生大幅增加。2016 年后，中越关系得到改善，越南来华留学生数量也止跌回升。其他突发事件如 2008 年的全球金融危机，也会对留学生的短期选择产生影响。

2. 湄公河国家学生与世界学生来华留学趋势比较

如图 9—3 所示，1999—2016 年世界来华留学生数量出现快速增长。1999 年世界来华留学生总数为 44711 人，2016 年为 442773 人，2016 年人数是 1999 年的 9.9 倍。增长速度虽然很快，但仍远低于湄公河国家的35.1 倍增速。

出现这一巨大差距的原因，一是包括湄公河国家在内的东盟经济社会发展速度高于世界平均水平；二是中国经济与高等教育高速发展对周边国家产生了磁吸效应；三是湄公河国家来华留学生的基数较低，1999 年仅为 1425 人，易于产生较高的增长速度。

湄公河国家占世界来华留学生的比例稳步上升。如图 9—4 所示，1999 年，湄公河国家来华留学生仅为世界来华留学生总数的 3.19%；2005 年上升到 7.57%；2009 年达到 11.17%，首次突破 10%，此后一直稳定在 11% 左右；2016 年达到最高点 11.63%。占比不断提高，是五国来华留学生增长速度远快于世界来华留学生增长速度的必然结果。

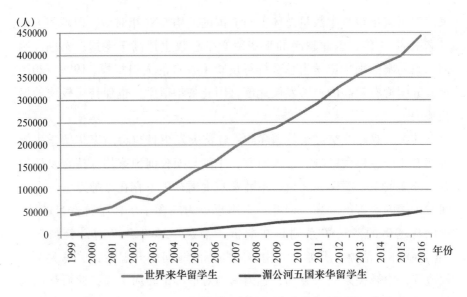

图9—3　1999—2016年世界与湄公河国家来华留学生数量变化

资料来源：教育部国际合作与交流司（2000；2001；2002；2003；2004；2005；2006；2007；2008；2009；2010；2011；2012；2013；2014；2015；2016；2017）。

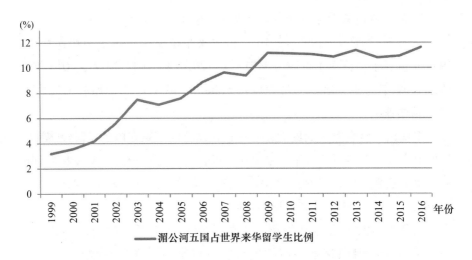

图9—4　1999—2016年湄公河国家占世界来华留学生比例变化

资料来源：教育部国际合作与交流司（2000；2001；2002；2003；2004；2005；2006；2007；2008；2009；2010；2011；2012；2013；2014；2015；2016；2017）。

3. 湄公河国家学生来华留学与赴美留学趋势比较

在接收留学生数量方面，中国正逐渐拉近与美国的差距。根据中国教育部和美国国际教育协会的统计数据，2008 年，世界来华留学生 223499 人，世界赴美留学生 623805 人，中国人数是美国的 35.8%；2016 年，世界来华留学生 442773 人，世界赴美留学生 1043839 人，中国已达美国的 42.4%。与美国世界最大留学目的地国地位相反，湄公河国家来华留学生数量远高于赴美留学生数量。2008 年，湄公河国家来华留学生 20984 人，赴美 18815 人；2016 年，五国来华留学生 51502 人，赴美仅 30272 人，差距不断拉大。中国成为世界第三、亚洲最大的留学目的地国。详见图9—5。

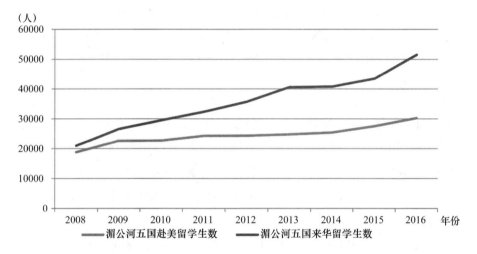

图 9—5　2008—2016 年湄公河国家赴美与来华留学生数量变化

资料来源：教育部国际合作与交流司（2009；2010；2011；2012；2013；2014；2015；2016；2017）、美国国际教育协会（Institute of International Education, Inc）2008—2016 年赴美国际学生统计数据。

五国留学生的占比也呈现不同发展趋势，五国来华留学生占世界来华留学生的比例呈稳中有升趋势，五国赴美留学生占世界赴美留学生的比例则呈稳中下降趋势。详见图9—6。

湄公河国家中，越南赴美留学生最多，老挝最少。如图 9—7 所示，2016 年，越南是五国中赴美留学生唯一数量超过 1 万人的国家，柬埔寨、

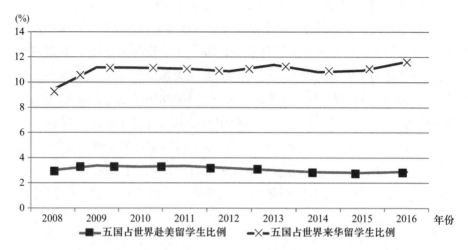

图9—6 2008—2016年湄公河国家赴美与来华留学生分别占比变化

资料来源：教育部国际合作与交流司（2009；2010；2011；2012；2013；2014；2015；2016；2017）、美国国际教育协会（Institute of International Education, Inc）2008—2016年赴美国际学生统计数据。

老挝与缅甸赴美留学生都较少，老挝仅63人，柬埔寨仅499人。从国别趋势看，2016年，越南、缅甸、柬埔寨赴美留学生比2008年分别增长144%、98%、35%，泰国、老挝则分别下降21%、9%。如图9—8所示，2010年后，越南赴美留学生数量加速上升，来华留学生数量却滞涨并出现下降，与泰国、老挝的情况正好相反。

湄公河国家来华与赴美留学生状况及其变化，存在下列主要影响因素。

一是对留学成本与留学回报的权衡。成本与收益是对个人留学选择更具决定性的影响因素。外国留学生在美国读完大学本科，学费、食宿费用等四年需18万—24万美元（郝孟佳、熊旭，2016），中国仅需3万—5万美元甚至更少，留学成本远低于美国。在留学回报方面，对湄公河国家留学生来说，中国有着比美国更高的性价比。2008年金融危机重创美国和西方经济，而中国经济迅速发展、与东南亚国家的经济融合度不断提高并成为东盟第一大贸易伙伴，与中国有关的创业就业机会越来越多。

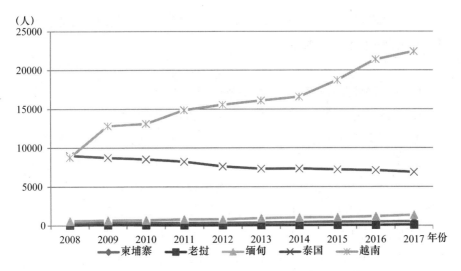

图9—7　2008—2017年湄公河国家赴美留学生数量变化

资料来源：根据美国国际教育协会（Institute of International Education, Inc）2008—2017年赴美国际学生统计数据计算、整理。

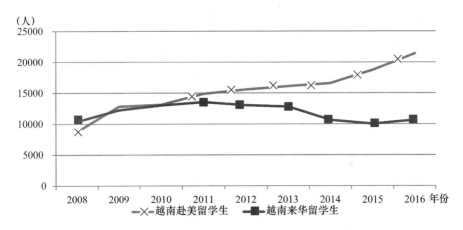

图9—8　2008—2016年越南赴美与来华留学生数量变化

资料来源：教育部国际合作与交流司（2009；2010；2011；2012；2013；2014；2015；2016；2017）、美国国际教育协会（Institute of International Education, Inc）2008—2016年赴美国际学生统计数据。

　　二是地缘政治与经济影响。近年来，中国崛起速度明显加快，中美两大国在东南亚进行激烈博弈，此外，中越关系产生波折、美越关系好转、美国与泰国政府交恶、缅甸民主化改革与美国放松对缅甸的制裁等，都在影响五国国民的留学选择。

（二）湄公河国家来华留学生类别分析

1. 湄公河国家学生来华学历与非学历留学趋势比较

湄公河国家的学历来华留学生数量超过非学历生。1999—2016 年，五国学历生与非学历生总数分别为 200751 人、189038 人，学历生占比 51.5%，非学历生占比 48.5%，二者相差较小；五国学历生与非学历生大体处于同步增长状态，历年数量差距不大；学历生数量曲线平稳上扬，而非学历生数量曲线波动明显；2007 年以前，非学历生数量一直高于学历生数量，2008 年开始，学历生反超并始终保持数量优势，偶尔也会拉开与非学历生的数量差距。详见图9—9。

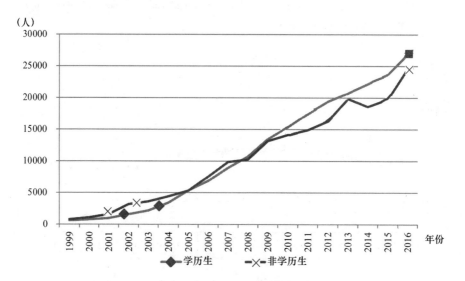

图9—9　1999—2016 年湄公河国家学历与非学历来华留学生数量变化

资料来源：教育部国际合作与交流司（2000；2001；2002；2003；2004；2005；2006；2007；2008；2009；2010；2011；2012；2013；2014；2015；2016；2017）。

这种状况的出现可能有以下原因。

第一，学历留学与非学历留学的目的、对人生的意义、受影响的因素存在差异。非学历留学时间短，一般为一个月至两年，主要是为了满足对知识、技能、体验、经验经历、兴趣爱好等方面的需求，对这些需求的追求容易受到留学者自身、家庭、亲朋好友、社会、舆论、经济状况、政治形势、国际关系等因素的影响，作出非学历留学的决定并不一定会出于理性的分析和长远的考虑。学历留学是以获取学历学位为目的，对人生具有重要意义，在人生某些阶段或某种情况下甚至具有决定性意义；学历留学时间相对较长，一般为 2—4 年甚至更长，时间成本与经济成本较高，更需要从人生规划与长期愿景出发作出相对理性的决定，这一点对经济条件不佳的留学生尤其如此。因此，总体而言，受各种短期与突发因素的影响，非学历生数量容易产生波动；学历生更着重长远，数量曲线会相对平滑。

第二，中国的发展成就与发展前景赢得了湄公河国家学历留学生的信任。2008 年，北京成功举办了一届"无与伦比"的奥运会；2010 年，中国—东盟自贸区建成，中国成为东盟最大贸易伙伴和第一大出口目的地国，中国也超越日本成为世界第二大经济体。中国在经济上取得巨大成就的同时，在高等教育领域也有了长足进步。中国高校在各类世界大学排名中进步神速，学术水平与学术声誉也逐渐为世界所认知。因此，2008 年以后，湄公河国家学历来华留学生数量超过非学历生并一直领跑，反映了五国学生对中国发展前景与高等教育水平的认知与认同。

近年来越南学历生数量下降，非学历生增长停滞。从湄公河国家国别数量来看，如图 9—10、图 9—11 所示，1999—2016 年，柬埔寨、老挝、缅甸、泰国的学历生与非学历生数量均稳步增长；越南学历生数量，2011 年是最高点，随后逐年下降，非学历生数量在 2007 年后基本在 3500—4000 人之间波动，2014 年、2015 年还出现较大幅度的下降。同一时期，中越经贸往来不断扩大，中国在越投资也不断增加，中国转移到东盟国家的产能有相当一部分落在越南，而越南来华留学生数量却出现了相反的发展趋势，说明中越之间的有关问题较大程度地影响了越南学生的留学选择。

泰国非学历生远多于学历生。从湄公河国家学历生与非学历生的国别构成来看，如图 9—12 所示，1999—2016 年合计，除了泰国，其余四国的学历生一般多于非学历生或大体相当。泰国的非学历生为 109113 人，学历生为 63284 人，非学历生远多于学历生；非学历生中，高级进修生仅 281 人，其余均为普通进修生和短期留学生，说明泰国来华留学生的短期学习需求较为旺盛，中泰民间经济文化交流更为活跃。

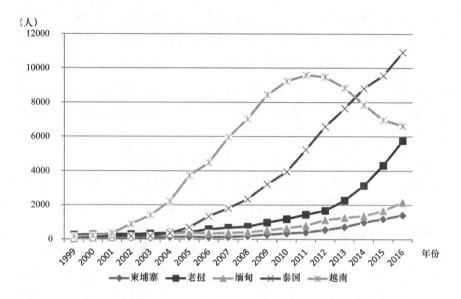

图9—10　1999—2016年湄公河国家学历来华留学生数量变化

资料来源：教育部国际合作与交流司（2000；2001；2002；2003；2004；2005；2006；2007；2008；2009；2010；2011；2012；2013；2014；2015；2016；2017）。

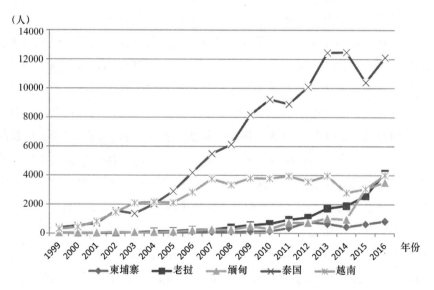

图9—11　1999—2016年湄公河国家非学历来华留学生数量变化

资料来源：教育部国际合作与交流司（2000；2001；2002；2003；2004；2005；2006；2007；2008；2009；2010；2011；2012；2013；2014；2015；2016；2017）。

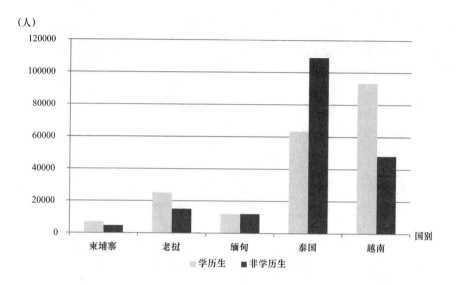

（人）

图9—12　1999—2016年湄公河国家来华学历生与非学历生国别分布

资料来源：教育部国际合作与交流司（2000；2001；2002；2003；2004；2005；2006；2007；2008；2009；2010；2011；2012；2013；2014；2015；2016；2017）。

2. 湄公河国家和世界学生来华学历与非学历留学趋势比较

从数量变化来看，如图9—13所示，无论是湄公河国家还是世界各国，其来华学历生与非学历生都在同步增长。与湄公河国家来华留学生不同，世界来华留学生中非学历生数量始终高于学历生数量，且差距一直较大。说明在世界大多数国家和地区，尤其是西方发达国家，中国高等教育水平还没有得到较高认可，大部分来华留学生不以获得学历学位为目的，更多是基于自身兴趣爱好、短期学习与职业需求来中国进修学习。

从占比变化来看，如图9—14所示，世界来华非学历生占世界来华留学生的比例，始终高于湄公河国家来华非学历生占五国来华留学生的比例；世界来华学历生占比与湄公河国家相较，表现正好相反。这一结果与数量变化状况吻合。此外，世界来华非学历生与学历生的占比正在逐步接近，非学历生由1999年的74.33%下降到2016年的52.58%，学历生由25.67%上升到47.42%，二者相差约5个百分点；按照目前的发展趋势，二者有望在未来3—5年内出现黄金交叉，学历生数量将超过非学历生数量。

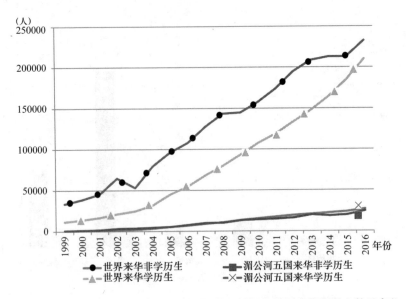

图9—13　1999—2016年世界和湄公河国家学历与非学历来华留学生数量变化

资料来源：教育部国际合作与交流司（2000；2001；2002；2003；2004；2005；2006；2007；2008；2009；2010；2011；2012；2013；2014；2015；2016；2017）。

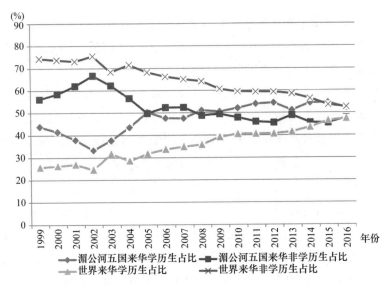

图9—14　1999—2016年世界和湄公河国家学历与非学历来华留学生占比变化

资料来源：教育部国际合作与交流司（2000；2001；2002；2003；2004；2005；2006；2007；2008；2009；2010；2011；2012；2013；2014；2015；2016；2017）。

3. 湄公河国家学生来华学历留学趋势分析

从湄公河国家来华学历生的数量与结构来看，如图 9—15 所示，1999—2016 年，五国各学历层次的来华留学生均呈现大幅增长态势，各学历层次的增长率，由高到低依次为专科生 163 倍、博士生 120 倍、硕士生 59 倍、本科生 32 倍，虽然专科生和博士生有基数低的关系，但也一定程度上说明了增长势头的迅猛；五国各学历层次来华留学生总数，由多到少依次为本科生 131776 人、硕士研究生 47926 人、博士研究生 12211 人、专科生 8838 人，本科生为绝对多数，占五国全部来华学历生的 65.64%。在中国国内专科院校和专科学生快速减少的背景下，湄公河国家的来华专科生反而呈现快速上升的趋势，2016 年甚至超过了博士研究生数量，这是一个较为特殊的现象。这一现象可能与五国经济社会发展阶段存在一定关联性，也可能与专科学习时间偏短、留学成本较低、专科学校中职业技术学院较多等因素存在一定因果关系。

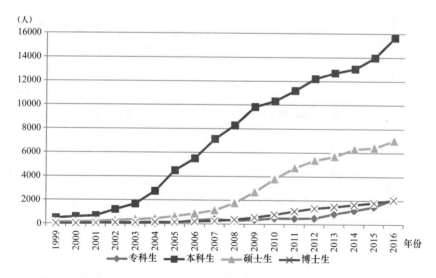

图 9—15　1999—2016 年湄公河国家来华学历生就读学历层次数量变化

资料来源：教育部国际合作与交流司（2000；2001；2002；2003；2004；2005；2006；2007；2008；2009；2010；2011；2012；2013；2014；2015；2016；2017）。

从湄公河国家各学历层次来华留学生占比的情况来看，如图 9—16 所示，2016 年，各学历层次来华留学生占比从高到低依次为本科生

58.25%、硕士研究生 26.15%、专科生 7.93%、博士研究生 7.66%。1999—2016 年，虽然来华本科生数量快速上升，但占比呈逐渐下降趋势，本科生占比最高时是 2005 年的 83.67%，此后一直快速下降，在 2016 年达到最低点；最近几年，专科生占比呈快速上升态势，博士研究生占比则呈缓慢上升趋势，硕士研究生占比稳定中略微下降。

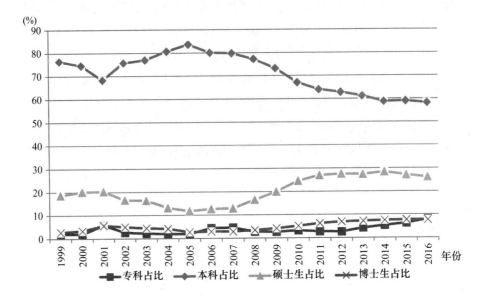

图9—16　1999—2016 年湄公河国家来华学历生就读学历层次占比变化

资料来源：教育部国际合作与交流司（2000；2001；2002；2003；2004；2005；2006；2007；2008；2009；2010；2011；2012；2013；2014；2015；2016；2017）。

从湄公河国家与世界来华学历生的对比来看，二者的数量结构大体相同，各学历层次占比存在差异。1999—2016 年，各学历层次世界来华留学生总数，由多到少依次为本科生、硕士研究生、博士研究生和专科生，与湄公河国家的情况相同；本科生为绝对多数，占世界来华学历生的 73.4%，与湄公河国家的情况大体相当。从占比变化来看，如图 9—17 所示，1999—2016 年，本科生占比呈逐渐下降趋势，硕士研究生和博士研究生占比呈上升趋势，专科生占比则在一个很小范围内窄幅波动。2016 年，各学历层次世界来华留学生占比从高到低依次为本科生 67.31%、硕士研究生 21.82%、博士研究生 8.60%、专科生 2.28%。

湄公河国家来华留学本科生占比低于世界来华留学本科生占比平均水平，专科、硕士研究生占比高于世界平均水平，博士研究生占比逐渐追平世界平均水平。

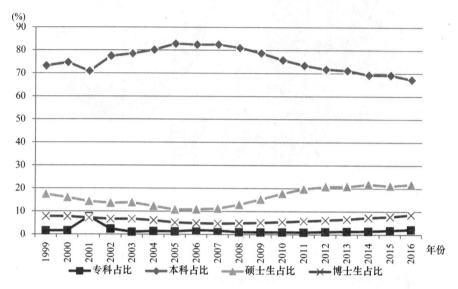

图9—17　1999—2016年世界来华学历生就读学历层次占比变化

资料来源：教育部国际合作与交流司（2000；2001；2002；2003；2004；2005；2006；2007；2008；2009；2010；2011；2012；2013；2014；2015；2016；2017）。

从湄公河国家来华学历生的国别状况来看，如图9—18所示，1999—2016年，越南的学历生数量最多，为93504人，占五国的46.58%；泰国学历生63284人，占比31.52%；老挝学历生25028人，占比12.47%；缅甸学历生11927人，占比5.94%；柬埔寨学历生最少，共7008人，占比3.49%。如图9—19所示，在五国学历生的学历层次结构中，越南、泰国的本科生数量远高于该国其他学历层次的留学生数量，两国的硕士研究生数量也比较高；越南的情况尤其突出，其来华学历生绝大部分是本科生和硕士研究生，专科生数量相比之下微不足道，是五国中占比最低的。

在湄公河国家中，越南来华留学生总数排名第二，但学历生总数最多，考虑到中越关系出现过起伏的背景，可能存在以下几个方面的影响因素：一是越南历史上同属中华文化圈，重视教育，留学生对学历学位追求的动力相对较强；二是越南高等教育还不发达，在国际上学术声誉、知名

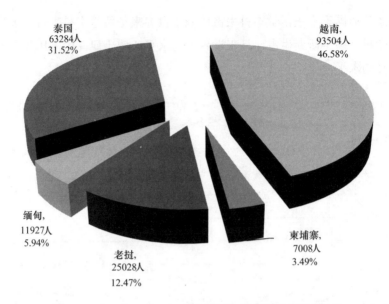

图 9—18 1999—2016 年湄公河国家来华学历生国别结构

资料来源：教育部国际合作与交流司（2000；2001；2002；2003；2004；2005；2006；2007；2008；2009；2010；2011；2012；2013；2014；2015；2016；2017）。

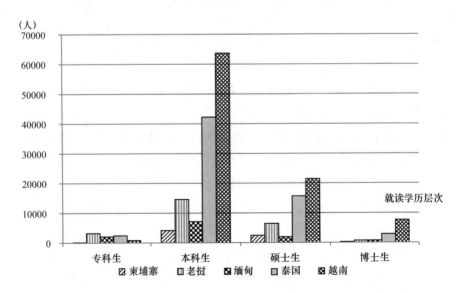

图 9—19 1999—2016 年湄公河国家来华学历生就读学历层次国别分布

资料来源：教育部国际合作与交流司（2000；2001；2002；2003；2004；2005；2006；2007；2008；2009；2010；2011；2012；2013；2014；2015；2016；2017）。

度较高的高校少，与在国内攻读学历学位相比，中国应当是一个较佳选择；三是越南与中国相邻，信息沟通、交通较为便利，两国民间交流比较多，越南人民对中国的了解相对更多一些，留学便利度较高；四是在中国攻读学历学位的经济负担不高，越南中产家庭尚可承受。

4. 湄公河国家学生来华非学历留学趋势分析

从湄公河国家来华非学历生的数量与结构来看，如图9—20所示，2000—2016年（教育部关于湄公河国家来华非学历生的统计数据中，1999年的合计与分项数据不吻合，本节只采用2000—2016年的统计数据），湄公河国家来华非学历生共188238人，其中：高级进修生523人，占比0.28%，无论是人数还是占比都微不足道；普通进修生102297人，占比54.34%；短期留学生85418人，占比45.38%。三类非学历生数量均增幅巨大，2000—2016年，湄公河国家来华非学历生数量增长近22倍，其中，高级进修生增长15倍，普通进修生增长12倍，短期留学生增长48倍，增幅尤为惊人。

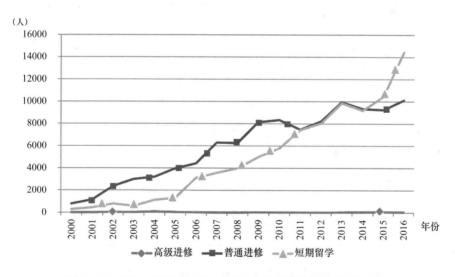

图9—20　2000—2016年湄公河国家来华非学历生类别数量变化

资料来源：教育部国际合作与交流司（2001；2002；2003；2004；2005；2006；2007；2008；2009；2010；2011；2012；2013；2014；2015；2016；2017）。

分析五国三类非学历生的变化趋势可以看到，2002年后，高级进修生人数虽然有起伏，但整体变化不大，增幅极小，由于2000年的基数太小，2000—2016 年间的增长率显得很高；普通进修生经过数年的高速增长后，2009 年开始进入相对平稳的增长阶段；短期留学生人数从 2004 年开始高速增长，2011 年开始连续四年与普通进修生几乎持平，2015 年后，短期留学生人数加速增长并超过普通进修生人数。

从湄公河国家三类非学历生的占比变化来看，如图 9—21 所示，2000—2016 年，高级进修生占五国来华非学历生的比例变化极小，高级进修生 2000 年占比 0.28%，2016 年占比 0.20%，出现微幅下降；普通进修生占比整体呈下降趋势，2000 年占比 72.53%，2003 年占比 83.00%，达到最高点，2004 年后占比逐渐下降，到 2016 年下降到最低点，为41.13%；短期留学生占比整体呈上升趋势，2000 年占比 27.19%，2003年占比 16.37%，为最低点，2004 年后占比逐渐上升，到 2016 年达到最高点，为 58.67%。

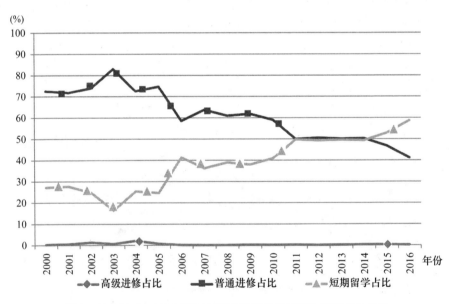

图 9—21　2000—2016 年湄公河国家来华非学历生类别占比变化

资料来源：教育部国际合作与交流司（2000；2001；2002；2003；2004；2005；2006；2007；2008；2009；2010；2011；2012；2013；2014；2015；2016；2017）。

从五国来华非学历生的国别状况来看，如图 9—22 所示，2000—2016年，五国来华非学历生中，泰国最多，共 109113 人，占 57.72%；越南

48218 人，占比 25.51%；老挝 15059 人，占比 7.97%；缅甸 11994 人，占比 6.34%；柬埔寨 4654 人，占比 2.46%。

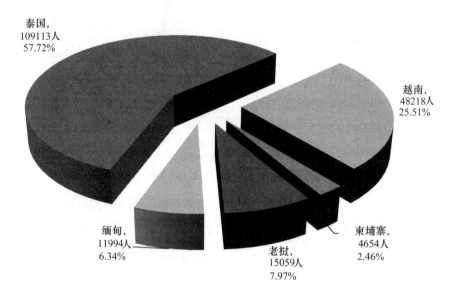

图 9—22　2000—2016 年湄公河国家来华非学历生国别结构

资料来源：教育部国际合作与交流司（2000；2001；2002；2003；2004；2005；2006；2007；2008；2009；2010；2011；2012；2013；2014；2015；2016；2017）。

同一时期，如图 9—23 所示，在五国来华非学历生结构中，柬埔寨、缅甸和泰国的短期留学生均为最多，老挝和越南的普通留学生最多，五国的高级进修生数量均属最少，但泰国高级进修生占五国来华高级进修生的比例有 14 年在 50% 以上。到 2016 年，除老挝外，其他四国的短期留学生数量均超过普通留学生数量，位居第一。

世界来华三类非学历生增长速度低于湄公河国家，占比趋势与湄公河国家大体相似。根据对教育部来华留学生统计数据的计算整理，2000—2016 年，世界来华非学历生数量增长 5 倍，其中，高级进修生增长 3 倍，普通进修生增长近 5 倍，短期留学生增长近 6 倍，各项增长速度均远低于湄公河国家；世界来华高级进修生的占比从 2000 年的 1.63% 微降到 2016 年的 1.07%，普通进修生从 55.51% 小幅下降到 52.09%，短期留学生则从 42.86% 小幅上升到 46.84%，普通进修生始终占比最高，与湄公河国

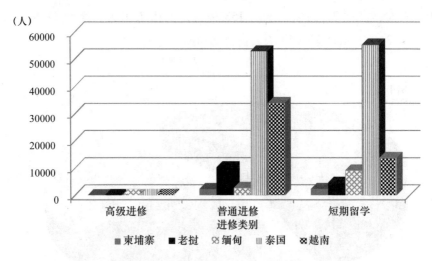

图9—23 2000—2016年湄公河国家来华非学历生类别国别分布

资料来源：教育部国际合作与交流司（2000；2001；2002；2003；2004；2005；2006；2007；2008；2009；2010；2011；2012；2013；2014；2015；2016；2017）。

家稍有差异。

总体而言，湄公河国家的来华非学历生存在三个重要特征：一是来华非学历生增速远超世界平均水平；二是高级进修生少，占比极低；二是短期留学生增长速度超快，并最终超过普通进修生成为最大生源类别。

出现上述特征，可能存在下列影响因素。

第一，湄公河国家与中国的经济联系日益紧密。如前所述，近九年来，中国一直保持东盟第一大贸易伙伴和第一大出口目的地国地位；近七年来，东盟一直是中国第三大贸易伙伴、第四大出口市场和第二大进口来源地；中国是东盟主要外资来源，是柬埔寨、老挝的最大外资来源国。东盟与中国之间通过自由贸易区、"10＋1"倡议、"一带一路"倡议、澜湄合作等多种机制实现了制度化协商与合作。东盟尤其是湄公河国家与中国区域经济一体化水平的提高，有力推动了湄公河国家国民的非学历来华留学热潮。

第二，五国对高级进修的需求仍小。近20年来，湄公河国家的GDP、人均GDP和人均GNI虽然取得了较高的增长速度，五国均已进入中等收入国家行列，但除了泰国，其他四国仍属于下中等收入水平，经济、产业、教育、科技发展水平仍然不高，对高层次、高学历人员进修的需求尚小。世界其他国家来华高级进修生数量少、占比低，一方面与经济融合度有关，另一方面也说明中国高等教育的水平与声誉需要进一步提高，中国要成为世界首选留学目的地国还需相当长时间的努力。

第三，五国与中国的民间往来、人文交流越来越活跃。2016 年，中国与东盟国家人员往来突破 3800 万人次，每周有 2700 架次航班往来，双方互为重要的客源地和旅游目的地，中国是东盟第一大客源国（赵珊，2017）。在湄公河国家中，中国是泰国最大的客源国，也是柬埔寨、老挝、越南最重要的客源国之一。中国与东盟在演艺、文化产业、节庆会展、语言培训、体育等方面的合作也成就斐然。湄公河国家短期留学生超常增长，说明五国学生对中国的兴趣日益浓厚，愿意通过短期留学认识中国、了解中国，是双方民间和人文交流日益活跃的必然结果。

（三）世界来华留学生的专业分布

1999 年以来，中国一共有 15 个专业（类）接受来华留学生。2010—2012 年，体育与教育专业合并为教育专业，文学和艺术专业合并为文学专业，专业由 15 个减少为 13 个。2013 年以后，艺术又分立出来。因此，目前中国接受来华留学生的专业（类）为 14 个，分别是汉语言、西医、文学、经济、中医、管理、工科、法学、理科、艺术、历史、农科、哲学和教育。教育部 1999 年的统计数据中，部分来华留学生的专业划分存有疑问，本部分采用 2000—2016 年的统计数据。由于尚未取得国别生源的专业分布统计数据，本部分主要通过分析世界来华留学生的专业分布状况透视湄公河国家来华留学生的专业分布。

世界来华留学生以汉语言专业学习为主。如图 9—24 所示，2000—2016 年，中国接受留学生的 15 个专业（类）的人数与占比依次为：汉语言 2041924 人，占比 53.60%，超过一半的来华留学生以学习汉语为主要目的；西医 344665 人，占比 9.05%；文学 264377 人，占比 6.94%；工科 255997 人，占比 6.72%；经济 237730 人，占比 6.24%；管理 217531 人，占比 5.71%；中医 154889 人，占比 4.07%；法学 87648 人，占比 2.30%；教育 70157 人，占比 1.84%；理科 42345 人，占比 1.11%；艺术 37157 人，占比 0.98%；农科 19055 人，占比 0.50%；历史 17657 人，占比 0.46%；哲学 9196 人，占比 0.24%；体育 9039 人，占比 0.24%。

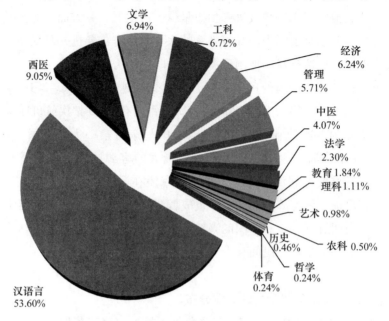

图 9—24　2000—2016 年世界来华留学生专业结构

资料来源：教育部国际合作与交流司（2000；2001；2002；2003；2004；2005；2006；2007；2008；2009；2010；2011；2012；2013；2014；2015；2016；2017）。

其中，应用类专业留学生增长较快。根据教育部统计数据，2000—2016 年，世界来华留学生增长超过 7 倍，各专业人数增长依次为：管理 51 倍，教育 38 倍（体育专业人数合并进入），西医 34 倍，工科 27 倍，经济 23 倍，农科 15 倍，理科 14 倍，文学 12 倍，艺术 7 倍，法学 6 倍，汉语言 4 倍，中医 3 倍，历史与哲学均不到 1 倍，分别为 0.6 倍和 0.3 倍。应用类专业留学生人数增长率较高，与中国文化有关的专业如文学、艺术、汉语言、中医、历史和哲学等的增长率较低。由图 9—25、图 9—26 和图 9—27 可见，留学生最多的汉语言专业就读人数在 2014 年达到最高点，随后开始快速下降；与中国文化有关的艺术、中医、历史和哲学专业的留学生人数也在达到高点后缓慢下降；理科专业留学生在 2008 年达到高点，次年急速下降，随后回升，但 2016 年仍未达到最高点的 2/3。

与中国文化有关的大部分专业留学生占比逐渐下降。如图 9—28、图 9—29 和图 9—30 所示，2000—2016 年，管理、教育、西医、工科、经

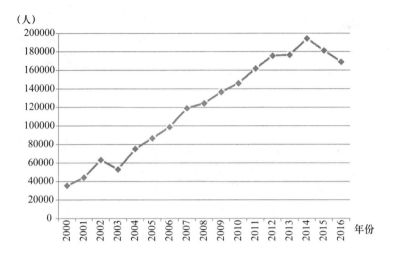

图9—25 2000—2016年汉语言专业留学生人数变化

资料来源：教育部国际合作与交流司（2000；2001；2002；2003；2004；2005；2006；2007；2008；2009；2010；2011；2012；2013；2014；2015；2016；2017）。

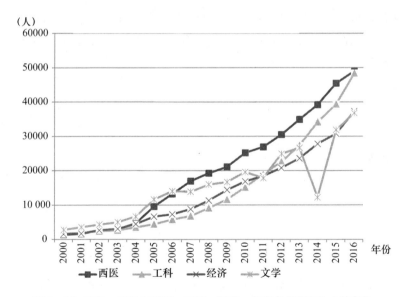

图9—26 2000—2016年西医、工科、经济、文学专业留学生人数变化

资料来源：教育部国际合作与交流司（2000；2001；2002；2003；2004；2005；2006；2007；2008；2009；2010；2011；2012；2013；2014；2015；2016；2017）。

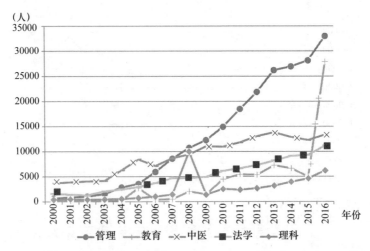

图9—27 2000—2016年管理、教育、中医、法学、理科专业留学生人数变化

资料来源：教育部国际合作与交流司（2000；2001；2002；2003；2004；2005；2006；2007；2008；2009；2010；2011；2012；2013；2014；2015；2016；2017）。

济、农科、理科、文学、艺术等专业的留学生占比逐渐上升，法学专业占比微幅下降，汉语言、中医、历史与哲学专业的留学生占比则快速下降。2000年，汉语言专业留学生占比67.92%，2002年达到73.78%的最高占比，此后快速下降，2016年仅为38.19%，为最低点。

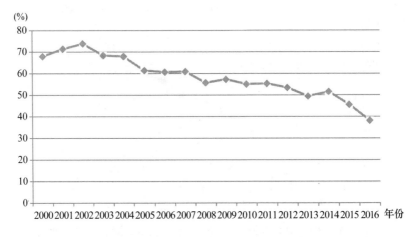

图9—28 2000—2016年汉语言专业留学生人数占比变化

资料来源：教育部国际合作与交流司（2000；2001；2002；2003；2004；2005；2006；2007；2008；2009；2010；2011；2012；2013；2014；2015；2016；2017）。

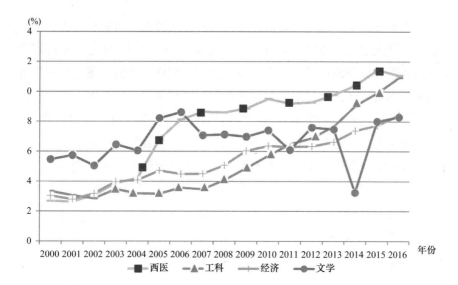

图9—29 2000—2016年西医、工科、经济、文学专业留学生人数占比变化

资料来源：教育部国际合作与交流司（2000；2001；2002；2003；2004；2005；2006；2007；2008；2009；2010；2011；2012；2013；2014；2015；2016；2017）。

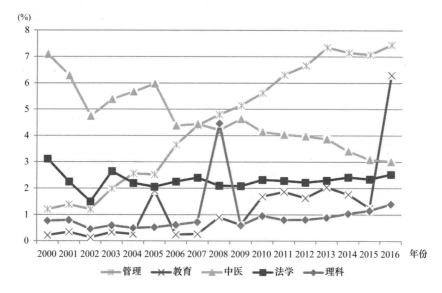

图9—30 2000—2016年管理、教育、中医、法学、理科专业留学生人数占比

资料来源：教育部国际合作与交流司（2000；2001；2002；2003；2004；2005；2006；2007；2008；2009；2010；2011；2012；2013；2014；2015；2016；2017）。

世界来华留学生对专业的选择过程反映了中国发展的历程，留学生的专业分布状况也是与中国的发展阶段相适应的。进入 21 世纪后，特别是中国加入世界贸易组织后，中国改革开放的巨大成就逐渐显露出来并为世界各国所发现，各国人民想更多认识中国、了解中国，与中国人民有更多交流，因此，来华留学生更多选择学习中国的语言和文化，选择汉语言、中医和文学专业。经过多年的高速发展，中国经济规模跃居世界第二，教育、科技、文化等领域的进步有目共睹，全球的汉语学习者越来越多，部分来华留学生已经不再受限于语言障碍，不满足于学习中国语言和文化，开始更多选择自然科学、工程技术、经济管理等专业就读。汉语言和应用类专业留学生的数量与占比变化，反映出来华留学生由语言学习阶段逐渐进入专业学习阶段，中国的留学生教育由初级阶段逐步跨入中级阶段。

三 中国政府资助湄公河国家学生来华留学趋势分析

根据《中国政府奖学金申请办法》，中国政府奖学金是"中国教育部根据中国政府与有关国家政府以及有关国际组织签订的教育交流协议或达成的谅解对外提供的奖学金项目"，分为全额奖学金和部分奖学金两种。受中国教育部委托，国家留学基金管理委员会秘书处负责中国政府奖学金留学生的招生及日常事务管理工作。

中国政府奖学金留学生（以下简称奖学金留学生），是指获得中国政府奖学金全额或部分资助的来华留学生。中国部分省（自治区、直辖市）级政府、高校和其他机构也设立了来华留学奖学金，由于数据难以系统获得，除非有特别说明，本章的奖学金留学生统计数据不包括获得省级、高校或机构奖学金资助的来华留学生。

中国政府奖学金数量、名额分配等由中国政府有关部门决定，来华留学生自身的选择空间有限，因此，本部分研究主要呈现相关现象与判断，不作成因分析。

（一）湄公河国家来华奖学金留学生国别分析

1. 湄公河国家来华奖学金留学生国别比较

湄公河国家来华奖学金留学生数量快速增长，2008 年后加速增长。

1999 年，湄公河国家来华奖学金留学生共 485 人，2016 年达 6477 人，增长 12 倍多；五国均实现快速增长，按增长速度依次为泰国 48 倍、柬埔寨 28 倍、缅甸 16 倍、越南 15 倍、老挝 4 倍。2007 年以前，湄公河国家来华奖学金留学生低速、平稳增长，2008 年，五国奖学金留学生突然大幅增长 67.85%，为历年增长幅度最大的一年；2008 年后，增长速度仍远高于 2007 年前。详见图 9—31。

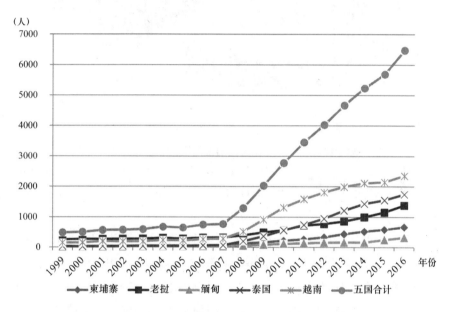

图 9—31　1999—2016 年湄公河国家来华奖学金留学生数量

资料来源：教育部国际合作与交流司（2000；2001；2002；2003；2004；2005；2006；2007；2008；2009；2010；2011；2012；2013；2014；2015；2016；2017）。

越南来华奖学金留学生最多。如图 9—32 所示，1999—2016 年，越南来华奖学金留学生共 16652 人，占五国的 40.41%，人数最多，占比最高；老挝次之，9929 人，占比 24.10%；泰国 9176 人，占比 22.27%；柬埔寨 3748 人，占比 9.10%；缅甸最少，1698 人，占比 4.12%。如图 9—31 所示，2016 年，奖学金留学生人数依次为：越南 2353 人、泰国 1746 人、老挝 1384 人、柬埔寨 672 人、缅甸 322 人，越南仍然排名第一。

湄公河国家中，老挝来华奖学金留学生与人口的比例最高。按照世界

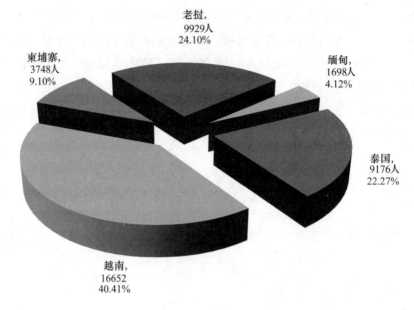

图9—32   1999—2016 年湄公河国家来华奖学金留学生国别结构

资料来源：教育部国际合作与交流司（2000；2001；2002；2003；2004；2005；2006；2007；2008；2009；2010；2011；2012；2013；2014；2015；2016；2017）。

银行统计数据，2016 年，柬埔寨人口 1576 万人，老挝 676 万人，缅甸 5289 万人，泰国 6886 万人，越南 9457 万人。1999—2016 年，湄公河国家来华奖学金留学生总数与人口的比例依次为：老挝 1.47‰、柬埔寨 0.24‰、越南 0.18‰、泰国 0.13‰、缅甸 0.03‰，按人口规模比例，老挝获得的奖学金名额相对最多，缅甸相对最少。2016 年，五国奖学金留学生与人口的比例依次为：老挝 0.205‰、柬埔寨 0.043‰、越南 0.025‰、泰国 0.025‰、缅甸 0.006‰，顺序没有变化，老挝奖学金留学生占人口的比例仍然最高，缅甸最低。

2. 湄公河国家与世界来华奖学金留学生趋势比较

湄公河国家来华奖学金留学生增长速度高于世界平均。如图 9—33 所示，1999 年，世界来华奖学金留学生共 5211 人，2016 年为 49022 人，增长 8.4 倍，低于湄公河国家 12.4 倍的增长率。与湄公河国家 2008 年后突然跳跃式增长的情况相似，世界来华奖学金留学生在 2007 年后增长也明显加速。

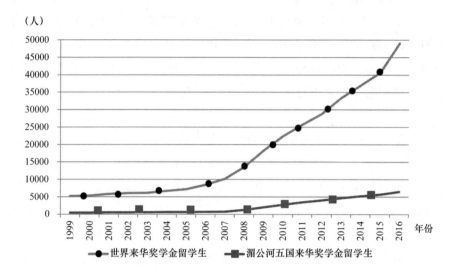

图9—33 1999—2016年世界与湄公河国家来华奖学金留学生数量变化

资料来源：教育部国际合作与交流司（2000；2001；2002；2003；2004；2005；2006；2007；2008；2009；2010；2011；2012；2013；2014；2015；2016；2017）。

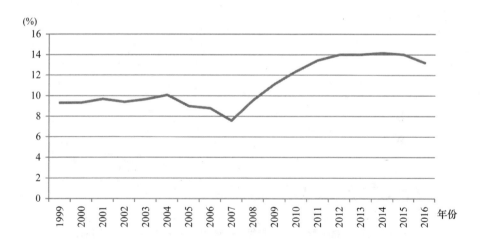

图9—34 1999—2016年湄公河国家占世界来华奖学金留学生比例变化

资料来源：教育部国际合作与交流司（2000；2001；2002；2003；2004；2005；2006；2007；2008；2009；2010；2011；2012；2013；2014；2015；2016；2017）。

湄公河国家占世界来华奖学金留学生的比例总体呈上升趋势。如图9—34所示,1999年,湄公河国家占世界来华奖学金留学生的比例为9.31%,2007年下降到7.58%,随后快速上升,2014年达到14.16%的最高点,2015—2016年略有下滑。可见中国政府在扩大来华奖学金留学生规模的同时,加大了对包括湄公河国家在内的东盟国家的倾斜力度。

(二)湄公河国家来华奖学金留学生类别分析

1. 湄公河国家学历与非学历奖学金留学生国别比较

湄公河国家来华学历奖学金留学生数量快速增长,非学历奖学金留学生数理总体下降。1999—2016年,五国学历奖学金留学生由388人增加到6425人,增长近16倍;五国非学历奖学金留学生由97人下降到52人,下降了46%。1999—2016年,五国学历奖学金留学生总数为40343人,非学历奖学金留学生合计仅796人,仅为五国奖学金留学生总数的

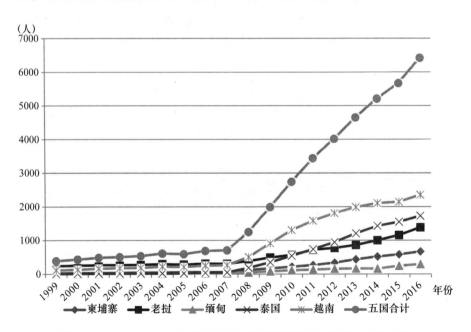

图9—35 1999—2016年湄公河国家来华学历奖学金留学生数量变化

资料来源:教育部国际合作与交流司(2000;2001;2002;2003;2004;2005;2006;2007;2008;2009;2010;2011;2012;2013;2014;2015;2016;2017)。

2%。2007 年前，湄公河国家学历奖学金留学生平稳增长，2008 年后突然加速增长并始终保持增长态势。湄公河国家非学历奖学金留学生数量少，1999—2016 年间，五国中任一国家从未超过 40 人，五国合计也从未达到 100 人；五国合计最高数量出现在 1999 年，为 97 人，最少的年份为 2012 年，只有 12 人；五国非学历奖学金留学生 1999—2012 年总体呈下降趋势，2013 年后逐渐回升。详见图 9—35、图 9—36。

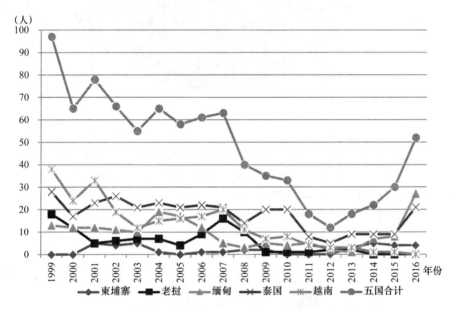

图 9—36　1999—2016 年湄公河国家来华非学历奖学金留学生数量变化

资料来源：教育部国际合作与交流司（2000；2001；2002；2003；2004；2005；2006；2007；2008；2009；2010；2011；2012；2013；2014；2015；2016；2017）。

越南来华学历奖学金留学生最多，泰国来华非学历奖学金留学生最多。在来华学历奖学金留学生方面，1999—2016 年，越南共 16420 人，占湄公河国家的 40.70%，数量最多，占比最高；老挝 9828 人，占比 24.36%；泰国 8859 人，占比 21.96%；柬埔寨 3711 人，占比 9.20%；缅甸 1525 人，占比 3.78%，人数最少，占比最低。在来华非学历奖学金留学生方面，1999—2016 年，泰国共 317 人，人数最多，占湄公河国家的 36.86%；越南 232 人，占比 26.98%；缅甸 173 人，占比 20.12%；老挝 101 人，占比 11.74%；柬埔寨仅 37 人，占比 4.30%。详见图 9—37、图 9—38。

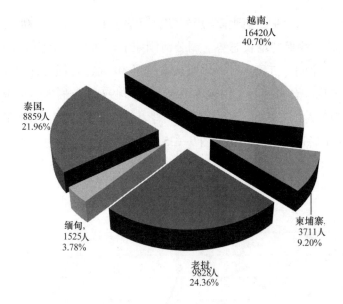

图 9—37 1999—2016 年湄公河国家来华学历奖学金留学生国别结构

资料来源：教育部国际合作与交流司（2000；2001；2002；2003；2004；2005；2006；2007；2008；2009；2010；2011；2012；2013；2014；2015；2016；2017）。

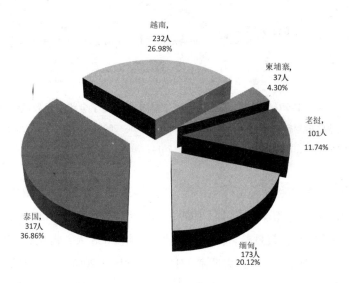

图 9—38 1999—2016 年湄公河国家来华非学历奖学金留学生国别比较

资料来源：教育部国际合作与交流司（2000；2001；2002；2003；2004；2005；2006；2007；2008；2009；2010；2011；2012；2013；2014；2015；2016；2017）。

2. 湄公河国家和世界学历与非学历奖学金留学生趋势比较

湄公河国家来华学历奖学金留学生增长速度略高于世界平均水平，非学历奖学金留学生增长趋势与世界各国相反。如图 9—39 所示，1999 年世界来华学历奖学金留学生 2842 人，2016 年为 43186 人，增长 14.2 倍，略低于湄公河国家 15.6 倍的增长率；1999 年世界来华非学历奖学金留学生 2369 人，2016 年为 5836，增长 1.5 倍，湄公河国家则下降 46%。

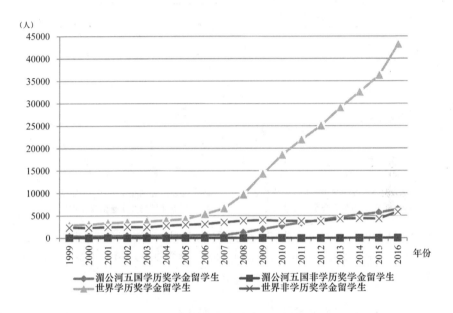

图 9—39　1999—2016 年湄公河国家与世界学历和非学历奖学金留学生数量变化

资料来源：教育部国际合作与交流司（2000；2001；2002；2003；2004；2005；2006；2007；2008；2009；2010；2011；2012；2013；2014；2015；2016；2017）。

湄公河国家和世界学历与非学历奖学金留学生占比的变化趋势基本相同，但湄公河国家来华学历奖学金留学生占比远高于世界平均，非学历奖学金留学生占比远低于世界平均。如图 9—40 所示，1999 年，湄公河国家来华学历与非学历奖学金留学生占比分别为 80.00%、20.00%，此后学历奖学金留学生占比稳步上升，到 2016 年达到 99.20%，非学历奖学金留学生占比则稳步下降，到 2016 年下降到 0.80%。1999 年，世界来华学历与非学历奖学金留学生的占比分别为 54.54%、45.46%，二者占比变化趋势与湄公河国家基本相同，到 2016 年，二者占比分别为 88.10%

和 11.90%。可见，湄公河国家来华学历奖学金留学生占比始终高于世界平均水平，非学历奖学金留学生占比始终低于世界平均水平。

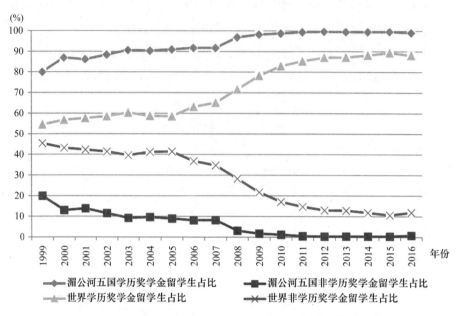

图 9—40 1999—2016 年湄公河国家与世界学历和非学历奖学金留学生占比变化

资料来源：教育部国际合作与交流司（2000；2001；2002；2003；2004；2005；2006；2007；2008；2009；2010；2011；2012；2013；2014；2015；2016；2017）。

3. 湄公河国家学历奖学金留学生趋势比较

湄公河国家来华学历奖学金留学生以硕士生数量最多，博士生增速最快。1999—2016 年，湄公河国家来华学历奖学金留学生中，硕士生共23307 人，占比 57.77%；本科生 9287 人，占比 23.02%；博士生 7749人，占比 19.21%。在三个学历层次的奖学金留学生中，博士生增速最快。1999—2016 年，湄公河国家奖学金留学生中本科生由 306 人上升到652 人，仅增长 1.1 倍；硕士生由 72 人增长到 4286 人，增长 58.5 倍；博士生由 10 人增长到 1487 人，增长 147.7 倍。从增长曲线来看，2008 年，本科生、硕士生和博士生数量曲线都突然加速上行，其中，硕士生和博士生保持快速上行趋势，本科生则增速放缓，2013 年达到高点后开始明显下行。详见图 9—41 和图 9—42。

在湄公河国家来华学历奖学金留学生中，本科生占比快速下降，博士

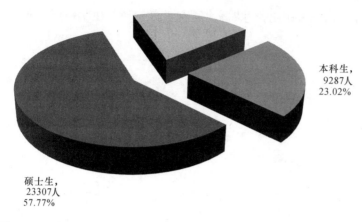

图9—41 1999—2016年湄公河国家来华学历奖学金留学生学历层次结构

资料来源：教育部国际合作与交流司（2000；2001；2002；2003；2004；2005；2006；2007；2008；2009；2010；2011；2012；2013；2014；2015；2016；2017）。

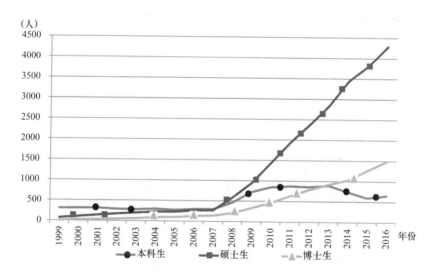

图9—42 1999—2016年湄公河国家来华学历奖学金留学生学历层次数量变化

资料来源：教育部国际合作与交流司（2000；2001；2002；2003；2004；2005；2006；2007；2008；2009；2010；2011；2012；2013；2014；2015；2016；2017）。

生和硕士生占比快速上升。如图9—43所示，湄公河国家奖学金本科生占学历奖学金留学生的比例由1999年的78.87%快速下降到2016年的10.15%，

同期奖学金硕士生由 18.56% 快速上升到 66.71%，奖学金博士生由 2.58%
快速上升到 23.14%。

与湄公河国家相比，世界来华学历奖学金留学生学历层次的占比变化

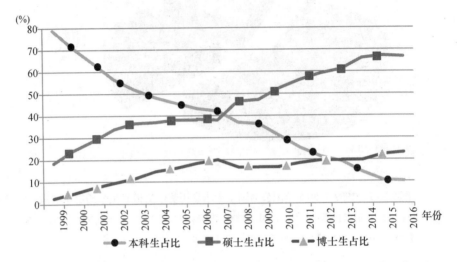

图 9—43　1999—2016 年湄公河国家来华学历奖学金留学生学历层次占比变化

资料来源：教育部国际合作与交流司（2000；2001；2002；2003；2004；2005；2006；
2007；2008；2009；2010；2011；2012；2013；2014；2015；2016；2017）。

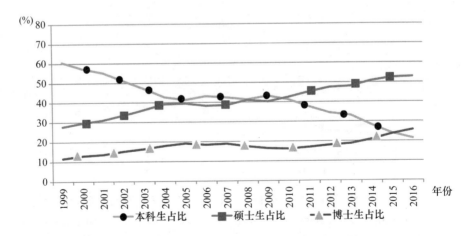

图 9—44　1999—2016 年世界来华学历奖学金留学生学历层次占比变化

资料来源：教育部国际合作与交流司（2000；2001；2002；2003；2004；2005；2006；
2007；2008；2009；2010；2011；2012；2013；2014；2015；2016；2017）。

趋势基本相同，同样是本科生占比快速下降、博士生和硕士生占比快速上升，但曲线变化相对温和，如图9—44所示。根据对教育部统计数据的计算，1999—2016年，世界奖学金本科生增长4.4倍，奖学金硕士生增长27.9倍，奖学金博士生增长32.5倍。世界奖学金本科生的增长速度高于湄公河国家，奖学金硕士生与博士生的增长速度远低于湄公河国家。

4. 湄公河国家非学历奖学金留学生趋势比较

湄公河国家来华非学历奖学金留学生以普通进修为主。如图9—45所示，1999—2016年，奖学金普通进修生共659人，占湄公河国家来华非学历奖学金留学生的82.79%；奖学金高级进修生112人，占比14.07%；奖学金短期留学生25人，占比3.14%。

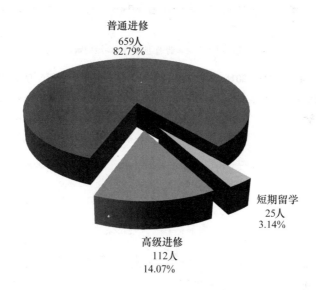

图9—45　1999—2016年湄公河国家来华非学历奖学金留学生类别结构

资料来源：教育部国际合作与交流司（2000；2001；2002；2003；2004；2005；2006；2007；2008；2009；2010；2011；2012；2013；2014；2015；2016；2017）。

湄公河国家非学历奖学金留学生数量少、规模小。1999—2016年，湄公河国家获中国政府奖学金来华留学的非学历生仅796人，最多的年份为2001年，也仅78人，平均每年44.2人；2011—2015年，每年奖学金非学历生在30人以内。如图9—46所示，2001—2012年，奖学金高级进修生、普通进修生和短期留学生数量均呈下降趋势，2013年后，奖学金高级进修生和普通进修生数量进入上升趋势。

世界来华非学历奖学金留学生以普通进修为主，且始终处于上升趋

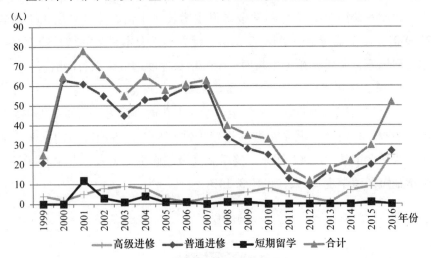

图9—46 1999—2016年湄公河国家来华非学历奖学金留学生类别数量变化

资料来源：教育部国际合作与交流司（2000；2001；2002；2003；2004；2005；2006；2007；2008；2009；2010；2011；2012；2013；2014；2015；2016；2017）。

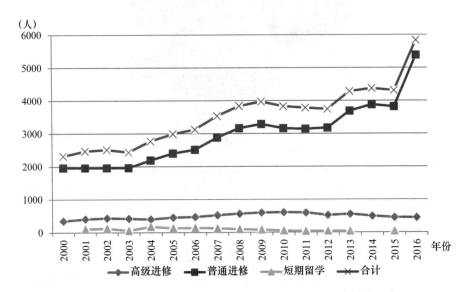

图9—47 2000—2016年世界来华非学历奖学金留学生类别数量变化

资料来源：教育部国际合作与交流司（2001；2002；2003；2004；2005；2006；2007；2008；2009；2010；2011；2012；2013；2014；2015；2016；2017）。

势。如图9—47所示，世界来华非学历奖学金留学生中，普通进修生占比92.27%，高于湄公河国家，而且普通进修生数量持续处于上升趋势，2016年出现大幅度增长；奖学金高级进修生与短期留学生数量处于缓慢下降趋势中。

四　湄公河国家来华留学中国政策分析

随着高等教育的快速发展，中国政府越来越重视来华留学工作，在促进来华留学、来华留学生管理与服务、奖学金等方面，推出和完善了一系列相关政策。"一带一路"倡议和澜湄合作提出后，中国政府也更加重视湄公河国家学生的来华留学工作。

（一）促进来华留学政策

1. 实施促进来华留学的总体战略

十八大以来，中国进入全面深化改革、扩大对外开放的新阶段，党和国家领导人高度重视来华留学工作。2014年12月，教育部召开了新中国历史上第一次统筹谋划部署出国和来华留学工作的全国留学工作会议，习近平主席、李克强总理分别专门作出重要批示。习近平主席指出，新形势下，留学工作要适应国家发展大势与工作大局，统筹谋划出国留学和来华留学，综合运用国际国内两种资源，培养造就更多优秀人才，努力开创留学工作新局面（董洪亮、魏哲哲，2014）。

近年来，中国通过实施留学中国计划，扩大来华留学生规模，提高来华留学教育质量。2010年7月印发的《国家中长期教育改革和发展规划纲要（2010—2020年）》提出，要实施留学中国计划，进一步扩大外国留学生规模，不断提高来华留学教育质量。2010年9月，教育部发布的《留学中国计划》提出，到2020年，使中国成为亚洲最大的留学目的地国家，全年在内地高校及中小学校就读的外国留学人员达到50万人次，其中接受高等学历教育的留学生达到15万人；来华留学人员生源国别和层次类别更加均衡合理；建立与中国国际地位、教育规模和水平相适应的来华留学工作与服务体系；打造中国教育的国际品牌，大力加强来华留学宣传和推介力度；整合国内国外各方资源，充分发挥国内有关机构和我驻外使（领）馆、海外孔子学院（孔子课堂）等在来华留学宣传方面的作用。2015 年 7 月，教育部、外交部等五部委印发的《2015—2017 年留学工作行动计划》提出：打造来华留学国际品牌，稳步扩大中国高校招收来华留学生规模，到 2017 年来华留学生总人数达到 45 万人；建成一批来华留学示范高校和英语授课品牌课程，初步建成来华留学教育质量保障体系；围绕国家发展和"一带一路"建设，进一步优化和调整中国政府奖学金重点资助方向和专业；扩大中国政府奖学金招收学历生规模，提高高校招收来华留学生的生源质量与层次，等等。

2. 促进湄公河国家学生来华留学

一是加大与湄公河国家的留学教育合作力度。2016 年 3 月发布的澜湄合作首次领导人会议"三亚宣言"提出了澜湄务实合作的三大合作支柱与 26 项合作措施，包括：提升科技合作和经验分享，深化人力资源开发、教育政策、职业培训合作和教育主管部门及大学间交流；加强各领域人才培训合作，提升澜湄国家能力建设，为澜湄合作的长远发展提供智力支撑。2018 年 1 月发布的澜湄合作第二次领导人会议"金边宣言"肯定了多边合作的成果与良好发展势头。第二次领导人会议发布的《澜沧江—湄公河合作五年行动计划（2018—2022）》明确提出：中国—东盟教育交流周期举办活动，加强澜湄国家合作；加强职业教育培训，支持在中国设立澜湄职业教育基地，在湄公河国家设立澜湄职业教育培训中心；推动澜湄国家高校合作，鼓励高校间开展联合培养、联合研究和学术交流，探索建立学分互认互换制度。

二是鼓励和促进湄公河国家学生来华留学。在"三亚宣言"中，中方承诺设立澜湄合作专项基金、优惠性质贷款和专项贷款，用于推进澜湄合作，承诺向湄公河国家提供较大规模的来华留学奖学金和来华培训名额，支持湄公河国家学生来华留学。《澜沧江—湄公河合作五年行动计划（2018—2022）》提出，中方与湄公河国家探索更多的教育合作和相关制度建设，以促进留学。

（二）来华留学生管理与服务政策

1. 完善入境、居留管理政策法规

近年来，中国关于来华留学生的入境、居留管理政策日益完善。随着来华留学生日益增多，2010 年以来，中国出台了一系列相关法律法规，规范包括来华留学生在内的外国人的入境和居留管理工作。2010 年 11 月，国家宗教事务局出台《中华人民共和国境内外国人宗教活动管理规定实施细则》；2012 年 6 月，十一届全国人大常委会通过《中华人民共和国出境入境管理法》；2012 年 9 月，中共中央组织部、人力资源和社会保障部、公安部等 25 个部门印发《外国人在中国永久居留享有相关待遇的办法》，同月，中共中央组织部、人力资源和社会保障部等五部门印发《关于为外籍高层次人才来华提供签证及居留便利有关问题的通知》；2013 年 7 月，国务院发布《中华人民共和国外国人入境出境管理条例》；2016 年 2 月，中共中央办公厅、国务院办公厅印发《关于加强外国人永久居留服务管理的意见》；2017 年 3 月，教育部、外交部、公安部联合制定了《学校招收和培养国际学生管理办法》；等等。这些法律法规和文件从不同方面进一步规范、完善了对包括来华留学生在内的外国人入境出境、在中国境内停留居留、工作生活等方面的管理与服务工作。

2. 逐渐开放与规范来华留学生勤工助学和实习

一是来华留学生校外勤工助学和实习的法律地位逐渐明确。1985 年 11 月颁布的《中华人民共和国外国人入境出境管理法》和 1986 年 12 月国务院批准实施的《中华人民共和国外国人入境出境管理法实施细则》规定，来中国留学的外国人未经中国政府主管机关允许不得在中国就业，但没有就留学生勤工助学与实习作出规定。2000 年 1 月，教育部、外交部、公安部联合颁布的《高等学校接受外国留学生管理规定》明确，外国留学生在校学习期间不得就业、经商，或从事其他经营性活动，但可以按学校规定参加勤工助学活动。2012 年 6 月颁布的《中华人民共和国出境入境管理法》规定，国务院教育主管部门会同国务院有关部门建立外国留学生勤工助学管理制度，对外国留学生勤工助学的岗位范围和时限作出规定。2013 年 7 月，国务院发布的《中华人民共和国外国人入境出境管理条例》则细化了来华留学生从事校外勤工助学和实习的基本内容，首次就校外勤工助学和实习作出了规范，留学生在华勤工助学和实习行为获得明确法律地位。

二是来华留学生校外勤工助学或者实习需取得许可。根据《中华人民共和国出境入境管理法》《中华人民共和国外国人入境出境管理条例》

和教育部等三部门 2017 年 3 月发布的《学校招收和培养国际学生管理办法》，来华留学生在高等学校学习期间不得就业、经商或从事其他经营性活动；需要在校外勤工助学或者实习的，应当经所在学校同意后，向公安机关出入境管理机构申请居留证件加注勤工助学或者实习地点、期限等信息；所持居留证件未加注前款规定信息的，不得在校外勤工助学或者实习；违反勤工助学管理规定，超出规定的岗位范围或者时限在中国境内工作的，属于非法就业。

3. 开始允许和鼓励优秀外籍高校毕业生在华就业创业

国家开始允许优秀外籍高校毕业生在华就业。2015 年 7 月，教育部、外交部、财政部、公安部、人力资源和社会保障部制定了《2015—2017 年留学工作行动计划》，提出要加强来华留学校友和人才引进工作。2017 年 1 月，人力资源和社会保障部、外交部、教育部发布《关于允许优秀外籍高校毕业生在华就业有关事项的通知》，规定：在中国境内高校取得硕士及以上学位且毕业一年以内的外国留学生，以及在境外知名高校取得硕士及以上学位且毕业一年以内的外籍毕业生，可以在华就业；外籍高校毕业生在华就业实行配额管理，由各省级人力资源和社会保障部门每年提出本省（区、市）配额需求数量。

部分地区鼓励优秀外籍高校毕业生在本地区就业和创新创业。北京、上海、四川、广西等地支持和鼓励优秀外籍高校毕业生在本区域就业创业，部分地区更放宽了学历要求。2016 年 2 月，公安部推出支持北京创新发展的 20 项出入境政策，涉及外国人签证、入境出境、停留居留等方面，主要服务在北京创新创业的外籍高层次人才、外籍华人、创业团队外籍成员和外籍青年学生四大类外籍人才，并在中关村国家自主创新示范区先行先试。20 项政策规定，支持在京外国留学生到中关村创新创业，在京高校外国学生有在中关村兼职创业需求的，提交中关村管委会或分园管委会出具的创业意向证明，所在高校留学生管理部门同意并出具推荐函后，可以申请在学习类居留许证件可上加注"创业"，在中关村实施兼职创业活动；鼓励在中国高等院校毕业的外国留学生来京创新创业，并予以居留许可便利。北京市 2018 年 3 月发布的《北京市政府关于扩大对外开放提高利用外资水平的意见》更进一步提升为外籍人才服务的水平，包括便利外籍人才出入境、支持外籍人才在京发展、提升外籍人才社保服务水平和优化外籍人才生活服务等。四川省人力资源和社会保障厅、公安厅等部门于 2016 年 9 月印发了《关于开展"四川省高校外国留学生中取得硕士及以上学位的优秀毕业生直接留川就业试点"工作的通知》，正式实施允许取得硕士及以上学位、毕业一年以内的外国留学生毕业后直接留川就业的试点工作，并在成都、德阳、绵阳三市率先实施；2017 年 1 月后，试点扩大为全省 21 个市（州）。广西壮族自治区人民政府办公厅 2018 年 5 月发布的《广西推广支持创新相关改革举措的实施细则》规定，鼓励并引导具有本科及以上学历的国内高校毕业外国留学生在广西就业创业，符合条件的可直接申请工作许可和居留许可。

（三）来华留学生奖学金管理政策

1. 不断完善奖学金政策体系

中国政府逐渐完善奖学金管理政策。2000 年 4 月，教育部发布《中国政府奖学金年度评审办法》，实施中国政府奖学金年度评审制度，并就评审主体、对象、内容、评审办法、标准、程序以及奖学金资格中止、取消等相关事项进行规范。2001 年 7 月，教育部国际合作与交流司发布《关于中国政府奖学金的管理规定》，规范中国政府奖学金类别、提供对象、期限和申请条件，奖学金内容，申请途径、时间和申请办法，奖学金生的录取及来华，奖学金生的专业变更、转学和学习期限的延长，奖学金年度评审，等等。根据该规定，中国政府奖学金按学生类别分为本科生奖学金、硕士研究生奖学金、博士研究生奖学金、汉语进修生奖学金、普通进修生奖学金和高级进修生奖学金，按项目分为长城奖学金、优秀留学生奖学金、HSK 优胜者奖学金、外国汉语教师短期研修项目和中华文化研究项目等。2010 年 9 月，教育部制定并印发《留学中国计划》，强调加强奖学金体系建设，逐步推行奖学金各项内容货币化改革；鼓励并支持地方政府、学校、企事业单位以及其他社会组织、自然人设立各类来华留学奖学金；构建政府主导、社会参与、主体多元、形式多样的奖学金体系。2015 年 1 月，财政部、教育部印发《关于完善中国政府奖学金资助体系和提高资助标准的通知》，决定进一步完善中国政府奖学金资助体系，建立奖学金标准动态调整机制，健全奖学金发放与管理机制。

中国政府不断增加奖学金数量，提高资助标准。2010 年 7 月发布的

《国家中长期教育改革和发展规划纲要（2010—2020 年)》提出，增加中国政府奖学金数量，重点资助发展中国家学生，优化来华留学人员结构。2010 年 9 月印发的《留学中国计划》提出，要根据国家战略和发展需要，逐步增加中国政府奖学金名额，保证奖学金的规模稳定增加，鼓励并支持设立各类来华留学奖学金，发挥社会各界力量，进一步扩大奖学金规模。2015 年发布的《关于完善中国政府奖学金资助体系和提高资助标准的通知》，决定综合考虑经济社会发展、物价变化和高校培养成本等因素，建立奖学金标准动态调整机制，提高资助标准。调整后的奖学金资助标准，每人每年学费、住宿费、生活费和综合医疗保险费合计最低为 5.92 万元，最高达 9.98 万元，其中生活费每人每年最低为 3 万元，最高为 4.2 万元。标准提高后，奖学金来华留学生就读期间获得了较好的物质保障。

2. 加大对湄公河国家来华留学生的资助力度

澜湄合作框架设立后，中国政府大幅增加湄公河国家奖学金名额。2016 年 3 月，中国政府在"三亚宣言"中承诺，未来三年向湄公河国家提供 1.8 万人年奖学金和 5000 个来华培训名额，用于支持澜湄国家间加强合作。2016 年 4 月，中共中央办公厅和国务院办公厅印发的《关于做好新时期教育对外开放工作的若干意见》中提出，扩大中国政府奖学金资助规模，设立"丝绸之路"中国政府奖学金，每年资助 1 万名沿线国家新生来华学习或研修。湄公河国家作为"一带一路"沿线的重要节点国家，也受惠于这一计划。

五　主要结论与政策建议

通过对湄公河国家学生来华留学背景和状况的深入分析，可以就五国学生来华留学的动力、数量、结构、类别、专业和奖学金留学等方面得出一些主要结论，并就相关发展趋势作出一些基本判断；综合对湄公河国家来华留学生基本状况和中国政府来华留学政策的分析，也能看到五国学生来华留学和中国政府相关政策存在的一些主要问题；在对湄公河国家学生来华留学的现状和问题分析的基础上，本研究对进一步做好中国与湄公河国家间留学合作的相关工作提出了对策建议。

（一）湄公河国家来华留学的主要结论与趋势判断

1. 湄公河国家来华留学生高速增长的主要动力是中国经济的快速发展

通过湄公河国家学生来华留学的背景分析和留学生状况分析可以看到，湄公河国家来华留学生的快速增长是与中国经济的高速发展同步的，中国经济的高速发展是深藏其中的根本性原因。因为有了经济的高速增长，中国与东盟国家的经济文化交流才会急剧扩大并不断深化，中国才有资源和能力快速发展高等教育、加强留学生工作，才能提出和推动"一带一路"建设与澜湄合作，才能吸引和带动大量湄公河国家学生来华留学。

未来中国经济的高质量、中高速增长，将为湄公河国家来华留学提供更大动力。目前中国经济已转向高质量发展阶段，中国正在转变发展方式、优化经济结构、转换增长动力，大力推进全面开放，推动科技创新，建设制造强国；中国高等教育不断进步，高等院校的学术声誉与学术地位不断上升，在亚洲开始占据主导地位。近年来，湄公河国家的经济也持续快速发展，GDP 总量占世界 GDP 总量的比重逐步提高。随着中国与湄公河国家经济的发展，"一带一路"建设与澜湄合作将取得更大成就，中国与东盟国家尤其是湄公河国家的经济融合度、文化认同度将进一步提升。这些都将为五国人民来华留学提供更大动力。

2. 湄公河国家来华留学生数量快速增长、国别结构逐步改善

从上文分析可见，1999—2016 年的 18 年中，湄公河国家出现了远高于世界各国来华留学生增长速度的平均水平，与此相对应，湄公河国家来华留学生占世界来华留学生的比例不断提高。湄公河国家来华留学生的国别构成也开始优化，来华留学生最多的泰国，增长开始放缓，来华留学生较少的老挝、缅甸和柬埔寨的留学生数量近年来加速增长。

未来一段时间内，湄公河国家来华留学生数量仍将保持快速增长，国别结构逐步优化。随着中国经济高质量和中高速增长、"一带一路"建设与澜湄合作顺利推进、中国与湄公河国家经济文化融合度不断提升、五国 GDP 与人均 GNI 快速提高，未来十年内，五国来华留学生数量仍将快速增长，占世界来华留学生的比例仍将有所提高；十年后，数量增长率将逐

步降低到稍高于世界平均水平，占比也将稳定在一定比例内。在国别构成上，随着中越关系好转、缅甸国内局势逐步稳定、柬中关系日益密切以及柬埔寨经济快速发展，越南、缅甸和柬埔寨的来华留学生增速将加快，各自在五国来华留学生中的占比将上升。

3. 湄公河国家学历生来华留学逐渐发展成为主流

2008 年以来，湄公河国家学历生数量一直领先于非学历生。若非2012 年后越南学历生数量开始较大幅度下降，五国学历生还会扩大数量优势。与世界其他国家不同，湄公河国家来华留学生更多以获得学历学位为目的，更认可中国的高等教育，更愿意让自己的人生和职业生涯与中国建立联系。

未来湄公河国家学历生总体上将扩大对非学历生的数量优势，发展并巩固主流地位。部分非学历留学的目的在于了解环境、体验文化和学习语言，为正式留学作准备。中国与湄公河国家相邻，民间经济、文化交流密切，从中国学成回国的五国留学生也越来越多，部分学生有条件跨过了解、体验与语言学习阶段，直接来中国学历留学。未来湄公河国家学生来华留学的情况，将与当前中国学生赴美留学的情况趋同。

4. 选择非语言专业就读的留学生越来越多

世界来华留学生大多选择汉语言专业就读，但越来越多的留学生选择应用类专业，湄公河国家情况基本相同。1999 年以来的世界来华留学生中，超过一半的学生选择就读汉语言专业，其他 14 个专业的留学生占比不到一半；应用类如管理、西医、工科、经济等专业留学生的增长速度远快于汉语言、中医、历史、哲学等与中国文化有关专业留学生的增长速度，汉语言等专业留学生的占比逐渐降低，管理等应用类专业留学生的占比逐渐提高。

未来汉语言专业留学生的增速与占比将进一步下降，其他非语言专业留学生的数量与占比将进一步上升。近十年来，全球汉语热持续升温，全球有 60 多个国家以颁布法令政令等方式将汉语教学纳入国民教育体系，170 多个国家开设汉语课程或汉语专业，在部分国家，汉语成为第二外语甚至第一外语，全球学习使用汉语的人数已超过 1 亿；到 2017 年底，全球 146 个国家（地区）建有 525 所孔子学院和 1113 个孔子课堂（柴如瑾、王忠耀，2017），其中湄公河国家共有 5 所孔子学院，泰国有 3 所，越南、老挝各1所。汉语学习的便利化，让来华留学生有更多渠道、方式学习汉语，无须通过就读汉语言专业解决语言和沟通问题。中国高校英语授课课程的快速增加，也将在一定程度上促进非语言专业留学生的增加。

5. 湄公河国家来华奖学金留学生保持快速增长

湄公河国家来华奖学金留学生快速增长，增长速度高于世界平均水平，且2008年后加速增长；五国占世界来华奖学金留学生的比例总体呈上升趋势。在五国中，越南奖学金留学生最多，老挝奖学金留学生与人口的比例最高。湄公河国家学历奖学金留学生增长速度略高于世界平均，非学历奖学金留学生总体下降，增长趋势与世界各国相反。

未来湄公河国家来华奖学金留学生以及学历奖学金留学生将加快增长，五国占世界的比例将进一步提升。随着"一带一路"建设的顺利推进和澜湄合作的加快实施，澜湄地区作为重点合作区域，中国政府奖学金将加大资源投入力度。2016年，中国承诺未来三年向湄公河国家提供1.8万人年奖学金和5000个来华培训名额；设立"丝绸之路"中国政府奖学金，每年资助1万名沿线国家新生来华学习、研修。这些措施落地实施后，将大幅提高湄公河国家来华奖学金留学生以及学历奖学金留学生数量，同时带动促进五国自费来华留学的发展。

（二）湄公河国家来华留学存在的主要问题

1. 五国来华留学生国别结构失衡

在湄公河国家中，缅甸、柬埔寨来华留学生数量与人口占比远低于五国平均水平。首先，柬埔寨、缅甸来华留学生数量远少于泰国、越南。1999—2016年，来华留学生总人数由多到少依次为泰国172397人、越南141722人、老挝40087人、缅甸23921人、柬埔寨11662人，分别占五国来华留学生总人数的44.23%、36.36%、10.28%、6.14%和2.99%。柬埔寨来华留学生人数与占比均最低。而根据世界银行数据，2016年五国人口总数为23884万人，其中，泰国6886万人、越南9457万人、老挝676万人、缅甸5289万人、柬埔寨1576万人，分别占五国总人口的28.83%、39.60%、2.83%、22.14%和6.60%。其次，缅甸、柬埔寨来华留学生人口占比低。1999—2016年，五国来华留学生总人数为389789人，占五国总人口的比例为1.63‰。1999—2016年，老挝、泰国、越南、柬埔寨、缅甸来华留学生占该国人口的比例分别为 5.93‰、2.50‰、1.50‰、0.74‰和0.45‰，老挝、泰国的比例高于五国平均数，越南略低于五国平均数，缅甸、柬埔寨远低于平均数。

2. 选读应用类专业比例与学历留学占比不高

来华留学生仍以汉语言专业学习为主，选读应用类专业比例有待提高。2000—2016 年，世界来华留学生选择汉语言专业就读的占比达53.60%，超过一半以学习汉语为主要目的。近年来，汉语言专业留学生占比虽然快速下降，但 2016 年仍达 38.19%。中国、东南亚国家赴欧美留学的学生，绝大部分选择就读非语言类专业。虽然中文学习难度远高于英语、法语、德语等西方国家语言，但近 40%的汉语言专业选读比例仍属较高。

学历留学占比不高。1999—2016 年，湄公河国家来华学历生与非学历生总数分别为 200751 人、189038 人，学历生占比 51.50%，非学历生占比 48.50%；世界来华学历生与非学历生总数分别为 1527324 人、2326754 人，分别占比 39.63%、60.37%。湄公河国家的学历生占比高于世界平均水平，非学历生占比低于世界平均水平。但是，湄公河国家赴美、世界赴美留学非学历生占比远低于这一比例。2008 年、2015 年，世界赴美留学生中，非学历生占比分别为 7.51%、9.60%；湄公河国家赴美留学生中，非学历生占比分别为 8.38%、8.67%。赴美留学的非学历生占比均不到 10%，远低于来华留学的非学历生占比。

3. 五国奖学金留学生国别结构有待改善

在中国政府奖学金数量比例上，湄公河国家的提升空间有限。2009年之后，湄公河国家占世界来华奖学金留学生的比例始终在 11%以上，2014 年更达到 14.16%的最高点，2016 年仍高达 13.21%，再往上提升的空间相对有限。但是，在奖学金留学生国别结构上，存在较大改进余地。1999—2016 年，来华奖学金留学生数量上，越南 16652 人、老挝 9929 人、泰国 9176 人、柬埔寨 3748 人、缅甸 1698 人，占五国奖学金留学生总人数的比例分别为 40.41%、24.10%、22.27%、9.10%和 4.12%。1999—2016 年，来华奖学金留学生总数与人口的比例，由高到低依次为老挝1.47‰、柬埔寨 0.24‰、越南 0.18‰、泰国 0.13‰、缅甸 0.03‰，老挝是缅甸的 49 倍，五国之间差距显著。2016 年，来华奖学金留学生与人口的比例，由高到低依次为老挝 0.205‰、柬埔寨 0.043‰、越南 0.025‰、泰国 0.025‰ 和缅甸 0.006‰，老挝仍然是缅甸的 34 倍。各国之间的留学生结构和占比均衡发展有待优化。

4. 来华留学生勤工助学、实习政策缺乏实施细则

来华留学以自费为主，勤工助学对自费留学生意义重大。2016 年，世界与湄公河国家来华留学生总人数分别为 442773 人、51502 人，其中获中国政府奖学金的分别为 49022 人、6477 人，自费留学生比例分别为 88.93%、87.42%。扣除获得地方政府、高等院校、企业等其他奖学金的留学生，自费留学生比例也大大超过 80%。多数留学生来自东南亚等发展中国家和地区，这些地区经济发展水平不高，学生需要通过勤工助学增加收入来源，完成学业；留学生也需要通过勤工助学、实习等方式，获取在华工作经历与经验，积累资源，奠定就业创业基础。《中华人民共和国出境入境管理法》《中华人民共和国外国人入境出境管理条例》和《学校招收和培养国际学生管理办法》对来华留学生勤工助学、实习有基本规定，但各地尚未出台相关实施细则，对勤工助学的对象、条件、范围、时限、程序、具体要求等缺乏可操作的具体规范，高等院校在处理相关问题时，缺乏明确的程序指引。按照三个文件的规定，来华留学生在高等学校学习期间的勤工助学与实习活动由学校和公安机关负责管理，与人力资源和社会保障部门无关。由于学校缺乏相关管理能力与稽查权力，公安机关大多在涉及社会与安全问题时才会介入，留学生勤工助学与实习实际上处于缺乏监管的状态。

5. 来华留学生就业创业政策有待落实和完善

目前，有关留学生就业创业政策落地实施的地区仍然不多。《关于允许优秀外籍高校毕业生在华就业有关事项的通知》发布前，北京等地已经试点支持和鼓励优秀外籍青年学生创新创业。该通知于 2017 年 1 月发布后，北京、上海、四川、广西等地出台文件，落实该通知文件精神，支持和鼓励优秀外籍留学生在本区域就业创业，但大多数省区尚未出台相关实施细则。此外，《关于允许优秀外籍高校毕业生在华就业有关事项的通知》对优秀外籍留学生的学历要求偏高，要求其具有硕士及以上学历。硕士及以上的学历要求对直辖市、较为发达的省区可能较具合理性，这些地区高等教育相对发达，留学生较多，但对一些中西部和边疆省区，如云

南、广西等地，则可能属于较高要求，不适应当地的实际情况，导致政策适用性和可操作性不强。

（三）促进湄公河国家来华留学工作的政策建议

研究中国与湄公河国家之间留学生的基本状况、存在的问题与形成的原因，提出相应政策建议，目的是扩大双向留学规模、优化留学结构，为澜湄国家培养适应经济与产业发展需要的人才，为澜湄区域经济、文化、社会的全面发展奠定雄厚的人才基础。湄公河国家来华和中国赴湄公河国家留学生基本状况的形成，是双方政治、经济、文化、社会发展等各方面因素综合作用的结果，这些影响因素，有的是长期因素，有的属于中短期因素。长期影响因素包括区域发展战略、国家发展战略及其落实实施，中短期影响因素则包括采取或实行的相关具体政策措施。进一步推动双向留学向更高水平发展，一方面，澜湄国家要加强互信，坚定不移、持之以恒地推进地区合作，促进区域经济、文化、社会各领域的全面发展和进步；另一方面，澜湄国家的各级政府、各类高等院校、科研院所、各类市场主体，要把握好"一带一路"建设和澜湄合作的机遇，积极推进各类务实合作。对于中国来说，采取更多措施扩大湄公河国家来华留学生规模，优化留学生结构，对于"一带一路"建设和澜湄合作具有重要意义。

1. 推动中国高等教育走进湄公河国家

推动中国高等教育积极"走出去"。探索有效的传播方式，充分用好大众媒体，宣传中国高等教育取得的巨大成就，讲好中国高等教育的"故事"，提升中国高校的形象与美誉度；扩大"留学中国"品牌宣传，为留学机构、学生、社会公众提供权威、时效性强的来华留学信息；鼓励和支持各类高等院校加强英文网站建设，支持重点面向湄公河国家的高校建立和完善使用柬、老、缅、泰、越语的网站，为湄公河国家留学生提供各类留学信息；与湄公河各国进一步加强留学生教育合作，以合作、共建办学的老挝苏州大学和孔子学院为标杆进行推广实施，根据情况建立合作办学基地、科研所或者境外就地办学。

完善留学合作交流政策与框架。澜湄地区是"一带一路"倡议的重要节点区域，广西和云南是中国促进澜湄合作的桥头堡和前沿阵地。要充分利用中国—东盟教育交流周和中国—东盟教育部长圆桌会议的平台作用，在做好高等教育、职业教育、民办教育、跨境教育、合作办学、产学研合作、青少年体育文化交流等工作的同时，与湄公河国家的相关机构建立良好的合作关系，加强政策沟通与协调，不断完善澜湄地区留学合作交流政策与框架，推动留学教育合作的制度化、机制化建设；与具备条件的国家，率先升级、丰富教育交流合作协议，完善学历学位互认机制，探索建立学历生入学标准、留学教育质量标准、留学质量认证体系，在澜湄地区部分高校、专业领域试点开展教师互派、学生互换、学分互认等相关工作，推动教育交流与合作，探讨教育一体化建设，形成互利共赢、共同发展的良好格局。

2. 丰富高等教育合作办学项目

开展形式多样的高等教育合作办学项目。中国与湄公河国家之间，可开发各种合作办学项目，采取更加灵活的培养模式。对于本科层次的留学生，除了现有的"2+2""2+1""2+0.5+0.5"和"3+1"等合作办学方式之外，还可根据各国的具体情况采取适当的弹性学制，进一步丰富国内学习和国外留学以及国外短期留学和定期留学访问的形式；对于硕士与博士研究生层次的留学生，探索实施联合培养、项目研究合作等多种方式，为双向留学与短期交流创造条件。

打造高校合作联盟。澜湄国家可鼓励、委托或授权有关机构牵头设立高校合作基金，支持澜湄国家高校建立"一对一"或"一对多"的合作关系，开展留学生教育合作交流工作；也可鼓励和支持中国、泰国、越南三国的有关著名高校先期建立"多对多"合作联盟，在获得一定成果与办学经验后，把老挝、柬埔寨和缅甸三国的著名高校纳入联盟体系，成立"澜湄高校合作联盟"，促进澜湄地区的留学生教育合作。

扩大与柬埔寨、缅甸的留学生互派交流规模。中国与湄公河国家要进一步加强留学生互派交流力度，这既是保持双方教育合作的优良传统，又是契合打造澜湄国家命运共同体、适应双方教育合作发展升级的需要。对于经济发展水平有限、科技发达程度不高、教育水平相对落后的缅甸和柬埔寨，中国应加大与两国的留学生互派交流力度，创设专项留学交流项目，扩大交流规模。

3. 完善奖学金体系

拓宽奖学金来源渠道。支持云南、广西等地大胆创新，充分发挥社会与市场机制的作用，鼓励和支持地方政府、高等院校、科研院所、境内外企业、其他社会组织和自然人等多元主体出资设立各类面向湄公河国家的来华留学奖学金，丰富资金来源。

加快实施中国政府澜湄奖学金项目，落实"三亚宣言"精神，在承诺的奖学金和培训名额实施完成后，根据湄公河国家的实际需要，考虑项目的延续问题；在"丝绸之路"奖学金项目中，适当考虑向湄公河国家倾斜。

加大对柬埔寨、缅甸两国来华留学的奖学金支持力度。通过加大奖学金支持力度，引导和促进柬埔寨、缅甸两国学生自费来华留学，提高柬、缅两国留学生在湄公河国家来华留学生中的占比水平，逐步优化五国来华留学生的国别结构。

面向湄公河国家的非学历奖学金适当向高级进修生倾斜。非学历奖学金加大对湄公河国家教师来华进修的支持力度，帮助湄公河国家解决当前师资尤其是高水平师资短缺的问题。中国与湄公河国家也可设立师资合作培养专项奖学金，优先解决高水平语言类师资的短缺问题。

学历奖学金适当向非语言类专业倾斜，逐步引导五国留学生选择非语言类专业就读。当前中国与湄公河国家的教育、文化交流越来越多，孔子学院建设力度加大，通过网络学习中文越来越便利，中国大学也开设了越来越多的全英文课程，引导留学生选读非语言类专业的条件逐渐具备。

奖学金留学生在来华留学生中占比小，但通过奖学金支持重点的变化，可以影响自费留学生的相关选择，实现优化国别与专业结构的培养目标。

4. 完善勤工助学与就业创业政策

加快留学生勤工助学、实习与就业创业政策落地实施。云南、广西两地应根据《中华人民共和国出境入境管理法》《中华人民共和国外国人入境出境管理条例》和《学校招收和培养国际学生管理办法》，尽快出台来华留学生勤工助学、实习实施细则，对勤工助学与实习的对象、条件、范围、时限、程序、具体要求等进行详细规范；对湄公河国家的来华留学生可试点全面开放，五国留学生在本区域内勤工助学、实习，只需备案，无须审批。两地应根据《关于允许优秀外籍高校毕业生在华就业有关事项的通知》，加快政策落地步伐。

降低湄公河国家优秀留学生在云桂两地就业的学历门槛。云桂两地的湄公河国家留学生绝大多数是本科生与专科生，硕士以上学历且愿意留在云桂工作发展的五国留学生比例较低。降低五国留学生在华就业的学历要求，有利于充分利用五国的人才资源，也有利于吸引更多学生来华留学。对于降低学历要求后可能给本地就业带来的冲击，可以通过就业配额进行控制，在条件具备时，逐步增加配额，放松控制。

全面放开湄公河国家优秀留学生在云桂创新创业。在云南、广西两地设立"澜湄合作国际人才创新创业试验区"，对于在两地行政区域内创新创业的湄公河国家留学生，不设学历要求，不受配额限制，无须申请工作许可，享受入境、居留便利，符合条件的可获得永久居留许可。

第 十 章

中国学生赴湄公河国家留学趋势分析

出国留学是中国对外交往的重要组成部分，随着经济的快速增长，中国已经成为世界上最大的留学生输出国。从中国学生赴湄公河国家留学的实际状况来看，泰国、老挝和越南的中国留学生人数较多，在合作办学等方面形成了一些有益经验，泰国正大管理学院、老挝苏州大学和越南孔子学院等成功案例的涌现，为在"一带一路"倡议背景下更好推进中国学生赴湄公河国家留学工作提供了实践借鉴。本章主要以中国学生赴泰国、老挝和越南等湄公河国家留学的情况分析为基础，对中国学生赴湄公河国家留学趋势进行比较研究。同时对中国政府关于赴湄公河国家留学，特别是公派留学的相关政策进行分析，提出促进中国学生赴湄公河国家留学工作的政策建议。

一 中国学生留学泰国的状况分析

"一带一路"倡议和中国—东盟区域经济一体化的推进，使中泰两国在政治、经济和文化领域的交流日益频繁和深入，对留学教育合作的需求不断扩大。除了英美等西方发达国家，泰国作为东盟的"门户"，深受中国学生的欢迎，到泰国上大学逐渐成为一个新的留学热点。

(一) 中国学生留学泰国的现状分析

1. 中国成为泰国主要留学生源国

泰国是东南亚大国，是中国在东南亚的重要合作伙伴。中泰两国于2007年签署了《关于相互承认高等教育学历和学位的协定》，2009年签署了《中泰教育合作协议》。目前，除了在曼谷的中国驻泰国使馆外，中国在清迈、合艾两地还设有总领馆，当地有关教育工作的事务由总领馆代管。近年来，中泰两国在留学教育交流、汉语推广方面的合作越来越多。中国有很多高校和泰国高校及相关机构建立了紧密的留学合作关系。中国的广西大学、广西师范大学、广西民族大学分别与泰国的川登喜素攀大学、马哈拉沙坎大学、宋卡王子大学在泰国共建了孔子学院。

中国学生前往泰国留学的人数迅速增长。泰国教育部2012年的统计数据显示，中国留学生数量位居首位（Kim，2013）。目前就读于泰国高校的中国学生大约有1万人，占泰国外国学生总数的近一半，中国已成为泰国高等教育领域国际学生的最大来源国（教育部出国留学政策调研组，2012）。另据泰国大学部2010年统计数据，目前在泰国的外国留学生中，排名前五位的国家依次为中国、越南、缅甸、印度和日本。泰国易三仓大学和亚洲理工学院的外国学生比较集中，其中，在易三仓大学就读的外国留学生有1779人，中国学生就多达1300多人（国际人才交流，2010），中国学生在外国留学生中占比超过73%。

根据联合国教科文组织统计研究所（UNESCO Institute for Statistics）的统计，1999—2016年，除2012年有较大幅度下降之外，中国学生留学泰国人数持续平稳增长。详见图10—1。

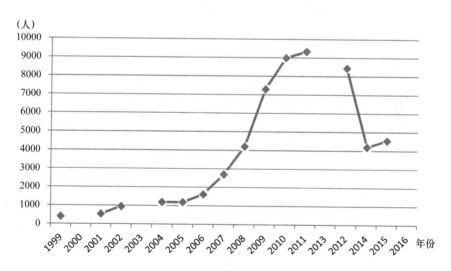

图10—1　1999—2016年中国学生留学泰国人数情况

数据来源：联合国教科文组织（UNESCO，2018b）。

　　根据国家留学基金委统计的数据，2006—2010 年间，中国到泰国的公派留学人数较少，而且受经济社会发展以及留学政策的影响，呈现较大的波动情况。详见图 10—2。

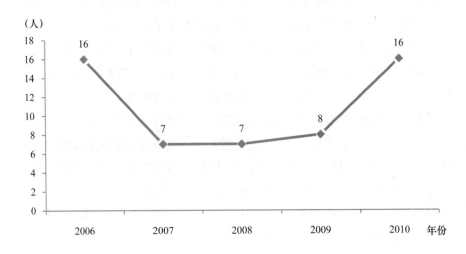

图 10—2　2006—2010 年中国公派留学泰国人数

数据来源：国家留学基金委（2012）。

2. 中国学生主要就读于泰国私立大学

　　目前，泰国大学高质量的教育水准已经被越来越多的中国大陆学生所认可。在中国教育部公布的认证院校中，泰国的国立朱拉隆功大学、国立玛希隆大学、易三仓大学、法政大学、亚洲理工学院、亚洲科技大学等30 多所大学榜上有名。据报道，目前来自中国内地的留学生大部分在泰国私立大学就读本科，只有少量中国留学生就读于公立高校（国际人才交流，2010）。这一方面是由于泰国公立学校入学考试比较严格，很多学生知难而退；另一方面，由于公立院校在经费方面较为充足，其在开拓留学市场方面不如私立院校积极。

3. 中国留泰学生多选择管理和语言类专业

　　泰国教育具有国际社会承认的教学质量水平和多种教学课程，而且随着中泰两国人员与经贸往来不断增多，通晓两国语言的人才需求随之扩大（叶艳，2015）。据教育部出国留学政策调研组的报告，中国留泰学生主要分布在泰国 44 所高校，攻读人数最多的前五个专业是工商管理、泰语、市场管理、国际工商管理和泰语教育（教育部出国留学政策调研组，2012）。

　　4. 中泰互认学历典范：泰国正大管理学院

　　（1）正大管理学院的基本情况

　　泰国正大管理学院是一所由泰国正大集团赞助的高等教育学院。2007年3月，正大管理学院由教育部高等教育委员会颁发了私立大学的营业许可，自2007年6月1日起，学院正式成为一所具有授予学士和硕士学位证书的高等学府，后于2012年10月1日获得了博士学位的授予权。正大管理学院一贯秉承工作本位学习，以培养专业技能和经验兼具的毕业生为主旨，学院一方面进行单科教学，一方面强调学术研究。学院要求在校本科生每个学期都必须进行一段时间的带薪实习工作。该实习旨在让学生既能灵活运用所学的专业知识，又能体验真实的社会工作环境，同时，正大集团有限公司及其子公司会为正大管理学院的毕业生提供多种性质的工作机会，或来自其他零售行业的商务工作。

　　（2）正大管理学院的主要特点

　　正大管理学院受正大集团有限公司的支持与赞助，目前可以进行学士、硕士和博士研究生的认证。学院作为企业大学，所采用的教学方式有别于其他传统大学。企业大学是专为某个私人公司而特别设计并建造的，大学的宗旨是发展和培训与该企业工作需要匹配的员工。企业大学理念的出现，源于公司进行能力建设、提高其人力资源的内在需求。学院在教学方法和学习过程中，特定的首要目标是确保其工作人员获得必要的专业知识。企业大学是生产和行业知识的重要链接，除此之外，也是从企业转向个人，塑造和建立新的劳动力，更好地适应劳资市场的需求。在广泛的网络合作关系中，无论是供应商、金融机构还是私营公司和教育机构，这种跨部门的合作都为企业大学提供了更多更充实的内容，为正大管理学院的学生提供了难能可贵的工作经验。学用结合的教学方式为学生提供更多、更全面、更广泛的学习经验，其意义甚至超过了正大集团本身。如今，企业大学的概念无疑呈现出日益增长的趋势，迅速获得了那些希望提高自己企业组织能力的世界领先公司的青睐。

　　（3）"企业＋大学＋政府间学历互认"模式

　　正大集团赞助正大管理学院，在企业的支持下，正大集团着重于提高教育质量、人力资源开发和创造新的知识结构，进而有效满足人才、教育需求。正大管理学院倡导"工作本位学习"，提倡向精英学习并成为精英，能让学生获得多国语言能力进而使留学更具竞争优势。企业大学的理念日益符合当今经济发展的趋势。在企业大学基础上，中国和泰国两国政府加强教育合作交流，相互承认学历。根据泰国教育部与中国教育部2007年5月签署的《关于相互承认高等教育学历和学位的协定》的适用范围，正大管理学院属于泰国政府认可的有权授予学位及具有研究生教育资质的高等教育机构，已列入中国政府承认的有高等学历教育资质和学位授予权的泰国高校目录，中国教育部对泰国正大管理学院颁发的学历学位给予认定。

（二）中国学生留学泰国的影响因素分析

中国学生选择到泰国留学的主要因素包括，泰国大学的学位国际认可度较高、泰国高等教育国际化程度较高、留学成本相对较低、留学政策较为开放、申请程序简易、到泰国留学毕业后有助于提高就业能力并增加就业机会等。

1. 泰国高校学位国际认可度较高

2007年，中国教育部与泰国教育部签订了《关于相互承认高等教育学历和学位的协定》。中国学生在泰国的国立或私立高校获得的学位都能得到中国政府的认可，而且其中一些有名的泰国国立或私立高校的学历在全球教育领域也被广泛认可。因此，泰国高校学位的国际认可度较高，是中国学生留学泰国的一个很重要的原因。

2. 泰国高等教育国际化程度较高

泰国高校的国际化程度较高，如国立朱拉隆功大学、国立玛希隆大学、易三仓大学、法政大学、亚洲理工学院、亚洲科技大学等知名大学均开设有国际课程，全英文授课，而且均采用了欧美原版教材，与很多欧美高校开展诸如双学位项目、奖学金选送项目、短期培训、选派项目等合作交流活动，在教学体系上也与国际接轨（叶艳，2015）。因此，有很多中国学生将留学泰国作为赴欧美国家留学的中转站，有些学生还能拿到泰国和其他国家的双学位。相比直接申请欧美国家高校，先到泰国留学作为过渡，相对简单得多。此外，泰国高校的师生队伍国际化程度也很高，外籍教师和国际学生较多。

3. 泰国留学成本相对较低

泰国在地理位置上邻近中国，对于中国学生来说往返两国较为便利。泰国的生活成本不高，留学无须经济担保。相对泰国大学较高质量的教育水准，其相对欧美国家的低廉费用是吸引中国学生选择留学泰国的一个主要因素。2017 年，在泰国攻读学士学位，每年的学费为 1.5 万元人民币左右；攻读硕士学位，每年的学费为 4 万—6 万元人民币；攻读博士学位，每年的学费为 4 万元人民币左右；一般每个学生每年的生活费为 1.5 万—2 万元人民币。整体留学成本比欧美发达国家低很多，属于中国的普通工薪阶层家庭可以承受的范围。

4. 泰国的留学政策较为开放

吸引外国学生来泰国就读，是泰国高等教育政策的一部分。2007 年，中泰两国签订了《关于相互承认高等教育学历和学位的协定》，2009 年签订了《教育合作协议》等协议，这些协议为两国高校的合作办学、学生交流学习、师资科研合作和各类形式的文化交流活动提供了政策保障。目前，泰国高校可供外国学生选择的各类学科多达 400 多个。泰国的孔敬大学、东方大学、清迈皇家大学、南邦皇家大学，专门在中国设立了联合招生办事处，为中国学生提供泰国留学直通车服务。

5. 泰国留学申请程序简易

中国留学生申请泰国签证的手续简便，成功率高，签证周期短。据中国留学服务中心对近年来的留学签证申请情况统计显示，留学泰国的签证申请通过率最高，基本为 100%，且申请周期短。高校入学手续办理简便，且无需高考、雅思、托福等成绩，只要有高中毕业证和中学会考成绩就可以直接申请。此外，针对留学泰国的留学服务机构很多，服务比较到位，管理水平也比较高。

6. 留学泰国的中国学生就业能力较强

中国学生选择的泰国高校一般是全英文授课的国际大学或者国际学院，英文是主要交流语言，所有的演讲、报告都要求以英文的形式呈现（叶艳，2015）。因此，学生英语能力一般能得到提高。同时，由于在日常生活中需要和当地的泰国人交流，多数中国学生会学习泰语。很多优秀的中国留学生毕业时，英文和泰文都能达到流利的水平。

中国学生留学泰国的毕业率较高，与在欧美国家留学的学生相比，留学泰国的中国学生学科通过率更高，毕业率也相应较高。文化适应性较强，中泰两国在政治、经济和文化上有密切的联系，泰国人多信仰佛教，国民性格温和谦逊。华人在泰国的地位很高，深受泰国王室和人民的喜爱。中国学生在泰国留学相对更安全，更容易适应；就业前景广阔，东盟日渐崛起，人才需求量很大，学生就业前景良好。中国留学生如果在泰国顺利毕业，且掌握中文、英文、泰文三种语言，无论回国还是留在泰国，都有一定的就业优势。据易三仓大学的调查显示，该校 93% 以上的中国留学生在毕业后都能找到理想的工作（雷君，2018）。

（三）中国学生留学泰国面临的困难

中国学生留学泰国费用较低、申请手续简单，深受中国很多工薪阶层家庭的欢迎，但是中国学生留学泰国也会面临一些困难。

一是语言难以过关。入读泰国高校比较容易，但是学习中对语言尤其是英语的水平要求较高。

二是学习方式不太适应。多数中国学生在出国前习惯于传统的以教师为主导的学习方式，而泰国的高等教育采用以学生为主体的小班教学方式，很多中国留学生不太适应，容易造成学科成绩不过关的情况。

三是不太适应多元文化氛围。学习和了解多元文化，以及不同国家教师的教学风格需要一定的时间和精力。中国学生往往对来自不同国家的外籍教师的教学方式不太适应，对多元文化的学习和了解不够，容易产生误解和不解（叶艳，2015）。

二　中国学生留学老挝的状况分析

中国与老挝山水相连，同为社会主义国家，中国政府一直高度重视与老挝的教育交流合作。1961 年，中国与老挝正式建立外交关系。老挝从国家层面到地方政府以及高等教育机构，都希望与中国加强教育领域的合作，如开展合作办学项目、增加奖学金名额、建立中老翻译人才交流中心、共建技术培训基地等。近年来，两国教育领域保持密切合作，教育友好交流与合作不断加强，高等教育领域的交流取得长足发展，成效显著，中老教育合作得到进一步深化。

（一）中国留学老挝人数平稳小幅增长

老挝高等教育起步较晚、发展较慢、规模较小，现有 5 所公立大学，即老挝国立大学、占巴塞大学、沙湾拿吉大学、苏发努冯大学和健康科学大学，10 所师范学院和 92 家私立高等教育机构（郝勇、黄勇、覃海伦，2012）。目前，老挝还没有走出世界最贫困国家的行列，经济发展滞后带来的高等教育资源匮乏，致使老挝缺少高层次科研人才、技术人员和技能工人，高校师资不足。从总体上看，老挝现阶段的人力资源开发满足不了经济社会发展的需求，基础设施也比较落后。为尽快解决这些难题，老挝把加强国际合作作为发展高等教育、促进人才培养的重要策略和途径（辛家凤，2012），以此弥补自身资源的不足。

当前，中老教育交流合作主要集中在中国高校为老挝培养人才方面。留学生交流呈现一边倒的势态，即老挝留学生到中国来得多，中国留学生去老挝的少（Kim and Strandberg，2011）。根据联合国教科文组织统计研究所的统计，1999—2016 年，中国学生留学老挝人数平稳增长，但增长幅度非常有限，留学生总体规模很小。详见图 10—3。

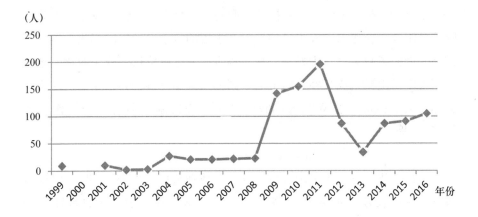

图 10—3 1999—2016 年中国学生留学老挝人数情况

数据来源：联合国教科文组织（UNESCO，2018b）。

（二）中老教育合作的典范：老挝苏州大学

1. 老挝苏州大学的基本情况

2011 年 7 月，老挝苏州大学正式成立，这是获得中老两国政府批准、支持的第一所高等学府，也是中国政府批准设立并创建的第一所境外大学，开创了中国高校赴国外办学之先河。老挝苏州大学作为一所综合性高等学府，承担着大学的教学、科学研究和社会服务三大职能。学校通过借鉴世界一流大学的办学标准和模式，充分利用国际优质教育资源，举办全日制本科和研究生（硕士和博士）教育、各类高级培训，构建先进的课程教学培养体系，全面实行学分制，其中本科教育学制四年，研究生教育学制三年。老挝苏州大学立足本土，放眼未来，2012 年开始招生，根据老挝经济社会发展需要，开设经济、语言、计算机、管理、法律、旅游、机械设备、轨道交通、通信电子、医学类等专业，并建成有临床医院的一流大学。

2. 老挝苏州大学的典型特征

老挝苏州大学是老挝政府批准设立的第一所外资大学，也是由中国政府批准设立的第一所境外大学。老挝苏州大学具有三个基本特征。一是政府的主导性。学校由中国、老挝两国政府共同批准、支持并设立，充分反映了两国教育合作的政府主导性。二是学校的自主性。中国苏州大学自主创办，老挝苏州大学自主办学、独立招生。三是投资运营的企业化。老挝苏州大学是由具有悠久办学历史的中国苏州大学投资创办，在老挝注册并由苏州大学控股的独立法人高校，采用了股份制公司的投资合作运营模式。

3. 政府主导的"中国高校自主境外办学"模式

老挝苏州大学成为中国教育走出去的成功范例。"一带一路"倡议背景下，中国教育"走出去"，境外办学是重要抓手。中国教育部印发的《推进共建"一带一路"教育行动》提出，整合优质资源"走出去"。老挝苏州大学成为中国高校走出国门办学的先行者、中老教育合作的典范。学校目前已招收包括中国学生在内的多国留学生，学校学科专业建设得到稳步推进，人才培养目标更加明晰务实。老挝苏州大学为老挝汉语学习者提供方便、优良的学习条件，培养具有国际化视野，通晓中、老、英三种语言，专业知识扎实的精英领袖人才。同时，承担大学的科研和社会服务职能，促进老挝及中南半岛各国与中国的经济、文化和科技合作交流。同时也为中国企业跨国投资提供一个全面、深入了解老挝及东南亚地区经济社会发展的窗口和沟通融畅的交流平台。

（三）中老高校间的交流合作日益频繁

1990 年，中老两国开始互派留学生和进修生，2002—2012 年，双方先后签订了《中国教育部与老挝教育部 2002—2005 年教育合作计划》《中国教育部与老挝教育部 2005—2010 年教育合作计划》《中国教育部与老挝教育与体育部 2011—2016 年教育合作计划》。在教育合作计划实施过程中，两国的教育机构、研究机构，以及各类学校之间在教师、学生、信息、研究和其他领域的合作交流不断推进（张成霞，2017）。

1. 得天独厚的滇老教育合作

云南省是中国与老挝唯一接壤的省份，双边交流合作具有良好的自然地理、人文地理和经济地理基础。多年来，滇老相互支持、携手发展，在教育领域开展了广泛的互利合作。通过招收留学生、承办国际培训班、海外办学等途径，云南省与老挝的学历教育合作日益加深（张成霞，2017）。2009 年 12 月，滇老签署《云南省教育厅与老挝科技部教育合作谅解备忘录》，此后双方教育交流合作明显加快。2012 年，云南省教育厅在老挝万象举行中国（云南）—老挝教育合作推介会，重点在增加留学生互派、加强医学教育合作、推广农业教育三个方面进行合作。2013 年 7月，云南省教育厅以财政资助的方式在老挝选拔和培养中老翻译官 50 人，旨在为两国培养高水平的双语口笔译专业人才，以便更好地服务两国之间多层次、宽领域的交流与合作。

老挝地方政府与云南地方政府和高校的合作也进一步加强。2016 年 7月，老挝占巴塞省与云南省红塔区政府签订了教育事业建设发展资金捐赠协议，老挝占巴塞省、沙湾拿吉省与云南省玉溪第二职业高级中学签订了中等职业人才培养协议，占巴塞省还与云南省玉溪师范学院签订了留学生本科专业培养项目协议。同一时期，老挝丰沙里省与云南省普洱市进行教育合作，双方广泛开展互派留学生交流学习、教育管理人员培训、学历深造进修、中国到老挝进行华文教育以及互派教师进行汉语教学等方面的交流合作。

2. 宽领域的桂老人才培养模式

广西作为侨乡，在与东盟国家的教育交流合作中积累了丰富的经验。老挝作为东盟成员国，目前以广西大学"中国—东盟商务会展人才培训中心"、广西民族大学"东盟国家汉语人才培训中心"、广西艺术学院"中国—东盟艺术人才培训中心"和广西财经学院"中国—东盟金融与财税人才培训中心"、广西医科大学"卫生部人才中心东盟卫生人才培训基地"为平台（张成霞，2017），与广西壮族自治区合作开展互派留学生项目，为两国学历教育和职业技术教育交流合作搭建了稳固的框架。广西民族大学与老挝国立大学在老挝共建孔子学院，推广汉语教学。

3. 成效凸显的黔老留学生教育

随着双方教育交流合作的深入，老挝与中国的教育合作由云南、广西延伸到内陆其他省份。2008 年，首届中国—东盟教育交流周在贵州省举办，开启了老挝与贵州省教育交流合作的新纪元（张成霞，2017）。每届中国—东盟教育交流周，老挝的教育机构和高校都会派代表参加不同的活动，加强了老挝与贵州教育机构的相互了解与合作。从 2011 年起，中国贵州、江苏、四川等地开始向老挝教育机构和高校输送留学生，人数逐年增加，形式也更加丰富。老挝琅南塔省教育厅与贵州大学、遵义师范学院、铜仁学院、铜仁职业技术学院、云南国土资源职业学院、四川文理学院、乐山师范学院、四川商务职业学院、乐山职业技术学院、成都纺织高等专科学校、江苏信息学院、江苏畜牧兽医职业技术学院等院校签订协议，在留学生教育、专业技术人才培养方面开展合作。

三 中国学生留学越南的状况分析

中越同为社会主义国家，两国在教育理念和价值取向方面具有相似的特征。作为越南的友好邻邦，中国具备对越南经济投资和人文交流合作的巨大潜力，中越两国教育领域的合作交流有着广阔的发展空间（陈胜军、贾天萌，2008）。近年来，中国学生赴越南留学总体呈现缓慢增长的态势，中越合作办学项目已成为中国赴越留学生群体的重要组成部分。

（一）中国赴越留学人数总体呈现缓慢增长态势

随着经济全球化和东盟一体化进程加快，中国学生留学越南的人数不断增长。根据联合国教科文组织统计研究所的统计，1999—2016 年，中国学生留学越南人数平稳增长，增长幅度较大，但留学生总体规模不大。详见图 10—4。

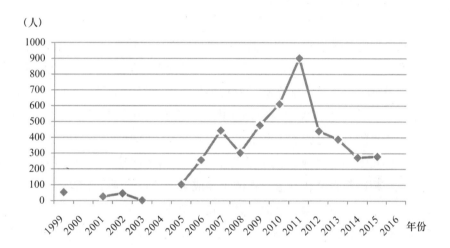

图 10—4　1999—2016 年中国学生留学越南人数情况

数据来源：联合国教科文组织（UNESCO，2018b）。

（二）合作办学项目成为中国赴越留学的重要组成部分

中国—东盟非通用语种教育实行中外合作办学项目制，采取灵活的培养模式。中越合作办学项目主要有"2＋2"、"2＋1"、"2＋0.5＋0.5"和"3＋1"等方式。"3＋1"方式主要面向本科生，是先在本校学习两年，然后大三转往国外合作高校继续学习一年，大四回国完成毕业论文写作和答辩，毕业获得国内本科和国外本科文凭。广西民族大学国际教育学院主要采取"2＋2"和"2＋1"两种办学模式。"2＋2"模式即先在本校就读两年，然后转往国外合作高校继续学习两年，即通过中外两个不同学校的衔接学习，毕业获得国内专科和国外本科文凭。学生也可以选择"2＋1"，其与"2＋2"模式的区别在于只在越南留学一年便可申请毕业，获得国内的专科文凭。从 2005 年办学至今，中国已通过合作办学模式向越南的商业大学、河内大学、人文社科大学、海防大学、岘港大学、法律大学等高校派送了大量的学生进行衔接性留学教育，教育合作交流取得显著成效，但也暴露出学习效果不佳等突出问题（陈海丽，2014）。

（三）中越高校共建孔子学院

1. 河内孔子学院的基本情况

孔子学院是推广汉语和传播中国文化的交流机构。随着中国经济的快速发展，参与大湄公河次区域经济合作的越南像世界各国一样掀起了汉语热，学习汉语的热情空前高涨，而且得到本国政府的支持。2014 年 12 月 27 日，中国广西师范大学与越南河内大学合作共建的孔子学院经过中越双方 8 年多的共同努力和不断推进正式揭牌。广西现与湄公河国家合作建设了 5 所孔子学院，河内孔子学院是中越两国共同建立的第一所孔子学院，也是两国教育文化交流合作的重要成果。它是中国孔子学院与泰国宋卡王子大学、印尼玛琅国立大学共建孔子学院后，正式建立的第三所孔子学院。孔子学院秉承"和为贵""和而不同"的理念，以推动中国文化与世界各地文化的交流与融合为宗旨。河内孔子学院最重要的一项工作是为越南的汉语学习者提供规范、权威的现代汉语教材；提供最正规、最主要的汉语教学渠道。其主要职能是：面向越南社会各界人士，开展汉语教学；培训汉语教师；开展汉语考试和汉语教师资格认证业务；提供中国教育、文化、经济及社会等信息咨询；开展当代中国研究。河内孔子学院已为中越青年学生和学者搭建起一个相互学习交流、共同进步发展的重要平台。包括河内孔子学院在内的各地孔子学院充分利用自身优势，开展丰富多彩的教学和文化活动，逐步形成了各具特色的办学模式，成为各国学习汉语言文化、了解当代中国的重要场所，受到当地社会各界的热烈欢迎。

2. 河内孔子学院的主要特点

河内孔子学院是以开展汉语教学为主要活动内容的中国语言文化推广机构，是一个非营利性的社会公益机构，下设在河内大学的教育机构里。河内孔子学院是由河内大学主动提出申请，中外大学合作举办的教育机构，是大学的有机组成部分，遵守大学的学术规范，行政管理纳入大学体制，这是海外孔子学院的基本管理模式，获得广泛认可并被接受。河内孔子学院蓬勃发展，受到越南教育工作者和学生广泛认同的根本原因，在于其增进了中越人民相互了解和理解的理念愿景。习近平主席指出"孔子学院属于中国，也属于世界"，孔子学院发展成绩的取得，一方面是因为其适应和满足了各国人民学习汉语、了解中国的迫切需求，另一方面是因为它采用中外双方共建共管、共有共享的合作办学模式，遵循"相互尊重、友好协商、平等互利"的理念和原则，是中国与世界各国精诚合作、共同努力的结晶。

3. "中越高校共建共管"的合作办学模式

从海外孔子学院的实际建设情况来看，建设模式可采用孔子学院总部直接投资、总部与国外机构合作、总部授权特许经营三种形式设立。现阶段主要以中外合作方式建设孔子学院，具体合作方式由孔子学院总部与国外合作方共同协商确定。广西师范大学与越南河内大学共建的孔子学院，结合越南的教学特点，大量招收包括中国学生在内的留学生，在推广汉语教学方面成效显著，也成为中国教育"走出去"的典范。以河内孔子学院为代表的海外孔子学院，主动适应外部发展环境面临的新变化，更加聚焦主业，聚焦质量，聚焦本土，聚焦能力，不断提升师资队伍专业化、职业化、本土化水平，不断增强汉语教材的适应性、针对性，借鉴本土教学方法，紧跟科技发展步伐，打造数字孔子学院，更好地为各国汉语学习者提供服务。

四　中国学生留学缅甸的状况分析

中国学生赴缅甸留学发展较为迟缓，留学人员数量并未明显增长，留学方式主要局限在双方政府主导的互派留学生层面。20 世纪 50 年代，中国与缅甸开始互派留学生，并且一直持续至今（钟智翔、尹湘玲、扈琼瑶，2012）。这一留学生群体在中缅教育交流、人才培养等方面发挥了重要作用。1960 年 8 月，中国派出了第二批赴缅的 3 名学生，这些留学生是北京外国语大学英语专业二、三年级的学生，没有缅语基础，在缅留学三年学习缅甸语。1965 年 9 月，中国派出了第三批的 8 名赴缅留学生，其中 5 位是已从北京大学或北京外国语大学缅语专业毕业的学生，另 3 位是复旦大学、北京外国语大学等校学习英语的二、三年级学生。到 20 世纪 70 年代末，几乎每年中国都派出人员到缅甸仰光外语学院学习一年缅甸语，且赴缅者大多是在国内缅甸语专业毕业后已参加工作的人员。进入 21 世纪后，虽然通过两国教育部派往对方的留学生名额并未增加多少，但派出的渠道明显增多，在对方学习的留学生人数有所增加（李谋，2012），大多数留学生仍只在缅甸学习一年。

五 中国学生留学柬埔寨的状况分析

作为东盟成员国之一，柬埔寨与中国的合作办学项目日益成为中国赴柬留学生群体的主要部分。目前，留学生非通用语种教育实行中柬合作办学的弹性培养模式，例如"2+2"、"2+1"和"3+1"等方式，合作办学培养模式与越南基本相同。目前，中国赴柬埔寨留学的人数不多。广西作为澜湄国家实施"一带一路"倡议重要节点地区的桥头堡，近年来，赴柬埔寨学习小语种的人数有所增加，广西民族大学还与柬埔寨共建了一所孔子学院，以孔子学院为主体，推进汉语教学。但由于经济社会发展的局限以及其他客观条件限制，中国学生留学柬埔寨的具体数目难以确切统计。

六 中国学生赴湄公河国家留学的情况比较

基于中国学生留学湄公河国家的不同状况及典型案例分析，通过对近年来中国学生出国留学的人数进行对比，可以看出中国学生赴湄公河国家留学的基本情况具有以下主要特点。

（一）中国出国留学人数持续快速增长

根据联合国教科文组织统计研究所和中华人民共和国国家统计局的统计，2008—2017 年的十年间，全球留学人数和中国留学人数均保持持续稳定增长态势（如图 10—5 所示），中国出国留学规模稳步扩大（Liu and Li，2016）。2017 年，中国出国留学人数 60.8 万人，比 2008 年增长 42.8

万人，增幅约为 2.4 倍。

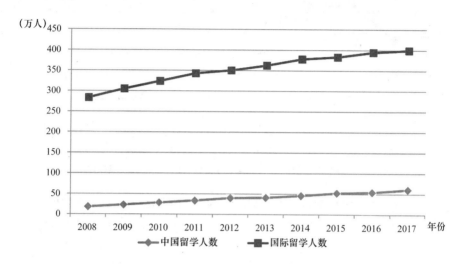

图 10—5 2008—2017 年国际留学和中国留学人数情况

数据来源：联合国教科文组织（UNESCO，2018b）；中华人民共和国国家统计局（2017）。

（二）中国留学湄公河国家的总体水平不高

根据联合国教科文组织统计研究所和中华人民共和国国家统计局的统计，2008—2016 年，中国留学老挝、泰国、越南的人数占出国留学总人数的比重很低，均低于 0.04%，年均水平低于 0.05%，中国留学湄公河国家的总体水平不高。详见图 10—6。

从地域分布来看，中国 2016 年有超九成的留学人员选择赴英美等发达国家，选择英语语系国家留学的人员占 77.91%（中华人民共和国国家统计局，2017），留学目的地国比较集中于英美发达国家。中国留学湄公河国家的总体水平很低，不仅大大低于留学英美发达国家的水平，与留学东盟其他国家的水平相比也有较大差距。在"一带一路"倡议加快推进实施的背景下，中国学生留学湄公河国家的水平仍有较大的提高空间。

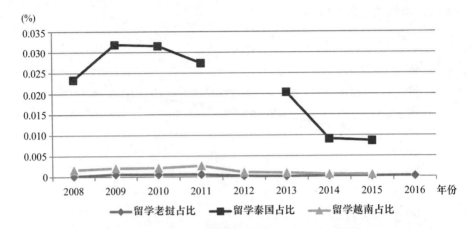

图10—6 2008—2016年中国留学老、泰、越的人数占留学总人数的比重

数据来源：联合国教科文组织（UNESCO，2018a）；中华人民共和国国家统计局（2017）。

（三）中国留学湄公河各国的水平存在差异

根据联合国教科文组织统计研究所的统计，1999—2016年，中国留

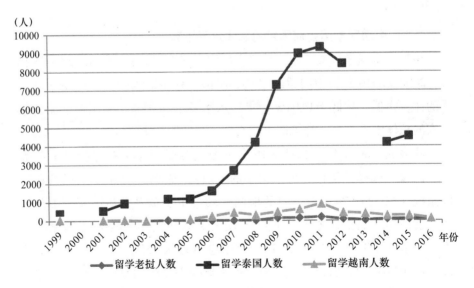

图10—7 1999—2016年中国留学老挝、泰国和越南的人数比较

数据来源：联合国教科文组织（UNESCO，2018a）。

学老挝、泰国、越南的人数存在较大差异。中国留学泰国人数比留学老挝、越南要高出很多，中国留学越南人数与留学老挝人数均保持小幅缓慢增长。详见图10—7。

在湄公河国家中，中国赴缅甸和柬埔寨留学人数均保持平稳增长，但由于经济社会发展的局限以及其他因素限制，出国留学规模均不大。

七　促进中国学生赴湄公河国家留学的政策建议

人才是推动澜湄合作的重要战略资源，留学生群体无疑是人才资源的重要组成部分。加强中国与湄公河国家之间的留学生教育合作，加强中国学生到湄公河国家学习交流，对促进澜湄合作机制取得成效极具重要价值。但是，由于受到湄公河国家历史发展水平的影响，湄公河国家间的经济发达程度、科技发展水平、高等教育规模存在差异，当前中国学生赴湄公河国家留学的总体水平不高，出国留学水平还具有较大的增长空间。而且由于特定因素的制约，中国学生在湄公河国家之间的留学水平也存在较大差异。在澜湄合作框架下，加强中国与湄公河国家之间的留学生教育交流与合作，提升中国学生在湄公河国家留学的总体水平，是澜湄国家打造利益共同体和命运共同体的迫切需要。为此，亟须加强促进中国学生赴湄公河国家留学政策的完善和相关措施的落实。

（一）加大中国现行出国留学政策对湄公河国家的倾斜力度

随着改革开放政策的深入推进，中国不断加强对出国留学工作的管理和支持，出台了一系列鼓励出国留学的相关政策。1996 年，中国出台《国家留学基金资助人员派出和管理若干问题的规定》，旨在进一步完善留学人员的派出和国外管理办法（教育部，1996）。2007 年，教育部出台《国家公派出国留学研究生管理规定（试行）》，旨在进一步规范国家公派出国留学研究生派出和管理工作，提高国家公派出国留学效益。公派研究生是按照国家留学基金资助方式选派到国外攻读硕士、博士学位的研究生，以及在国内攻读博士学位期间赴国外从事课题研究的联合培养博士研究生（教育部，2007）。2009 年，教育部出台《国家建设高水平大学公派研究生项目学费资助办法（试行）》，旨在选派优秀学生到国外学习深造，提高选派质量和国家公派出国留学效益。资助对象是赴国外攻读博士学位、硕博连读的留学人员（教育部，2009）。随着中国与东盟国家的合作日益密切，中国与湄公河国家之间的留学教育合作也急剧升温。在当前澜湄合作机制落地实施并不断深化发展的新形势下，有必要充分利用已有支持出国留学的相关政策规定，特别是要进一步完善国家公派出国留学的政策，加大对赴湄公河国家留学的中国学生的资助支持力度，鼓励更多学生到湄公河国家留学学习，为澜湄合作机制培养更多的适用人才。

（二）拓展中国与湄公河国家的教育合作领域

中国与湄公河国家有着多年的教育合作交流历史，早在20世纪50年代，中国与缅甸就开始互派留学生，并且一直持续至今。进入21世纪后，中缅两国继续加大互派留学生力度，增加派往对方的留学生名额，而且公派留学的渠道明显增多。近年来，随着中国与东盟合作的深化发展，中国与湄公河国家间的多方面交流也迅速升温，制定了一系列双边和多边的留学生教育合作计划和协议。

中国和老挝两国政府先后连续签订了三个教育合作计划，分别为：《中国教育部与老挝教育部2002—2005年教育合作计划》《中国教育部与老挝教育部2005—2010年教育合作计划》《中国教育部与老挝教育与体育部2011—2016年教育合作计划》。教育合作计划的主要内容包括：中老双方增加全额奖学金名额，提高奖学金额度，中方加大对提供老挝留学生往返旅费支持力度，所学专业涵盖矿产、水电、环境、农业、机械、企业管理、贸易、财政、金融。在教育合作计划实施过程中，两国的教育机构、研究机构，以及各类学校之间在教师、学生、信息、研究和其他领域的合作交流不断推进。留学生日益成为联系中国与老挝的纽带和两国教育交流的使者，中老两国教育部门可顺势加大对全额奖学金的资助支持力度，进一步放宽留学的专业限制。

2007年，中国和泰国政府签署了《关于相互承认高等教育学历和学位的协定》，旨在促进中泰两国高等教育学历学位互认，推动两国高等学校的学分互认，以便于中泰两国学生在彼此国家进一步学习深造。协定适用于已列入泰国政府认可的高等教育机构名录的所有有权授予学位或者具有研究生教育资质的高等教育机构、研究机构和中国政府承认的有高等学历教育资质和学位授予权的高等学校和科学研究机构，所颁发的文凭、学位和证书互认。2009 年，中泰两国政府又签署了《中泰教育合作协议》，促进中泰两国高等教育学历学位互认，推动两国高等学校的学分互认，便于中泰两国大学生或研究生在彼此国家进一步学习深造。中泰两国政府可在高等教育学历学位学分互认的基础上，逐步放宽较低层次教育的学历和学分互认。

2016 年 9 月，中国和越南签署了《中国教育部与越南教育培训部 2016—2020 年教育交流协议》，进一步推动建立和完善中越教育工作的磋商机制，促进双方在学历教育、职业教育等领域的合作。近年来，在澜湄合作机制下，"三亚宣言""金边宣言"《澜沧江—湄公河合作五年行动计划（2018—2022）》等协议计划也都有关于加强澜湄国家间留学生教育合作的相关规定。其主要内容聚焦于深化教育政策、教育主管部门及大学间交流；支持设立澜湄合作专项基金，用于推进澜湄教育合作；提供奖学金和培训名额，用于支持中国与湄公河国家的教育合作与交流。未来一个时期，中国与湄公河国家既要认真落实已有的双边和多边协议，充分发挥各自优势，又要基于中国与湄公河国家已有留学生教育合作的政策基础，充分考虑和尊重中国与湄公河国家之间的教育理念差异和多元化，探索留学教育合作新领域和拓展合作交流项目，推动澜湄国家留学教育交流合作取得新成效。

（三）推动建立澜湄国家间留学生教育的合作机制

"一带一路"倡议下，利益共同体和命运共同体的愿景将澜湄国家紧密联系在一起，澜湄合作框架下的教育合作交流是打造共同体不可或缺的组成部分和重要形式，对推动践行"一带一路"倡议意义重大。随着经济文化全球化的发展，中国开展国际交流的趋势越来越明显，教育国际化日益成为一种潮流。留学生是澜湄各国人才队伍的重要组成部分，中国与湄公河国家之间留学教育的急剧升温和留学生队伍的不断壮大，为澜湄合作提供了人才支撑。而澜湄国家经济的迅猛发展日益推动教育合作交流广泛化与常态化，加强留学教育合作、促进师资队伍交流显得迫切和必要。目前，中国学生赴湄公河国家的留学状况既有共同性特点，又具有差异化特征。总体来讲，中国赴湄公河国家留学的整体水平不高，并且在湄公河各国的留学水平存在不小差异。这就要求中国与湄公河国家的各级政府、各类高等院校以及科研院所，把握好"一带一路"建设机遇，积极推进政府之间，高校、企业和研究机构之间的务实合作，根据留学目的地国的经济发展规模、科技发达程度、教育发展水平等条件，建立健全自费留学、公派留学协同发展的留学合作机制，积极加强澜湄国家的出国人才培养和留学人员培训领域的合作，为践行"一带一路"倡议提供强有力的智力支撑。

（四）促进中国学生赴湄公河国家留学的具体举措

推动中国学生赴湄公河国家留学，需要根据经济发展规模、科技发达程度、教育发展水平等客观条件，不断丰富以自费为主的留学方式，大力加强各级政府、各类高等院校间互派留学生、开展合作办学项目以及境外办学等留学合作力度，着力改变中国学生赴湄公河国家留学整体水平不高、留学水平差异较大的局面。积极搭建中国学生赴湄公河国家留学的平台，有条件逐步放开中国与湄公河国家间的学历互认范围，进一步增强中国学生出国留学动力。

1. 加大公派出国留学支持力度

从中国学生留学泰国、越南的实际情况来看，自费留学是中国留学生的主要形式，公派留学的规模相对较小。虽然中国与老挝、缅甸、柬埔寨之间一直有互派留学生的传统，但互派留学生的规模和渠道比较有限。中国和湄公河国家需要进一步加强留学生互派交流力度，这既是保持双方教育合作的优良传统，又契合打造命运共同体、适应双方教育合作发展升级的需要，特别是对于经济发展规模有限、科技发达程度不高、教育发展水平落后及其他客观条件限制的缅甸和柬埔寨，加强与中国的留学生互派交流显得尤为重要。因此有必要建立健全中国学生赴湄公河国家的公派留学机制，推动政府部门加大公派出国留学支持力度。

2. 丰富合作办学项目

目前，在中国与湄公河国家政府的主导和支持下，相关高校开展了合作办学项目，主要包括"2+1""2+2""3+1""3+0.5+0.5"等合作办学形式，这些合作办学项目基本限定在大学本科（含专科）阶段。政府教育部门可尝试将这类合作办学项目扩展到研究生教育阶段，进一步丰富合作办学项目，采取更加灵活的培养模式，增强留学教育中人才培养模式的弹性。还可根据湄公河各国的具体情况，采取切实可行的弹性项目制，丰富国内学习和国外留学以及国外短期留学和定期留学访问的形式。

3. 扩大境外办学规模

近年来，中国在湄公河国家开展直接合作办学，取得了一些成功实践。中国与老挝共同创办了"老挝苏州大学"，成为中国教育"走出去"的典范，开创了中老合作办学的先河。中国还在越南、柬埔寨等国共建了以国学教育为主的孔子学院，广泛招收各类留学生。随着中国的和平崛起和汉语学习的热潮兴起，从老挝苏州大学的招生规模、孔子学院的数量来看，越来越难以满足各国留学生日益增长的学习需求，因此积极促进中国赴湄公河国家的教育交流，扩大境外办学规模显得日益迫切。中国与湄公河各国要进一步加强留学生教育合作，推动中国高校更加积极"走出去"。以合作、共建办学的老挝苏州大学和孔子学院为标杆进行推广实施，根据情况建立合作办学基地、科研院所或者境外就地办学，作为对当地高等教育资源的补充，中国高校和科研机构还可选派专业技术人员到当地开展留学教育。

4. 放宽学历认证范围

中国与湄公河国家签订了系列教育合作协议，学历互认是其中的重要内容。由于泰国的学位国际认可度较高、教育国际化程度很高、留学政策较为开放，目前中国教育部门只相对放开了对泰国的教育学历认证。泰国正大管理学院是中泰教育部门学历互认的典型代表，该学院直属正大管理集团，作为企业投资创办的高等学校，其毕业生的学历获得中泰两国教育部门的双重认可。在澜湄合作机制的框架下，在保障学历学位质量水平的基础上，适当放宽中国与湄公河国家间的学历互认范围，有利于增强中国学生出国留学的动力，提升中国学生在湄公河国家留学的总体水平。

5. 搭建中国学生赴湄公河国家留学的平台

澜湄地区是"一带一路"倡议的重要节点区域，广西和云南是桥头堡和前沿阵地，要利用好中国—东盟教育交流周的平台作用，根据在湄公河国家的留学状况和人力资源开发需求，完善出国留学合作交流政策，搭建中国学生赴湄公河国家留学的合作交流平台，建立中国学生赴湄公河国家留学的常规化渠道，不断健全出国留学管理体制及其相关软硬件设施，因地制宜、多快好省地为中国和湄公河国家培养实用型人才，以实现互利共赢、共同发展的良好格局。

第十一章

中国与湄公河国家间职业
教育交流合作

本章梳理中国与湄公河国家间职业教育交流合作的基本情况，总结中国与湄公河国家间职业教育交流合作的典型模式，分析中国与湄公河国家间职业教育交流合作的主要问题，在此基础上提出加强中国与湄公河国家间职业教育交流合作的政策建议。

一 中国与湄公河国家间职业教育交流合作的现状

（一）合作背景

1. 区域产能合作带来对技能人才的巨大需求

在"一带一路"背景下，国际产能合作已经成为中国推进与周边国家合作的新亮点。国际产能合作是指两个存在意愿和需要的国家或地区之间进行产能供求跨国或跨地区配置的联合行动（周民良，2015）。湄公河国家是我国与"一带一路"沿线国家开展国际产能合作的重点对象，由于发展起步晚，湄公河国家多处于工业化、信息化和农业现代化的关键时期，基础设施和工业建设需求旺盛，中国在钢铁、水泥、电力、电子、铁路能源、机械等方面拥有先进的工业装备和优质的富余产能，与湄公河国家间有着较强的产业互补性。2016 年 3 月发布的《澜沧江—湄公河国家产能合作联合声明》指出，要依托互联互通和产业集聚区平台，优先推进多领域的产能合作。

开展国际产能合作，需要人才作为重要支撑，优势产能的合作拉动了对技能人才的需求。自澜湄合作全面启动以来，先期投入的 45 个项目已经全面启动，中方设立的澜湄合作专项基金支持了湄公河国家 20 多个大型基础设施和工业化项目。目前，中国是柬埔寨、缅甸、泰国、越南第一大贸易伙伴，是老挝第二大贸易伙伴，截至 2017 年 10 月，中国企业在湄公河国家累计签署基础设施建设工程合同额 1379.9 亿美元，完成营业额 964.7 亿美元，分别比 2016 年增长了 9.2% 和 10.8%；2017 年，中国同五国贸易总额达 2200 亿美元，同比增长 16%。可以预期，这些项目的顺利推进和完成，需要数以十万乃至百万计的铁路、管道、电力、公路、港口与通信等产业的工程建设、设计施工、质量控制与保障、经济管理等人才，需要加强工程、政治、经济、管理等各领域的专家协作，而重大工程建设对相关领域的专业人才的需求，进一步促进了中国与湄公河国家的职业教育合作。

2. 政策规划为职业教育合作提供指引和保障

澜湄国家都认识到人才在合作发展中的重要支撑作用，尤其是能否拥有一大批高素质的技能人才，成为重大合作项目成功与否的关键。为此，六国都出台了一系列职业教育政策，制定了职业教育发展规划，提出了职业教育发展的方向和要求，为开展澜湄国家间职业教育交流合作提供了基本指引和制度保障。

从 2013 年提出"一带一路"倡议以来，中国就加快了职业教育走出去的步伐，并制定了《国务院关于加快发展现代职业教育的决定》《现代职业教育体系建设规划（2014—2020）》等一系列重要文件，对现代职业教育体系进行整体谋划和全面部署。2016 年，中国出台的《推进共建"一带一路"教育行动》提出，鼓励中国优质职业教育配合高铁、电信运营等行业企业走出去，探索开展多种形式的境外合作办学，合作设立职业院校、培训中心，合作开发教学资源和项目，开展多层次职业教育和培训，培养当地急需的各类"一带一路"建设者。相关数据显示，自《推进共建"一带一路"教育行动》公布以来，中国先后与 46 个国家和地区签订了学历学位互认协议，各类中外合作办学共有 2539 个，其中高职、高专层次项目和机构 928 个（史育龙，卢伟，2017）。

作为"一带一路"战略重要组成部分的澜湄合作机制，也十分关注职业教育交流与合作。2018 年 1 月发布的《澜沧江—湄公河合作五年行动计划（2018—2022）》，专门就政治安全、经济与可持续发展和社会人文合作方面提出了具体的实务工作。在社会人文合作方面提出的三项工作任务中，其中第二条就是"加强职业教育培训，支持在中国设立澜湄职业教育基地，在湄公河国家设立澜湄职业教育培训中心"。李克强总理在 2018 年 1 月澜湄合作第二次领导人会议讲话中鼓励高校间开展联合培养项目，探索建立学分互认制度，推进职业院校合作，支持在湄公河国家设立澜湄职业教育中心。这为中国与湄公河国家间的职业教育交流合作指明了方向，必将进一步推动澜湄合作框架下职业教育合作机制的建立。

处于澜湄合作前沿阵地的广西也相继制定了《广西壮族自治区中长期教育改革和发展规划纲要（2010—2020 年）》《广西壮族自治区现代职业教育体系建设规划（2015—2020 年）》《广西教育事业发展"十三五"规划》等系列文件。特别是围绕"一带一路"战略，广西于 2015 年颁布实施了《职业教育区域（国际）合作工程实施方案》，提出搭建广西与港澳台地区、东盟以及欧美等国家的职业教育交流与合作平台，建立区域（国际）职业教育交流与合作机制，加快国际化步伐，提升职业教育对外开放水平。

泰国启动了国家高校新专业技术战略储备人才培养计划，鼓励技术类大专院校积极通过探索新的专业以及对课程大纲进行修改，以适应当前就业市场对高新技术专业人才的迫切需求。为了更有效地推动该计划，泰国政府将对参加培训和学习班的大专和专科学生提供经济补贴。另外，还有 27 所开设新职业技术课程的院校也加入了该计划。

老挝也制定实施了一系列计划和政策。"教育开发框架"（Education Sector Development Framework 2009 – 2015）和"教育发展计划"（Education Sector Development Plan 2011 – 2015）两项计划显示，在各类教育经费投入中，对职业教育平均投入增速最快。"职业技术教育与培训战略（2006—2020 年）"（TVET Strategy 2006 – 2020）和"职业技能人才计划（2008—2015 年）"（TVET Master Plan 2008 – 2015）提出，在中学阶段逐步把职业科目纳入通识教育课程，同时将高中阶段职业教育入学率提高到25%。根据职业技能人才计划，普通高中开设综合教育课程，由文化课与职业教育课程共同组成。2010 年，老挝颁布"职教和技能开发总理法令"，制订了更多详细的措施，政府加大了对职教系统的支持，包括政策、经费、外来援助等方面的支持。

柬埔寨制定了《2017—2025 年职业技能和技术培训国家政策》，提出要完善职业技能和技术培训系统，提升国民在平等的情况下获得职业技能和技术培训教育的可能性，创造更多的就业岗位，鼓励政府和私营单位加强合作，集聚更多相关部门资源参与。柬埔寨的职业技术教育和培训包括正规及非正规两个类型，正规职业技术教育和培训由教育机构提供，并获得适当的教育许可或教育认证；非正规职业技术教育和培训课程由各种类型的社会组织提供，如省级培训中心、社区学习中心、非政府组织、妇女事务部、私营机构以及提供非正规学徒培训的小企业等。

缅甸发布了《2016—2021 年国家教育战略规划》，提出探索建立职业院校和企业工作场所双元制培训体系，将学生的工作体验和职业教育结合起来，让学生为过渡到工作实践作准备。

越南职业教育的师资力量主要来源于普通师范、普通高校的毕业生，在正式任教之前进修大学和高等教育课程的高职、中职学校留校的学生，从各种行业的技术人员转行的教师以及通过社会渠道聘请的专职、兼职教师。越南的职业教育包括职业技术教育和职业培训两个方面。

（二）职业教育合作的平台、内容和形式

1. 职业教育合作平台

为推动中国与湄公河国家间职业教育交流合作，中国积极搭建澜湄职业教育交流平台，包括论坛、会议、联盟和基地建设，推动中国与湄公河国家间职业教育大开放、大交流、大融合。充分利用澜湄六国的合作机制和目前云南民族大学澜湄国际职业学院等平台，未来还会建设与产业同步发展的职教园区，依托教育信息化手段，建立面向澜湄国家的师资培训中心和同步课堂。澜湄六国的学生建立定期交流制度，通过文艺大赛、体育大赛、技能大赛等形式增进友谊。

一是建立职业教育研究平台。为推动澜湄合作深入发展，我国积极推动建立各种职业教育交流合作研究机构，为中国和湄公河国家间职业教育交流合作提供智库服务。2016 年，为推动中国与东盟职业教育的深度交流，广西成立了"中国—东盟职业教育研究中心"；2017年，云南民族大学成立了澜湄职业教育与产业发展研究院，为澜湄国家产业发展、职业教育发展提供全方位的信息服务与决策支持。2018年2月，大理成立了"大理面向南亚东南亚辐射中心（澜湄合作）研究院"，重点围绕辐射中心和澜湄合作的战略研究、产业研究、风险研究、人才合作等方面提供咨询服务。

二是搭建职业教育交流平台。澜湄合作还注重人文交流和民心相通，注重提升湄公河国家的人力资源素质。中国为更好推动与湄公河国家间的职业教育交流，积极开展了系列职业教育论坛，搭建起了澜湄职业教育交流平台，有效推动了区域内职业教育的快速发展。2015年，中国—东盟职教联展暨论坛第一次开设中国—东盟教育官员对话会，对话会主要探讨建立中国—东盟职业教育的长效对话机制，成立中国—东盟职业教育联络处，以加强中国与东盟国家的双边合作，探讨中国与东盟各国职业教育交流与合作的项目与方式。2017年，在昆明举行的"首届澜湄职业教育联盟圆桌会议"上，来自澜湄六国的教育部门官员、专家学者达成缔结职业教育联盟的共识，为未来澜湄国家职业教育合作的进一步发展打下了组织基础，同时，由六国共商共建的澜湄六国职业教育合作重点项目——澜湄国际职业学院也在积极筹建中。

2017年，中国—东盟教育官员对话会（以下简称"对话会"）在南宁·中关村创新示范基地举行。对话会讨论通过了《南宁宣言》，初步达成了构建中国—东盟职业教育发展共同体，共同推动实现联合国《2030年可持续发展议程》的共识。广西职业技术学院牵头成立由边境地区55所中高职院校及行业企业等组建的"中国—东盟边境职业教育联盟"，创新合作交流机制，搭建合作交流新平台。广西国际商务职业技术学院与靖西市人民政府、越南高平省政府、靖西县职业技术学校四方联动，搭建中越国际职业教育人才培养立交桥，形成政府、行业和学校一体的多层次、立体化办学体系。

目前，中国和湄公河国家间职业教育交流的主要平台详见表11—1。

表 11—1 中国与湄公河国家间职业教育交流合作平台

平台名称	平台内容
中国—东盟职业教育联展暨论坛	2017 年在广西南宁举办，东盟 10 国代表团成员，白俄罗斯、印度等特邀国家代表，中国教育部有关司局领导，中国香港、台湾地区代表，中国大陆 17 个省（区、市）教育厅（教委）代表，职业教育专家，企业特邀代表等约 550 人参加
澜湄职业教育联盟圆桌会议	2017 年，首届澜湄职业教育联盟圆桌会议在昆明举行。中国、老挝、柬埔寨、缅甸、泰国、越南六国的教育部门官员、专家学者达成了缔结职业教育联盟的共识，会议旨在为推动澜湄国家职业教育进一步合作建言献策
澜湄职业教育论坛	2018 年，澜湄职业教育论坛在天津中德应用技术大学举行，天津市相关部门、职业院校、行业企业代表和柬埔寨、泰国、缅甸、老挝等湄公河国家驻华使馆及中国—东盟中心代表参加，共话澜湄国家职业教育合作发展，澜湄合作中国秘书处派员参加
中国—东盟教育交流周	从 2008 年第一届中国—东盟教育交流周举行，截至目前已连续成功举办了九届，其中有教育部长圆桌会议、大学校长论坛、学术研讨会、教育资源展、专题研修班、青少年文化节、学生夏令营等 170 项形式多样、内容丰富的活动
"六位一体"的澜湄职业教育基地	云南民族大学建设中国—东盟教育培训中心、澜湄国际职业学院、澜湄职业教育联盟、澜湄职业教育与产业发展研究院、澜湄产教融合园和澜湄国际干部学院"六位一体"的澜湄职业教育基地，创新性地提出了"1 + 6 + 6 + 6 + N"的办学体制

资料来源：根据网络相关资料整理。

2. 职业教育合作领域

随着澜湄合作机制从培育期进入成长期，中国与湄公河国家间职业教育合作领域迅速拓展。澜湄合作首次领导人会议确立了"3 + 5 合作框架"，中国与湄公河国家在五个优先领域不断加强职业教育合作，为其提供智力支撑，同时大力改进中国与湄公河国家间职业教育的"软硬联通"（李颖、尤东婕，2016）。随着"3 + 5 合作框架"的完善和落实，中国与湄公河国家间的职业教育合作领域将会逐渐扩大,以应对澜湄国家不断涌现的发展需求,未来中国与湄公河国家间职业教育的交流合作,更会延伸到减少区域内发展差异、促进可持续和包容性发展、推动城市化进程、推进数字革命、环保、卫生、海关、青年等领域,实现跨国家、跨机构、跨部门的职业教育合作格局。

中国与湄公河国家间职业教育交流合作属于澜湄合作机制下跨国职业教育合作,所以中国与湄公河国家间职业教育的交流合作带有国际化特点,而职业教育国际化是一个涉及面广、发展时间长的过程,涉及与湄公河国家一同厘清思路、统一目标和资源优化整合等多方面问题,需要有相应的战略规划统领全局,目前中国的职业教育正在主动跟进"一带一路"建设和澜湄合作机制,抓住新机遇、满足新要求,提升与湄公河国家间职业教育合作的国际化程度。此外,中国与湄公河国家间职业教育交流合作有非常强烈的边境特色,云南和广西作为澜湄合作的桥头堡,在职业教育国际交流合作方面进行了先行先试,积累了很多宝贵的经验。

随着"一带一路"建设和澜湄合作机制不断深入,大量民间自发的职业教育交流合作行为频繁发生,形成了中国与湄公河国家间职业教育交流合作参与主体的多元化特征,政府、行业、企业、院校和科研院所"五方联动",共同推进职业教育国际化,协同"走出去"的合作方式是中国与湄公河国家间职业教育合作的主流;澜湄六国政府主导下各个社会主体共同参与的职业教育多元化投资体系和管理体系的建立,无疑是澜湄国家间人力资源开发合作的重大助力。

作为一个以项目驱动为导向的倡议机制,主人翁精神是澜湄合作实现长期可持续发展的先决条件。澜湄合作首次领导人会议确定了 45 个早期收获项目,所有项目均为开放的多边合作项目,由各国分别提出和牵头。这些合作协议的相继落地,给中国与湄公河国家间职业教育带来了很多合作的契机,基于合作项目的职业教育交流合作在需求定位、专业设置、技能提升等方面不断提高精准性。

在项目驱动的机制下,中国与湄公河国家间职业教育交流合作针对性非常强,课程非常实用,例如云南民族大学澜沧江—湄公河国际职业学院将澜湄六国不同的根本要求、不同的文化、不同的语言文字、不同的熟练技能进行整合，互相服务，互利互惠，推动六国教育、文化、产业融合发展，培养澜湄国家经济合作发展急需的高素质技术技能型人才。截至2018年1月，已先后在瑞丽、麻栗坡、勐腊、孟连、临沧边境经济合作区、镇康和沧源7个培训基地，培养培训湄公河五国来华务工人员11800余人（赵艳娟，2018）。

为服务"一带一路"建设和推进澜湄合作机制，近年来，中国职业院校在湄公河国家进行了多种形式办学方面的探索，先后在湄公河国家落脚的职业院校以及国内设立的职业院校都不同程度地打开了局面，无论是通过"校企合作"还是"校校合作"方式"走出去"，几家较为成功的案例的共同特点是"抱团"，也就是优势互补、有组织地"走出去"。李克强总理在访问柬埔寨期间，与柬埔寨首相洪森共同见证了以柬埔寨劳工与职业培训部、中资企业柬埔寨西哈努克港经济特区有限公司和无锡商业职业技术学院为主体签署的《关于在西哈努克港经济特区加强职业培训的三方合作协议》的签约仪式，该项目最大的亮点是"产教融合、校企合作"。与无锡商业职业技术学院相似，北京工业职业技术学院也选择了协同企业走出去的方式。未来中国职业教育走出去，将会打造一个国家共享的"实体"平台，借鉴孔子学院的模式，与外国院校共建人才培养基地，培养澜湄六国经济合作发展急需的高素质技术技能型人才（张茜，2018）。

3. 职业教育合作形式

技能培训是职业教育体系的重要组成部分，合作建立培训中心以及合作开展培训项目是当前中国与湄公河国家间职业教育交流合作的重要形式，并取得了良好的成效。

一是政府部门间合作开展技能培训。云南国土资源职业学院与柬埔寨工业和矿产能源部、老挝工业手工业部地质矿山局签订联合培养矿产资源人才协议，与老挝理工学院共建联合培训中心进行职业技能培训。2017年，中国商务部为缅甸各部门、各行业安排短期培训项目168个，培训637人。

二是在澜湄国家间开展培训。广西农业职业技术学院输出农业技术和教育技术，在老挝、越南、印度尼西亚、缅甸等国家合作共建六家现代农业科技示范基地，举办68期培训班，培训学员1300人次。

三是在中国当地培养澜湄合作所需技能人才。国内高校通过设立职业培训中心，在中国本地培养澜湄合作所需人才并对湄公河五国来华务工人员进行职业培训。2015 年，广西教育厅和香港职业训练局在南宁职业技术学院挂牌共建桂港现代职业教育发展中心，目前，在广西落户的国家级东盟人才培训中心有五家。

（三）典型案例

目前，中国与湄公河国家间职业教育交流合作已经有了初步的基础，下文选取了两个成功案例，对中国与湄公河国家间职业教育交流合作现状进行典型剖析。

1. 云南民族大学澜沧江—湄公河国际职业学院

云南民族大学与瑞丽市政府于 2017 年 1 月 15 日签署合作协议，决定共建云南民族大学澜沧江—湄公河国际职业学院（简称"澜湄学院"）。澜湄学院是中国与湄公河国家间的重要交流合作平台，是云南民族大学从民族性、边疆性、国际性办学定位出发，主动服务和融入国家"一带一路"倡议，积极贯彻落实澜湄合作机制和新时期教育对外开放工作精神的重要成果。澜湄学院提出了"六位一体"建设格局，即：中国—东盟教育培训中心、澜湄国际职业学院、澜湄职业教育联盟、澜湄职业教育与产业发展研究院、澜湄产教融合园和澜湄国际干部学院，旨在服务于国家澜湄合作机制和云南面向南亚东南亚辐射中心，积极对外开展教育合作交流、培养高素质职业技术技能人才，为打造澜湄国家命运共同体、促进次区域经济社会发展提供人力资源保障。

澜湄学院采取"1 + 6 + 6 + 6 + N"的合作和办学模式，即共建 1 个澜湄职业教育基地和职业教育联盟，由 6 个国家政府主导共商，6 个国家的一流院校牵头，6 个国家共同组建理事会，N 个行业、企业、院校、研究院所等多方机构共同参与办学。澜湄学院结合云南民族大学的优势学科和专业，通过教育与产业同步、学校与企业结合，按照"专业 + 语言、一校多国、产教融合"的应用型人才培养模式，突出国际化、沿边性、应用型的办学特色，以应用型本科教育为主，包括国内国际本专科学历教育、非学历教育培训等教育方式，采取多样化的招生方式，重点培养澜湄六国经济合作发展所急需的高素质技术技能型人才。

　　澜湄学院结合澜湄合作机制中提出的五个优先合作领域，设置了五个院系，即经济与管理学系、旅游文化系、电气工程系、生物科技与食品加工系、建筑工程系。2017 年秋季开始首期两个专业 100 名学生的招生；2019 年 12 月底学院全面建成后，全日制在校学生规模将达到 800 人，2021 年学生规模将达到 3000 人，非学历教育 6000—12000 人（王磊，2017）。

　　2. 柳州铁道职业技术学院与泰国院校的合作

　　柳州铁道职业技术学院是距离东盟最近的中国轨道交通类专业高职院校，近年来，一方面积极配合广西的建设与发展，充分发挥四大专业群的优势，服务区域铁路和城规交通行业企业，服务广西"14 + 4"战略新兴产业及其他行业需求；另一方面密切关注国家"一带一路"倡议及东盟需求，提出了"向北合作、向南发展"的国际化战略构想。"向北合作"以引进资源、培养国内学生、拓宽国际化视野、提升国际化办学能力为主要目标，"向南发展"紧扣"一带一路"战略、广西在"一带一路"战略的三个定位，对东盟国家开展"高铁 + 汽车"职业教育输出，争取职业教育机构在国外落地，培养本地化的铁路建设和运营人才、汽车营销维修技术人才，助力中国产业企业落地东盟。

　　泰国受制于经济的发展，铁路设施老旧，鲜有学院开设有关轨道交通的专业，中泰两国铁路教育合作有着广阔的发展空间。2015 年，泰国大城府商业职业技术学院等学院通过现场访问和双方研讨，于 2016 年 2 月决定选派部分学院教师来柳州铁道职业技术学院学习铁路知识。柳州铁道职业技术学院在掌握泰国大城府商业职业技术学院办学情况的基础上，充分了解当地用人需求，因地制宜地制订了详细的培训计划，并根据培训情况和学员反馈及时调整培训方案。首期培训班根据 15 位报名参加培训教师在泰国的授课学科，学院将师资培训班培训时长定为 40 天，并分为铁道车辆专业和铁道信号专业两个班。课程设置见表 11—2。

表11—2　　　　　　　　泰国师资培训项目首期培训班课程设置

专业	课程设置
铁道车辆专业	车辆检测技术（36课时）
	车辆检测实训（35课时）
	车辆构造（44课时）
铁道信号专业	接触网（32课时）
	接触网认知实习（8课时）
	铁道信号基础设备（40课时）
	铁道信号联锁设备（40课时）

资料来源：根据网络资料整理。

在总结首期培训经验的基础上，结合对学员的回访，第二期培训对培训方案进行了系统性优化。详见表11—3。

表11—3　　　　　　　泰国师资培训项目培训方案系统优化情况

培训对象	泰国技术大学或职业院校轨道交通专业教师，有三年以上工作经历，并具备相关专业基础知识
培训内容	涉及中国铁路和城市轨道交通建设发展状况、企业运营管理模式、技术装备构造原理和技术标准、设备操作、维修和岗位技术技能训练
教学形式	采用小班教学，每班12—20人，由学院教师用中文授课，随堂配备翻译
培训结构	培训班分为三个层次，即初级、中级和高级，每个层次培训时间为45天（不含节假日），学员在两年内根据自身情况完成三个层次的学习即可，完成每个层次的学习并通过考核后将获得学院颁发的结业证书，完成全部三个层次的学习并通过考核，则表明学员已初步具备专业教学能力

资料来源：根据网络资料整理。

柳州铁道职业技术学院以泰国师资培训项目为契机，全力建设中国—东盟轨道交通职业教育师资培训中心，打造中国—东盟轨道交通高层次人才培养基地。目前与东盟国家20多所院校开展交流合作，共举办了六期"轨道交通师资培训班"，为泰国、印度尼西亚12所高校培养了89名教师，首批28名泰国留学生入校学习（郝多，2018）。2018年5月19日，由柳州铁道职业技术学院牵头组建成立中国—东盟轨道交通职业教育集团，目前已有 68 家理事单位，其中包括中国院校 25 家，中国企业、行业协会 17 家，泰国院校、企业、行业协会 12 家，印度尼西亚院校、企业 5 家，老挝院校、企业、行业协会 4 家，柬埔寨院校、企业 3 家，马来西亚行业协会 1 家，国外政府机构 1 家。

2017 年 11 月 13 日，柳州铁道职业技术学院与泰国东北皇家理工大学共建的"泰中轨道交通学院"在泰国揭牌，标志着中国首家海外轨道交通学院正式成立。双方于 2016 年共同提议并发起"泰中轨道交通学院"合作项目；2017 年 9 月，在"中国—东盟职业教育联展暨论坛"上，双方签署共建战略合作协议。按照双方签署的协议，共建项目将引入企业资源，把"泰中轨道交通学院"建成政、行、企、校多方参与的股份制二级学院，举办专科、本科层次的应用技术教育。合作初期将在学院招收泰国学生，开展专科层次的人才培养。理论教学（1.5 年）在泰国完成，实践教学（1 年）在中国完成，采用"1.5＋1"的学制模式，前期开设铁道信号自动控制、铁道机车、铁道工程技术三个专业。

泰中轨道交通学院的建设将实现四个目标：一是合作开展学历和非学历教育，为中国铁路企业提供有中国高铁技术技能和中国文化背景的本地化人才；二是建设职业技能培训和鉴定体系，为中国铁路技术标准落地泰国奠定基础；三是打造东盟首个"中国高铁技术体验中心"（天佑中心），展示中国高铁建设成就和职业教育发展成果；四是通过职业教育人文和技术交流，传播中国文化、展示中国技艺，促进中泰两国文化交流。除了短期师资培训和共建泰中轨道交通学院，柳州铁道职业技术学院还在泰国设立"柳铁职院大城府分院"以及三个分部，即春武里分部、曼谷分部、那空那育分部，以"师资＋课程＋实训"方式，实现中国铁路职业教育标准一体化输出。

二 中国与湄公河国家间职业教育交流合作的典型模式

中国是澜湄国家中最大的经济体，也是澜湄合作机制的主要推动者。职业院校是推动澜湄国家职业教育合作发展的重要载体，为进一步推动中国与湄公河国家间人力资源的深度开发合作，提高澜湄合作进程中人才资源的支撑能力，中国有关政府部门积极引导职业院校走出去，到湄公河国家进行更深入的合作，通过探索企业搭台、学校主办、政府支持的共建模式，引导高校自建职业院校、与湄公河国家联合办学、推动企业在外建立职业院校以及合作建立职业培训中心，为培养高技能人才提供基础保障。目前，形成了以下几种职业教育的典型模式。

（一）校企协同海外办学

这种职业教育模式的核心是在政府引导下，由"走出去"的中资企业主导，并与中国职业院校联合，在湄公河国家建立职业院校或者联合实施合作培训项目，对所在国民众以及中资企业员工提供职业培训或学历教育，为所在国培训培养一批技术过硬、认同中国文化的技术技能人才与企业管理人才队伍。这种模式通过企业与院校合作，搭建产、学、研相结合和校企高度融合平台，把人才培养、专业建设、职业培训、实习基地建设、人才招聘和就业等内容制度化、固定化，为澜湄国家经济社会发展储备力量。例如，无锡商业职业技术学院与红豆集团在柬埔寨与西哈努克港经济特区共建培训中心，至今已累计培训中柬员工2万余人次；2018年5月19日，中外68家机构组建的中国—东盟轨道交通职业教育集团在广西柳州市举行成立大会，已吸引来自中国、泰国、印度尼西亚、老挝、柬埔寨、马来西亚的68家职业院校、轨道交通企业、行业协会等机构组织加入（郝多，2018）。

（二）校校合作办学

这种职业教育合作模式的核心是在政府引导下，中国职业院校或培训机构积极走出去，与当地的职业教育机构或者院校合作成立职业教育机构，为当地培养技能型人才。柳州铁道职业技术学院通过"师资＋实训＋教学方案＋文化"一站式解决方案，实现中国职教、中国高铁技术、中国文化一体化输出，解决泰国本地铁路人才短缺的问题，满足泰国经济社会发展的迫切需求。2017年，天津中德应用技术大学与柬埔寨国立理工学院携手设立澜湄职业培训中心，建立机械加工技术实训中心、通信技术实训中心、机电一体化技术实训中心三个实训中心共17个实训室，并建立柬埔寨"鲁班工坊"，与澜湄职业教育培训中心互相融通。2017年，云南师范大学在缅甸、泰国分别设立了云华职业学院，招收培训当地经济社会急需的职业技能人才。2017 年，缅甸云华职业学院已经开始培养第一批招生的学生；2018 年 9 月，泰国的学院也开始招生；同时云南师范大学在跟老挝签订成立云华职业学院。

（三）中国高校自建职业院校

这种模式主要立足中国当地，在为本国培养澜湄合作所需人才的同时，还向政府申请每年提供一定数额的来华留学生名额，使湄公河国家学生有机会来中国接受职业教育，更好地学习中国技术并感受中国文化，最终成长为东道国中资企业的骨干技术人员与管理人员。云南民族大学与瑞丽市政府共同建立的澜湄国际职业学院就是这种合作模式的典范。该学院具有以下几个特色。

从管理机制上来说，澜湄国际职业学院是云南民族大学的二级学院，和云南民族大学合署办公，为公办高等本科职业院校，是我国较早的应用型本科教育的试点探索，其培养目标就是面向澜湄六国，培养具有国际视野、服务澜湄合作"五大优先领域"的"语言＋专业"的高技术、技能型的人才。同时面向贫困区域和贫困人口开展职教扶贫行动，提高澜湄地区人力资源的技能素质。

从人才培养模式来看，学院采用"专业＋语言、一校六国培养模式"。目前，学院已经开设了两个专业，采用"语言＋专业"的模式进行培养，要求所有学生必须掌握一门东南亚语种，已开设的语种有泰语、缅甸语、老挝语。

从学院顶层设计来看，学院按照职业综合体的模式进行打造，云南民族大学从顶层设计的高度，制订了云南民族大学加快澜湄职业教育基地建设方案，并提出了加快中国—东盟培训中心、澜湄国际职业学院、澜湄职业教育联盟、澜湄职业教育与产业发展研究院、澜湄产教融合园和澜湄国际干部学院"六位一体"的澜湄职业教育基地建设，已经获得各方认可，国际化办学的职业教育格局也初步形成。

澜湄国际职业学院是当前澜湄国家比较成熟的一种国际化的职业教育合作模式，已成为澜湄合作第二次领导人会议的重要成果之一。澜湄职业教育基地的各项建设体现了"澜湄速度"，取得了实效，在《澜沧江—湄公河合作五年行动计划（2018—2022）》中，"加强职业培训，支持在中国设立澜湄职业教育基地"也是重点内容。

（四）政校合作办学

政校合作办学模式，是在"一带一路"倡议落实和澜湄合作机制不断推进的背景下，中国与湄公河国家注重实际需求而切实进行创新的结果。这一模式将教学与政府支持、区域发展以及面向市场办学的理念相结合，共同培养应用型人才，进而服务澜湄国家经济发展，实现政府、学校以及企业的三方共赢。政校合作模式明确了六国职业教育学校办学的自主权，加强了六国政府相关部门在办学过程中的管理与指导地位及责任，政府通过政策法规、行政指导等对学校进行间接管理与指导。具体来讲，政校合作办学模式是一个整体的、全面的框架体系，其中包含"校企合一、产学一体"这样的新型且有效的办学方式，将学院教学与市场需求相结合，实现地方性学校专业建设与市场及行业对接。

例如，广西生态工程职业技术学院根据培养高等技术应用人才的需要和澜湄区域经济社会发展的要求，积极争取当地政府、行业、企业和社会各界的支持，积极探索林业技术、园林工程技术和木材加工技术等三个特色主体专业政、校、行、企、社人才共育模式，形成了林业职业教育集团、政、校、行、企、社联动和招生与招工并行的人才共育模式；瑞丽市人民政府与云南省技师学院在 2016 年签订"政校合作办学框架协议"，主动帮扶瑞丽国家重点开发开放试验区建设和融入国家"一带一路"建设和澜湄合作机制，协议约定双方合作办学期限 20 年，采取"政校合作，委托管理"的合作办学方式进行管理。

（五）行业协会协作办学

以行业为主导的职业教育模式是一种有利于培养与社会实际需求相适应的技能型人才的教育形式（郑学伟，2013），行业协会是连接企业和学校的桥梁，国外职业教育校企合作中，行业协会发挥了很大的作用。中国与湄公河国家职业教育合作交流也发挥了行业协会的积极作用，探讨行业协会参与职业教育校企合作的模式。特别是针对中国与湄公河国家职业教育的跨国特点来说，行业协会在职业教育交流合作上的优越性是十分明显的。行业协会协作办学模式以项目为导向，建立政、校、企相结合的职业教育合作运行体系，将行业层面、学校层面和院系（专业）层面的合作组织结构和职责功能有机整合，促进学校专业同澜湄六国社会产业集群的对接，创新合作共建组织机构、运行机制和制度体系，实现以澜湄国家发展需求为导向，培养专业基础扎实、实践能力突出的综合型应用人才。

行业协会参与职业教育的模式有三种：一是通过行业职业教育教学指导委员会来发挥作用；二是通过行业学院来推进教育教学改革；三是通过职业教育集团来促进校企合作。其中，行业学院是一种推进产教结合与校企一体办学的方式，实现了专业与产业、企业、岗位对接，建立健全校企合作机制，指导推动学校和企业创新校企合作制度，积极开展一体化办学实践。通过整合实训资源，共建产品设计中心、研发中心和工艺技术服务平台，在企业建立教师实践基地等方式，推动职业学校教师到企业实践，企业技术人员到学校教学，促进职业学校紧跟产业发展步伐，促进教育与产业、学校与企业深度合作。澜湄国际职业学院发挥行业协会的优势，鼓励行业协会积极参与中国与湄公河国家职业教育交流合作，截至 2017 年，已经有 3 所湄公河国家的高校、19 所国内高校、6 家企业、1 个行业协会等多家单位加入澜湄职业教育联盟。

三　中国与湄公河国家间职业教育交流合作的主要问题

（一）澜湄国家对职业教育的重要性认识不够

职业教育是国民教育和人力资源开发的重要组成部分，肩负着培养多样化人才、传承技术技能、促进就业创业的重要职责。例如，德国职业教育始终处于世界领先地位，德国的制造业在世界上是一流的，其原因不仅是德国拥有先进的设备和技术，还因为德国拥有一支庞大的高素质技能人才队伍。相较于职业教育发达的国家，澜湄六国对职业教育的重视不够。以中国的职业教育为例，中国的职业教育体系在澜湄六国中还是比较完善的，但仍存在政府与社会重视不够的问题。近年来，尽管中央政府一再强调职业教育的战略地位，在"一带一路"倡议中也将职业教育作用提高到一个新的认识阶段，但是仍有不少地方政府将职业教育视为普通教育的补充，无论是在教育规划还是教育经费安排上，职业教育一直处于次要地位，研究管理力量十分薄弱，中等职业学校的教师待遇也明显低于普通高中教师。此外，社会上也存在对职业教育的鄙视观念，在求学阶段往往将职业教育作为最后的、无奈的备选。湄公河五国由于经济和工业化水平不高，其整体教育水平都不高，近年虽然加大了对教育的投入，但基本上是针对基础教育、中等教育和高等教育，对于职业教育在人才培养，尤其是技能人才培养中的作用认识不够，一定程度上影响了职业教育的发展。

（二）澜湄国家职业教育整体比较落后

澜湄合作机制建设所需要的各类人才，在很大程度上要依赖于澜湄国家的教育与培训体系。不同行业、不同岗位都会对人才资源提出不同要求，这就要求教育与培训担负起人才资源开发的责任。澜湄国家处于基础设施建设、工业化发展的关键时期，有着巨大的基础建设项目需求，这些投资项目的落地实施要依赖一大批技能型人才，而技能型人才培养则主要依赖职业教育与培训体系。这就给澜湄国家的职业教育与培训体系带来巨大的考验，职业教育能否培养出所需要的技能人才，甚至在某种程度上决定了澜湄国家人力资源开发合作能否长久发展。澜湄国家中，除了中国和泰国的职业教育相对发达外，其他四国的职业教育还没有形成体系，职业教育被看作普通教育的一种补充，没有意识到职业教育与培训在培养技术技能人才方面的关键作用。因此，推进中等职业教育与高等职业教育有效衔接，探索建立中职、高职、应用本科、专业硕士相衔接的职教体系，加强职业教育基础能力建设，已经成为澜湄国家职业教育交流合作发展的重要任务和亟待解决的难题之一。

（三）缺乏职业教育合作发展规划引导

澜湄国家的职业教育发展不平衡，职业教育水平参差不齐，无疑增加了中国与湄公河国家职业教育合作的难度，主要表现在对接湄公河各国职业教育需求的成本和难度增大。从教育合作的现实来看，目前中国与湄公河国家间的教育合作主要是高等留学生教育，虽然这几年加大了职业教育合作的力度，但是目前职业教育交流合作刚刚起步，且湄公河五国的职业教育基础比较薄弱，对接起来难度较大。未来在合作中除了克服语言、文化习俗、区域政治互信不足等引起的困难外，在不同的职业教育体系中建构起合作发展新模式，加快对中国与湄公河国家间职业教育发展现状的摸底调研，制订引导六国职业教育交流合作发展的规划或者行动计划，就成为澜湄国家职业教育交流合作发展亟待解决的问题。

（四）尚未建立职业教育交流合作机制

一是缺乏澜湄国家职业教育交流合作领导机构。李克强总理在 2018 年澜湄合作第二次领导人会议讲话中指出，中国倡议成立澜湄合作教育联合工作组，做好教育务实合作的顶层设计。目前澜湄合作机制建设过程中，建立了互联互通、产能、跨境经济、水资源、农业和减贫六个联合工作组，在人文社会领域的合作还没有领导机构，尤其是作为人文社会交流重要内容的职业教育合作是非常复杂的，也是一项系统工程，迫切需要确立领导机构推进全面的对接交流工作。

二是缺乏通用的职业教育资格标准。培养国际通用的职业人才，职业技能的评估标准与资格认证要与国际接轨。2002 年，欧盟启动了"哥本哈根进程"，旨在通过政策沟通机制加强各国职业教育合作，建立了"欧洲资格框架""欧洲职业教育质量保证参照框架""欧洲职业教育学分转换系统"等政策合作工具，促进了欧盟各国职业教育政策趋同发展。欧盟在不改变各成员国职业教育体系框架的前提下，通过评估与考核承认各相关专业的各国职业教育证书的等值性，据此制定了适合欧盟各国的"欧洲职业教育通行证"。建立和完善国际职业资格认证制度也是中国职教国际化迫切需要解决的问题，今后的合作发展中，澜湄国家应该将职业教育发展战略和对策进行充分交流对接，特别是推动建立六国共商、共建、共享的职业教育资格等级参照标准，促进职业教育资格互认，为澜湄国家人才合理有序流动扫清体制机制障碍。

（五）中国职业教育的引领作用不够

中国作为澜湄国家中最大的经济体，应发挥建设性、主导性作用，加快六国职业教育合作机制的制度化建设，不断完善六国职业教育交流合作的内容和方式，推动六国共同制定时间表、路线图，签订澜湄国家职业教育政府间合作协议,秉承共商、共建、共享精神,在政府层面明确提出职业教育合作发展的目标、原则、早期收获重大项目等,加强顶层设计、实现高位推动,积极对接湄公河国家的教育发展规划,加速六国职业教育的交流合作。目前,中国作为澜湄合作机制的主要倡导者,在职业教育交流合作中虽然已经开始采取行动,但是很多情况下是学校、企业的民间行为,缺乏政府有关机制和规划的引导,这些都需要中国发挥主导者的作用,积极推动澜湄国家职业教育交流合作领导机制、行动计划、重大项目的建立和落地实施。

(六) 缺乏专业化的职业教育教师队伍

澜湄合作机制推进势必加快基础设施的投资,随着区域内合作越来越多,特别是一些新兴产业对人才的培养提出了更高的要求。澜湄六国的职业教育体系处于比较低的发展水平,职业教育的师资队伍建设相对落后,即便是职业教育发展相对较好的中国,在职业教育走出去、国际化的进程中,也存在很多问题,比如职教教师缺乏国际视野和国际化教育教学理念。目前,国内高职院校教师的教学视野一般局限于校内、区内或国内。因此,积极扩大教师的国际化视野和国际化教学理念,是当前师资队伍建设亟待解决的问题,比如职教教师社会服务能力不高,职教老师缺乏企业背景,与企业的实践应用能力需要相差较远。既具有理论知识水平,同时又有高级工程师职业资格的老师比较少。因此,打造一支熟悉职业教育理念、积极对接新产业、技术过硬、富于创新精神和科研精神的"双师型"师资队伍,是推进澜湄国家职业教育交流合作亟待解决的问题。

(七) 技工院校参与职业教育交流合作困难重重

审视中国与湄公河国家职业教育交流合作的发展情况,可以看出交流合作具有较强的单向性,由于各国之间技术标准不统一、职业资格认证体系不统一、人才基础素质不同、跨国劳务法律法规限制、跨国劳务派遣的管理等问题,中国与湄公河国家的职业教育出国办学难。随着澜湄机制进入"高铁时代",澜湄基金项目不断落地,中国与湄公河国家职业教育交流合作的需求非常大,但参与的院校并不广泛,有一些技工类学校在参与过程中会受到办学资质、资金支持等条件的制约。长期以来，中国职业教育处于边缘地位，职业院校尤其是技工院校，在招生、经费等政策方面不能享受和其他院校同样的待遇，面临生源差、经费少、招生资质认定难、社会不认可、教育体制藩篱等问题，严重制约了技能人才培养事业的发展。

合作办学是中国与湄公河国家职业教育交流合作最常采用的形式，目前中国中高职院校中外合作办学分为办学机构和办学项目两种类型，根据教育部中外合作办学监管工作信息平台公布的名单，截至 2018 年 1 月 19日，在办的"经地方审批教育部备案的实施高等专科教育的中外合作办学项目"共 224 个，机构共 17 家，从地域来看，全国大部分地区有 2018年在办的中外合作办学项目或机构。在中国东、中部经济发达地区的职校，中外合作办学的项目较多、范围较广，针对澜湄合作机制下的中外职业教育合作，主要集中在云南、广西和贵州等省区。这些地区的职业院校，在开展与湄公河国家交流合作的过程中存在着一系列问题，各院校在办学性质、经费来源、生源质量等方面存在差异，办学模式也不尽相同，特别是一些技工院校，面临欠缺政府指导与帮助、学生资源不稳定、低水平合作多、教学成果堪忧、发展缺乏保障以及能够实施双语教学的教师短缺等现实问题。

四　加强中国与湄公河国家间职业教育交流合作的建议

澜湄合作机制的提出促使澜湄国家间相互融合、共同发展的步伐大大加快，为澜湄国家经济发展培养具有国际视野的高素质技能型人才，对职业教育合作提出了更高的要求。中国职业教育要加强和相关国家的交流合作，积极引进先进教育模式和理念，输出优质教育资源，探索多样化的合作办学模式，实现教育资源国际化的良性循环，进而取得自身跨越式发展。比如要建立澜湄国家通用的职业资格标准；不但要培养具有国际视野的职教人才，更要调整当前职教专业标准，与国际接轨。职业院校应主动跟进澜湄合作机制，探索多样化的国际合作模式，秉承和平合作、开放包容、互学互鉴、互利共赢的理念，走出一条适合中国国情和职业教育特点的国际化发展道路。

（一）加强对职业教育交流合作的顶层设计

整合澜湄六国职业教育资源，聚焦澜湄六国经济社会发展需求，通过应用型技术技能人才培养、科研合作、人文学术交流，打造澜湄国家职业教育共同体，是中国与湄公河五国人力资源开发合作的重要任务。因此需要在顶层设计上多下功夫，协调六国支持职业教育交流合作的规划，明确合作的目标、任务和责任，创新中国与湄公河五国职业教育交流合作的体制机制，建立健全合作的职业教育政策体系。

一是将职业教育纳入各国公共教育服务体系中。职业教育是培养人才队伍特别是技能人才队伍的重要途径，在国家教育体系中具有重要地位。应提升职业教育在国家教育体系中的地位，保障职业教育和基础教育、高等教育受到同等的重视和支持，保障职业教育发展的公平性。

二是加快制定支持职业教育交流合作的规划，明确职业教育合作的目标和任务。要积极响应李克强总理提出的成立澜湄合作教育联合工作组的要求，认真做好六国间教育发展的规划和政策对接，使六国就职业教育交流合作的目标和任务达成一致意见，加快签订《澜湄职业教育合作计划》，促进中国与湄公河五国间的职业教育交流合作。

三是建立澜湄国家职业教育培训互认体系。建议澜湄国家以各国的职业资格鉴定为基础，共商共建设计澜湄国家间职业教育培训证书互认体系，并共同研制相关培训教材等，以此提高人力资源在澜湄国家间的流动效率，以实用性促进澜湄国家职业教育发展的协同性。

四是建立澜湄国家职业教育交流合作责任清单。为规范澜湄国家职业教育的交流合作，使其沿着正确的轨道健康发展，建议建立澜湄国家职业教育交流合作责任清单，包括禁止目录和允许进入的目录，并实行积分制和黑名单制相结合的办法，明确各国在职业教育合作中的责任，提高各方交流合作的积极性和规范性，从而有效促进澜湄国家职业教育的交流合作。

五是设立促进职业教育合作的办事机构。在六国互相设立促进职业教育交流合作的办事机构，建立健全六国间职业教育交流合作办事机构之间的对话机制，强化对各国教育政策，尤其是职业教育政策、优势、特点等的推介和宣传；同时，积极推动学生签证便利化，为中职、高职学生到对方国家学习、实习提供咨询和中介服务，进一步完善职业教育人员和学生交流合作协调机制。

（二）探索职业教育分层分类交流合作模式

目前，中国与湄公河五国职业教育交流有校校合作、校企合作、校地合作、政校合作以及与行业协会合作等多种新型的合作模式，在应用范围和适用情况方面还存在着碎片化的情况，没有形成一个结构化的系统，为此应探索建立职业教育分层分类交流合作模式。

在校学生的职业教育合作，目标是为"一带一路"建设和澜湄合作培养本土化的技能人才，在课程方面应注重法律知识、语言能力和专业技能的多样性设置，中国和湄公河五国应加强协调并发挥各自优势，培养一批具有国际视野、国际资质及掌握国际标准的教师和学生，支持职业院校引进国（境）外高水平专家和优质教育资源，鼓励中国与湄公河五国职业院校教师互派、学生互换，实施中外职业院校合作办学项目。

在继续教育的职业教育合作方面，针对"一带一路"项目和澜湄基金项目建设开展职业教育改革，对项目需要的基础设施投资与建设管理专业人才，国际贸易人才和综合型、复合型人才进行重点联合培养，鼓励职业教育机构在合作国家当地共同建立分支机构，支持企业在湄公河五国本地建立联合培训中心，建立职业教育师资培训基地，联合为湄公河五国培养培训职业教育管理人员和教学人员，为澜湄国家职业教育发展提供技术、智力支撑。

在跨国劳工的职业教育合作方面，针对目前跨国劳工的生存状况、群体特征和具体需求进行系统调研，以便有计划、有组织、分阶段实施跨国劳工的职业培训，加大跨国劳工本土化培训的力度，创新培训的模式，将职业培训作为提高跨国劳工就业能力、改善其工作条件和生活水平的重要途径，在跨国劳工职业培训方面制定和推行相关的国际劳工标准，提升劳工培训的水平。

（三）强化地方政府间有针对性的合作

正确认识和运用地方政府间的"非正式"关系，充分发挥地方政府间职业教育合作的积极性和主动性。在与湄公河五国开展职业教育交流合作方面，经过多年的合作交流，我国云南、广西、海南、广东、天津等地与湄公河五国拥有人缘、地缘、亲缘、商缘、文缘优势，同时，地方政府对实际情况比较了解，能够提出和实施许多可行的举措和构想，这些举措在国家战略和政策制定时能够发挥先行先试的发展模式借鉴作用。尤其是云南和广西处于我国和湄公河五国合作的前沿，在这里先行先试的合作交流做法成熟后可在更大范围内推广，充分发挥地方政府应有的积极作用。

云南省目前已先后在瑞丽、麻栗坡、勐腊、孟连、临沧边境经济合作区、镇康、临沧建立了 7 个培训基地，未来还需要进一步深化职业教育合作的力度，在体制支持、办学资质、保障资金、配套服务等多方面给予更多支持。目前，澜湄国际职业教育联盟已吸引包括湄公河国家代表高校、国内高校、地方政府、国有企业、行业协会等多家单位加入，应进一步提升联盟的吸纳能力，将澜湄职业教育联盟打造成为澜湄六国相关政府部门、高校、行业、企业、产业间共商、共建、共享的开放型、创新型的教育国际合作平台。

目前广西防城港、百色和崇左三市分别与越南广宁、谅山、高平、河江四省签署了开展跨境劳务合作协议，这种合作模式需要后续的劳工职业培训和前瞻性的劳工培训计划保障协议落地，使其既满足中越经贸合作和沿边产业转型升级的迫切需求，又能充分发挥对越南边境省区富余劳动力的吸引效应。应加强跨国劳工法律意识、技能水平、语言能力的培训，实现对跨境劳务合作的规范化管理，吸纳政府专项发展基金、企业和相关培训机构的资本投入，保障职业教育稳定持续发展。同时，在职业培训的过程中要注意对边境地区非法入境、居留、就业行为进行有效管控，确保境外边民入境务工的劳动权益。

（四）提升职业教育人才队伍的专业化水平

要推动我国职业教育国际化发展，发挥我国在澜湄合作中职业教育交流合作的主导作用，首先要打造一支具有系统化理论知识、实践化技能知识以及国际化教育理念的师资队伍。因此，职业院校应更加注重拓宽师资队伍的国际视野，学习了解国际先进职教经验和教育理念，开展广泛多元的交流与合作，以打造具有国际意识和沟通能力、了解本专业国际发展态势、洞悉国际化人才培养标准、熟练掌握外语的高素质教师队伍。

一是积极拓宽教师国际视野，努力提升国际化教育教学理念。在落实"一带一路"倡议的背景下，要积极开拓与沿线国家高职院校师资队伍建设方面的合作，扩大教师的国际视野，努力提升教师的国际教育教学理念。要充分利用"引进来，走出去"战略，加强教师队伍的教学理念、专业技能的培训和学习，引领国际化教学改革和新的教学理念的引进和传承，为我国高职院校人才培养奠定良好基础。

二是营造教师队伍国际化建设的制度环境，推进澜湄国家间签证便利化。调研发现，云南和广西开展职业培训的院校会遇到教师签证的限制等问题，所以需要给予政策支持，不断吸引国际上和湄公河五国中优秀的师资，探索实施澜湄国家职教老师职业证通行制度，以职业证书刷卡放行，为他们开展各种交流活动提供便利化的签证条件。

三是积极对接"一带一路"项目建设和产业发展的人才需求，建设专业化师资队伍。高职院校必须培养一批适应产业发展需要的师资队伍，建议澜湄国家根据各自国内职业分布、发展情况以及就业结构状况，制定符合自身发展的优先就业产业目录，由相关机构在澜湄国家统一、定期发布，以便澜湄各国职业教育机构以更宽广的视角调整专业设置、招生计划等，从而根据招生计划引进、培养一批产业发展需要的师资队伍。

四是加快教师培训基地与培训联盟的建设。目前中国与湄公河五国专门的教师培训基地和行业教师培训联盟还没有建立，只有零星的关于法律、妇女、青少年、语言、专业技术等方面的教师交换项目，所以建立系统化的支持教师队伍建设的基地和联盟十分必要。同时，要建立澜湄职业教育的专家数据库，共同服务于六国的职业教育发展和技能人才培养，提升职业教育教师人才队伍的综合素质和能力。

（五）建立常态化的职业教育交流合作机制

积极发挥澜湄职业教育专项合作基金作用，总结澜湄国际职业学院、基地建设的经验，探索在湄公河国家设立分校的模式，发挥澜湄国际职业学院在澜湄国家职业教育交流合作方面的高端引领作用。

一是建立澜湄国家职业教育交流高层磋商机制。尽快建立澜湄国家职业教育合作的部长级协调机制（部长级会议），设立联合办公机构。开展澜湄国家职业教育高层对话，举办"澜湄职业教育合作论坛"，通过高级别会议、论坛等形式，启动双边和多边职业教育政策对话交流，汇聚各方智慧，凝聚职业教育合作共识。

二是探索建立澜湄国家职业教育资格互认制度。借鉴欧盟推行区域职业教育资格互认的"欧洲职业教育通行证"经验，加强在国家资历框架建设等方面的合作，建立六国共商、共建、共享的职业教育资格登记参照标准，探索六国间课程互认、学分互认、学历互认、资格互认的相关制度，促进职业教育资格互认制度建设，建立开放互通的职业教育合作框架，为相关人员合理有序流动扫清体制机制障碍。

三是设立职业教育留学生专项奖学金制度。各国在开设高等教育留学生奖学金制度的同时，加快推动奖学金向职业教育留学生覆盖，建立职业教育留学生专项奖学金制度，增加各国职业院校学生出国学习的机会。

四是建立中国与湄公河国家职业教育管理制度。制定区域内职业院校、培训中心以及相关合作交流项目的管理制度，开发澜湄国家职业教育基础信息库和管理系统，强化对各职业院校、培训中心、高校等职业教育诚信体系的管理和评估，有效降低澜湄国家间职业教育合作的风险。

（六）实施职业教育走出去办学理念和方针

一是制订企业走出去职业教育办学计划。职业教育需要与走出去的企业密切联系，明确企业所需人才的专业、层次、能力与素质，以服务走出去企业。与走出去的中国企业共同设立职业技能培训中心，对接当地职业教育和职业培训需求，为当地培养新一代产业工人。同时，职业院校要加强与走出去的中国企业合作，为学生提供国内境外实习和就业的机会，共同培养一大批适应境外工作需要的、综合素质高的技能劳动者和产业人才。

二是制订职业院校走出去办学五年行动计划。实施走出去办学战略，充分发挥中国职业教育资源人才优势，输出中国优质职业教育资源，打造中国职业教育品牌。职业教育院校可结合自身办学特色举办境外分校，与周边国家职业教育学校共建特色专业。围绕当地澜湄合作重大建设项目设置相关专业，合作培养人才，满足项目工程对高素质劳动者和产业人才的持续需求，提高当地青年就业创业水平。

三是多渠道教育融资，升级改造当地专业设施，共同制定技能标准和专业教学标准，提升教师专业素质，坚持产教融合、校企合作，培养学生就业创业能力，服务当地经济社会发展。

第 十 二 章

中国与湄公河国家政府间
人员交流培训

　　"一带一路"背景下澜湄国家人力资源交流合作有着巨大的潜力和发展前景。在 2016 年 3 月召开的澜湄合作首次领导人会议上,中国提出设立澜湄合作专项基金,在随后中国与湄公河国家签署的澜湄合作专项基金项目协议中,人力资源交流合作是其中重要的一部分。在澜湄合作第二次领导人会议上,李克强总理专门提出要提升澜湄国家之间的人力资源合作,并承诺 2018 年中国向湄公河国家提供 2000 个短期研修和在职学历学位教育名额、100 个为期四年的本科奖学金名额,邀请一批中高级官员赴华参加农业、医疗、卫生、水利等领域研修,并为湄公河国家澜湄合作秘书处(协调机构)提供人力资源培训(李克强,2018)。人力资源交流合作是深化澜湄合作机制的重要支撑,目前澜湄国家的人力资源开发程度虽然不同,但在工业化、基础设施建设、产业结构升级等方面都有共同的人力资源开发合作需求,互补优势明显,通过加强人力资源交流合作,进一步释放人口红利,把人口优势转化为人力资源优势,是澜湄合作的题中之义。

　　中国与湄公河国家人力资源交流合作主要由政府主导,政府间人员交流培训是人力资源交流合作中最成熟的一部分,认真总结政府间人员交流培训的合作经验和典型模式,对于澜湄国家更好地开展人力资源交流合作具有重要意义。目前针对中国与湄公河国家政府间人员交流培训的研究较少,国外的研究主要集中在援外培训(Bank,2008)、澜湄地区人力资源开发研究(Tam,2014)、公务员培训(Burrows,2013)等方面；国内的研究也主要集中在实践层面，理论方面缺乏系统、深入的研究。本章梳理了中国与湄公河国家政府间人员交流培训的基本情况，在此基础上分析了典型模式和新特点，发现合作过程中存在的问题和瓶颈，并提出相应的建议，为中国与湄公河国家政府间人员交流合作深化发展提供参考。

一 中国与湄公河国家政府间人员交流培训的现状

中国与湄公河国家政府间人员交流培训的对象，主要包括澜湄国家政府机关、党政组织、人民团体及群众自治组织的领导者。以下从交流和培训两个维度出发，梳理中国与湄公河国家政府间人员交流培训的基本情况，并对其特点进行总结。

（一）中国与湄公河国家政府间人员交流的情况

澜湄合作是中国和湄公河国家共商、共建、共享的新型次区域合作机制，中国与湄公河国家加强政府间人员交流合作，有助于提升六国在软硬件互联互通、国家规划对接、政策机制协调等方面的合作水平，对推进构建"一带一路"沿线国家命运共同体具有重要的先行先试意义。中国与湄公河国家政府间人员交流合作机制已经初步建立，形成了多元主体参与的交流体系。六国建立了秘书处（协调机构），从组织上保障了政府间人员交流的平台，大大提高了交流的效率，构建了从中央到地方的立体交流框架，形成了国家、省级、友好城市和村民自治组织多方面交流的合作格局，交流形式丰富多样，包括政治互访、会议论坛、项目合作和公共服务部门交流等，同时以澜湄合作"3+5+X合作框架"为重点展开政府人员交流合作领域布局，形成了交流主体的多元化、交流内容的多维化、交流方法的多样化、交流领域的多面化等交流合作特点，如图12—1所示。

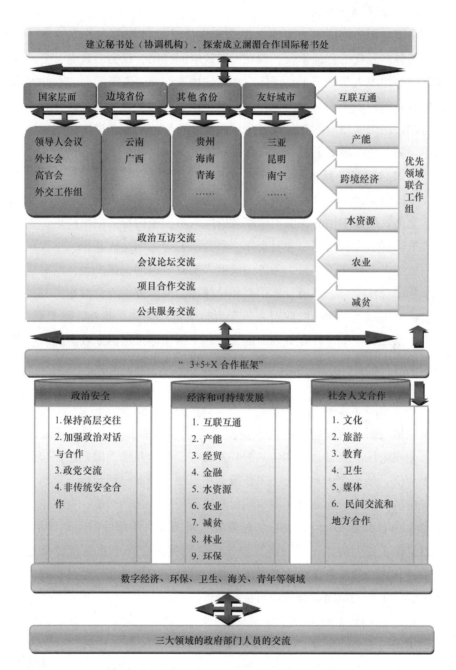

图 12—1　中国与湄公河国家政府间人员交流概况

资料来源：根据相关网络资料整理。

1. 交流主体多元化

中国与湄公河国家政府间人员交流主体已经呈现出多元化的发展趋势，这种多元化的特征不仅表现在横向政府间高层、议会、政党、公共服务部门等组织人员交流上，还体现在纵向国家层面、省级层面、友好城市和村民自治组织等人员交流上，形成了立体纵横的交流网络，这有利于中国与湄公河国家政府间人员在各个层面打开合作的局面，进一步达成合作共识，为其他领域的人员交流合作提供借鉴。

2. 交流内容多维化

中国与湄公河国家政府间人员交流内容涉及的维度比较宽泛，重点突出、全面发展是中国与湄公河国家政府间人员交流内容的突出特点，重点在政策衔接、人员培训、项目合作、联合研究等方面达成共识，不仅在重点领域建立了优先工作组，为各国政府人员有效沟通提供平台，同时建立了水资源合作中心、环境合作中心和全球湄公河研究中心，对水资源、环境和社会发展重点问题的政府人员交流给予重点关注。此外，除了科学、教育、文化、卫生、体育等方面的交流，中国与湄公河国家政府间人员交流的内容还从青年、妇女、儿童、人文、体育、宗教、媒体、智库等维度进行了拓展。

3. 交流方式多样化

中国与湄公河国家政府间人员交流方式丰富多样，主要包括政治互访、会议论坛、项目合作和公共服务交流等。政治互访，国家层面包括领导人会议、外长会、高官会、工作组会等，地方层面包括云南、广西及其他省份的友好城市与湄公河国家同级政府部门间人员的交流；会议论坛包括专业的学术交流会议、论坛、成果展、澜湄周、使馆联谊活动等形式；项目合作主要围绕"一带一路"合作项目和澜湄合作专项基金首批签约项目展开；公共服务交流主要围绕科技、教育、卫生、文化、体育等公共服务部门工作人员间的合作项目进行交流。

4. 交流领域多面化

中国与湄公河国家政府间人员交流领域涉及的方面比较广，涉及管理、党政、经贸、外交、卫生、教育、金融、文化等重点领域，有力推进了澜湄国家政府人员各方面的能力建设。其中，政治安全事务方面包括：高层交往、政治对话与合作、政党交流、非传统安全合作等；经济与可持续发展方面包括：互联互通、产能、经贸、金融、水资源、农业、减贫、林业、环保、海关、质检；社会人文合作方面包括：文化、旅游、教育、卫生、媒体、民间交流和地方合作等。这些领域的政府间人员交流能够进一步促进中国与湄公河国家人力资源交流合作，更好地服务落实"一带一路"倡议和推进澜湄合作深化发展。

（二）中国与湄公河国家政府间人员培训的情况

在"一带一路"倡议下，以为各国经济社会发展、民生改善为目标，中国对湄公河国家政府人员的培训体系已经初步建立。例如，根据缅甸政府的实际需求，2017年，中国商务部为缅甸各部门、各行业安排短期培训项目168个，提供的各类短期培训主要集中在农业和畜牧业、基础设施建设、经济、贸易、金融、通信、能源、环保、社会救济和医疗等领域（洪亮，2018）。目前，澜湄合作机制框架下有超过1.2万名湄公河国家学生获得中国政府奖学金，3000多位在职人员来华研修（李克强，2018）。2018年，中国继续邀请一批湄公河国家的中高级官员赴华参加农业、医疗、卫生、水利等领域研修，并为湄公河国家澜湄合作秘书处（协调机构）提供人力资源培训。表12—1按照国别梳理了中国与湄公河国家政府间人员培训短期项目的情况。

表12—1　　　　中国与湄公河国家政府间人员培训短期项目

国别	项目名称	培训对象
柬埔寨	2018年柬埔寨审计官员研修班	柬埔寨审计署20名官员
	"一带一路"2018柬埔寨数字化教育培训班	38名柬埔寨教育部官员与学校教师
	2018年柬埔寨旅游发展与管理海外研修班	柬埔寨旅游部等50名官员
	柬埔寨高级执法官员研修班	12期培训班，培训302名各类执法官员
	2017年柬埔寨移民官员培训班	柬埔寨移民官员15人
	2016年"柬埔寨环境保护研修班"	柬埔寨19名环境保护处官员
	2016年柬埔寨地质调查与矿产开发海外研修班	60名柬埔寨矿产能源部官员
	2017年柬埔寨国会官员研修班	柬埔寨国会官员

续表

国别	项目名称	培训对象
老挝	2017 年老挝铁路技术海外培训班	老挝公共工程与交通运输系统官员 60 人
	2018 年老挝国家经济发展规划与战略海外研修班	老挝政府相关部门（司处级）官员 50 人
	2018 年老挝铁路运营管理官员研修班	老挝公共工程与运输部 20 名官员
	2018 年老挝中小学教师研修班	老挝 17 个省市的 30 名教育系统官员
	2017 年老挝开发区建设与管理研修班	老挝经济特区管委会官员
	2017 年中国与老挝商业文化融合研修班	老挝计划与投资部投资促进司官员
	2016 年老挝矿产资源开发基础技术海外培训班	老挝计划与投资部培训中心官员
	2017 年老挝审计官员研修班和 2017 年老挝国会议员研修班	老挝审计官员和国会议员 43 人
	2016 年"农业与小额信贷"培训班	老挝琅勃拉邦省的 18 位政府官员
	2017 年老挝沼气推广技术海外培训班	老挝农林部、自然资源环保部 30 人
缅甸	2018 年缅甸铁路规划与建设官员研修班	缅甸铁路局 10 名官员
	缅甸现代金融（人民币结算）研修班	缅甸财政部预算司、中央银行等部门官员 20 人
	2018 年缅甸妇幼健康管理研修班	缅甸卫生官员 22 人
	2018 年缅甸水产养殖技术培训	缅甸渔业官员和技术人员 16 人
	2017 年缅甸移民官员培训班	缅甸劳工、移民与人口部移民局官员 20 人
	2015 年缅甸农产品加工及流通海外培训班	缅甸农业与灌溉部计划司等部门官员
	2015 年度缅甸农村发展研修班	缅甸各省邦、各部门政府官员 20 人
	2014 缅甸政府新闻官员和媒体记者研修班	缅甸宣传部 5 位官员
泰国	2018 年泰国农村发展研修班	泰国政府农业官员 24 名
	2017 年泰国教育官员及校长培训班	泰国教育官员及中小学校长 33 人
	2018 年泰国商业文化融合研修班	泰国相关部门官员
	2013 年泰国高铁建设研修班	泰国交通部官员
	2016 年泰国移民局官员中国语言文化研修班	泰国移民局官员 22 人
	2016 年泰国王宫官员中国语言文化研修班	泰国王宫秘书厅官员 19 人
越南	2018 年越南贸易摩擦与反倾销处理研修班	越南政府、金融领域及商业协会 21 人
	2015 年越南土地资源管理研修班	越南政府官员 20 人
	2013 年越南城市轻轨交通运营管理培训班	越南政府官员 17 人
	2016 年越南广宁省"现代产业发展"培训班	越南政府官员 30 人
	2018 年越南谅山省中高级干部培训班	越南谅山省 14 个部门的 19 位官员

资料来源：根据商务部培训中心等网站相关内容整理。

　　云南、广西这两个边境省份是中国参与澜湄合作的主体和前沿。例如，2017 年，云南民族大学澜湄国际干部学院积极探索和实践开展东南亚国家政党干部培训，共承办了 4 期外国政党干部培训班，承办了 1 期省委组织部外国政党干部培训班，共培训外方学员 133 人次（张勇，2018）。其他省市也积极参与"一带一路"倡议下的中国与湄公河国家政府人员培训。例如，海南省商务厅商务培训中心承办了 2017 年澜湄国家农作物高产栽培技术培训班，培训了来自柬埔寨和老挝的 18 名学员，为学员开设中国国情、芒果高效栽培技术、瓜类高效关键栽培技术、农作物病虫害防治技术、超级杂交水稻高产栽培技术和瓜菜大棚设施栽培实践等课程，并组织学员赴文昌、琼海、三亚、南宁及桂林等地考察。可见，中国与湄公河国家政府间人员培训已经初步形成体系。

　　目前中国与湄公河国家政府间人员培训基本可以分为"走出去"和"请进来"两类。"请进来"包括对湄公河国家政府人员进行学历学位教育和非学历培训；"走出去"主要是专项的政府人员派遣培训、援外培训项目、公派留学生和志愿者等。目前以"请进来"的交流培训模式为主。因为培训主体和领域不同，中国与湄公河国家政府间人员培训的特点和侧重点也不尽相同，但是目前政府间人员培训具有两个共同特点，即注重理论学习与实践考察相结合，并且形成了"需求分析—项目策划—组织实施—评估反馈"相互链接的闭环体系。如图 12—2 所示。

　　1. 理论学习与实践考察相结合

　　中国与湄公河国家政府间人员培训合作，明显的特点是理论学习与实践考察、调研相结合，这能有效激发湄公河国家政府人员学习、交流的积极性，分享各国政府人员在实际工作中管理和服务的成功经验。

　　理论学习方面，主要是针对湄公河国家政府人员的培训需求，例如学习管理经验和政府服务方式、公共服务部门政府人员相关技术提升、语言和文化的交流等，特别关注在扶贫开发、粮食作物生产、基础设施建设、产业结构提升、科技推广和运用、卫生、生态环境等方面的项目流程运作，从师资情况、培训方式、人员管理等多方面提升理论学习的培训效果。在师资配备方面，整合商务部和外交部等培训资源，由对口需求的党校、行政学院、干部学院、科研单位、高等院校等单位对湄公河

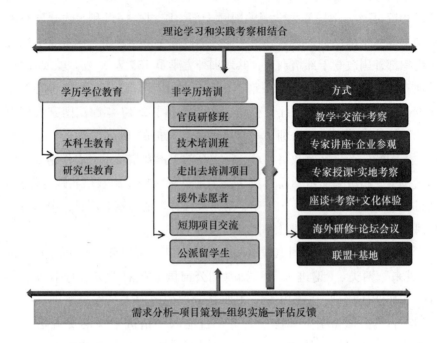

图 12—2 中国与湄公河国家政府间人员培训的主要方式

资料来源：根据商务部等网站相关资料整理。

国家政府人员进行培训，针对湄公河国家政府人员的培训需求，进行精准的规划，还根据培训项目的需要配备中外知名专家、相关部委领导、学科带头人、业务科研骨干、企业优秀代表、行业协会组织、非政府组织代表，打造全方位、立体化的师资队伍；在培训方式方面，针对具体培训需求，多边培训时大部分采取英文或者中文直接授课形式，在进行双边培训合作时，有条件的承办单位利用承办单位的留学生资源和小语种资源，打造人性化的培训语言环境；同时依靠远程教育系统的优势，邀请相关国际组织、政府官员、本行业的专家和领军人物参与培训，在帮助政府人员建立系统化的理论知识的同时，还可以拓展政府人员国际视野、掌握国际发展动态；在人员管理方面，中国与湄公河国家政府间人员培训对管理人员的政治素养、语言沟通能力和专业技术水平有很高的要求，对管理人员的业务素质也会提出相应要求，此外还注重发挥五国政府人员的主观能动性，在提供培训的基础上，提高受训人员自我学习、自我管理、自我提升的能力，能够将培训内容运用到服务本国经济社会发展上。

实践考察方面，形式比较丰富多样，根据培训需求到相关省市进行实地考察和参观调研，使来华培训的湄公河国家政府人员对中国发展的经验和模式有直接体验，更直观地满足湄公河国家政府人员培训的需求。例如澜沧江—湄公河外交官能力提升研修班安排参加培训的政府人员赴外交部中国—东盟中心、环保部中国—东盟环保中心、商务部、腾讯公司、景洪水电站、滇池水务、云南大学等开展了一系列交流参访活动，多维度了解中国的区域合作政策。

2. 形成了完整的闭环体系

目前中国与湄公河国家政府间人员培训已经形成闭环体系，主要包括需求分析、项目策划、组织实施、评估反馈四个环节，交流培训项目大都照此展开。如果按照前期、中期和后期三个阶段来分析（孙立新，2009），需求分析和项目策划属于前期工作，在了解培训需求的基础上进行项目方案的设计；组织实施属于中期管理，有计划地执行培训实施方案，力争高标准完成整个培训过程；评估反馈属于后期管理，做好存档工作和相关记录，同时将一些意见进行整理和分析，为下次培训做准备。

（1）需求分析。关注湄公河国家政府人员培训需求是合作的基本原则，随着"一带一路"倡议和澜湄合作机制不断深化，湄公河国家政府人员也有了新的培训需求，精准识别需求，才能有效提升培训的效果。以需求为核心，把岗位需求作为培训的重点，突出政府人员培训的独特性，兼顾湄公河国家政府人员的个人培训需求，精准定位政府人员培训的关注点。湄公河国家的政府人员大多接受过良好的教育，有些还曾在欧美发达国家留学（聂方冲，2014），在实际工作中积累了丰富经验，来华培训的需求比较明确，往往是带着解决问题的目的来的，因此培训工作要有精准性和针对性，同时还要从培训学员的兴趣爱好、心理特征、价值追求和个人要求等不同角度进行精细化服务（殷志刚，2013）。

（2）项目策划。一方面，准确识别湄公河国家政府人员的培训需求，根据培训需求科学设计课程，重点突出中国与湄公河国家双边或者多边交流培训的针对性和实效性，项目方案经过各相关领域专家分析论证；另一方面，中国与湄公河国家政府间人员交流培训的承办单位也有明确的规章制度和指导工作开展的流程。

（3）组织实施。一方面，按照既定的交流培训方案组织开展培训，及时和湄公河国家的政府人员沟通交流，有需要时能够及时调整行程，灵活地组合形式，以包容、开放、周到的态度完成培训合作，实施过程中注重交流平台的提供，培训方式注重与国际接轨，注重政府人员培训的特点；另一方面，在管理和服务上，尊重学员的生活习惯和文化习俗，服务周到。

（4）评估反馈。对中国与湄公河国家政府间人员培训的后续跟踪联系和评价反馈，有助于更好提升中国与湄公河国家政府间人员交流的水平。目前，中国与湄公河国家政府间人员培训项目都会在结束后开展系统的评估工作，设计评价指标，从培训设计、培训方式方法、培训资料、课程安排、教师水平、管理和保障等方面，对培训结果进行定量评价，实现培训质量调查动态全覆盖，在此基础上形成年度培训工作评估报告，对中国与湄公河国家政府间人员培训的情况，例如学员情况、培训质量和培训需求满足程度等进行分析评估（戴洋，2016）。

二　中国与湄公河国家政府间人员交流培训的模式

（一）政府间人员交流合作的典型模式

1. 政治互访交流模式

中国与湄公河国家政府间人员已经形成了从中央到地方政治互访的沟通机制，表12—2梳理了中国与湄公河国家政府间的一些主要的政治互访交流。

表 12—2　　　　　**中国与湄公河国家政府间的政治互访交流**

层级	类型	互访交流
国家层面	领导人会议	2016 年 3 月 23 日，首次领导人会议在中国海南三亚举行
		2018 年 1 月 10 日，第二次领导人会议在柬埔寨金边举行
	外长会议	2015 年 11 月 12 日，首次外长会在中国云南景洪举行
		2016 年 12 月 23 日，第二次外长会在柬埔寨暹粒举行
		2017 年 12 月 15 日，第三次外长会在中国云南大理举行
	高官会议	2015 年 4 月 7 日，第一次高官会在中国北京举行
		2015 年 8 月 21 日，第二次高官会在泰国清莱举行
		2016 年 2 月 24 日，第三次高官会在中国海南三亚举行
		2016 年 12 月 22 日，第四次高官会在柬埔寨暹粒举行
		2017 年 10 月 28 日，第五次高官会在中国云南昆明举行
		2018 年 1 月 9 日，第六次高官会在柬埔寨金边举行
	外交工作组会议	2015 年 7 月 23 日，首次外交工作组会在泰国曼谷举行
		2016 年 1 月 29 日，第二次外交工作组会在中国云南昆明举行
		2016 年 2 月 23 日，第三次外交工作组会在中国海南三亚举行
		2016 年 11 月 9 日，第四次外交工作组会在中国北京举行
		2016 年 12 月 22 日，第五次外交工作组会在柬埔寨暹粒举行
		2017 年 9 月 29 日，第六次外交工作组会在中国云南大理举行
地方层面	云南省	2018 年 4 月 3 日，省委书记与越南河江省委书记一行在昆明举行工作会谈
		2017 年 9 月 20 日，省委副书记在昆明会见老挝中央候补委员、劳动和社会福利部党委副书记、副部长等老挝高级干部研修班一行
		2017 年 9 月 4 日，省委书记、省人大常委会主任在昆明会见缅甸联邦议会人民院议长一行
		2017 年 6 月 26 日，副省长在昆明会见泰国交通部副部长一行
		2017 年 6 月 12 日，副省长在昆明分别会见柬埔寨班迭棉吉省省长和越南代表团一行

续表

层级	类型	互访交流
地方层面	广西壮族自治区	2018 年 4 月 24 日，自治区主席在金边拜会柬埔寨首相洪森
		2018 年 2 月 23—24 日，广西与越南边境四省党委书记在桂林举行新春会晤
		2017 年 12 月 13 日，自治区副主席会见泰国南部府尹代表团
	贵州省	2017 年 10 月 20 日，省外事办党组书记、主任在京拜会越南驻华大使，就进一步推动贵州与越南友好交流合作进行了深入交谈
		2017 年 6 月 13 日，省委书记、省人大常委会主任在贵阳会见柬埔寨人民党中央常委、政府副首相兼议会联络与监察部大臣率领的柬埔寨人民党高级干部考察团一行

资料来源：根据澜湄合作中国秘书处和各省网络整理。

2. 会议论坛交流模式

中国通过开展与湄公河国家政府间人员交流，搭建起了与周边国家和地区之间人心相通、互利合作的桥梁。一方面，湄公河国家政府人员学到了中国的发展经验，五国政府人员能够进一步服务本国经济社会发展，拓展双方合作的空间，巩固双方的友谊；另一方面，在与湄公河国家政府人员的交流中，中国也能主动服务"一带一路"的发展需求，创新交流方式，为五国政府间人员的交流提供更好的平台。例如，首个澜湄周期间，澜湄国家举办了青年交流、合作成果展、文化表演、智库论坛、企业峰会、电视专题片等一系列交流活动，为五国政府人员提供了新的交流平台。表 12—3 梳理了中国与湄公河国家政府间人员的会议论坛交流活动。

表 12—3　　　　　中国与湄公河国家政府间人员的会议论坛交流

名称	主办部门	参与方
澜沧江—湄公河合作村长论坛	中国农业农村部与云南省人民政府共同主办	澜湄六国的政府部门、村庄/合作社及有关国际组织代表约 300 人

名称	主办部门	参与方
2017 澜湄合作滇池论坛	亚洲金融合作协会、中国—东盟中心共同主办	澜湄国家的中央部门、企业、媒体、专家学者、驻昆明领事馆及外资机构代表 700 余人
首届澜湄国家地学合作论坛	澜湄合作中国秘书处、中国地质调查局共同主办	举办了"遥感信息技术"和"地学信息共享与社会化服务技术"两个研修班、"澜湄地学合作现状与发展国家论坛"、"澜湄国家水文地质环境地质论坛"、"澜湄国家地学合作圆桌研讨会"
首届全球湄公河研究中心智库论坛	中国国际问题研究院、全球湄公河研究中心（中国中心）主办	澜湄六国的国家分中心代表，其他东盟国家智库代表及湄公河委员会、大湄公次区域经济合作等组织代表
澜湄周主题公共论坛	柬埔寨外交与国际合作部举办	澜湄国家驻柬埔寨使馆代表、柬埔寨外交与国际合作部官员及大、中学生 400 余人
第 13 届澜沧江—湄公河青年友好交流活动	中华全国青年联合会和泰国社会发展与人类安全部合作举办	澜湄六国的有关机构优秀青年代表 66 名
澜湄水环境治理圆桌对话	澜湄环境合作中心与云南省环境保护厅联合主办	澜湄国家环保部门、研究机构、国际组织、企业及媒体代表等 100 余人出席，澜湄合作中国秘书处派员参加
澜湄水资源合作成果展暨澜湄水资源合作中心开放日	中国水利部国际合作与科技司主办，澜湄水资源合作中心承办	中国水利部、外交部、长江水利委员会等相关部门、智库高校、水利水电开发企业代表以及湄公河国家驻华使节和在华留学生代表 80 余人参加，澜湄合作中国秘书处派员参加
澜湄职业教育论坛	天津中德应用技术大学	柬埔寨、泰国、缅甸、老挝等湄公河国家驻华使馆代表，中国外交部澜湄合作中国秘书处、天津市工信委、商务委、教委和外办、中国—东盟中心的领导和嘉宾，以及天津市职业院校代表、中国企业代表、行业协会代表

续表

名称	主办部门	参与方
2017 澜湄大学生友好运动会	云南省政府	来自湄公河国家及印度、印度尼西亚、新加坡、孟加拉国和中国的 23 个高校代表队共800 余人参加
澜沧江—湄公河青年创新创业训练营	青海省玉树藏族自治州、复旦大学、青海大学、上海市对外文化交流协会、杂多县主办	来自广西财经学院、柬埔寨皇家金边大学、老挝国立大学、缅甸仰光大学、泰国宋卡王子大学、泰国兰实大学、越南河内社科人文大学、越南外交学院的 35 名青年参加,活动期间来自澜湄六国政府、外交机构和高校的嘉宾、专家出席国际组组委会会议和国际专家委员会会议,讨论项目未来运行和发展前景
澜湄国家经济技术展览会	中国贸促会和柬埔寨王国商业部共同主办	中柬嘉宾,以及老挝、缅甸、泰国、越南等国家的商业协会或驻柬使领馆代表参加
2016 澜湄国家旅游城市合作论坛	海南省三亚市人民政府、海南省旅游发展委员会、海南省外事侨务办公室共同主办	中国和来自湄公河国家的 16 个城市的代表、驻华使领馆官员和澜湄国家旅游业专家共计140 人参加
首届中老医院澜湄周活动	云南省西双版纳州人民医院	中国云南西双版纳—老挝北部 5 省医院第二届产科护理安全管理培训、西双版纳州人民医院紧急救援队与援建的老挝紧急救援队举行应急救援联合演练,以及中老双方医疗技术观摩和交流座谈等

资料来源:根据中国外交部网站相关内容整理。

3. 项目合作交流模式

澜湄合作机制的特点是务实高效、项目为本,自 2016 年 3 月启动以来取得了迅速进展,展现了"澜湄速度"和"澜湄效率",培育了"澜湄文化"。在 2016 年 3 月的澜湄合作首次领导人会议上,中方宣布设立澜湄合作专项基金,此后 5 年提供 3 亿美元支持六国提出的 132 项中小型合作项目。其中,柬埔寨 16 项、老挝 13 项、缅甸 10 项、泰国 4 项、越南 5 项。目前澜湄合作专项基金的首批项目已相继落地,详见表12—4。

表 12—4　　　　　　　　　　**澜湄合作专项基金首批签约项目**

国家	项目数量	项目领域
柬埔寨	16	柬埔寨获得澜湄合作专项基金731万美元，将用于实施16个项目，涵盖农业、旅游、电信、教育、医疗卫生、农村发展、文化交流等方面。这是澜湄合作的第一批专项基金项目，柬方获批项目最多
老挝	13	中老签订项目协议总额约为350万美元，涉及水文监测、工业制造、信息通信、人才培训等多个领域
缅甸	10	项目共获得240万美元资金，涵盖运输、农业、文化、遗产保护等多个方面
泰国	4	中方将资助泰方开展包括跨境经济特区联合发展、贸易和物流边境设施升级改造、澜湄商务论坛以及次区域农村电子商务发展等4个项目

资料来源：根据新华网等网站相关内容整理。

4. 公共服务交流模式

随着澜湄合作机制的深入推进，中国与湄公河国家政府间人员在科技、教育、文化、卫生和体育等公共服务部门交流互动频繁。澜湄国家公共服务部门具有代表性的交流活动详见表12—5。

表 12—5　　　　　　　　　　**公共服务部门交流活动**

部门	交流项目
科技	澜湄合作现代物流产业发展论坛
教育	澜湄职业教育联盟圆桌会议、澜湄职业教育论坛、澜湄职业教育基地
文化	澜湄文化博览园、澜沧江—湄公河文化行、澜湄国际电影周、澜湄艺术节
卫生	澜湄光明行、2018年澜沧江—湄公河部分边境地区疟疾和登革热跨境联防联控协调与疫情交流会
体育	澜沧江—湄公河大学生友好运动会
青年	"澜沧江—湄公河之约"流域治理与发展青年创新设计大赛、澜沧江—湄公河青年创新创业大赛训练营、澜沧江—湄公河中外青年友好交流活动
妇女	澜湄流域妇女论坛、澜湄国家妇女实用技术培训班、澜湄国家妇女干部研修班
宗教	澜湄国家佛教领袖对话、佛牙舍利赴缅甸、泰国供奉

资料来源：根据网站相关内容整理。

广西作为我国与湄公河国家海陆相连的省区之一，在促进澜湄合作中发挥着前沿阵地的作用，广西与越南北部边境四省每年春节都会举行新春会晤联谊，同期举行联合工作委员会会晤。每年会议的主题是回顾新春会晤共识的落实成果，对新春会晤实现机制化进行评价，积极推进各层次交流交往。2017年，双方部级以上团组互访11批，边境地区党委、政府及其部门之间开展互访148批，边境县（市、区）缔结友好村屯20对（陈贻泽、魏恒，2018）。各级党委和纪检、组织、宣传以及其他党务工作系统之间的交流，为中越加强政治、经济和社会互信奠定了基础。同时，广西积极创新丰富中国与湄公河国家政府间人员的非正式交流活动，举办了青少年友好交流、边民大联欢、妇女培训和发展等活动。

云南省利用澜湄合作的区位优势，积极开展与邻国妇女机构和组织的交往，主动服务"一带一路"建设，在促进妇女发展、消除妇女贫困工作上与湄公河国家积极交流经验，深化妇女对外交往，促进妇女民心相通。2018年，昆明市承办了"消除贫困与妇女经济赋权"澜湄国家妇女干部研修班，来自湄公河五国的30名学员，围绕消除贫困、妇女创业、保护妇女权益等内容展开学习，并赴昆明、瑞丽、芒市考察妇女事业发展项目（李翕坚，2018）。

（二）政府间人员培训合作的典型模式

随着澜湄合作机制的不断深入，有必要对中国与湄公河国家政府间人员培训模式进行研究，下文总结了目前中国与湄公河国家政府之间人员培训的几种典型的合作模式。

1. "基地 + 党校 + 干部学院"的培训模式

"基地 + 党校 + 干部学院"的培训模式是整合政府机关研修基地、党员干部培训和教育学校、各级干部学院等培训资源，对来华的湄公河国家政府人员进行培训的一种模式，是针对党政人员和公共服务部门工作人员的一种典型的培训模式，主要集中在设立国家级援外官员研修基地的六个地区。例如，2017年云南省承办举办援外培训班次29期，培训国外政党官员704名，云南省委党校积极开展党的创新理论、执政经验和国家重大发展战略等方面的教育培训，承接了越南党政干部考察团等5期班次，云南民族干部学院积极探索东南亚国家政党干部培训，承接缅甸全国民主联

盟干部考察团、老挝领导干部培训班等 4 期培训班次，共培训外国官员
108 名。2018 年，云南民族大学承担为湄公河国家澜湄合作秘书处（协
调机构）提供人力资源培训的工作，为六国澜湄合作秘书处开展培训
（张勇，2018），详见表 12—6。

表 12—6　　　　　　　　　　六地基本情况

省市	基地	党校	干部学院
云南	云南国际经济技术交流中心	云南省委党校	云南民族干部学院
上海	上海市商务教育培训中心	上海市委党校、上海行政学院	中国浦东干部学院
海南	海南省商务厅商务培训中心	中共海南省委党校、海南省行政学院、海南省社会主义学院	海南省农业干部学校、海南省政法干部培训学院
江西	江西外语外贸职业学院	中共江西省委党校、江西行政学院	江西干部学院
福建	福建省外经外贸干部培训中心	中共福建省委党校、福建行政学院	福建省政法管理干部学院
湖南	湖南外贸职业学院	中共湖南省委党校、湖南行政学院	湖南经济管理干部学院

资料来源：根据网站相关内容整理。

　　这种培训模式在注重培训效果的同时，更注重政治效益，始终把讲好
中国故事、总结中国模式、传播中国经验作为第一要务，贯穿于整个培训
设计之中，重点突出中国特色、经济发展成就，弘扬中华民族精神、中国
传统文化，使湄公河国家政府人员全面深入地了解中国，感受中国特色社
会主义的成就。这种培训模式的实践考察注重选择沿途有文化、周边有风
光、发展有成效的考察路线，让学员近距离感受中国发展的精神动力、建
设成果、民生服务。
　　2. "专家讲座 + 考察调研 + 文化体验" 的培训模式
　　"专家讲座 + 考察调研 + 文化体验" 的培训模式是根据湄公河国家政
府人员特点形成的培训模式，政府人员培训与其他培训有明显不同，政府
人员培训带有政治性和继续教育性，因为公务员、公共服务部门工作人员

和国有企业的管理人员对于管理经验、发展模式和相关技术的需求很明确，对培训方式也有清晰的认知，来中国培训交流也是带着解决问题、交流工作方式的目的来的，与其他类型人员的培训比较，政府人员学习的主动性非常强，对相关领域专业很了解。湄公河国家经济社会正处于发展转型阶段，五国政府人员对国家发展中遇到的很多问题，例如党的建设、新农村建设、城市管理、行政改革、人事制度改革、干部管理、农业规划、林业规划、纪律监察、办公室工作、群众工作、宣传工作等方面有很强的培训意愿，在发展经验和路径方面，湄公河国家和中国有很多相似的地方，很多经验和举措是值得交流的。近年来，云南省在政府间人员培训中发挥独特优势，主动服务和融入国家发展战略，搭建起对外交流合作的桥梁和纽带，有效推动了地方对外开放和国家周边外交，承办的"澜沧江—湄公河外交官能力提升研修班"项目，邀请相关领域的专家学者为学员授课，安排学员开展一系列交流参访活动，安排学员登长城、访故宫、观看文艺表演，感受中国文化，了解中国的发展成就、文化传统和风土人情，是这种培训模式的典型代表。

这种模式的最大特点是能够很大程度上满足湄公河国家政府人员培训的需求，培训形式丰富多样，在满足需求的同时能够加强中国与湄公河国家政府人员加强政治互信，交流管理和服务的理念，达成共识。例如，自2002年起，中国广西国际青年交流学院已连续16年举办了50期东盟青年干部培训班，共培训了来自东盟10国的2000多名青年干部，第50期是培训20名柬埔寨人民党选派的青年干部，进行为期28天的培训，主要学习中国历史、经济、青年工作、农业、电子商务、传统文化等，学院有所侧重地组织培训班学员到广西壮族自治区各地考察，了解广西的社会发展、经济建设以及青年创新创业开展情况，并赴广州考察交流，感受中国经济与文化的发展，与我国各族青年开展广泛交流。

3. "政、企、校联合培养"的培训模式

目前湄公河国家正处于经济和社会发展的转型时期，对专业技术和项目工程实施管理的培训需求很大，特别是科技、教育、文化、卫生、体育等公共服务部门的工作人员和国有企业的经营管理人员，对科学技术、发展经验、治理方式、项目工程实施和管理的培训需求非常迫切。针对这些需求开展的"政、企、校联合培养"的培训模式很好地整合政府公共服务部门、企业和科研院校的培训资源，按需定制培训内容和形式，契合澜湄合作坚持务实导向，采用政府引导、多方参与、项目为本模式。澜湄国家有较强的互补优势，利用这种互补优势，按照政府引导、企业和科院院校为主体、社会参与、市场需求多方推动的原则，在平等相待、自愿参与的基础上，依托合作项目，建设多元化合作的交流平台，通过强强联合、优势互补，开展政、校、行、企全面深度合作，培养服务湄公河国家经济社会发展的管理服务人才和技术技能人才。

目前，广西建立了九个中国—东盟教育基地（培训）中心，为广西与湄公河国家政府间人员交流培训提供保障，在商务会展、艺术、语言、金融与财税、农业、机械、矿业等多个方面提升湄公河国家政府人员的专业技术水平。其中"中国—东盟商务会展人才培训中心""中国—东盟艺术人才培训中心""东盟国家汉语人才培训中心""中国—东盟旅游人才教育培训基地""中国—东盟法律培训基地""中国—东盟金融与财税人才培训中心"分别在广西大学、广西艺术学院、广西民族大学和广西财经学院建立。这些培训中心在开展培训的过程中，非常注重项目和企业对政府人员的培训要求，切实将国家公共服务部门、企业、科研院校的培训资源有机整合起来。

海南省发挥其在环境、资源、气候、饮食习惯、产业结构等方面与湄公河国家较为相近的优势，利用海南各院校、党校和干部学院在热带农业种植、海洋产业、旅游管理、岛屿经济等方面的教学经验和实习基地，对湄公河国家的官员和技术人员开展精准培训，在夯实现有培训合作的基础上，对湄公河国家政府人员的培训需求进行深度挖掘。海南省委、省政府在澜湄合作首次领导人会议之后，组织省级领导访问湄公河国家，其间广泛接触湄公河国家中央和地方政府要员、侨界和商界领袖、媒体和文化界人士，开展类型多样的交流活动，包括：外事会见、友城签约、侨务联谊、华侨捐赠、商务洽谈、产业调研等（王胜，2016）。

（三）培训交流模式比较分析

中国与湄公河国家政府间人员交流培训已经形成了一些可借鉴的模式，以下对几种典型模式进行比较研究，同时分析美国、日本和新加坡与湄公河国家政府间人员的培训和交流模式，以吸取其有益经验。

1. 中国与湄公河国家政府间人员交流培训主要模式的比较分析

"基地＋党校＋干部学院"的培训模式很好地整合了培训资源，将政府机关研修基地、党员干部培训和教育学校、各级干部学院有机整合起来，培训的计划、方案、执行和评估都有统一的要求，各培训承办单位能得到商务部或外交部的指导和统一管理，同时注重管理经验和管理模式的总结，在培训过程中可以达成政府层面的合作意向。因为这种培训模式的参与者都是比较专业的培训院校和培训机构，长期从事对外政府之间人员的培训，在政治外交素养、培训方案制定、培训需求的精准识别、学员的管理方面具有很强的专业性，对培训的理论体系研究较为深入，培训的教职工政治立场坚定，对中国政府部门的重大决策部署较为了解，教学内容贴近中心工作，契合来华培训的湄公河国家政府人员的需求。在培训管理方面，无论是官员研修基地、党校还是干部学院，对来华培训的政府人员的管理都很严格，培训的效果和质量稳定，各类组织机构完备、经验丰富，对培训对象的特点、需求有深入的了解，培训效果能得到有效保证。

"专家讲座＋考察调研＋文化体验"的培训模式将理论教学和实践考察有机结合起来，同时注重来华培训的政府人员的文化交流体验，在满足这些政府人员培训需求的同时，还为他们提供感受中国文化，了解中国发展成就、文化传统和风土人情的机会。这种模式通过丰富多彩的活动，加深学员对中国和澜湄合作的了解，有助于各国在澜湄合作机制下加强沟通协调，有助于这些政府人员在回国后积极宣介中国发展成就和发展道路，同中方进一步密切合作，推动澜湄合作不断取得新进展，为今后开展更加紧密的合作奠定良好基础。考察调研能够将中国发展过程中的经验和教训直观展现出来，让来华培训的湄公河国家政府人员切实有所收获。这种培训模式要注意时间的安排，在培训过程中，在邀请专家的环节，注意做到精准定位政府人员的培训需求，不能一刀切，而且要注意避免出现僵化死板的情况，考察调研要注意针对性，在了解培训人员需求的基础上合理安排。

"政、企、校联合培养"的培训模式能够将政府部门、相关企业和科研院校的优势集成起来，针对技术和项目培训需求，采用政府政策合理引导、企业和科研院校共同实施的培训模式，精准识别政府人员特别是科技、教育、文化、卫生、旅游、经贸和体育等公共服务部门工作人员的培训需求，同时调动企业和社会资本进入培训体系，探索创新中国与湄公河国家政府间人员培训的模式。该模式能够利用科研院校的学历教育优质资源和官员研修项目资源，将短期研修班和长期学历学位教育结合起来，为项目合作提供更多交流合作机会，切实使项目落地、互利惠民，同时为中国企业走出去、湄公河国家企业引进来提供人力资源合作的交流通道。这种模式需要多个主体参与，在协调方面如果没有做好细致的沟通工作，容易影响培训的效果。

政治互访交流模式是中国和湄公河国家党政人员重要的交流方式，只有加强党政人员的深度交流，才能加强中国与湄公河国家的政治互信基础，才能做好高层交往、政治对话与合作、政党交流、非传统安全合作的顶层设计，在此基础上不断深化各领域的交流合作。这种交流方式的平台和水平都很高，达成的合作通常上升到国家层面，能够得到相关部门的支持。政治互访交流能够进一步深化中国与湄公河国家政府间人员的交流机制，推动领导人会议、外长会、高官会、外交及各优先领域工作组会进一步实现层级化发展，构建立体的交流合作格局。

会议论坛交流模式是灵活性较高的交流模式，这种模式的最大优点是实用性强，应用领域广泛。在中国与湄公河国家政府间人员交流的过程中，湄公河国家的政府人员不仅需要来华培训，更有交流本国实践情况和发展模式的需要，相关会议和论坛提供了一个信息沟通交流、资源共享的平台，通过开放式的平台，为中国与湄公河国家政府人员提供了畅所欲言的渠道，更为这些政府人员在论坛和会议结束后的交流提供了途径，通过长期的深入交流，更能动态分析发展过程中的经验和问题。目前，会议论坛交流模式还缺乏系统规划，针对中国与湄公河国家政府间人员交流的同领域资源缺乏共享机制，如果沟通机制不顺畅，会造成资源的浪费。

项目合作交流模式的优点在于有项目实体作为保障，交流双方的需求和目的都很明确，能够很快进入交流主题，对于双方关心的问题能够迅速达成共识，而且这种交流模式有实体项目作为基础，通常交流一旦达成，就会加速项目的进展，为中国与湄公河国家的互惠合作带来实实在在的利益。不过，这种沟通交流容易在项目结束后中断，所以要加强交流的持续性。

公共服务交流模式的最大优点在于其广泛性和非正式性，这种模式有很强的互动性和灵活性，注重技术标准认可和培训、经验交流、知识分享和能力建设，特别是人文领域的交流几乎形成了全覆盖，并且交流的根基深厚，澜湄国家间长期的人文交流活动始终存在，近期随着澜湄合作机制的推进，公共服务交流的机制化程度不断加深。可以说，这种交流模式就是对平等相待、真诚互助、亲如一家的共商共建共享精神的生动演绎。在这种交流模式下形成的澜湄文化，是对中国周边外交政策理念的提炼和升华，符合构建澜湄国家命运共同体的时代要求。

2. 世界典型国家与湄公河国家政府间人员的交流培训模式

（1）美国与湄公河国家政府间人员的交流培训模式

美国与湄公河国家政府间人员交流培训主要涉及环保、卫生和教育等领域，在经济援助合作基础上注重人文项目的合作，在合作过程中注重双向沟通交流的重要性，在培训交流过程中将美国政治文化传递给湄公河国家的政府人员，而且建立了党政组织、相关委员会、公共服务部门、相关行业管理机构的多种形式的伙伴关系。

在培训合作方面，美国针对公职人员的培训有丰富的经验，随着美国针对湄公河地区政策的调整，针对湄公河国家的政府人员培训也受到美国政府和教育机构的重视，美国对此有系统的培训运行机制作为支撑。具体表现在两方面。一方面，美国针对湄公河国家政府人员的培训内容全面而有针对性，既有国家政治文化、法律知识等方面的基础培训，也有针对岗位的专业知识技能的培训，注重培训的前沿性、时效性和焦点性，针对湄公河国家政府人员的培训工作讲究实效，培训机构和渠道多种多样。美国针对湄公河国家政府人员的培训是市场化机制，不仅利用现有的政府专门培训机构，更利用大量的按照市场机制运行的高等院校和科研院所开展相关培训，例如，美国联邦行政学院、锡拉丘兹大学马克斯维尔学院、哈佛大学肯尼迪政府学院等，在节省资本的同时提升了培训的效果。在培训方式上，美国针对湄公河国家政府人员的培训方式也独具特色，例如专题案例研究、技能示范表演、游戏模拟培训、工作循环培训、会议交流体验等，对湄公河国家政府人员的参与性和体验性十分重视，注重提高教学互动，使培训更具人性化，更有利于开发湄公河国家政府官员的创造性思维和潜能增强培训效果。另一方面，美国在培训过程中十分重视系统性和灵活性，邀请专业调查机构或专家对培训需求进行科学调查和预测，特别是注重将岗位需求和个人需求有机结合，课程设计注重对个体长中短期规划和计划的配合，注重民主政治理念的宣传和职业道德的教育。

美国目前的亚太战略轮廓日益明朗，针对湄公河地区的战略定位越发清晰，与湄公河国家政府人员的外交活动也日益频繁，包括参加国际首脑、部长等级别会议，专门拨款用于"美湄合作"交流，在环境、医疗、教育和基础设施等民生领域不断加强与湄公河国家各级政府人员的沟通，同湄公河国家政府共同建立一系列合作平台，设立包括"国际访问者领袖计划"在内的一系列教育提升计划，提升湄公河国家政府人员英语水平，提升公共服务部门人员素质，支持政府人员工作创新，举办教育、卫生、医疗等领域的讲习班，同时帮助湄公河国家政府人员进行本国、本地区的制度化建设，包括共同起草规划、计划、倡议并注重评估其效果。美国十分注重与湄公河伙伴国、援助机构、非政府组织和多边发展机构的信息共享，也注重推进与湄公河国家高官、部长、城市官员的对话，同时对多边与双边关系统筹兼顾，注重发挥美国在人力资源开发、技术和资金方面的优势，增强对湄公河国家政府人员的吸引力，形成了宽领域、多层次、网络化的政府间人员交流机制。

（2）日本与湄公河国家政府间人员的交流培训模式

日本积极开展与湄公河国家的交流合作，同时也是在湄公河国家政府人员交流培训方面进行深耕细作的国家之一。日本在湄公河地区开展政府人员交流培训的时间较早，领域也十分广泛，并且取得了一定的成效。目前日本确立了针对湄公河国家经济社会发展三年周期的援助模式，帮助湄公河国家建设"东西走廊""南部经济走廊"等基础设施建设，以及关于新能源开发、保护环境与生物多样性等项目（白纯如，2016），与五国的政府人员频繁接触，为五国政府官员和民众提供系统化的培训和交流机会，博得了湄公河国家政府人员和民众的好感。日本对湄公河国家政府人员交流培训政策的持续性和逐渐增大的力度，以及精耕细作的培训和交流实践，都让日本在湄公河国家政府人员中留下深刻印象。

在培训合作方面，日本以精耕细作的培训模式和系统化的培训体系见长，给东南亚地区，特别是湄公河国家留下深刻印象，这与日本针对湄公河国家形成"投资、贸易、援助"三位一体的援助模式有关。目前针对湄公河国家的人力资源开发，日本从政府省厅到驻外派出机构、智库及民间组织均发挥各自优势，为五国政府人员的培训和社会发展献计献策。针对湄公河国家政府人员的培训，日本对湄公河国家政府人员进行职业伦理研修和精益求精管理，培训善于挖掘古典文化的精髓，大力提倡个别政策研究，鼓励学员把本人所在单位或本人所从事的行业当前面临的某项政策议题作为案例，在培训班上介绍、交流和研讨。同时对参加培训的人员给予个性化的人文关怀，从培训计划、培训项目、培训方式、培训效果、培训后勤保障、培训反馈与评估几个角度进行精细化管理。除此以外，针对湄公河国家政府人员培训援助对象标准、培训的方式、国民参与培训决策、相关法律法规的研制、助推培训法制化等方面，日本都十分重视理论研究和实践总结。

在交流合作方面，日本积极和湄公河国家政府人员交流，制定了一系列外交政策、计划和战略，例如《日本—湄公河地区伙伴关系计划》《日本—湄公河合作2012年东京战略》等，帮助湄公河国家进行制度层面的设计，加强与湄公河国家的伙伴关系，定期召开首脑及外长级会议，在湄公河地区，日本正由三位一体的开发援助向政治援助领先的战略援助转变，促进日本政府人员与湄公河国家政府人员的密切交流（刘艳，2016）。同时，日本重视参与消除贫困、教育、医疗、传染病、环境保护等国际问题的解决，注重发挥同欧盟国家等在与湄公河国家政府交流过程中的同盟伙伴关系。日本还非常注重通过媒体传播、文化和学术交流等形式，塑造在湄公河国家的国际形象，通过政府间高层公共外交，构建日本与湄公河国家的政府高层人脉网络，通过邀请湄公河各国领导人访问日本、参加经济合作研讨会、政策对话会、投资说明会等形式，加强与湄公河国家意见领袖、智库、政治家交流，从而推动日本与湄公河国家政府人员之间的交流。其中，日本针对教育、文化、妇女、青年等领域的开发援助与湄公河国家政府人员进行的交流合作最为突出，例如日本推出的"文化的和计划：认识亚洲"，在曼谷设立亚洲中心，举办日语教育、文化艺术交流和学术交流等活动，设立对外援助机构国际协力机构与亚洲残疾人活动支援会，通过派遣专家的形式，参与举办推广女性预算的研究会，提供研究女性职业的援助，推出针对东盟国家的"公费留学项目"；同时还将工学教育逐步导入湄公河国家，与湄公河国家教育服务部门官员开展系统化的交流；邀请湄公河国家的女记者访问日本，安排采访政府高官；实施东亚青少年大交流计划，注重同政府青年发展部门积极交流合作；同时注重通过与知识界、政策智囊的意见领袖开展共同研究，以召开研讨会等形式与湄公河国家政府人员建立交流合作（周英等，2017）。

（3）新加坡与湄公河国家政府间人员的交流培训模式

新加坡公务员培训和教育体制一直是各国学习的典范，新加坡十分重视与湄公河国家政府人员间开展交流培训合作，其公务员培训机制和终身学习的理念也对湄公河国家产生很大的影响。

在培训合作方面，新加坡培训过来自全球约170个国家的官员，拥有丰富的培训合作经验，针对湄公河国家政府人员设立了特定的培训计划和课程。作为东盟培训经验最丰富的国家，新加坡在湄公河国家政府人员培训方面发挥着重要作用。首先，培训项目均是新加坡具有比较优势的领域，包括公共管理、贸易和经济发展、环境保护和城市规划、民航、港口管理、教育、医疗以及信息技术等，这种通过技术和项目培训提高湄公河国家政府人员人力资源质量的做法，区别于直接或间接提供大量资金和贷款的对外援助培训。同时，新加坡的这种技术培训不仅履行了作为发达国家和东盟成员的义务，还提升了国际形象，以最小的成本获得湄公河国家的最大认可。其次，新加坡针对湄公河国家政府人员的培训，大多数项目与第三国或国际组织合作。这种合作方式不仅为新加坡赢得了更多的经济和技术支持，减轻了本国的负担，而且保证了培训项目的顺利进行。再次，新加坡援助培训的对象非常明确，主要是针对东盟成员，特别是湄公河国家，特别注重落实"东盟一体化倡议"，并制定了一系列人力资源开发项目来实现这个目标，其中对相关国家政府人员的培训占有很大比例。

在交流合作方面，新加坡在东盟发展过程中充当着"精神舵手""军师""低姿态领导者"等角色，所以与湄公河地区政府人员的多边交流和双边交流都比较频繁。新加坡通过丰富的公共外交活动，不仅成为东南亚国家政府的活动中心，更为湄公河国家政府人员交流提供了平台，通过文化交流、会议、交换留学生等方式为政府人员的非政府行为交流提供了契机。

三　中国与湄公河国家政府间人员交流培训的特点

澜湄合作机制更加注重普惠、公平、绿色、创新、开放等理念，更加突出接地气、行动力、全面性和包容性等特点，在这种合作机制下，中国与湄公河国家政府间人员交流培训也出现很多新特点。

（一）规模不断扩大，形式日益多元

中国与湄公河国家政府间人员培训和交流的人数呈快速增长趋势，澜湄合作机制启动以来，中方通过出资为湄公河国家培训各类人员近 3000 名。以缅甸为例，2016 年，中国商务部对缅甸培训人数在亚洲地区排名第四，全球排名第八，缅甸自然资源与环保部部长吴翁温、缅甸计划与财政部副部长吴貌貌温、缅甸红十字会副会长奈腊温腊、缅甸社会救济与安置部吴梭昂等政府高级官员均曾赴华参加培训，缅甸各部门对中国商务部的培训项目表示高度认可，并希望中国继续加大培训力度，协助缅甸提升能力建设水平。2017 年，中国政府安排缅甸短期培训项目 168 个；2018 年，中国继续开展对缅短期培训工作，根据缅方实际需求制订培训方案，为缅方培训更多适应政治、经济、社会等发展需要的各领域专业人才。

中国与湄公河国家政府间人员交流培训的形式也越来越多元化，不仅包括基础的学历学位项目（研究生项目），以提升湄公河国家政府人员的知识和学历水平，培养各专业博士和硕士人才，还包括为湄公河国家各部门、各行业安排的短期培训项目，包括多边官员研修班、多边技术培训班、文化和外交双边班、语言培训班等，短期培训项目的形式也是丰富多样，呈体系化发展，采取授课、讲座、访谈、交流、参观以及文化活动等形式，更强调专题研讨、参与式培训、国别报告以及参观考察等多样化的学习过程，为参加培训的政府人员提供全面、主动、立体的学习体验，提升五国政府人员的理论与实践能力，搭建对话平台与合作网络，提升政府人员地区合作意识与创新合作能力，在感受中国文化，了解中国发展成就、文化传统和风土人情的同时，使湄公河各国学员对中国有了更为准确的理解，不但增进了澜湄国家政府之间人员的交流和友谊，而且有助于各国在澜湄合作机制下加强沟通协调，为今后开展更加紧密的合作奠定了良好的基础。

（二）项目不断增加，部门持续拓展

中国与湄公河国家政府间人员交流培训项目不断增加，规模也逐年扩大，澜湄合作机制首次领导人会议上确定的"3＋5合作框架"，推出一系列合作倡议和举措，提出200多个务实合作项目，其中包括政府间人员交流培训项目，例如"澜湄外交官能力提升培训班"就是澜湄合作首次领导人会议确定的45个早期收获项目之一。这些项目的不断落地和实施，促使中国与湄公河国家政府间人员交流培训项目不断增加，以满足五国持续增长的交流培训需求。随着澜湄"3＋5＋X"合作架构的不断发展，政府间人员培训项目不仅在三大支柱和五个优先合作领域进行，还要拓展更多的"X"领域，中国与湄公河国家政府间人员交流培训会出现新情况、新需求、新项目。目前，中国与湄公河国家政府间人员交流培训一些具有代表性的项目，涉及的主办单位很多，涵盖了中央各部委，省、市、县（区）政府机构和事业单位，以及行业协会、非政府组织和民间团体等，已经形成完整的交流培训体系，建构了中国与湄公河政府间人员交流培训的格局。详见表12—7。

表12—7　　　　　中国与湄公河国家政府间人员交流培训项目

主办单位	项目名称	培训对象
澜湄合作 中国秘书处	澜湄合作六国秘书处培训班	六国秘书处和相关部门、地方的学员
外交学院	澜湄外交官能力提升培训班	来自湄公河国家青年外交官
商务部	2018年澜沧江—湄公河流域沿线国家职业教育教师研修班	26名澜湄国家职业教育领域老师及专家
	2017年东盟国家环境友好型农业管理能力官员提升研修班	共有来自中国、斯里兰卡、南苏丹、老挝、柬埔寨等13个国家的108位学员
	中国—东盟跨境电商研修班	来自柬埔寨、老挝、缅甸、越南四国的官员以及东博会秘书处代表共33名学员
	2018年"一带一路"沿线国家林业项目官员研修班	来自柬埔寨、老挝等"一带一路"沿线的11个国家的38名官员

续表

主办单位	项目名称	培训对象
水利部	澜沧江—湄公河水资源合作城乡供水规划与管理培训班	来自湄公河国家的 27 名官员、专家以及孟加拉国的 3 名官员
中国国际扶贫中心	"东盟+3"村官交流项目	来自东盟 9 个国家和中国、韩国的政府官员、基层村官、专家学者，东盟秘书处等代表
联合国教科文组织与大学联合主办	澜沧江—湄公河流域国家"教育与培训促进农村转型"研修班	澜湄国家在国家层面的正规和非正规教育官员，国际组织、大学及研究机构的行政管理者、专家、学者，以及亚洲理工学院的 5 位博士生
农业部国际合作司	澜沧江—湄公河流域国家农业投资与农产品贸易研修班	来自柬埔寨、老挝、越南的 10 名农业官员
联合国国际贸易中心	亚洲及澜湄次区域国家出口能力提升研修班	老挝、缅甸、柬埔寨、尼泊尔、孟加拉国的政府官员、出口企业代表等 35 人
中国国家新闻出版广电总局	2018 年澜沧江—湄公河新闻官员及媒体记者培训班	来自湄公河国家的 17 位新闻官员和媒体记者
全国妇联	澜湄国家妇女干部研修班	来自湄公河国家妇女机构/组织的妇女代表 30 人
云南省政府	2017 年缅甸贸易与投资促进考察交流研修班	缅甸商务部、计划和财务部、交通和运输部、建设部、自然资源和环境保护部及缅甸工商联合会的 19 名官员
云南省商务厅	2017 年缅甸记者研修班	缅甸人民时代在线传媒、缅甸 SHADE 传媒集团、缅甸纳林哈拉新闻等 19 家媒体的 20 位媒体工作者

资料来源：根据各主办单位网站关于交流培训相关内容整理。

（三）主办地集中，承办单位众多

中国与湄公河国家政府间人员交流培训主要集中在北京、云南、广西等地，承办城市分布地区较广，基本上涉及大部分省市，主要集中在东部沿海地区。随着"一带一路"倡议的实施，在全国设有六个国家级援外官员培训基地，分别为云南、海南、江西、上海、湖南和福建，第一批获得"国际商务官员研修基地"的四个省市是江西、上海、福建、湖南，第二批是海南和云南。

以云南援外官员培训基地为例，2014 年国家级的援外官员培训基地（商务部国际商务官员研修基地）在云南省正式挂牌成立，当年 8 月，基地就正式执行第一个援外培训项目——中国政府援助老挝边境贸易研修班，还陆续承办了缅甸开发区建设研修班、缅甸检验检疫研修班等项目。随着"一带一路"倡议和澜湄合作机制的推进，面向"三亚"、肩挑"两洋"的云南成为沿边开放的重要省份，在这个开放发展的关键时期，云南成为已获准的全国六个设有国家级援外官员培训基地的省份之一，也是全国唯一一个设有该基地的沿边省份，逐渐显现出积极作用。

基地培训内容包括基础设施建设、项目管理、经贸合作、旅游、农业、边检站运营、检验检疫等领域，一方面，通过课堂讲座与学员分享中国在相关领域的研究成果、实践经验及取得的成就；另一方面，有针对性地安排学员到省内外相关政府部门和企业进行交流座谈、参观考察、增进了解，为今后进一步合作奠定基础。基地还特意开设了体验中国传统文化及云南独特民族文化的环节，使来华培训官员更全面地了解中国及云南。参加培训的官员基本来自"一带一路"沿线国家，其中湄公河国家政府人员的交流培训人数占很大比例，这不仅体现了云南服务澜湄合作机制的优势作用，也与云南省辐射中心建设的相关区域重合。基地在总结参训官员情况的基础上，开发了云南省的援外培训 APP 客户端，旨在建设一个为参训官员提供培训信息以及加强沟通交流的平台，将培训教学、管理、学员沟通、对外宣传等方面的工作进一步优化整合，加强招生、教学、回访等各环节的一体化管理。

（四）领域不断拓展，水平逐渐提升

随着"3 + 5 + X"合作架构的提出和澜湄合作机制下六国人力资源开发项目的初步进展，中国与湄公河国家政府间人员交流培训的领域不断拓展，从最基础的农业、工业、交通运输、能源电力、信息通信等领域拓展到经济、贸易、金融、能源、环保、社会救济和医疗等领域，目前正逐步加强数字经济、环保、卫生、海关、青年等领域政府间人员交流培训。未

来在澜湄合作机制持续深化的基础上，中国和湄公河国家政府间人员交流培训的重点领域会逐步拓展到更符合湄公河国家经济社会发展需求的领域。而且，随着"一带一路"合作项目的不断落地，政府间人员的交流培训将出现更多新特点、新需求，政府人员在政治安全事务（高层交往、政治对话与合作、政党交流、非传统安全合作）、经济与可持续发展（互联互通、产能、经贸、金融、水资源、农业、减贫、林业、环保、海关、质检）、社会人文（文化、旅游、教育、卫生、媒体、民间交流和地方合作）方面的交流培训需求会更加凸显。

除了交流培训领域的拓展外，中国与湄公河国家政府间人员交流培训的管理水平有了明显提高，作为援外培训的重要组成部分，中国与湄公河国家交流培训的管理已经初步形成系统化的运作机制。一方面，2017年，六国外交部均成立了澜湄合作国家秘书处或协调机构，各个优先领域联合工作组全部建立，澜湄水资源合作中心、环境合作中心和全球湄公河研究中心已投入运作；另一方面，对来华参加培训的湄公河国家政府人员的管理和服务的水平逐渐提升，服务的人性化和针对性有所改善，形成了前期工作准备充分、中期管理灵活、后期持续跟踪的管理服务体系。例如，云南在培训的小语种服务上独具特色，同时为了让参训官员了解中国、融入中国、爱上中国，培训班从教学实践到人文关怀，都努力让学员感受到中国人民、云南人民的友好情谊，以及开放合作的愿景；广西在承办中国与湄公河国家政府间人员交流培训项目时，十分关注政府人员的培训需求，有针对性地利用调研和文化交流机会，针对湄公河国家的实际需求和政府人员的工作特点进行管理和服务，提升了交流培训的效果。

（五）机制逐渐完善，管理趋于专业

目前，中国与湄公河国家政府间人员交流培训已经初步形成了以外交部、商务部为核心的各部委牵头主办，各省市政府机构、科研院校、培训中心和基地等承办，相关企业、协会和非政府组织代表参加的政府间人员交流培训格局。交流培训机制的不断完善，是保障中国与湄公河国家政府间人员交流培训项目顺利开展的重要基础。中国与湄公河国家政府间人员交流培训涉及中央多个部委和相关部门，主要业务在商务部和外交部，科技部、文化部、农业部、水利部、教育部等部委也参与其中。在地方层

面，由省市政府机构、科研院校、培训中心和基地等承办单位以及相关企业、行业协会和非政府组织等形成了交流培训的综合体系。

中国与湄公河国家政府间人员交流培训的专业性日益增强。在政策方面，1998 年以来，中国相继制定了《对外援助支出预算资金管理办法》（1998 年）、《援外出国人员生活待遇管理办法》（2007 年）、《对外援助培训项目管理规定》（2011 年），商务部发布了《商务部对外援助培训项目实施管理工作手册》（2010 年）、《对外援助管理办法（试行）》（2014 年）等（刘燕玲，2016），使中国与湄公河国家政府间人员交流培训工作有章可依；在管理方面，由于政府人员培训安排要服务于国家对外关系大局，因而要求管理人员不仅具备语言沟通、跨文化交流等专业素质，而且要有很强的政治敏感度，能够打造交流培训的新模式，拓展合作交流的新领域；在组织实施方面，目前中国与湄公河国家政府间人员交流培训基本上形成了"需求分析—项目策划—组织实施—评估反馈"的交流培训体系，在澜湄"3 + 5 + X"合作框架的基础上确定了优先领域开展培训，不断强化师资的精准性和有效性，采用多元化的教学模式，培训项目的实施做到对标国际，提高交流培训的国际化水平和专业水准。

四　中国与湄公河国家政府间人员交流培训的问题与挑战

目前中国与湄公河国家政府间人员的交流培训形成了初步的体系，但在交流培训方式的匹配、合作环节精准对接、建立交流培训的专门平台等方面还存在诸多问题，也面临着发展过程中的挑战。

（一）中国与湄公河国家政府间人员交流培训存在的问题

1. 交流培训机制碎片化问题凸显

目前，中国与湄公河国家政府间人员交流培训机制的碎片化问题已经有所凸显。一方面，国家、部级、省级、市级、县级、村级等各层级培训交流机制相互分割，出现了碎片化的现象，缺乏从中央到地方各级政府人员的系统化的培训交流机制；另一方面，中国与湄公河国家政府间人员交流培训内容和培训项目也存在碎片化的现象，由于其运行体系是逐步建立起来的，目前很多交流培训是在东盟合作、大湄公河次区域等机制下形成的，也有的是基于澜湄合作机制的推进和"一带一路"项目的建设形成的，很多项目内容和领域存在着交叉和重合。而且中国与湄公河国家政府间人员交流培训的主办单位之间、各承办单位之间的主管部门不同、内部资源也有所不同，甚至工作流程、运行机制都存在差异，导致交流培训信息和资源很难实现共享，造成资源的闲置或重复投入的问题。

交流培训机制影响到中国与湄公河国家政府间人员交流培训的发展。目前，中国与湄公河国家在国家层面的政府人员交流培训已经初步形成横向框架，但是纵向从国家到省、市、县和村级的层次还需要深度合作，缺乏一个面向湄公河国家政府人员交流培训的多边机构来协调不同部门和资源。随着中国与湄公河国家间人力资源开发合作越来越密切，中国与湄公河国家政府间人员交流培训的任务量也越来越大，涉及的内容越来越复杂、越来越综合，交流培训机制碎片化的问题很容易成为中国与湄公河国家政府间人员交流培训合作的瓶颈和障碍。

2. 交流培训的精准性不够

随着中国与湄公河国家政府间人员培训及交流合作多样性的发展，培训交流项目的同质化和粗放化问题也随之凸显，具体表现在项目策划上存在同质化和粗放化的问题，主要原因是目前交流培训的主办单位和承办单位对湄公河国家政府人员的交流培训需求分析不够精准，在交流方式上的创新力度不够，习惯用现有模式进行培训体系和交流方式的设计和安排，不利于提升中国和湄公河国家政府间人员交流培训的实际效果。

此外，由于各培训机构的主管部门不同，缺乏事前的及时有效沟通，有些培训项目属在尚未明确培训对象需求的情况下就已经确定了培训和交流方案（刘红等，2013），容易影响交流培训的效果。再加上湄公河国家政府人员来自发展程度不同的国家，而且根据培训交流主题的不同，来华培训交流的湄公河国家政府人员需求也不同，增加了培训交流的难度。尤其是一些技术性很强的交流培训，专业化程度的差异给培训交流带来一定的困难，内容很难统一，因此会出现培训交流与需求不符的矛盾，造成交流培训方式的精细化程度不高，影响中国与湄公河国家政府间人员交流培训的合作进展。

3. 交流培训的桥头堡作用不明显

云南和广西两省区在中国与湄公河国家间的交流与合作中发挥着桥头堡作用，同时也是"一带一路"背景下中国与湄公河国家人力资源开发合作的先行先试地区，在中国与湄公河国家政府间人员交流培训中起着模范带头的作用。就目前中国与湄公河国家政府间人员交流培训的合作情况来看，国家对云南、广西发挥其桥头堡和先行先试作用的支持力度还有待加强。目前，云南、广西与湄公河国家政府人员交流培训体制机制有待创新和进行整体设计；相关培训和交流的经费不足，缺乏专项资金的支持，在支持引导社会资本进入交流培训合作工作的支持力度不足；尤其是对高等院校、党校、干部院校等政府人员相关培训基地先行先试的支持力度不够大，体制机制的突破力度不够；基地管理合作的国际化水平也有待提升。

（二）中国与湄公河国家政府间人员交流培训面临的挑战

相对于美国、日本、欧盟国家、韩国和印度在湄公河国家的影响，中国在和湄公河国家政府人员交流方面的影响力还有待提升，澜湄合作机制也需要与其他现存的澜湄区域合作机制相协调。

1. 中国与湄公河国家政治互信基础需要进一步巩固

中国与湄公河国家地缘相近、人缘相亲、文缘相通，目前已经建立了四级会议机制、澜湄合作六国国家秘书处、六个联合工作组、水资源合作中心、环境合作中心和全球湄公河研究中心等，但是在政治互信方面还需加大合作力度，努力做到把经济互补性转化为发展互助力，不因一时一事干扰发展与合作大局，特别是在水资源、水利设施、农业、人力资源、医疗卫生、人文交流方面的合作深度还不够，某些领域存在一定程度的误解和偏见，影响了各方合作的诚意和力度，需要相互信任、相互理解、相互支持，加强政策对话和交流合作。

2. 中国在湄公河政府间人员培训交流方面的影响力有待提升

目前，美国、日本和印度等国家加大了对湄公河区域的战略投入，建立了多重对话合作机制，包括美国主导的"湄公河下游倡议"、日本主导的"日本—湄公河国家首脑会议"、印度倡议的"湄公河—恒河合作倡议"，在这些机制下的政府间人员交流培训也以各种形式开展。美国不断向湄公河流域宣传发展理念，同时派遣大批非政府组织到湄公河国家开展活动（宋效峰，2013）；日本在人力资源培训、技术输出、制度设计等领域进行深耕细作，尤其是通过实施大量小型的民心项目获得了广泛的群众基础；印度则和湄公河国家建立了湄公河—恒河合作机制，在人力资源开发合作的政策方面有着独特的优势；欧盟要求湄公河国家发展民主和人权，也资助大量的非政府组织在湄公河国家活动，特别是在政府间人员交流培训上，欧盟国家对湄公河国家政府人员的吸引力较强。这些竞争在一定程度上会削弱湄公河国家同中国开展人力资源开发合作，特别是影响澜湄国家政府间人员交流培训的积极性。相对于这些国家，中国在湄公河国家政府间人员交流培训方面的影响力和吸引力还有待提升，在推进高层互访和政府主导的项目合作的基础上，要特别注重公共服务技术培训和人文交流，加大中国与湄公河国家政府人员交流力度和合作深度。

3. 澜湄合作机制与原有机制的协调会影响资源配置

澜湄地区存在着多方参与的多种区域合作机制长期并存的问题，除了湄公河次区域经济合作、东盟—湄公河流域开发合作和湄公河委员会的机制之外，还有区域内国家自主建立的其他机制，如中、老、缅、泰四国毗邻地区的"黄金四角经济合作"等。这些已有合作机制发挥了不同的功能，澜湄合作机制不是排他性的，而是同本地区其他机制互为补充的。

澜湄合作机制在合作目标、领域、项目等方面与其他机制存在交叉和重叠，一旦沟通和信息分享机制不协调，有些政府间人员交流培训项目的承办单位就会出现资源配置不合理的问题。与大湄公河次区域经济合作、湄公河委员会等其他相对成熟、各具特色的合作机制形成相互补充、相互促进的关系，以及与次区域内外的国家和国际组织开展有效合作等，这些问题将不可避免。澜湄机制需要不断加强与上述多重合作机制的沟通与协调，建立健全湄公河国家对澜湄合作机制的认可和接受程度，建立和发挥出自身的优势和特点。

4. 政府间人员交流培训存在着风险和隐患

中国与湄公河国家政府间人员交流培训的过程中，存在着一定的政治隐患和风险，例如西方某些偏见的传播，境外不法势力利用交流培训的机会深入培养间谍，传播对澜湄国家不利的言论；在培训的过程中，存在着安全、健康医疗、饮食供应、文化宗教和法律法规等问题。"外事无小事"，在湄公河国家政府人员在华交流培训期间，要小心处理这些问题，工作措施严密，防范准备超前。此外，澜湄区域安全形势比较严峻，传统安全和非传统安全问题错综复杂地交织在一起，给政府间人员交流培训合作带来了较大阻力。同时，湄公河国家经济和可持续发展也面临挑战，五国的国内资源、产业结构比较接近，对外部市场和技术严重依赖，这些都不利于澜湄国家政府间人员合作的长远发展。

五　加强中国与湄公河国家政府间人员交流培训的建议

（一）建立系统化的交流培训机制

西方发达国家都有国家级机构专门负责对外交流合作，例如美国国际开发署、澳大利亚国际开发署以及英国国际发展署。2018 年，中国国家国际发展合作署挂牌成立，这使中国与湄公河国家的发展合作和"一带一路"倡议进一步发展多了一层组织保障，所以建议充分发挥国家国际发展合作署、澜湄合作六国秘书处的作用，建立中国与湄公河国家政府间人员交流培训的系统化合作机制。

整合国家、部级、省级、市级、县级、村级等各层级交流培训资源，建立中国与湄公河国家政府间人员交流培训体系，坚持精简效能、精准施策的原则，将过去分散在不同部门的交流培训工作职责进行整合，将澜湄国家命运共同体的理念运用在中国与湄公河国家政府间人员交流合作的具体实践中。构建层级分明的合作格局，国家级的政府人员要做好培训交流的规划计划；部级政府人员应就培训和经验交流达成共识，树立合作的典范，积累可复制、可推行的经验；市级政府人员利用与湄公河国家建立友好城市，充分发挥友好城市的比较优势和有利条件，不断完善交流互动机制，进一步探索和开拓新的合作领域；县级和村级的交流合作要针对乡村振兴和扶贫等合作领域展开培训和经验交流。

中国与湄公河国家政府间人员交流培训合作是一项重要的外事工作，牵涉面广、影响大，是一项系统工程，需要方方面面的支持和配合，因此要明确各参与主体包括澜湄国家秘书处（协调机构）、各级政府、培训基地、教育基地、党校（行政学院）、科研院校、企业、第三方培训中心、行业协会、国际非政府组织等的职责分工，整合资源，形成合力，建立信息和资源的协同共享机制。

（二）做好政府间人员交流培训的顶层设计

做好国家层面的顶层设计，密切高层往来和对话合作，深化战略合作伙伴关系，尊重彼此核心利益和重大关切，建立国家元首、省部级人员、市县级人员交流培训的合作框架，努力构建合作共赢的政府间人员合作关系。

在进行顶层设计时，要有计划、分阶段地实施，遵循先易后难的原则，在容易达成共识的领域树立合作的样板和典范，在综合考量下，分阶段、有针对性地进行部署安排，根据整合的交流培训资源和培训交流的需求确立阶段性的合作目标，将区域的合作议程与国家层面的合作议程逐步对接。在计划的启动实施阶段，中国应该与湄公河国家充分磋商，并正式签署关于政府间人员交流培训合作的相关行动计划，结合澜湄合作五年行动计划，制定澜湄国家政府间人员交流培训合作在具体领域和项目上的责任分工及时间表，开展前期调查研究工作，组成专门工作组细化方案，并启动具体实施工作，取得早期收获。在计划基本完成阶段，带动人力资源领域的交流培训合作，并继续深化澜湄国家间的协商合作。在计划完成阶段，建设中国与湄公河国家人力资源开发合作的共同体，总结相关经验，为我国与"一带一路"沿线国家开展人力资源开发合作提供示范。

（三）精准定位交流培训需求

国际上各主要国家早就有开展政府间人员交流的项目，也形成了独具特色的模式，很多发达国家政府间人员交流培训具有体系完备、程序严谨、重点突出、技术先进等显著特点（杜保友、孔祥利，2011）。这体现在阶段性的评估过程中，交流培训前期以素质测评和需求调研为重点，中期重视课程质量和学习效果，后期的跟踪评估则以成果转化工作率和投资回报为重点。美国、日本、新加坡等国家的培训交流都是以湄公河国家政府人员的需求为导向，特别是日本，在湄公河地区的精耕细作和精益求精的培训模式值得借鉴。

针对中国与湄公河国家政府间人员交流培训形式粗放化和同质化的问题，要精准定位需求，打造"因人而异""因材施教"和项目主导的交流培训模式，在前期充分调研的基础上，根据湄公河国家政府人员的需求进行培训方案的设定，同时为了保证交流培训的效果，建议启动第三方项目评估或者与专业的国家和社会组织合作，根据中国与湄公河国家政府间人员交流培训的不同情况，组建评估专家委员会，邀请本领域专门研究湄公河国家的专家学者和政府官员对培训项目进行评审，保证交流培训实施能够满足湄公河国家政府人员交流培训的需要。

（四）探索多样化的交流培训合作路径

加强以项目为主导的政府间人员的交流培训，重点加强湄公河国家科学、教育、文化、卫生等公共服务部门工作人员的培训，继续加大中国与湄公河国家政府人员在水资源合作、产能合作、农业合作、医疗卫生等重点合作领域的深度合作，在国家级、省部级、市级、县乡和村级各个层级形成中国与湄公河国家政府人员的深度合作，同时发挥澜湄合作机制在推进跨境经济合作、水资源合作以及教育、文化、青年、妇女等人文交流方面的得天独厚的优势，扩大交流对象的范围，尤其要结合中国和湄公河国家各省对口的资源和需求，相互交流、优势互补，形成互惠互利的友好局面。此外，中国与湄公河国家政府间人员交流培训的主办和承办单位要加强与各驻外使馆机构的联系，通过整合各种培训交流的资源和平台，了解湄公河国家政府人员迫切需要加强培训的领域，有针对性地进行横向推展和纵向深化。

把与湄公河国家政府间人员交流培训的计划等内容与具体承担的执行部门剥离开来，邀请专业团队或专业人员针对湄公河国家政府人员的需求制订详细的交流培训计划。可以借鉴新加坡对公职人员的培训援助体系和交流机制，首先对湄公河国家的国家级干部、省部级干部、司局级干部、市县级干部、乡村级干部的人数总量进行梳理，通过发挥澜湄合作六国国家秘书处（协调机构）、使领馆和相关协会与国际组织进行专项调研的方式了解基本情况。其次，对照目前的培训量和培训资源的利用情况，制订详细的针对湄公河国家政府人员的培训提升计划。最后，整合资源，按照计划部署相关的合作项目，尽量早出台关于交流培训的项目计划，尤其是人数上要有明确配额制，而且要及时沟通，提升交流培训的系统性和灵活性。

（五）创新交流培训合作模式

目前，中国通过多双边渠道同湄公河国家举办专业技术培训、政府官员研修、学历学位教育以及形式多样的人员交流项目，形成了一些合作模式，但是需要在模式的选择、模式的组合、模式的借鉴上进行创新。在合作模式的创新过程中要借鉴国际上一些国家的成熟经验，因地制宜考虑地理、历史、文化、经济因素，选择合适的交流培训模式，提升合作的质量与效果。同时注重将"请进来"和"走出去"有机结合，目前中国与湄公河国家政府间人员培训交流模式由"请进来"主导，在"走出去"方面需要加强，把湄公河国家政府人员迫切需要的先进实用的新技术、新品种带出去，将在实践和发展过程中形成的管理模式和服务方式带出去，给湄公河国家政府人员带去实实在在的帮助和指导，也为中国与湄公河国家政府间人员共享资源提供广阔空间。

中国与湄公河国家政府人员合作的具体模式应依据交流培训的主题和需求而定，建议根据培训对象、培训领域、培训主题、培训需求进行调整和组合，同时根据实际培训交流的情况，创新发展模式，做到培训交流的常态化和培训交流方式的多元化，建立中国与湄公河国家政府人员交流培训动态更新调整机制。在探索交流培训合作模式的过程中，应赋予地方政府一定程度的自主权，目前我国地方政府在政府间人员交流培训合作领域的自主权比较弱，地方政府提出的相关合作计划和政策需要经过中央政府的严格审批，可能会延误发展时机，而且导致目前地方政府习惯于服从中央关于交流培训合作的任务，培训能力和交流的积极性受挫，拥有自主权的地方政府可以针对合作的特殊性及时调整合作发展的路径，确保中国与湄公河国家政府人员交流培训合作顺利进行。

（六）打造政府人员交流培训的常态化平台

建议由六国澜湄合作国家秘书处（协调机构）牵头，建立一个政府间人员交流培训的大数据平台，针对湄公河国家培训需求，各种培训主体给予全力配合和支持，商务部等主管部门加大协调力度，定期召开中国与湄公河国家政府间人员交流培训工作交流会议，给各承办单位直接交流的机会，实现各主办、承办单位的师资力量、培训设施、信息交流和资源共享等方面的优势互补，提升中国与湄公河国家政府间人员交流培训的效率和效果。此外还要搭建新的平台，打通澜湄国家政府间人员的交流通道，可以设置专门的澜湄培训学院，精准满足湄公河国家政府人员的培训需求。

注重借助既有的行之有效的合作平台，强调平台的对接，整合现有的澜湄国家秘书处（协调机构）、各级政府、培训基地、教育基地、党校（行政学院）、科研院校、企业、第三方培训中心、行业协会、国际非政府组织等平台，发挥各自的优势，实现交流合作的有效对接和升级，同时也要构建新的合作平台，建立中国与湄公河国家政府间人员交流培训合作联盟，对于交流与培训平台的资质认定进行规范化和开放化管理，建立统一的培训资质准入体系和交流平台管理机制。

注重发挥人文平台、第三方交流平台和非正式协议平台的作用。中国应与湄公河国家政府建设澜湄人文交流平台，在政府层面形成深层次的区域文化合作机制，还要强化公共服务部门的人员交流培训合作，如增强科技合作和经验分享，深化政府人员关于人力资源开发、教育政策、职业培训合作及大学间的发展经验交流培训合作，鼓励政府人员在媒体、智库、旅游、妇女、青年等领域交流合作；充分发挥第三方交流平台的作用，就中国与湄公河国家政府间人员合作的发展条件、地域范围、合作领域、合作模式、制度构建、组织建设、运行规则进行理论探讨，提出具有战略性、前瞻性与可行性的调研报告，以论坛等多种形式进行沟通，形成社会共识和舆论氛围，为政府人员的沟通协作做好准备；发挥中国与湄公河国家政府建立的非正式协议平台的作用，作为国家间政府人员交流培训合作的蓝本。

（七）积极做好交流培训合作资金保障工作

目前中国与湄公河国家政府间人员的交流培训存在单向输出的发展趋势，而且交流培训合作资金大部分来自政府，社会资本发挥的作用还不明显，因此，必须整合政府、市场及民间等各方投入，通过多种融资方式带动更多的企业参与，形成利益共同体，建立具有生态性质的资金池，保障澜湄国家政府间人员的培训和交流合作，同时充分利用"一带一路"、亚洲基础设施投资银行、丝路基金、澜湄基金等新框架、新平台的资源和渠道，增加对中国与湄公河国家政府间人员交流培训的投入。也可以借鉴新加坡的经验，利用高校科研机构的培训和交流资源、非政府组织和第三方专业机构，通过品牌输出，改变目前资金负担沉重的交流培训体系，转变单纯依靠政府资金投入的方式，为中国与湄公河国家政府间人员交流培训的可持续发展提供保障。

（八）大力支持云南和广西发挥桥头堡作用

在推动政府间人员交流培训合作方面，地方政府因为自身社会经济发展需要和对湄公河国家的国情和边情的了解，往往能够提出更加符合当地实际的政府间人员交流培训的合作方案。云南和广西地方政府在澜湄合作中发挥了积极作用，建立了初步的合作机制，是中国与湄公河国家人力资源开发合作的桥头堡和先行先试区。许多交流培训的合作构想都是首先由地方政府提出和实施，再上升为国家战略和政策的，因此，发挥云南和广西开展湄公河国家政府人员交流培训的优势条件和带头模范作用，能够很好地为中国与湄公河国家政府间人员交流培训提供可借鉴的合作模式和可推广的合作经验。

首先，在体制机制创新上给予支持。云南和广西是中国与湄公河国家政府人员培训交流的主体，目前开展的与湄公河国家政府人员交流培训项目大部分是由中央各部委主办的项目，其"前沿阵地"和"测试区域"的地位没有充分凸显出来。建议在云南和广西设立与湄公河国家政府人员交流培训的先行示范区，改革现行的培训体制机制和交流平台管理机制，包括培训基地审批机制支持、交流平台管理机制支持、学历提升的培训机制完善等，在管理运行体制上开通云南和广西与湄公河五国政府人员交流培训的绿色通道，针对两省区在实际工作中遇到的困难，建立合作动态调整机制。此外，引导云南和广西积极服务国家大局，认识到其关键的战略地位，树立开放的全局思维，立足湄公河国家的需要，积极主动利用自身的培训优势和交流平台，科学规划并积极落实相关工作。

其次，在专项资金上给予支持。设立针对云南和广西两地开展湄公河国家政府人员交流培训的专项资金，用于提升中国与湄公河国家政府人员培训项目和交流平台的水平，借鉴美国、欧盟国家等的政府间人员培训的经验，引入市场化的运行机制和基金管理模式，用专项资金激活社会资本，积极引导其投入云南和广西的相关项目和平台运作，支持"一带一路"和湄公河国家人力资源开发建设。

再次，在相关项目申请上给予支持。支持云南和广西相关培训机构和基地等平台积极申报相关项目，对于目前政府人员培训交流的理论和实践研究给予优先项目申报支持，对于项目立项也要进行规范和优先处理，引导云南和广西相关单位积极申报澜湄合作专项基金等，特别是在一些关于与湄公河国家政府人员交流培训的重点项目申报和立项上给予最大程度的支持。

最后，在培训基地建设上给予支持。整合目前广西和云南的政府人员培训资源，建立系统化的针对湄公河国家政府人员培训基地，借鉴新加坡和美国整合培训资源的经验，充分发挥高等院校、党校、干部院校等积极作用，将政府所属的专门培训机构与高等院校、科研单位、培训组织有机结合起来，建立多元化的培训格局。

第十三章

中国与湄公河国家企业间人员交流培训

  澜湄合作机制启动以来，已经取得了令六国都非常满意的阶段性成果，包括构建了多层次、宽领域的次区域合作新框架，形成了以建设澜湄国家命运共同体为目标的协调发展新格局，以及先期开展的 20 余项大型基础设施、工业化项目和上百个惠及民生的中小型合作项目，为区域经济社会发展作出了重要贡献。目前，澜湄合作机制已从培育期发展到成长期。进入成长期后，澜湄合作将进一步深化在五个优先领域的合作，并积极拓展新的合作领域，企业的合作主体作用将会进一步凸显。因此，加强澜湄国家企业间人力资源开发合作的需求更加迫切。如何合理配置"本土化"人力资源、如何有效利用当地雇员、如何开展人力资源管理等问题，成为中国企业深度参与澜湄合作亟待解决的难题。

  本章从投资和贸易、对外承包工程和劳务合作、境外经济合作区、中国—东盟投资合作基金以及澜湄合作的早期成果等方面梳理中国与湄公河国家经济合作概况，梳理中国与湄公河国家企业间人员交流培训基本情况，重点分析柬埔寨西哈努克港经济特区培训中心、南方电网公司与湄公学院合作的典型案例；在此基础上总结"境外经济合作区培训中心模式""境内职校多基地交流培训模式"和"国有企业与境外教育培训机构合作模式"等企业间人员交流培训的主要模式，分析这些模式的优缺点及存在的问题，并提出进一步加强中国与湄公河国家企业间人员交流合作的对策建议。

一　中国与湄公河国家的经济合作概况

长期以来，亚洲地区一直是中国对外投资合作的重点区域。中国与湄公河国家的经济合作在中国—东盟自贸区、大湄公河次区域合作以及澜湄合作机制等合作框架下，不断发展并逐步深入。中国连续多年成为东盟第一大贸易伙伴，东盟保持中国第三大贸易伙伴地位。2016 年，双方贸易额达到 4522 亿美元，双向投资累计达 1780 亿美元，人员往来突破 3000 万人次（商务部，2017）。中国是柬埔寨、缅甸、泰国和越南的第一大贸易伙伴，是柬埔寨、老挝和缅甸的第一大投资国。

（一）投资和贸易

投资。2016 年，中国对缅甸非金融类境外投资为 30864 万美元，同比增长 49.8%；缅甸对华投资也有所增长，截至 2016 年 12 月，缅甸对华投资企业由 2015 年的 5 家增加到 34 家，实际投资额 11549 万美元，项目数达到 284 个（商务部，2017b）。2017 年 1—3 月，中国对老挝投资金额达到 33495 万美元，同比增长 365.3%，老挝已成为中国在全球的第八大投资目的国（商务部，2017a）。

贸易。2016 年，中老贸易额达到了 23.4 亿美元，其中中方出口 9.9 亿美元，进口 13.5 亿美元，中国已成为老挝第二大贸易伙伴；2017 年 1—9 月，双边贸易额为 21 亿美元，同比增长 25.1%。2017 年 1—9 月，中越双边贸易额达到 823.2 亿美元，同比增长 20.5%，中国成为越南第一大贸易伙伴，也是越南农产品第一大出口市场（商务部，2017a）。

（二）对外承包工程和劳务合作

对外承包工程。2016 年，中国对外承包工程业务分布仍以亚洲、非洲为主，在新签合同额中分别占 50.3% 和 32.6%，在完成营业额中分别占 48.2% 和 32.3%。在"一带一路"倡议的带动下，亚洲国家基础设施建设呈现快速增长趋势，中国企业发挥竞争优势，积极开拓亚洲承包工程市场，2016 年实现新签合同额 1226.7 亿美元，同比增长 36.7%，完成营业额 768.5 亿美元，同比增长 11.3%。在对外承包工程完成营业额前 20

位的国家中，有 11 个是亚洲国家，其中，越南 332394 万美元，老挝 294729 万美元，泰国 293579 万美元（中华人民共和国商务部对外投资和 经济合作司，2017）。2016 年中国对湄公河国家承包工程情况详见表 13—1。

表 13—1　　　　　　　2016 年中国对湄公河国家承包工程　　　　单位：亿美元

国家	新签合同额	完成营业额
柬埔寨	21.3	16.6
老挝	67.1	29.5
缅甸	28.0	19.1
泰国	38.4	29.4
越南	37.9	33.2

资料来源：《对外投资合作国别（地区）指南—东盟》（2017）。

对外劳务合作。由于地缘文化影响和"一带一路"建设的需要，2016 年，中国对外劳务合作的派出人员大部分去往亚洲国家和地区，累计派出各类劳务人员约 34.9 万人，占派出总人数的 70.6%；年末在外各类劳务人员约为 64.4 万人，占年末在外劳务人员总数的 66.4%（中华人民共和国商务部对外投资和经济合作司，2017）。2016 年，中国派出至湄公河国家的劳务人员数量详见表 13—2。

表 13—2　　　　　　2016 年中国在湄公河国家劳务合作情况　　　　单位：人

国家	当年派出各类劳务人员数量	年末在外各类劳务人员数量
柬埔寨	3871	6744
老挝	9583	11488
缅甸	4404	4633
泰国	2485	3261
越南	5879	12418

资料来源：《对外投资合作国别（地区）指南—东盟》（2017）。

（三）境外经济贸易合作区

作为中国制造业企业"走出去"重要的产业集聚平台和国际产能合作载体，中国境外经济贸易合作区建设成为对外投资合作的有力支撑。根据商务部统计，截至 2016 年底，中国企业共在 36 个国家建成初具规模的境外经贸合作区、工业园区等各类境外合作区 77 个，累计投资 241.9 亿美元，入区企业 1522 家，创造产值 702.8 亿美元，上缴东道国税费 26.7 亿美元，为当地创造 21.2 万个就业岗位。2016 年，对 77 个境外合作区新增投资 54.5 亿美元，占境外合作区累计投资的 22.5%，入区企业 413 家，创造产值 387.5 亿美元，上缴东道国税费 5.7 亿美元（商务部，2017）。境外合作区建设有力地推动了东道国轻纺、家电、钢铁、建材、化工、汽车、机械、矿产品等产业发展和升级，加速了发展中国家工业化进程。根据商务部、财政部出台的《境外经济贸易合作区考核办法》，截至 2016 年底，通过确认考核的合作区共计 20 个，其中包括柬埔寨西哈努克港经济特区、泰国泰中罗勇工业园、越南龙江工业园、老挝万象赛色塔综合开发区。

（四）中国—东盟投资合作基金

中国—东盟投资合作基金（简称"东盟基金"）由中国国家领导人 2009 年对外宣布设立，总规模为 100 亿美元，中国进出口银行为主发起人。基金一期 10 亿美元，于 2010 年 4 月开始运营，出资人包括中国进出口银行、中国投资有限公司、中国银行、国际金融公司、中国交通建设集团。基金一期投资的项目涵盖港口、航运、通信、矿产、能源、建材、医疗服务等多个领域（详见表 13—3），为推动中国与东盟国家产业融合和促进项目所在国经济建设发挥了积极作用，得到了一些东盟国家领导人的肯定。

表13—3　　　　　　东盟基金一期项目资助湄公河国家项目

资助国家	项目概况
柬埔寨	帮助中方背景企业采用中国技术、设备和运营管理人才，为当地建设骨干光纤网络和数字电视网络，还与国内企业、柬埔寨国家电视台合作，共同投资柬埔寨三合一智能电视项目，为柬埔寨政府、企业、家庭提供以数字宽带网为基础的综合信息服务
老挝	支持中国企业开发建设的大型钾盐项目
缅甸	帮助企业将柬埔寨光纤网络模式拓展到缅甸，对柬—缅地区光纤互联，最终形成中南半岛电信互联互通建设发挥了重要作用
泰国	投资泰国最大生物质发电公司，有效支持当地清洁能源发展，与国际知名港口运营商合作，投资泰国林查班港，逐步将其打造成中南半岛区域性港口，实现国际物流向中南半岛纵深的转运

资料来源：根据网络相关资料整理。

截至2015年年底，东盟基金在一期10个项目中已经退出了5个完成项目，退出项目的综合年化收益率达到20%以上。同时，基金二期筹建工作和项目筹备工作正在有序开展，二期基金将达30亿美元。在分析中国与东盟优势互补巨大机遇的基础上，基金二期确立了以产能合作与基础设施为重点投资领域，重点关注工业园区、电力、机械、建材、钢铁、化工项目，以及港口、机场、电力电网、通信骨干网项目。此外，基金二期还将重点关注资源与农业领域的优势资源项目、高端经济作物及农产品深加工项目，消费领域的物流、通信、医疗、旅游、新型模式商业项目。

（五）澜湄合作早期成果

澜湄合作自提出之时就强调务实性，正如李克强总理总结的，"（澜湄合作）不做高大上的'清谈馆'，而要做接地气的'行动派'，为地区人民带来看得见、摸得着的好处"（李克强，2018）。因此，澜湄合作提出后很短的时间内，就已在基础设施、能源、建材、农业、"互联网＋"等重点领域取得了一系列重要成果，澜湄合作首次领导人会议确定的45个早期收获项目已经全部按照计划推进。2018年1月20日，在柬埔寨首都金边举行的澜湄合作成果展上展示了早期收获项目中一部分具有代表性的成果，例如中老铁路、中泰铁路、越南永新燃煤电厂一期 BOT 项目、老挝南塔河一号水电站项目、华为泰马柬埔寨海底光缆项目、摩拜单车泰国曼谷投放运营、比亚迪柬埔寨"云轨"项目、暹粒新机场项目、金边到西港高速公路项目等。第二次领导人会议上又提出并确认了《澜湄合作第二批项目清单》，进一步提升了合作的务实性。

在澜湄合作首次领导人会议上，中方宣布设立澜湄合作专项基金，承诺 5 年内提供 3 亿美元支持六国提出的中小型合作项目。2017 年 12 月起，中国先后与柬、老、缅、泰等国家签署了首批资助项目协议，相关情况详见表13—4。

表 13—4　　　　　　　　澜湄合作专项基金首批资助项目

国别	项目协议签订时间	项目数（个）	资助金额（万美元）	具体项目或涉及领域
柬埔寨	2017 年12 月 21 日	16	730	涉及农业、旅游、电信、教育、医疗卫生、农村发展、文化交流等多个领域
老挝	2018 年1 月 2 日	13	350	涵盖水文监测、工业制造、信息通信、人才培训等多个方面
缅甸	2018 年1 月 5 日	10	未公布	湄公河缅甸万崩港扩建可行性研究、水稻良种培育及优化种植、咖啡产量和质量提升、农村发展和蔬菜栽培技术转移、水果与蔬菜安全优质种植技术、推广家庭园艺技术促进减贫、青年文化交流以及遗产保护
泰国	2018 年4 月 18 日	4	未公布	跨境经济特区联合发展、贸易和物流边境设施升级改造、澜湄商务论坛、次区域农村电子商务发展
越南	尚未签约			

资料来源：根据外交部公布数据资料整理。

二 中国与湄公河国家企业间
人员交流培训的典型案例

（一）柬埔寨西哈努克港经济特区培训中心

柬埔寨西哈努克港经济特区培训中心（简称"西港特区培训中心"）成立于2012年5月，由红豆集团与无锡商业职业技术学院合建，主要开展职业培训和汉语培训，培养中方企业管理人员和柬埔寨当地技术工人，并积极开展柬埔寨本土应用型高等职业教育普通学历生培养，为中国企业"走出去"提供人力资源支持。西港特区培训中心开创了与企业联合培养本土高等职业技术技能人才、高等职业教育服务中资企业走出去的先河，成为服务"一带一路"建设的标志性项目。

1. 建立背景

柬埔寨西哈努克港经济特区始建于2008年，是以红豆集团为主要股东（控股85%），联合无锡及柬埔寨四家企业在柬埔寨投资的经济特区，是全国首批6个"境外经济贸易合作区"之一，占地11.13平方公里，是柬埔寨最大的外资经济特区。截至2016年4月，区内入驻企业95家，从业人员1.2万人，80%的入驻企业为中资公司，对掌握中柬双语的技术人才和管理人才具有迫切的需求。为应对这些需求，红豆集团与无锡商业职业技术学院以资源整合、合作办学、共谋发展为目的，发挥各自的资源优势进行合作，联合建立了西港特区培训中心。

2. 建立过程

2010年5月10日，红豆集团与无锡商业职业技术学院就共建南洋红豆学院（柬埔寨）签订了合作意向书。

2010年8月，无锡商业职业技术学院确定了双方共建南洋红豆学院（柬埔寨）的"三步走"战略和建设目标：第一阶段，双方共建西港职业培训中心，由无锡商业职业技术学院为西港特区进驻企业提供职业培训；第二阶段，在进行职业培训的同时，在当地招收柬埔寨留学生开展学历教育；第三阶段，将南洋红豆学院（柬埔寨）建设成为集学历教育、职业培训、语言培训和文化交流"四位一体"的综合性学院。

2011 年 4 月到 2012 年 4 月，无锡商业职业技术学院组织相关人员赴柬埔寨考察，走访了教育部、发展规划部和中国大使馆，深入特区了解人才需求，与柬部分高校进行了深入交流。通过调研对柬埔寨的经济和教育状况以及西港特区对人才的需求有了较为全面的了解，为培训中心规划和建设奠定了坚实的基础。该校成立的培训中心项目规划小组，精心编制了中心规划方案，对培训中心发展目标、教学硬件建设、软件配置和人员配备等进行了详细设计，为商务部援建特区培训中心规划提供了有力支撑。

2012 年 5 月，双方正式签订《西哈努克港经济特区有限公司与无锡商院共建西哈努克港经济特区培训中心协议书》，标志着培训中心的正式启动。

2012 年 6 月 14 日，西港特区培训中心揭牌。

3. 培训成果

西港特区培训中心每年举办两期培训，共四个班次，分别面向中方员工和当地员工进行专业知识、职业技能和汉语能力培养。2012 年 6 月，第一期培训开班，时间为期一个月，培训课程包括汉语初级、汉语中级、现代企业管理和英语听说能力培训；2015 年底，无锡商业职业技术学院共选派 18 位优秀教师赴西港特区，举办培训 8 期累计 18 个班，培训课程涉及市场营销、会计、企业管理、对外汉语、商务英语等 10 个专业，累计培训中柬员工达 22000 余人次，不少员工经培训由一线操作工升任班（组）长、指导工、翻译和中层管理岗位，成为企业发展的重要人才保障。

4. 未来发展

2015 年 9 月，无锡商业职业技术学院与红豆集团领导就联合创办本科院校事宜进行协商，与西港特区方面组成了联合工作组，开展经常性的沟通和协商，就海外联合办学达成共识，并开始筹备办学的细节工作。双方多次赴柬埔寨实地考察和调研，与柬埔寨政府就创办高等学历教育实体进行多次沟通和协商。目前，无锡商业职业技术学院与西港特区联合申办的柬埔寨西哈努克港工商学院的计划已获得柬埔寨教育部的批准。柬首相签发办学执照后，该校将成为第一所海外申办的混合所有制本科院校，也是柬埔寨第一所中文大学，将为西港特区发展提供更充足的人才资源，对中柬文化交流也将具有重要意义。

（二）南方电网公司与湄公学院合作案例

湄公学院始建于 1996 年，由新西兰政府资助，设立"新西兰大湄公河次区域人力资源开发项目"。2003 年，大湄公河次区域六个国家政府签署湄公学院章程，标志着湄公学院成为一个自主运营的国际非政府组织，由学院理事会及其指导委员会管理运营，并在成员国设立协调机构。2009 年 12 月，湄公学院又由非政府组织转为六国政府间国际组织，为促进大湄公河次区域经济社会的可持续发展及区域合作开展各类培训合作项目，为成员国提供包括培训、调研、政策对话等能力建设的服务。2017 年，湄公学院主办的"湄公论坛"主题为"新地缘经济：重塑大湄公河次区域的未来"。

1. 合作历程

南方电网公司与湄公学院的合作开始于 2006 年，十余年来，双方合作举行培训班、论坛及研讨会等十余场（参见表 13—5），为推进大湄公河次区域的电力联网作出了巨大贡献，推动了澜湄地区区域经济一体化发展。

表 13—5　　　　　南方电网公司与湄公学院合作培训概况

时间	合作培训内容
2006 年 12 月	次区域能源规划与项目管理培训班
2009 年 6 月	次区域电力联网及贸易培训班
2014 年 11 月	双方签署《合作框架协议》，联合开展基于大湄公河次区域电力合作的专业培训、专题研讨及课题研究等项目合作
2015 年 5—7 月	共同策划了 2015 年项目《关于大湄公河次区域能源政策制定与电网规划能力建设项目建议书》，并获得中国常驻联合国亚太经社理事会代表处的批准和支持
2015 年 7 月	开展首届"湄公学院合作项目国际交流培训师资专业培训"，双方联合组成两个交流培训需求调研评估小组，前往湄公河国家的 11 个政府部门及电力机构进行调研
2015 年 9 月	首个大湄公河次区域电力专业技术交流培训项目"大湄公河次区域电网及联网规划建设专业培训"
2017 年 9 月	"大湄公河次区域能源合作"专业培训班

资料来源：根据网络资料搜集整理。

2. 培训详情

（1）湄公学院合作项目国际交流培训师资专业培训

本次培训班基于南方电网公司与湄公学院于2014年11月签署的《合作框架协议》，是云南电网公司第一次专门为湄公学院合作项目组织实施的专业培训班，于2015年7月在昆明举办，主要目的是为双方后续开展针对大湄公河次区域国家电力同行的交流培训项目培养和储备师资人才。培训班的学员来自云南电网公司总部相关部门、基层供电局、调度中心、电力研究院等单位。培训班首次采用国内外师资联合授课方式，引入湄公学院多样化的授课技巧和形式，有效提高了学员的英语沟通交流能力，并使学员掌握了国际授课技巧和团队建设等技能。

（2）大湄公河次区域电网及联网规划建设专业培训

本次培训是双方合作框架下首期围绕大湄公河次区域电力合作的专业技术培训，于2015年9月在昆明举办。培训首次采用全英文授课，授课师资来自南方电网公司总部、科研院所、云南电网公司的技术专家和专业讲师，以及法国输电公司的专家。27名参加培训的学员主要是就职于大湄公河次区域各国相关能源矿产部、电力部以及国家电力公司相关部门的中层技术管理人员。培训为期三周，主题围绕大湄公河次区域电网及联网规划建设，分为两周15个单元模块的教学和亲临现场6个站点，包括变电站、换流站、太阳能光伏发电场、风电场和水电站的参观考察（颜新华、欧阳婷婷，2015）。

（3）大湄公河次区域能源合作专业培训班

本次培训班于2017年9月在湄公学院举行，培训对象为大湄公河次区域国家的能源行业中高层管理者及专业技术人员，共35人（乐艳娜、陶军，2017），培训内容涵盖了大湄公河次区域国家能源供应与需求现状、大湄公河次区域国家能源政策和制度、大湄公河次区域能源合作机遇与挑战、大湄公河次区域电力交易政策和体制机制等课程，其间还安排学员赴老挝南屯2号水电站和泰国电力管理局下属的泰国光伏电站进行实地考察。

3. 培训成效

项目开展的多个培训班均取得了良好成效：师资培训班为南方电网公司与湄公学院未来开展更加广阔的国际交流培训合作输送技术过硬、水平较高、能够胜任对外交流培训任务的国际培训师资，也为南方电网公司在澜湄国家不断拓展国际合作业务储备了人才；规划及专业技术培训班有效促进了各方掌握大湄公河次区域能源合作方面的管理技能和应用技术等专业技能和技术。同时，培训班的开展从总体上还起到了增进交流与相互理解的作用，有利于促进各国在基础能源合理安排利用的基础上达成大湄公河次区域国家间互通互利的更多共识。

4. 下一步发展

南方电网公司与湄公学院的合作已被湄公学院确定为加强大湄公河次区域人力资源开发交流合作的旗舰项目，南方电网公司也努力将该项目打造为一个推动区域人文交流的品牌项目，双方的合作将对不断加强大湄公河次区域国家电力合作发挥更大的作用。

三　中国与湄公河国家企业间人员交流培训的主要模式

伴随着企业"走出去"的步伐，中国与湄公河国家企业间人员的交流培训逐步发展，涌现出一些典型案例，形成了一些成功模式。例如，红豆集团与无锡商业职业技术学院在柬埔寨与西哈努克港经济特区共建培训中心，至今已累计培训中柬员工2万余人次；南京铁道职业技术学院服务中国高铁"走出去"战略，为印度尼西亚、泰国和老挝等国家培养高铁国际化人才；南方电网公司与湄公学院合作，通过组织培训班的形式对澜湄地区电力行业的管理者、从业者等进行了富有特色的培训，不但使受训者掌握了相关的专业技术、技能，而且起到了增进交流和相互理解的作用，为各方达成互通互利的共识打下了良好的基础；广西工业技师学院助力广西建工集团第一安装有限公司"走出去"，提升企业员工的职业技能水平，为企业培训电焊工、起重工、钳工、维修电工和冷作钣金工等工种共138人，分别达到中级工、高级工、技师和高级技师等职业等级，对企业赴泰国投标中标起到了关键性作用。

基于对有关企业基本情况的梳理分析，中国与湄公河国家企业间人员交流合作可以总结为以下三种模式。

（一）境外经济合作区培训中心模式

随着中国境外经济合作区的不断建设发展，依托境外经济合作区建立交流培训机构成为澜湄国家企业人员交流培训的一种模式，西港特区培训中心就是这种模式的一个成功范例。

这种模式的成功主要得益于以下三方面的因素。

一是充分利用了境外经济合作区产业集聚、企业聚集的优势，方便企业人员交流培训的开展。境外经济合作区既满足所在国发展经济的诉求，也符合中国推动国际产能合作的需求，形成了企业聚集平台、服务平台和政策集成平台等功能的合一，为企业集聚发展提供了良好的空间。2010—2014 年，中国共新建境外经济合作区 57 个，平均每个合作区吸引 29 家中资企业入驻，初步形成了化工、轻工纺织、建筑材料、机械电子、矿产资源利用、农林产品加工等产业聚集效应，推动中国企业产业链向外逐渐延伸和区内企业的上下游整合，初步形成的产业集聚、企业聚集效应为企业人员交流培训提供了便利（刘英奎，敦志刚，2017）。

二是充分发挥中国职业教育院校的优势，满足当地技术工人职业技能提升需求。在筹建西港特区培训中心过程中，无锡商业职业技术学院首先组织相关人员赴柬埔寨考察，然后成立培训中心项目规划小组，精心编制中心规划方案，为商务部援建特区培训中心规划提供了有力支撑。

三是定向培养，定向就业，避免培训结业后还需再找工作的后顾之忧。培训中心于 2012 年 6 月开班，积累了三年多的职业培训经验后，无锡商业职业技术学院与西港特区决定设立人才培养基金，联合培养特区急需的高层次技术技能人才。双方联合培养的首批柬埔寨学历教育留学生采用定向培养的"订单班"式人才培养模式，学制为三年，前两年半在无锡商业职业技术学院学习相关课程，最后半年返回西港特区实习，完成学业后获得大专文凭，并被录用到当地企业的中层管理岗位。

从长远来看，这种模式具有较大的发展空间。据商务部的数据，截至2017 年 4 月，中国企业在"一带一路"沿线国家在建合作区 56 个，累计投资 185.5 亿美元，入区企业达 1082 家。随着这些境外经济合作区的逐步建成、投入运营，以及已建成的经济合作区的完善成熟，这种模式将在境外经济合作区进一步扩展实施。

这种模式的缺点也是显而易见的，主要表现在培训中心无法满足所有入驻企业的交流培训需求。这一方面是由入驻企业所在的行业不同、经营范围不同导致的。例如，2013 年的数据显示，柬埔寨西哈努克港经济特区入区企业共 54 家，涉及的产业包括制衣、箱包、钢结构、家居用品、五金制品、机电产品、医疗用品、纺织品等。从概率上来讲，假设只有50% 的入驻企业有人员交流培训的需求，就目前西港特区培训中心的发展情况也是很难完全满足的。另一方面，由于依托境外经济合作区成立的培训中心这类机构的局限性，这类机构一般只能提供基本的交流培训服务或针对某一企业或某种产业的专项培训服务，无法完全满足园区所有入驻企业、各类产业多元的交流培训需求。

（二）境内职校多基地交流培训模式

这种模式区位优势明显，在广西、云南等与湄公河国家陆上接壤的地区最为典型，在中国—东盟框架下，近年来在人才资源开发合作方面已取得许多成果。在中方出资成立的中国—东盟合作基金资助下，中方已为东盟国家培训了数千名涉及经贸、金融、农业生物、海洋科技等十多个领域的专业人才。中国政府还设立亚洲区域合作专项资金，资助中国有关部门参与区域合作。

这种模式的特点主要包括以下几点。

一是需求多元。依托当地职校在边境地区设立多个培训基地，主要为了满足以下需求。一方面是满足境外务工人员相关技能和素质提升的需求，随着跨境劳务合作的试点，更多的境外务工人员进入中国边境地区务工，因大多数企业用工规模较小等现实因素及节约成本考虑，企业自身较难组织实施系统的岗前技能培训等，造成很多境外务工人员入境后难以适应企业的劳动技能要求，边境地区职校职业培训基地的设立有助于此问题的解决。另一方面是满足边境地区和谐稳定的需求。境外务工人员入境后，经过边境职校职业教育培训基地在语言、法律、职业技能等方面的培训后，务工的成功率提高了，减少了因非法居留、非法就业等造成的安全隐患。

二是多点布局。广西、云南在与湄公河国家陆上接壤的多个重点开放口岸均设立了培训基地。以外交学院、云南民族大学等高校为依托，分两批建立了30家"中国—东盟教育培训中心",为东盟国家经济社会发展提供所需的人力资源,并成立"中国—东盟教育培训联盟",以"资源整合、信息分享、协调平衡、塑造品牌、联众服务"为宗旨,形成长效的合作机制,实现与东盟国家的深入交流(骆飞、欧维维,2015)。云南民族大学从2014年起先后在瑞丽、勐腊、麻栗坡、孟连、临沧边境经济合作区、镇康、沧源和腾冲建立了8个国际职业教育培训基地,培训相关人员约1.18万人次(韩成圆,2018)。国家部委依托广西高校建立了9个中国—东盟教育基地(培训)中心,为湄公河国家培训商务会展、艺术、语言、金融与财税、农业、机械、矿业等多个方面的专业技术人才。

三是特色突出。这种模式充分发挥了广西、云南等地边疆职业院校的优势,特别是在旅游人才、小语种教学与研究等方面的特色。广西民族大学于2008年12月成立了中国—东盟旅游人才教育培训基地,先后举办了16期东盟旅游人才培训班,共培训来自越南、老挝、柬埔寨三个国家的489名旅游行政管理人员、旅游企业管理人员和出入境导游人员。其中,2016年举办东盟旅游人才培训班一期,培训42人。云南省高校建立了十余个国际人才培养基地,全力推进南亚东南亚语种人才培养。截至2016年,在滇高校开设的小语种专业已达十余个,包括泰语、缅甸语、越南语、老挝语、柬埔寨语、马来西亚语、印度尼西亚语、印地语等,学习小语种的在校生已达5.5万人。

这种模式一方面增进了与湄公河国家的人文交流,另一方面也在一定程度上缓解了云南、广西等地的企业用工需求问题。其局限性在于所涉及的大多是一些基础性的、技术含量较低的人员交流培训。

(三)国有企业与境外教育培训机构合作模式

南方电网公司与湄公学院自2006年合作以来,围绕能源规划与项目管理、电力联网与贸易、电网及联网规划建设、区域能源合作以及国际交流培训师资等方面,共举办了十余次相关的培训班及论坛、研讨会等,取得了不错的成效,为推进大湄公河次区域电力联网作出了巨大贡献。

这种模式的特点:企业的性质是国有企业,在资金投入方面具有较好的基础;经营领域是公共服务领域,有利于开展长期合作;与专门从事促进区域合作的机构合作,保证了相互间合作的顺畅性,提高了沟通协调的效率。

这种模式具有重要的意义，即在公共服务领域的交流培训，有利于加强区域互联互通，最终推动区域一体化发展，为澜湄国家间经济合作的进一步发展打下更坚实的基础。

从宏观层面来讲，虽然大湄公河次区域国家电力资源和结构各有不同，但实现区域电力联网是区域经济一体化推动电力系统发展的必然趋势，是促进区域能源优化配置，进一步提高区域能源使用效率，探索构建区域电力市场的一种有效方式，也是加快区域经济社会发展的有力保障。

从微观层面来讲，双方的合作开辟了南方电网公司与大湄公河次区域国家电力合作的新模式，为大湄公河次区域国家电力同行搭建了一个促进电力技术交流和信息分享的良好平台，为未来实施电网规划建设与次区域联网奠定良好基础。

从现实意义来讲，实现区域电力联网主要目的是以水电替代化石能源的开发，降低化石能源的消耗，从而降低碳排放的增长。据亚行估计，大湄公河次区域能源整合带来的经济和环境效益将节约总能源成本的19%，仅就扩大大湄公河次区域电网互联，就能节约总能源成本的7.2%（欧阳婷婷等，2015）。

这种模式对于加强区域互联互通及一体化发展具有非常重要的意义，同时其局限性也很明显。首先是行业领域的限制，只有在公共产品或公共服务领域，才能凸显这种模式的重要作用；其次，由于资金投入方面具有数量大且持续时间长的特点，因此这种模式对一般的民营企业不适用。

从总体上看，三种模式是在不同情境下通过实践总结出来的，都具有各自的特点以及不足，企业在深度参与澜湄合作过程中进行人员交流培训时要根据自己的情况选择不同的模式，或者在交流培训实践中摸索出其他更适合自己的模式，扬长避短，充分发挥优势，弥补不足，促进人员交流培训的开展。另外，从整体上看，目前澜湄国家企业间人员的交流培训供不应求，迫切需要通过实施优惠政策鼓励设立相关机构、在更大范围内复制推广有效的交流培训经验等方式扩大服务供给量，以满足企业人员交流培训的旺盛需求。

四　加强中国与湄公河国家企业间人员交流培训的建议

通过对中国与湄公河国家企业间人员交流培训基本情况的梳理以及相关模式的分析总结，本研究认为在澜湄合作下一阶段的发展中，中国应从以下方面加强与湄公河国家企业人员交流合作。

（一）充分利用跨境经济合作区、境外经济合作区等企业集聚的平台

跨境经济合作区、境外经济合作区是推动中国企业"走出去"和转移富余优质产能的重要平台，因此也是企业人员交流培训很好的发展平台。如柬埔寨的西哈努克港经济区、泰中罗勇工业园、越南龙江工业园、中国—老挝万象赛色塔综合开发区等，这些经济合作区正逐渐发展成为带动中国钢铁、建材、轻纺、家电、化工、机械装备等优质产能走向湄公河国家的重要依托。同时，中国分别与老挝、缅甸、越南三国推动建立了三个跨境经济区，这些跨境经济区拥有特殊的产业政策、财税政策、投资贸易政策等，随着澜湄合作的进一步深化发展，必将吸引大量企业入驻发展，在企业集聚的地方开展人员交流培训有着独特的区位优势和便利条件，建议整合这些合作区在产业政策、财税政策和投资贸易政策等方面已有的优惠，并进一步制定实施鼓励、吸引人力资源服务机构入驻的一系列优惠政策，加强政策供给，吸引或设立更多的交流培训相关组织机构，为企业人员交流培训提供更多的服务资源。

对于重点开发开放试验区、沿边国家级口岸、边境城市、边境经济合作区和跨境经济合作区等重要平台的发展，要在体制机制上突破，在广西和云南等中国与湄公河国家企业交流培训合作的桥头堡地区进行先行先试的示范改革，从而形成可借鉴、可推广的经验，明确交流培训合作的原则，以跨境经济合作区推动实现中国与湄公河国家企业互利共赢发展局面，坚持"市场运作，多极共促"的原则，积极利用国际组织及相关机构项目支持，在平台集聚的基础上，进一步调动企业参与积极性，同时要根据与湄公河国家共建跨境经济合作区的发展基础、优势条件，考察毗邻国家发展意向、法律依据和管理模式等内容，量力而行、分层推进，形成

条块联动、梯度推进的跨境区域经济合作新格局，为中国与湄公河国家企业人员交流培训提供可持续的平台支持。

（二）加强公共服务领域国有企业与湄公河国家教育培训机构的合作

标准输出是对产品输出的巨大升级，将会带动技术、产品、服务、金融、文化等一体化的合作进程，为中国与湄公河国家企业人员交流培训提供良好的合作环境。因此，公共服务或公共产品领域的国有企业，特别是中央企业，在与湄公河国家进行产能合作时不能把眼光仅放在投资盈利上，一定要充分发挥自己的优势，不仅要把产品卖出去，更要把品牌树起来，最重要的是要让"中国标准"走出去。例如，作为澜湄合作早期收获项目的中老铁路、中泰铁路，都是全线使用中国设备、采用中国技术标准。这不仅为中国与湄公河国家企业合作提供了交流培训的共振点，同时也能更好地促进澜湄合作机制的深化与"一带一路"建设的推进。

积极推动"中国标准"走出去，有利于将我国一流的技术、制造以及设计施工、运营带到湄公河国家，促进湄公河国家的产业升级和技术创新。要达到这样的目标，就需要加强公共服务领域的国有企业与湄公河国家教育培训机构合作，在基建、高铁、电力、水资源开发等行业或领域建立双方开展交流培训的长效机制，积极开展相关领域的活动，增进相互之间的交流与理解，为达成互通互利的共识打下坚实的基础。

（三）建立国际人力资源服务产业园，打造企业人员交流培训新平台

建议加强顶层设计，统筹广西境内已建、在建、将建的人力资源服务产业园，包括北部湾人力资源服务产业园、中国—东盟人力资源服务产业园（筹），以及广西、云南两省的人才市场等资源，统筹规划建设全新的国际人力资源服务产业园，聘请经验丰富的第三方机构对全新的国际人力资源服务产业园进行严谨的可行性研究和专业的规划研究，提高顶层设计的科学性和可操作性，从而更有效地服务中国与东盟的人力资源服务需求，打造澜湄国家企业人员交流培训的新平台。

根据我国建设人力资源服务产业园的经验，在规划建设国际人力资源服务产业园时，应在产业园形式和政策方面注意以下两点。

一是产业园形式方面，建议全新的国际人力资源服务产业园采取

"一区多园"的形式。其中，"一区"即核心园区，可设置在南宁，重点入驻企业总部、高端人力资源服务机构总部或分支机构等；"多园"可根据广西和云南已有园区分布和发展基础，在西部省区多地设立分园，形成各具特色、优势互补的澜湄国家国际人力资源服务产业园体系。

二是产业园政策方面，建议开展政策创新探索，在开放合作和共赢发展的指导原则下，尝试从市场准入、财税减免、财政奖励、政府采购、工商配套、投融资补贴、人才政策、诚信监管、管理水平提升等多个方面进行政策倾斜甚至突破，引进一批质量高、信誉好的人力资源服务龙头企业入驻园区，并就地孵化一批创新型、潜力型人力资源服务企业，以期最大程度激发国际人力资源服务产业园的活力，充分发挥产业园后发优势，实现持续快速发展，尽快为相关企业提供急需的人力资源服务。

（四）加强企业与职校携手共同走出去，充分发挥职业教育的作用

1. 资助实施一批企业职校携手"走出去"示范项目

由人社部牵头，联合财政部、教育部、商务部、工信部、发改委、外交部等部委，根据《关于深化产教融合的若干意见》《职业学校校企合作促进办法》等相关文件精神，制定实施《职业教育校企合作"走出去"示范项目资助计划》，遴选资助一批企业与职校合作"走出去"的示范项目，经过3—5年的实施，总结形成可复制推广的经验后，在全国范围内推开，根据实践经验以及企业和职校的发展需求制定相关优惠政策，如人员交流培训费用加计扣除等财税减免优惠、设立发展引导基金等，鼓励企业与职校加强协同合作，有针对性地强化企业人员技术技能、跨文化管理等方面的培训，为企业"走出去"提供强有力的智力支持。

2. 打造"走出去"人力资源服务需求信息交流平台

建议依托商务部"走出去"公共服务平台，开辟专门的企业"走出去"人力资源服务需求信息交流模块，为企业与职业院校打造高效便捷的交流平台，提高双方沟通合作的有效性和针对性。依托已有平台实现加强企业与职业院校的信息交流，主要基于以下考虑：一是商务部"走出去"公共服务平台是我国官方（部委）主办的平台，具有很强的信誉度；二是该平台设置了国别（地区）指南、服务"一带一路"、推进国际产能合作、境外经贸合作区、投资合作促进、统计数据、政策法规及业务指南、企业名录、在线办事、境外安全风险防范等功能模块，自 2015 年 12 月上线以来已经成为"走出去"企业办理相关事宜、获取相关信息的重要渠道，具有广泛的影响力；三是从实现周期和成本角度看，依托已有平台更有利于此项服务的快速实现，且避免重复建设造成的资源浪费。

3. 继续加大支持国内职业教育的发展力度

在鼓励企业与职业教育加强合作的同时，要继续加大支持国内职业教育的发展力度，积极深化教育体制机制改革，从根本上提高职业院校的生源质量，扩大职业院校的招生范围，提高招生层次，双管齐下，从而为企业输送更多更优秀的专业人才和技术工人，充分发挥职业教育的重要作用。

第 十 四 章

澜湄国家人力资源开发战略比较

在推进澜湄国家共同发展和互利合作的进程中，人力资源是最为重要的基础和支撑。当前，澜湄国家都深刻认识到了人力资源在经济和社会发展中的基础性、战略性、决定性的作用，都将人力资源开发摆在了国家整体发展的重要位置，制定了人力资源开发战略和规划。对这些战略和规划进行比较和研究，有利于促进中国和湄公河国家人力资源开发战略对接和合作，从而进一步探索符合澜湄地区特点的人力资源开发合作新模式、新路径。本研究选取了近年来澜湄国家在国家层面颁布实施的 16 个有关人力资源开发的战略和规划，对这些战略的主要内容及特点进行了分析。

一　澜湄国家人力资源开发战略的主要形式

澜湄国家目前实施的人力资源开发战略和规划大多是在 2010 年及之后出台的，多是 5—20 年的中期或长期规划。从战略制定实践来看，澜湄国家普遍认识到人力资源开发战略的重要地位，都在国家层面强调了人力资源开发的必要性和重要性，并明确人力资源是经济社会发展和科技进步的最重要资源。当然，由于各国政策制度、法律体系等的差异，各国人力资源开发战略的文本形式存在一定差异，主要有以下三种形式。

（一）作为国家总体发展战略的子战略

澜湄国家都把人力资源开发作为国家总体发展战略中的一项重要战略。柬埔寨在 2013 年发布的《第三阶段"矩形战略"：增长、就业、公平及效率》中提出了四大优先领域，第一个就是要"发展人力资源"；另外还提出了"增长、就业、公平及效率"这四大战略的六个矩形（实际上即六大子战略），最后一个为"能力提升及人力资源开发"，下面设有四个战略目标。

2016年，中国在《国民经济和社会发展第十三个五年规划纲要》中提出的十四大战略中，"人才优先发展"是其中一项重要战略。规划中明确要求"把人才作为支撑发展的第一资源，加快推进人才发展体制和政策创新，构建有国际竞争力的人才制度优势，提高人才质量，优化人才结构，加快建设人才强国"（中共中央、国务院，2016）。

老挝政府在2016年发布了《国家社会和经济发展第八个五年计划（2016—2020）》（Ministry of Planning and Investment of Lao PDR，2016），提出了2016—2025年国家社会经济发展的十大战略，其中第三条为"人的发展"战略。计划还提出了战略期的五大主要发展方向，其中第三项是提高人力资源技能和能力。计划还提出战略期国家社会和经济发展计划达成的三大目标，其中包括关于人力资源开发的目标以及相关战略举措。

《缅甸2017年工业发展战略方向概述》中提到，缅甸出台了20年的国家综合发展计划（National Comprehensive Development Plan）（Ministry of Industry of Myanmar，2017），提出两大战略目标和七个战略重点，在第二大战略目标中提出确保和促进包容性增长和以人为本的发展，第六个战略重点也是主要针对促进人的发展。

泰国在《第十二个国家经济和社会发展规划（2017—2021年）》中提出了绿色发展、提高竞争力等六大发展领域，人力资源开发是其中重要的发展领域。此外，规划还提出了十大发展战略，其中，"加强及开发人力资本"是第一大战略，强调要"发展高质量的人力资源，使其成为推动国家发展的重要资源"（Thailand Office of the National Economic and Social Development Board，2016）。

越南在2016年发布了《五年社会经济发展规划2016—2020年》（Vietnam，2016），其中提出要实现三大突破，第二个就是快速发展人力资源，特别是高质量的人力资源。

（二）专门出台人力资源开发战略

中国和越南都专门出台了人力资源开发战略或规划。中国政府在

2010 年发布了《国家中长期人才发展规划纲要（2010—2020 年）》，这是中国发布的第一个中长期人才发展规划，提出了"服务发展、人才优先、以用为本、创新机制、高端引领、整体开发"的人才发展指导方针，人才队伍建设的三大任务以及十项重大人才政策和十二项重大人才工程（中共中央、国务院，2010）。

越南政府在 2011 年批准了《2011—2020 年人力资源开发总体规划》（The Master Plan On Development of Vietnam's Human Resource 2011 – 2020）和《2011—2020 年人力资源开发战略》（The Strategy on Development of Vietnamese Human Resources 2011 – 2020）。人力资源总体规划明确了国家人力资源开发的目标和方向，并基于培训等级、产业领域、经济部门、不同行业从业人员、不同地区分别提出了具体的人力资源开发指标。人力资源开发战略则提出了国家人力资源开发的总体目标，人的发展、人力资源管理、人才队伍建设等八个领域的具体发展目标以及指导思想和实施方案。

（三）出台人力资源教育培养战略

除越南外，湄公河其余四国都没有专门出台人力资源开发战略，但是都出台了教育发展战略，主要从人力资源教育、培养、开发的角度提出规划目标和指标。

老挝政府在 2015 年出台了《教育和体育发展规划（2016—2020 年）》（Education and Sports Sector Development Plan 2016 – 2020），明确指出教育的重要性，提出 2030 年的教育愿景，以及 2016—2020 年要实现的发展目标；规划还对经费保障、实施方案等作出了安排。

缅甸政府在 2015 年出台的《国家教育战略计划（2016—2021 年）》（National Education Strategic Plan 2016—2021）中指出，教育是缅甸社会和经济可持续发展的基础，将在确保国家持久和平与安全方面发挥关键作用。该规划提出要对教育体制进行改革，并确立了未来五年的十项计划。

柬埔寨在 2014 年出台的《教育战略发展计划 2014—2018 年》（Ministry of Education, Youth And Sport of Cambodia, 2014）中指出，要建立和发展高质量的、德才兼备的人力资源，要在柬埔寨促进知识型社会的发展。该计划还提出了三大战略性的教育政策，十大核心突破指标，七大指导思想以及十三个优先项目。

　　近年来澜湄国家出台的主要人力资源开发规划（计划）如表 14—1 所示。

表 14—1　　　　　　　　　　　澜湄国家人力资源开发战略

国家	发布时间	战略名称
中国	2010 年	《国家中长期人才发展规划纲要（2010—2020 年）》
	2016 年	《国民经济和社会发展第十三个五年规划纲要》中的"人才优先发展战略"
越南	2011 年	《2011—2020 年人力资源开发战略》
	2011 年	《2011—2020 年人力资源开发总体规划》
	2016 年	《五年社会经济发展规划（2016—2020 年）》中三大突破之一
老挝	2015 年	《教育和体育发展规划（2016—2020 年）》
	2016 年	《国家社会和经济发展第八个五年计划（2016—2020 年）》中十大战略之一，五大发展方向之一
泰国	2016 年	《第十二个国家经济和社会发展规划（2017—2021 年）》中的第一大战略"加强及开发人力资本"
	2016 年	《劳工问题指导计划（2017—2021 年）》（又称为"劳工部计划"）
缅甸	2016 年	《国家教育战略计划（2016—2021 年）》
	2017 年	《缅甸 2017 年工业发展战略方向概述》
柬埔寨	2013 年	《第三阶段"矩形战略"：增长、就业、公平及效率》六大子战略之一
	2014 年	《国家战略发展计划（2014—2018 年）》
	2014 年	《教育战略发展计划（2014—2018 年）》

说明：根据近年来澜湄国家在国家层面颁布实施的有关人力资源开发的战略和规划整理。

二　澜湄国家人力资源开发的战略目标

　　总体而言，澜湄国家在各自的人力资源开发战略或规划中都明确提出了各国要实现的战略性目标，明确了人力资源开发的整体方向、全局性奋斗目标以及总体任务和要求。尽管由于各国发展阶段不同，面临的人力资源开发的主要问题不同，各国人力资源开发战略或规划中战略目标的具体内容上存在一些差异，但是总的战略导向、目标和重要任务大致相同，可以总结为以下几个方面。

（一）核心战略导向是促进人力资源开发支撑国家发展

澜湄国家普遍认识到，大力发展人力资源，是国家实现赶超发展和可持续发展的基本途径。六国都将人力资源开发战略与国家的经济社会发展紧密联系起来，都提出人力资源开发最核心的目标是要支撑国家当前和未来的发展。柬埔寨《第三阶段"矩形战略"：增长、就业、公平及效率》中提出开发高质量、德才兼备的人力资源对国家经济发展及未来竞争力的提升至关重要。中国在《国民经济和社会发展第十三个五年规划纲要》中提出，把人才作为支撑发展的第一资源，要加快建设人才强国。《国家中长期人才发展规划纲要（2010—2020 年）》也提出要确立国家人才竞争比较优势，进入世界人才强国行列，为在 21 世纪中叶基本实现社会主义现代化奠定人才基础。越南《2011—2020 年人力资源开发战略》明确提出，要大力发展人力资源，使其成为实现国家可持续发展、国际一体化和社会稳定的基础和最重要的优势。老挝在《教育和体育发展规划（2016—2020 年）》中提出，要使人力资源开发达到区域和国际化标准，使其成为强大的生产能力，从而为社会经济发展作出更大贡献。缅甸的《2017 年工业发展战略方向概要》指出，要提高工业竞争力和生产力，必须开发人力资源并进行技术升级。泰国《第十二个国家经济和社会发展规划（2017—2021 年）》提出，开发高质量的人力资源，使其成为推动国家发展的重要资源。

（二）重要战略目标是提升人力资源素质和能力

澜湄国家人力资源开发战略目标的侧重点各有不同，有的强调人力资源总量的增长，有的更强调优化人力资源结构和布局，但是六国都高度重视提高人力资源的质量，提升人力资源素质和能力是六国人力资源开发最为重要的战略目标之一。柬埔寨《国家战略发展计划（2014—2018 年）》提出，人力资源开发政策将以（无性别歧视的）能力建设为目标，即发展（特别是科学技术的）知识和技能、创业精神、创造力和创新。柬埔寨《教育战略计划（2014—2018 年）》也提出，要发展高质量的人力资源，以实现柬埔寨社会经济发展过程中的近期目标和长远目标。中国在

《国家中长期人才发展规划纲要（2010—2020 年）》中提出，要加强人才资源能力建设，造就规模宏大的高素质人才队伍。老挝《国家社会经济发展第八个五年计划（2016—2020 年）》提出，通过提高劳动力技能、鼓励更严格的纪律和更宽容的态度以提高人力资源能力。缅甸《2017 年工业发展战略方向概要》提出，要开发高技能的人力资源，并夯实基础促进研发和创新。泰国《第十二个国家经济和社会发展规划（2017—2021 年）》中的"加强及开发人力资本"战略提出，要培养各年龄段的泰国人具备更加良好的技能、知识和能力，为泰国准备具有技能的人才。越南《2011—2020 年人力资源开发总体规划》提出，要发展高素质人力资源，并且要形成高质量人力资源的解决方案。

（三）重要战略任务是改善或优化人才发展环境

人的发展，必然受到社会环境的影响，构建充满活力、公平、可持续发展的人才发展环境，是促进人力资源可持续发展的必然要求。澜湄国家中，中国、越南都强调优化人才发展的制度环境，特别是要营造有利于人力资源发挥作用、施展才能的体制机制环境。例如，中国在《国民经济和社会发展第十三个五年规划纲要》中提出，要营造有利于人人皆可成才的良好的人才发展环境；《国家中长期人才发展规划纲要（2010—2020 年）》中也提出，要在人才发展体制机制创新方面取得突破性进展，要基本形成人才辈出、人尽其才的环境。越南提出，要改变对人力资源开发和利用的意识，营造重视人力资源开发的社会氛围；并且强调要提高国家人力资源管理的专业性，对人力资源的教育培训等体制机制进行改革。

泰国、老挝、缅甸和柬埔寨则更加强调要促进人的健康成长，必须改善人力资源开发的基本生活环境和社会保障环境。泰国在《第十二个国家经济和社会发展规划（2017—2021 年）》中提出，要促进泰国人一生健康发展，要促进和加强泰国的社会制度，以保证人力资源和国家的发展。老挝在《国家社会经济发展第八个五年计划（2016—2020 年）》中提出，要减少所有民族的贫困人口数量，为所有民族和性别提供优质的教育和卫生服务。柬埔寨也在《国家战略发展计划（2014—2018 年）》中提出，要为人力资源开发提供更好的生存资源、卫生设施和安全的生活空间，要尊重劳动，鼓励就业，要建设劳动者权益得到有效保护的法制环境。

三 澜湄国家人力资源开发的重点领域

澜湄国家都在有关战略和规划中明确提出了人力资源开发的重点领域。由于经济社会发展阶段不同，人力资源开发面临的主要问题有所不同，澜湄国家人力资源开发战略的重点也有所不同。但是这些重点发展领域都充分体现了六国国家总体发展战略的需求，符合国家未来战略发展方向。

（一）澜湄国家人力资源开发的重点领域

澜湄国家针对人力资源开发中的主要问题，明确了人力资源开发的主攻方向和战略突破口。总的来看，六国人力资源开发的重点都与六国国家总体发展战略相一致，直接反映了国家经济社会发展的战略重点。

1. 三次产业发展与人力资源开发重点

澜湄国家都提出要促进农业现代化，大力发展第二、第三产业，相应地，六国也强调要适应产业的发展调整或优化人才结构，提升人才能力。中国提出在"十三五"期间，加速农业现代化，工业和信息化融合发展水平进一步提高，服务业比重进一步提高。中国还提出要重点开发专业技术人才、高技能人才、农村实用人才等六支人才队伍。泰国提出在2017—2021年间，要持续推进工业增长，大力发展服务业，农业、工业和服务业的年增长率要分别保持在3%、4.5%和6%。泰国也提出要培养知识型的农民，要大力开发未来目标产业的人力资源。

越南提出将经济结构调整同增长模式转型、提高生产效率和竞争力相结合，工业及服务业占GDP比重要达到85%。越南的人力资源规划和战略中也计划控制并减少第一产业的劳动力（从2015年的2400万—2500万人减少至2020年的2200万—2400万人），大力发展第二产业的劳动力（2015—2020年增加500万人），稳步增加第三产业的劳动力（2015—2020年增加200万—300万人）。老挝提出要调整产业结构，到2020年实现第二、第三产业产值占国家GDP比重超过73%的目标；要制定和发展有关政策和机制，调整劳动力结构，减少农业的从业人员，增加工业和服务业的从业人员。老挝还提出制定实施有关劳工政策，确保农业、林业的从业人员具备专业技能，达到国际标准。

柬埔寨提出到 2020 年，工业产值要达到 GDP 的 30%，制造业要达到 GDP 的 20%；要促进农业现代化，农业和旅游业等主要行业要发展后向关联（backward linkage），要跨越式地发展非传统行业。缅甸的国家综合发展计划提出了直到 2030 年要实施的四个五年计划，第二个五年计划期间的重要任务之一就是要促进农业现代化，第三个五年计划期间要发展中等技术产业，第四个五年计划期间要引进新的高技术产业。缅甸还提出在工业化进程中要促进高技术人力资源开发，创造更多高质量的工作机会。

2. 重点产业发展与人力资源开发重点

澜湄国家都结合本国发展目标，提出了在经济发展领域重点产业要发展的人力资源目标。中国和泰国提出，要重点发展一些技术密集高附加值产业、新兴产业的人力资源。中国提出要在"十三五"期间，将推进产业迈向中高端水平，支持战略性新兴产业的发展。因此，中国重点要开发的是信息、生物技术、新材料等技术密集高附加值产业的急需紧缺人才。泰国提出，经济结构应该转变为以服务和数字技术为基础，加快发展智能电子电气行业、生物化学工业、旅游业、创意产业等领域的人力资源。

越南、老挝的重点是在发展高产品附加值、有发展潜力的产业的同时，促进中低端但具有可持续发展特征的产业。因此，越南、老挝除了重点开发一些劳动、资源密集型产业的人力资源之外，也关注一些高附加值产业人才的开发。越南提出大力发展交通运输业、自然资源和环境、旅游业、银行和金融业、信息技术、核能源等领域的人力资源。老挝提出的人力资源开发的重点领域包括加工业、手工业、采矿业、建筑业、食品供应生产、商业作物生产等劳动、资源密集型产业。

柬埔寨、缅甸依据国家经济发展、产业结构及人力资源开发的实际情况，提出重点开发一些劳动、资源密集型产业的人力资源。柬埔寨人力资源开发的优先领域包括农业加工和制造业、服装业手工业等支持行业、电器/电子元器件及机械零部件的组装和生产等。缅甸提出在推进农业现代化和发展的同时，实现包容性增长，并且促进工业和服务业的发展。缅甸人力资源开发的重点领域包括纺织服装业、食品加工包装业、塑料加工行业、建材工业、化学工业、轮胎橡胶工业、纸浆、纸和纸制品工业、制药工业等劳动密集型产业。

3. 湄公河国家共同关注的人力资源开发重点

湄公河国家都重视旅游业的发展，不仅在国家总体战略中提出了重点发展旅游业人力资源的战略目标，而且大都专门制定了旅游业的发展规划，提出了旅游业人力资源开发的具体任务和政策。越南《人力资源开发总体规划（2016—2020 年）》提出要大力发展旅游业人力资源，从 2015 年的 62 万人发展到 2020 年的 87 万人，增加 25 万人。泰国专门制定了《第二个国家旅游业发展规划（2017—2021 年）》，提出了五条战略，其中第三条战略是"开发旅游业人力资本的潜力，提高泰国公民发展旅游业的意识"（Ministry of Tourism and Sports of Thailand，2017）。缅甸也专门出台了《缅甸旅游业总体规划（2013—2020 年）》，提出了五个战略项目及目标，其中第二个是"建设人力资源能力及提高服务质量"（Ministry of Hotels and Tourism of Myanmar，2013）。该规划还指出，缅甸旅游业直接就业（Direct Tourism Employment）人数将从 2012 年的 293700 人发展到 2020 年的 1497801 人。老挝也出台了《老挝旅游业战略（2006—2020 年）》（Minister of Lao National Tourism Administration，2006），提出发展现代化的旅游业，计划 2010 年旅游业从业人员达到 160 万人，2020 年达到 300 万人。

湄公河国家都高度重视的社会发展领域的人力资源，包括教师、公共部门管理人员和企业家（企业经营管理人员）等。越南提出要优先发展专业的行政管理人才队伍、大学教育以及企业家和企业管理专家队伍。泰国提出要壮大高等教育行业教职工队伍，激励有更大潜力的人才进入教师系统，鼓励生产性部门与科研部门、教育机构紧密联系，大力培养开发"技术型"的企业家。老挝也提出要大力发展企业家，要建设一支高质量的教师队伍以及促进司法领域公职人员能力建设和提升。柬埔寨提出要加强公务员队伍的人力资源管理和开发，提高公务员队伍的绩效；要发展教师培训体系，增加女性教师的数量。

（二）澜湄国家人力资源开发的主要指标

澜湄国家的相关战略和规划中列出了人力资源开发的一些量化指标。

这些指标既反映了各国对未来人力资源需求的预测，也反映了各国人力资源开发的具体目标和主要任务。这些指标主要包括人才或劳动力规模、人才或劳动力质量、人才或劳动力结构、人才或劳动力引进、人才投入等几个方面。

在人才或劳动力规模方面，六国大多提出了人才或劳动力总量增长的目标。中国提出，人才资源总量从现在的1.14亿人增加到2020年的1.8亿人，增长58%，人才资源占人力资源总量的比重提高到16%，基本满足经济社会发展需要。越南提出，劳动力总量从2015年的5500万人增长到2020年的6300万人。老挝提出，劳动力总量从2010年的302万人增长到2020年的447万人。泰国则提出贫困线以下的人口比例低于6.5%。部分国家还提出了重点发展领域人才或劳动力开发的指标，例如，越南提出了行政管理、大学教育、科学技术、医疗卫生、金融和银行业、信息技术等领域的人才队伍发展的数量指标（见表14—2）。

表14—2 　　　　　　　　　　澜湄国家人才或劳动力规模指标

	柬埔寨	中国	老挝	缅甸	泰国	越南
人才或劳动力总量	每平方公里人口密度增加8人；贫困线下人口比例低于5%	人才到2020年增加至1.8亿人	劳动力到2020年增长到447万人	无	贫困线下人口比例低于6.5%	劳动力到2020年增长到6300万人
重点领域人才或劳动力数量		如：到2020年，在装备制造、信息、生物技术、新材料、航空航天等经济重点领域培养开发急需紧缺专门人才500多万人	如：旅游业从业人员到2020年达到300万	如：旅游业直接就业到2020年达到150万人		如：大学教师到2020年增长到16万人

说明：根据近年来澜湄国家在国家层面颁布实施的有关人力资源开发的战略和规划整理。

在人才或劳动力质量方面，六国大多提出了较多的指标，主要包括教育发展水平、技能开发水平、科技研发水平等方面人力资源开发的目标。在教育发展水平方面，六国都提出了一系列指标。缅甸和越南提出的指标比较详细，具体到各个教育阶段人口的发展目标。缅甸提出，到2021年，学前教育（3—4岁）净入学率达到30%—35%，小学净入学率达到90%—95%，初中净入学率达到70%—75%，高中净入学率达到36%—40%，高中完成率达到30%—35%。越南提出，到2020年，接受基础教育人数达到2400万人，接受中等教育人数达到1200万人，接受专科教育人数达到300万人，接受大学教育人数达到500万人，接受研究生教育人数达到30万人。

六国都从职业教育或培训的角度，对人才或劳动力的技能开发提出了具体的目标。柬埔寨提出，到2018年完成技能培训的参与人数达到12000人，接受短期培训的青年人数达到3300人。中国提出，到2020年高级、中级、初级专业技术人才比例达到10∶40∶50。老挝提出，到2020年接受职业教育学生数量达到105000人。缅甸提出，到2021年职业教育率达到8%—12%。泰国的目标是到2021年，双向制职业培训的学生平均每年增长30%，工作人口中获得职业资格的人数平均每年增长20%。越南的目标是到2020年，接受职业培训的劳动力达到344万人，占比为78.5%。

此外，中国、老挝和泰国都提出了研发人员发展的目标。中国提出到2020年，每万劳动力中研发人员达到43人年，总量达到380万人年。老挝的目标是到2020年，每万人有11名研究人员，泰国的目标是到2021年，每万人中研发人员增长至25人。详见表14—3。

表14—3　　　　　　　　　　澜湄国家人才或劳动力质量指标

国家	柬埔寨	中国	老挝	缅甸	泰国	越南
目标年	2018年	2020年	2020年	2021年	2021年	2020年
识字率	青年97.5%		15—24岁99%	青年95%—96%	增长至85%	
	成人90.5%		15岁以上95%	成人91%—93%		

续表

国家	柬埔寨	中国	老挝	缅甸	泰国	越南
基础教育		义务教育巩固率提高至95%	完成基础教育人口占比89%	小学净入学率达到90%—95%	净入学率达到90%	接受基础教育人数达到2400万人
中等教育	高中毛入学率达到23%	高中毛入学率达到90%以上	完成初中教育人口占比98% 完成高中教育人口占比98%	初中净入学率达到70%—75% 高中净入学率达到36%—40%		接受中等教育人数达到1200万人
高等教育	毛入学率23%	主要劳动年龄人口中的20%		本科及以上比率达到18%—22%		接受大学教育人数达到500万人
技能开发	完成技能培训的参与人数达到12000人，接受短期培训的青年人数达到3300人	高级、中级、初级专业技术人才比例为10∶40∶50	接受职业教育学生数量达到105000人	职业教育率达到8%—12%	双向制职业培训的学生平均每年增长30%，工作人口中获得职业资格的平均每年增长20%	接受职业培训的劳动力达到344万人，占比为78.5%
研发人员		43人年/万劳动力总量380万人年	每万人有11名研究人员		增长至25人年/万人	

说明：根据近年来澜湄国家在国家层面颁布实施的有关人力资源开发的战略和规划整理。

在人力资本投入方面，六国制定的指标不多，而且仅有柬埔寨、中国、泰国和越南制定了这方面的指标。柬埔寨和越南提出了加大教育投入的指标。例如，柬埔寨提出高等教育预算到2018年增至20%。越南提出到2020年，用于教育培训和职业培训的投入达到750万亿—800万亿越南盾。中国和泰国提出了增加研究与试验发展投入的指标，中国提出到2020年，研究与试验发展经费投入强度达到2.5%，泰国提出研发投入增长至GDP的1.5%，研发企业免税数额每年增加20%以上。中国和越南都提出了增加人力资本总投入的指标，中国提出人力资本投资达到GDP的

15%，越南提出人力资源开发投入达到 2135 万亿越南盾，占社会总支出的 12%。

表 14—4　　　　　　　　　澜湄国家人力资本投入指标

国家	柬埔寨	中国	泰国	越南
目标年	2018 年	2020 年	2021 年	2020 年
教育投入	高等教育预算从 4% 增至 20%			教育培训和职业培训投入达到 750 万亿—800 万亿越南盾
研发投入		研究与试验发展经费投入强度达到 2.5%	研发投入增长至 GDP 的 1.5%，研发企业免税数额每年增加 20% 以上	
人力资本总投入		人力资本投资达到 GDP 的 15%		人力资源开发投入占社会总支出的 12%

说明：根据近年来澜湄国家在国家层面颁布实施的有关人力资源开发的战略和规划整理。

此外，中国、泰国和越南还在人才或劳动力的使用效能方面提出了具体的指标。中国提出到 2020 年，人力资本对经济增长贡献率达到 33%，人才贡献率达到 35%。泰国提出到 2021 年，劳动生产率的增长率不低于 2.5%。越南提出到 2020 年，平均社会劳动生产率每年增长 5% 左右。中国和柬埔寨还提出了人才引进或人才国际化方面的具体指标。中国提出，中央层面实施"千人计划"，建设一批海外高层次人才创新创业基地，用 5—10 年时间引进 2000 名左右海外高层次人才回国（来华）创新创业。柬埔寨提出，到 2018 年，海外硕士学位人数达到 200 人，海外博士学位人数达到 20 人。

四　澜湄国家人力资源开发的主要战略举措

澜湄国家人力资源开发的战略举措主要包括提供教育、就业等方面的平等机会，发展技能提高其能力、发挥其潜力，鼓励其在社会、政治和经济生活中发挥作用，等等。

（一）优先发展教育，提高国民基本素质

一是促进教育公平性和可及性。澜湄国家都优先强调要大力发展教育，确保教育的公平性和可及性。中国在"十三五"规划中提出，要促进教育公平，并提出了诸如建立城乡统一、重在农村的义务教育经费保障机制，加大公共教育投入向中西部和民族边远贫困地区的倾斜力度等战略举措。老挝提出要集中力量加大对教育战略和人力资源开发战略各项任务的投资，让每个公民都能获得从幼儿园到职业学校、大学的教育，以满足社会经济发展需求。泰国提出要通过采取激励措施优化教师资源配置、运用信息技术扩大远程教育、为边远地区学校增加补贴等措施，促进跨地区的优质教育的公平分配。缅甸提出要普及免费的基础教育，要在统筹、公平的基础上，对现有学校进行升级并扩建，优先考虑在辍学儿童最多的地域以及偏远农村修建新学校；要在支持贫困家庭的孩子、有辍学风险的孩子以及有特殊需求的孩子方面采取措施，提高教育的包容性。柬埔寨也提出要确保所有孩子都得到受教育的机会，要增加获得所有教育水平的儿童和青年的人数，重点关注最贫困地区和儿童群体的平等和获得机会。

二是提高教育质量。澜湄国家都提出，要持续增加教育投资，不断完善覆盖全面的教育体系，提高教育质量。中国在"十三五"规划中提出，要不断完善教育体系，提高教育质量以及完善高等教育质量保障体系，统筹推进世界一流大学和一流学科建设等一系列发展高等教育的战略举措。老挝提出要继续推进教育体制改革，提高学习和教学的质量，尤其是提高教师素质。越南提出，要注重教育质量管理，对教育质量和效果进行社会监督；建立独立的教育质量认证制度，对所有教育培训等级的教育机构以及职业和高等教育项目进行质量认证；等等。泰国则提出各阶段的教育都要追求卓越，要通过在小型学校中提高初等教育质量管理、改革教学方法、提高整个教育体系教师质量等举措提高教育质量。柬埔寨提出要加强与其他国家及组织发展伙伴合作关系，提高教育质量，促进教师效率及能力发展。缅甸提出着力通过发展全国学校质量标准保障框架、加强规划提高学校质量，以及加强学校领导和管理等举措提高基础教育质量，同时通过建立高等教育质量保障机构等举措提高高等教育质量。

三是重视发展高等教育。澜湄国家都重视发展高等教育。中国提出了推进现代大学制度建设、完善高等教育质量保障体系、推进高等教育分类管理和高等学校综合改革等举措。柬埔寨提出，提升高校学习、教学和研究水平，根据东盟标准提高课程的多样性并设置优先项目，要加强高校内部质量保障体系及认证体系绩效；还提出了九条发展高等教育的战略举措，包括为贫穷和优秀学生增加讲学和学习机会，扩大高校对科技、技术、工程、创新艺术及数学学生的招录等。老挝提出了发展高等教育的六大战略举措，包括支持科学研究、技术开发和技术服务，提高教学质量，发展质量保障体系，加强高等院校的治理和管理，加强对内对外合作，等等。缅甸提出，鼓励在海外获得博士学位的缅甸人回到国内高校任教，加强高等教育的治理和管理能力，出台政策和有关举措建设世界一流大学和综合性大学，提升高等教育水平。

（二）重视技能开发，培养符合发展需求的人才

一是根据发展需求培养人才。中国提出坚持以国家发展需要和社会需求为导向，以提高思想道德素质和创新能力为核心，创新人才培养开发机制。老挝提出发展高等教育要适应劳动力市场需求以及国民经济和社会发展计划的要求，根据国家和地方的需要，针对一些重点领域扩大招生，如教育、工程、科学、技术、农业等。越南提出要持续实施提升劳动力技能，尤其是满足社会经济发展需求的高质量劳动力的有关机制、政策和解决方案，将开发高质量的劳动力作为经济可持续发展的基础。泰国提出人力资源开发必须与劳动力市场需求保持一致，各年龄段人口都应具备21世纪所需的技能。泰国还提出了培养学龄儿童和青少年获得系统的思维能力、创造力、工作技能，针对未来重点发展的产业制定劳动力开发规划，等等。柬埔寨提出培养技能型和具有生产力的劳动力，以满足劳动力市场的需求并提高附加值。柬埔寨还提出开发人力资源要重视适应社会经济发展需要的技术能力，要通过促进技能和专业培训、学徒培训等再培训，鼓励私营部门参与等提高员工和雇主的生产力。

二是重视职业教育和培训。中国提出要完善发展职业教育的保障机制，改革职业教育模式，并且提出了完善在职人员继续教育制度，分类制定在职人员定期培训办法，构建网络化、开放式、自主性终身教育体系，

大力发展现代远程教育等举措。缅甸提出，扩大技术和职业教育培训的可及性，尤其是少数民族、弱势群体和残疾人；发展多种形式的技术和职业教育培训，包括正式的长期教育，短期的以能力为主的模块化培训以及面向偏远农村地区的流动性培训课程。建立技工和职业院校，采取加强对教师的教学和专门技能培训、建立双元制培训体制等举措，提高技术和职业教育培训质量。泰国提出要出台更多激励措施，吸引孩子接受双元制教育或合作教育课程（Cooperative Education Program），同时鼓励更多中型工作场所参与承担双元制教育或合作教育课程。柬埔寨提出要促进和执行旨在提高工人生产力、减少青年失业、增加收入及保证公平的技术和职业培训政策，通过改革培训课程和方案，加强国家资格标准框架建设等举措，提高技术和职业培训水平。老挝提出通过推行多种形式的培训，在省级初中、高中学校开设职业课程等措施，提高职业教育效能，通过扩大职业教师培训学院规模，建设国际交流平台，加强职业教师培训等举措，提高职业培训教师水平。老挝还提出要建设具备国际水准的职业学校，到2020年，建成至少10所具备国际水准的职业学校。

三是提高人才国际化水平。中国提出要实施更积极、更开放、更有效的人才引进政策，要大力吸引海外高层次人才回国（来华）创新创业。缅甸提出，鼓励在海外获得博士学位的缅甸人回到国内高校任教，支持高校管理者赴海外学习优秀经验并与国外有关高校和机构建立伙伴关系。泰国提出要推动开放式创新，加强大学和研究机构以及国际合作伙伴之间的合作交流，举办定期的技术咨询展会，探索合作机会，要利用税收激励渠道吸引来自国外的专家、研究人员和科学家到公共和私人机构工作以促进创新。柬埔寨提出要加强高等院校的外语教学，提高学生的外语水平；要促进高校的国内外合作，包括交流经验、项目合作以及教师研究人员的交流等。越南的规划中提出了一些重要项目和工程，其中一项是实施提高外语教学，尤其是英语质量和有效性的工程。越南还提出鼓励人力资源领域的国际合作，包括派遣更多越南人接受海外培训，包括政府提供资金、鼓励自费出国以及鼓励国内机构与海外培训机构扩大培训合作等。

（三）激发人才创造力，鼓励人才发挥作用

一是激发人才创造力，鼓励科研创新。中国提出要实施有利于科技人

员潜心研究和创新政策，提出了完善科研管理制度，扩大科研机构用人自主权和科研经费使用自主权；改进科技评价和奖励方式，完善以创新和质量为导向的科研评价办法等举措。缅甸提出建立全国研发基金（National Research and Innovation Fund），并支持高校建立研发中心，在服务、消费品及工业产品等领域开展研发。老挝提出要在科学和技术领域发展有知识和有能力的人力资源，促进国家发展，同时还提出支持科学研究、技术开发和技术服务，包括鼓励高等教育机构建立科学研究中心，与企业进行科研、技术及创新合作，从政府和非政府渠道增加科研、技术及创新的经费，等等。柬埔寨提出在各级学术课程，特别是高中，职业技术培训和高等教育中将科技知识及其应用纳入主流，促进研发，包括引入联系大学、公共机构和行业的研究网络模型。越南也提出要提高科技能力，制定鼓励创新活动的国家制度，鼓励个人、企业和组织创新，相应举措包括制定并出台突破性的政策鼓励科学研究和技术创新，允许和鼓励各行业的企业开发应用新技术，完善保护知识产权的法规制度，提高科技发展基金的效率，鼓励风险投资基金，建立研究和应用现代技术的机构，建设创新中心和技术园区等。泰国提出要促进研发投入、转化及商业化，要加强教育机构、研究机构、公共部门、私营机构的合作，促进企业家在创新和技术发展中起到关键作用，要大力开发劳动力市场需要的科技人员，特别是科技、工程、数学方面的人才，要促进研究人员的开发，提高其能力，并且要利用税收激励支持农业、工业和服务业的技术开发。

二是促进就业，发挥人才作用。中国提出要创新人才培养开发、评价发现、选拔任用、流动配置、激励保障机制，提高人才使用效能。泰国提出创造有利于促进就业因素，研究和开发有效的劳动力市场信息，促进劳动力市场供求平衡，扩大就业机会。泰国还提出要开发和促进泰国劳工标准的建立，要提高劳工的标准工资水平，以提高劳动生产率。越南也提出要建立扩大劳动力使用的政策体系，包括放松户籍要求扩大就业（特别是公共部门就业），出台法律允许集体谈判，通过政府资助项目或活动实施社区层面的公共就业政策等举措。越南还提出要发展劳动力市场，确保畅通和透明化，促进工人自由流动。柬埔寨提出要创造更多的就业机会，特别是青年就业岗位；要进一步发展健全的劳动力市场信息系统，特别是加强数据收集，分析和传播有关教育、技术和职业培训计划的劳动统计资料和信息，并向公众提供关于工资和技能供求的信息。老挝提出要建设劳动力市场信息系统，建设并加强就业服务网络，以满足劳动力市场需要；完善社会保障体系，以更加有效地保护各行各业劳动者的权益。

（四）加大人才投入，营造人才发展良好环境

一是加大人才投入。中国提出要加大人才发展的投入，确保国家教育、科技支出增长幅度、卫生投入增长幅度高于财政经常性支出增长幅度，相应举措包括加大人才发展资金投入力度、鼓励支持企业和社会组织建立人才发展基金等。越南提出要采取多种举措加大人力资源投入，包括设置国家预算资金，确保教育和培训支出占国家预算支出比例的20%；进一步提高企业和各类组织人力资源开发经费，实施激励机制和政策；鼓励企业以各种形式加大人力资源投入；将海外资金集中用于建设国际标准大学、高质量职业培训机构、高质量核心人力资源开发、基础教育等项目；等等。缅甸提出要通过建立人力资源开发基金，增加公共教育的预算支出比例，鼓励私营部门从事与教育有关的服务和投资，在教育相关投资方面要提供一个健全的质量保证和标准化框架。老挝提出要加大人力资本投入，增加中等及高等教育的投入比例，确保提高教学质量和毕业生的质量，要促进私营部门对中等及高等教育的投入。

二是营造人才发展环境。中国提出要改革人才发展体制机制，完善人才管理体制，创新人才工作机制，营造充满活力、富有效率、更加开放的人才制度环境。柬埔寨提出建设保护劳动者权益、促进劳动者作出贡献的法制环境；鼓励妇女和青年提高能力，在经济社会发展中发挥作用；改善卫生状况，加强社会保障，建设有利于人才发展的基本生活环境和社会保障环境。越南提出从中央到地方，从顶层到基层，都要高度重视人力资源，要形成一个重视人力资源开发的社会氛围。越南还提出要彻底改革国家教育和培训管理，建设学习型社会，营造良好健康的教育环境。老挝提出要完善有关法规制度，鼓励妇女和青年发挥才能，为国家作出贡献。老挝还提出要改善人才培育环境，包括扩大教育基础设施建设、建设学习中心、鼓励终身学习等。泰国也很重视培育培训环境的建设，提出将当地的学习中心（如图书馆、博物馆、历史公园、学校等）建设成为更有创造力、更有生命力的学习资源，并推动当地社区进行更好的地方智慧管理。

五　澜湄国家人力资源开发合作的路径及对策

随着澜湄合作机制的建立，澜湄国家携手共进，各领域务实合作成果丰硕，澜湄地区有望率先形成"一带一路"最具规模和较高水平的共享区域，以及最具特色与影响力的人文交流中心（刘稚，2017）。中国与湄公河国家进行人力资源开发战略对接，开展人力资源开发合作，是促进澜湄合作持续深入发展的重要内容，对于维护中国与湄公河国家的深情厚谊、促进澜湄命运共同体的建设具有重要战略意义。加强人力资源开发战略对接及合作，将为澜湄地区国家经济社会的可持续发展注入强劲动力，也将为促进澜湄合作机制行稳致远提供重要保障。澜湄国家命运共同体是人类命运共同体的先手棋、奠基石和试验田，澜湄地区开展好人力资源开发合作，也将更好地发挥示范和带动效应，为推动"一带一路"人力资源开发合作提供实践经验，进一步夯实人类命运共同体建设的实践基础。

（一）澜湄国家人力资源开发合作的基础

澜湄国家在共谋发展的进程中，更加重视人力资源的基础性和战略性地位，更加注重学习和借鉴他国人力资源开发的经验，对开展人力资源开发合作的诉求也更加强烈，这也为推进"一带一路"建设中人力资源开发合作提供了难得的历史机遇。当前，中国正与湄公河国家积极开展战略对接，双、多边合作机制日益完善，为开展人力资源开发合作提供了有利平台，为六国实现人力资源优势互补、共享发展机遇创造了良好条件。

1. 必要性分析

推进澜湄国家人力资源开发合作，既是中国扩大和深化对外开放的需要，也是六国经济社会共同持续发展的需要，有利于推动形成全球人力资源开发国际合作新格局，有利于澜湄国家发挥比较优势，促进区域内人力资本不断积累、人力资源有序流动、人力资源市场互动融合，推动澜湄国家实现经济互利共赢发展，从而实现推动澜湄合作持续发展、为"一带一路"建设提供借鉴和参考。

推进澜湄国家人力资源开发合作是促进六国经济社会共同发展的需要。澜湄合作机制秉承互利共赢的宗旨建立，能够有效推动湄公河国家工业化和现代化进程，而人力资源是最为宝贵的战略资源，在六国政治安全、经济和可持续发展、社会人文领域的合作与发展进程中，高效的人力资源开发与管理发挥至关重要的推动作用。目前六国普遍重视发展人力资源，将其视为国家实现赶超发展和可持续发展的根本途径，是支撑国家当前和未来发展的核心。从现状来看，五国劳动力资源丰富，人力成本较低，但在劳动力受教育程度、技能水平和生产率方面尚属短板。基于此，开展澜湄国家人力资源开发战略对接及合作，根据各国实际情况推动多层次、全方位的人力资源开发、储备与交流，将有助于实现优势互补，推动互利共赢，为推动六国经济社会共同发展提供强有力的人力资源支撑。

推进澜湄国家人力资源开发合作是进一步推动澜湄合作持续发展的需要。不断提高人力资源开发与管理的水平，既是各国发展经济、提高竞争力的需要，也是中国与湄公河国家保持密切合作和可持续发展的重要保证。一方面，从目前情况看，随着基础设施建设、产能合作和对外投资方面的合作日益加强，相关领域巨大人力资源需求及辐射效应逐步显现，既需要劳动力密集型的低端人力资源，更需要技能型、知识型的中高端人力资源。另一方面，推动澜湄合作持续发展不是仅靠一代人就能够完成的事业。基础设施建设项目的使用与延续要依靠维护和不断推陈出新，这就需要两代甚至几代人持续不断的努力才能够实现；随着各国能源资源项目合作不断深化，各领域投资和贸易的扩大，都将进一步拉动专业人才的需求，目前已有的专业人才从结构和数量来讲都无法满足需求。因此，开展人力资源开发战略合作与对接，是进一步推动澜湄合作持续发展的必然要求。

推进澜湄国家人力资源开发合作是促进"一带一路"人力资源开发合作的需要。"一带一路"倡议提出以来，全球关注度不断提高。随着中国与亚、欧、非大陆全方位、多层次互联互通伙伴关系的不断深入推进，对相关方面的人才需求也在不断加大。由于各国人力资源现状和发展需求各具特殊性，为适应落实"一带一路"倡议的需要，以及推动自身的全面发展，各国都需要在侧重自身建设、发展相关人才培养的基础上，制订战略对接方案、积极开展交流合作。澜湄合作机制是落实"一带一路"倡议的重要探索，中国与湄公河国家在人力资源开发战略对接及合作方面的实践，将为"一带一路"人力资源开发提供理论参考和经验借鉴。

2. 可行性分析

澜湄国家人力资源开发目标具有一致性、重点具有互补性、举措具有相似性、战略具有开放性，这些都成为六国人力资源开发战略对接及合作的基础和推动力。

六国人力资源开发目标具有一致性。澜湄国家均已普遍认识到人力资源在经济和社会发展中的基础性、战略性、决定性作用，将人力资源开发放在国家整体发展的重要位置上，并相继制定了人力资源开发战略和规划，重视提升人力资源素质和能力，强调改善或优化人才发展环境。目前，各国都在积极响应"一带一路"倡议和澜湄合作，希望借此机会完善本国人力资源体系和人才结构，加大人才储备，为本国经济社会发展和更深入的区域合作创造条件。六国在人力资源开发目标方面具有较高一致性，这就为开展人力资源开发战略对接及合作打下了坚实基础。

六国人力资源开发重点具有互补性。澜湄国家由于经济发展阶段、劳动力市场开放程度和制度发展的差异，相应的人力资源开发重点也各有侧重。一是劳动力结构各不相同。中国与泰国人口呈老龄化趋势，但其他国家人力资源结构较为年轻，可以将人力资源开发和合作的重点放在吸引并留住柬埔寨、老挝和缅甸的青年留学生和国际劳工上面。二是劳动力受教育程度和技能水平存在较大差异。湄公河国家在职业教育和研究力量等方面，与中国相比较为薄弱，中国可依靠相对完善的职业教育体系和短期技能培训能力，支持湄公河国家，尤其是老挝等人力资源能力素质较低的国家培养高层次技能人才和中高级技能工人。

六国人力资源开发的举措具有相似性。从澜湄国家人力资源开发现状来看，优势与劣势都具有较高相似性，例如劳动力数量丰富、劳动力成本较低，但劳动人口受教育程度普遍不高，劳动力技能水平存在较大差异等。相应地，各国人力资源开发举措也具有一定相似性，例如强调优先发展教育，提升教育质量；重视人才技能开发，培养符合发展需求的人才；激发人才创造力，鼓励人才发挥作用；等等。这就为六国人力资源开发交流和学习互鉴奠定了良好基础，各国可以通过战略对接及合作，借鉴先进的发展经验和发展思路，抓住澜湄合作的战略机遇，充分利用自身人力资源特点，实现优势互补，促进国家经济社会进步，实现共同发展。

六国发展战略具有开放性。随着世界一体化进程加速，澜湄国家均高度重视人力资源开发战略的开放性，加快了对外开放步伐。秉承开放包容精神的澜湄合作，更加需要六国聚焦共建澜湄国家命运共同体，加强互联互通，不断深化交流合作。柬埔寨提出通过加强高校国际合作、加强国外就业服务、建设国外培训机构等举措，强化人力资源开发的国际合作；老挝提出建立区域和国际水准的交流合作平台，建设具备国际水准的职业学校。缅甸积极推动人才国际化培养，鼓励在海外获得博士学位的缅甸人回到国内高校任教，同时吸引外国专家、学者、教师等融入教育部门；建立互利的学术交流项目。泰国积极扩大国内外职业院校、私立高等教育机构和专业人员之间的交流合作，完善海外泰国劳工管理体系，实施国际劳工合作。越南将海外资金集中用于建设国际标准大学、高质量职业培训机构、高质量核心人力资源开发、基础教育等项目上来。这些举措均指向高度开放的人力资源开发战略，为六国战略对接及合作奠定了良好的基础。

（二）澜湄国家人力资源开发合作总体思路

人力资源开发是中国与湄公河国家的重点合作领域之一。随着"一带一路"建设和澜湄合作项目的推进，澜湄国家迫切需要培养大批高质量的人力资源，为促进各国经济繁荣发展提供人才保障和长期动力。中国与湄公河国家人力资源开发合作应坚持以促进澜湄国家人力资源共同发展为核心目标，加强合作总战略与各国发展战略及人力资源开发战略的对接，打造以点带面、多地聚力的多层合作圈，开展涵盖多个领域、多种形式的人力资源开发合作。

1. 以共同发展为目标、加强发展战略对接

首先，要促进澜湄地区人力资源共同发展。加强澜湄国家人力资源开发合作必须坚持在互利互惠的基础上，促进澜湄地区人力资源的共同发展。要确保合作的目标是通过整个澜湄地区人力资源的发展，促进澜湄各国提升经济社会发展水平，实现澜湄各国的共同发展；合作的努力方向是促进澜湄地区整体人力资源数量不断增长、整体素质和能力不断提升，人力资源有序流动和配置，人力资源市场互动融合，人力资源开发良好实践不断涌现；合作的所有参与方都是平等的参与者和受益者，能够相互学习

人力资源开发合作的经验，能够共享人力资源开发合作的成果。

其次，是加强发展战略对接。澜湄国家开展人力资源开发合作必须加强与六国发展战略和人力资源开发战略规划的对接，要在充分考虑各国人力资源开发的当前需求和中长期愿景的基础上，找准推进六国人力资源开发合作的利益契合点和突破口。在推进合作的进程中，六国还应注意就人力资源开发合作的重点和战略举措进行充分交流对接，并积极回应各国人力资源开发的差异化、个性化的利益需求，不断持续凝聚共识和夯实共识基础，不断加固友谊、增进互信。

2. 打造以点带面，多地聚力的多层合作圈

首先，要发挥好云桂地区的探路者作用。依据澜沧江—湄公河流域的地缘联系和合作基础，将云南、广西等与湄公河国家空间联系强度高的地区定位为开展澜湄地区人力资源开发合作的关键地区。充分利用好这些地区在合作中的地缘优势和有利条件，推动一些良好合作机制、政策和项目在这些地区先行先试、重点突破，打造好这些地区与湄公河国家人力资源开发合作的重点项目和示范项目，加以推广和普及，引领带动其他地区更好、更快地参与澜湄地区人力资源开发合作。

其次，要扩大辐射，形成累加效应。除了打造云桂地区与湄公河国家之间的人力资源开发核心合作圈之外，还要进一步打造中国西南地区与湄公河国家之间的人力资源开发紧密合作圈，积极促进四川、重庆、贵州等省市参与澜湄地区人力资源开发合作的积极性，推动一些良好合作机制、政策和项目在这些地区开花结果。除此之外，还要注意建设中国其他地区与湄公河国家之间的人力资源开发潜力拓展圈，不断挖掘与湄公河国家空间联系较弱的其他地区参与澜湄地区人力资源开发合作的潜力，拓展更多合作项目领域，最终形成澜湄地区良性循环、深度互动的人力资源开发合作大网络。

3. 开展涵盖多个领域、多种形式的人力资源开发合作

首先，开展涵盖多领域的人力资源开发合作。要加强顶层设计，在澜湄合作的优先领域加强人力资源开发合作。当前，澜湄国家在互联互通、产能、跨境经济、水资源、农业和减贫等方面的交流与合作持续加强，这些领域的人力资源交流和开发合作也已初见雏形，但是还缺乏顶层设计和统筹规划。下一步应在充分考虑这些领域人力资源开发合作需求的基础

上，统筹规划人力资源开发合作项目，促进这些领域人才和智力的交流。此外还要结合澜湄各国人力资源开发的差异化需求，进一步加强与湄公河国家在其他领域人力资源开发的对话交流，进一步挖掘其他领域的人力资源开发合作潜力。

其次，要开展多种形式的人力资源开发合作。当前澜湄国家的人力资源开发合作主要以人才教育培养和人才交流为主，可进一步考虑开展联合培养、联合创新、技能比赛、智力共享、创新创业平台建设、职业资格互认等多种形式的人力资源开发合作，推进在人才投入、人才培育、人才开发使用等各个方面的合作，促进人才政策和良好实践的互学互鉴，加强人才创新成果、人才开发信息、良好合作案例的共享。

（三）澜湄国家人力资源开发合作重点领域

2013 年 3 月，首次澜湄合作领导人会议发表的"三亚宣言"提出了澜湄合作的三大合作支柱，即政治安全、经济和可持续发展、社会人文；确定了互联互通、产能、跨境经济、水资源和农业减贫合作为澜湄合作初期的五个优先领域。2018 年 1 月，澜湄合作第二次领导人会议发布的"金边宣言"认为，澜湄合作机制已从培育期发展到成长期，未来将进一步加强在五个优先领域的合作，拓展新的合作领域，应对澜湄国家的发展要求，优化合作模式，合力打造澜湄流域经济发展带。

1. 中国与湄公河国家人力资源开发合作的重点

中国与泰国——打造亮点和示范效应。中国与泰国之间的人力资源开发合作频繁、成效突出，目前中国是泰国最大旅游客源国和最大留学生生源国，泰国是中国第三大留学生来源国。这为中泰人力资源开发战略合作奠定了良好基础。中国与泰国都提出要重点发展一些技术密集高附加值产业、新兴产业的人力资源，并且都提出了增加人才或劳动力总量、提高人才或劳动力质量的人力资源开发重要任务，还都重视提高科技研发水平以及加大人力资本投入，未来中国与泰国人力资源开发合作应进一步拓宽合作领域，打造更多亮点，为中国与湄公河国家人力资源开发战略对接及合作发挥良好的示范作用。

中国与越南——多层次深入合作。近年来，在双方最高领导人的直接引领下，中越各领域合作取得丰硕成果。目前，中越两国的合作主要集中在基础设施建设、电力生产、制造业等方面。2016 年，两国签署了《中华人民共和国教育部与越南社会主义共和国教育培训部 2016—2020 年教育交流协议》，教育合作在两国合作当中是一个亮点。但人力资源开发战略层面合作还不够深入，未来合作重点应向附加值高、有发展潜力的产业转移，关注高附加值产业人才的开发。

中国与柬埔寨、老挝、缅甸——探索式持续发展。虽然柬埔寨、老挝、缅甸近年来的经济发展处于提升阶段，但相比泰国和越南而言相对滞后，且交流合作仍处于不断尝试和改进的阶段，尚未形成完整的合作机制。因此，中国与柬埔寨、老挝、缅甸的人力资源开发战略合作应采取探索式持续发展，改善合作方式，寻求共同利益的汇合点，以务实合作实现互利共赢。

2. 人力资源开发合作的重点领域

根据澜湄合作要求和"金边宣言"精神，并结合湄公河国家的产业发展特点，澜湄国家应重点加强以下几个领域的人力资源开发合作。

（1）高技术产业。各国在国家发展战略规划中均指出了技术和创新的重要性，主张发展科学技术方面的人力资源。无论是从产业分布还是市场活跃度来看，中国的高科技产业皆处于快速发展阶段，正在迈入"黄金时代"，而湄公河国家未来的经济社会发展需要依靠强有力的科学技术，实现科技创新是各国发展的重点领域。

（2）基础设施。因为缅甸、老挝、柬埔寨均处于工业化的初期，具有旺盛的基础设施建设需求。而中国在基础设施建设方面积累了相当丰富的经验，因此中国与湄公河国家可针对基础设施层面开展人力资源合作。

（3）农业。湄公河国家均属于传统的农业国家，中国和湄公河国家农村人口众多，农业资源丰富，作为经济发展的基本产业，加强双边农业人力资源合作，对于提高农产品竞争力、改善民生及确保经济平稳发展具有重要意义。中国农业部称，目前澜湄六国农业发展存在不平衡现象。湄公河国家在发展农业贸易方面仍有很大潜力，因此，农业是澜湄合作的重点行业之一。

（4）经贸。湄公河国家拥有巨大的劳动力和消费市场，发展前景广阔。中国与湄公河国家经济结构互补，经贸合作发展潜力巨大。在澜湄合作机制的建设中，贸易畅通既是各国共同关注的重点，也是各国互利共赢的落脚点。

（5）旅游。湄公河国家各国发展战略中均提出加强旅游业发展，提升旅游业的人力资源开发。目前，中国已成为泰国、越南、柬埔寨等国的最大客源国；同时，中国对湄公河国家游客的吸引力也在持续上升。因此，旅游业是澜湄国家人力资源开发战略合作的重要领域之一。

此外，中国与湄公河国家的人力资源开发战略合作还应重点加强高等教育、职业教育、公共就业服务、人力资源市场建设方面的交流与合作。湄公河国家的国家战略规划中均对教育方面提出了要求，力求全面提升教育质量，保障教育的公平性，并通过改革教育体制丰富人力资源，通过加强职业教育以满足各行业发展对人才的多层次需求。

（四）澜湄国家人力资源开发合作对策建议

澜湄国家人力资源开发合作，应秉承"全面对接、共同发展，以点带面、扩大辐射，优势互补、互利共赢"的总体思路，结合各国的产业发展需求，实施以下对策。

1. 共同制定人力资源开发合作总体战略

当前，澜湄各国经济社会发展以及各领域合作的深入开展，为澜湄国家人力资源开发合作奠定了基础，同时也提出了新的迫切需求。为此，有必要推动六国共同制定符合澜湄国家特点的人力资源开发合作总体战略或规划，并将之纳入澜湄合作行动计划之中定期发布。通过制定澜湄国家人力资源开发合作总体战略，明确澜湄国家开展人力资源开发合作的愿景和目标，基于共同需求对合作的重点领域和重点项目进行战略布局。通过六国的共同和持续努力，使得定期发布的澜湄国家人力资源开发合作总体战略成为引领澜湄国家人力资源共同发展的宏伟蓝图，凝聚澜湄各国利益关切和共识的人力资源开发合作方案以及指引各国齐心协力达成合作目标的路线图。

2. 共同搭建人力资源开发合作对话平台

定期召开澜湄国家人力资源开发合作论坛，搭建六国人力资源开发合作的对话平台。一方面通过合作对话平台，加强六国人力资源开发合作的政策沟通。促进六国在平等对话和协商的基础上寻求人力资源开发合作利益契合点和最大公约数，围绕共同关切的重点合作领域共同开展顶层设计，共同为务实合作及大型人力资源开发合作项目实施提供政策支持，不断推进澜湄国家人力资源开发合作。另一方面，通过合作对话平台，促进六国的人力资源开发问题的交流研讨。聚集各国政府组织、各高校专家学者、各领域精英人才，聚焦六国人力资源开发合作进程中的热点、焦点问题进行对话和研讨，就人力资源开发合作愿景和战略充分交流对接，共同基于各自比较优势探索在重点领域挖掘人力资源开发合作潜力，共同探索建立政府间、国家间和民间的人力资源开发合作机制。

3. 共同开展人力资源开发合作的联合研究

推动澜湄国家就促进符合澜湄国家人力资源开发合作的有关问题开展联合研究，为"一带一路"建设及澜湄国家人力资源开发合作战略需求提供决策咨询、理论探讨和实践分析。促进六国整合各领域人力资源开发合作的研究资源，逐步形成澜湄国家人力资源开发合作联合研究团队和智库网络，建立常态化的学术交流机制，加强对人力资源开发与合作的预测研究、战略研究、问题和案例分析，促进研究成果定期发布和共享，为推动澜湄国家持续开展人力资源开发合作提供理论支撑和智力成果。

4. 共同开发高效务实的人力资源开发合作项目

推动六国在协商的基础上签署人力资源开发合作备忘录，开展全方位、多层次、宽领域的人力资源开发合作。推动六国共同建设澜湄国家人力资源开发合作基金，对六国人力资源开发合作项目给予适当资助，为六国人力资源开发合作提供支持。推动六国共同开发有利于澜湄各国共同发展的人力资源开发合作项目，在充分考虑各国需求和优势的基础上开发和实施人才教育培训、能力建设、职业资格互认、人才交流等各类型的人力资源合作项目。推动六国共同搭建澜湄国家人力资源开发信息共享网络平台，促进人力资源开发及合作项目的信息交流及成果共享。

5. 共同建设人力资源开发合作载体

结合澜湄国家各国需求并综合考虑澜湄国家人力资源开发合作总体布局，推动澜湄国家联合建设职业教育和培训基地，就业实习实训基地，创业孵化基地、创新中心和人力资源服务产业园等各类型人力资源开发合作载体，充分发挥各类合作载体在人才培训、人才创新创业、人才和智力引进、人才交流等方面的作用，共同打造有利于促进澜湄国家合作大局，有利于推动澜湄国家加快人力资本积累、优化人力资源配置、提高人力资源比较优势的合作载体，构建互利共赢的人力资源共同发展和人才共享的合作格局。

第十五章

澜湄国家人力资源开发合作战略框架探索

虽然澜湄国家都属于发展中国家，各国国情也各不相同，但是近年来在经济社会发展方面都取得了显著进步。在"一带一路"倡议落实并不断发展的大背景下，在澜湄合作机制深入开展和构建澜湄国家命运共同体的新形势下，加强澜湄国家间人力资源开发合作的重要意义日益凸显。

澜湄国家间人员友好往来源远流长，澜湄合作机制启动以来，澜湄国家在人力资源交流合作方面进行了积极探索，这为深入推进区域人力资源开发战略合作提供了良好基础。未来一个时期，澜湄国家要实现进一步的高质量发展，必须更加重视人力资源开发工作，加强区域人力资源开发战略合作。

为促进中国更好地开展与湄公河国家间的人力资源开发战略合作，本书在搜集整理大量一手数据的基础上，深入分析澜湄国家的经济社会发展状况和人力资源开发实践，尝试提出加强中国与湄公河国家人力资源开发合作的总体思路和战略举措，从建立完善澜湄国家人力资源开发合作机制，推进中国与湄公河国家之间相互留学、政府间和企业间人员交流合作、以及高等教育和职业教育交流合作等方面，分别提出加强中国与湄公河国家人力资源开发合作的具体建议，为构建澜湄国家人力资源开发合作战略框架提供决策参考。

一 澜湄国家人力资源开发合作的战略基础

澜湄合作是首个由澜沧江—湄公河流域六国共商、共建、共享的新型次区域合作机制，是澜湄国家自发成立的南南合作新平台。在澜湄合作机制下，澜湄国家都是人力资源开发合作的主体，具有平等的话语权，只有充分发挥六国的主动性和积极性，国家间的人力资源开发合作才能取得预期成效。因此，本书全面总结分析澜湄国家经济社会发展和人力资源开发的实际状况，在此基础上提出澜湄国家人力资源开发合作的总体思路和战略举措，以实现澜湄国家人力资源优势互补、互利共赢、协同发展的战略目标，更好地为澜湄合作机制深入可持续发展提供人力资源支撑。

（一）澜湄国家经济社会发展水平需要提高

根据世界银行的相关统计数据和划分标准，澜湄国家目前都属于发展中国家，其中中国和泰国属于上中等收入国家，越南、老挝、缅甸和柬埔寨属于下中等收入国家。详见图 15—1。

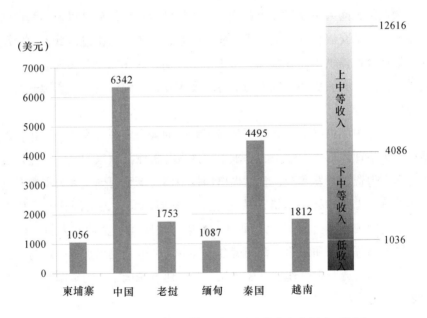

图 15—1　2016 年澜湄国家人均国民总收入和发展水平划分

数据来源：世界银行（World Bank, 2018b）。

2007 年，世界银行关于东亚经济发展的主题报告《东亚复兴：关于经济增长的观点》中，有针对性地首次提出了关于中等收入国家发展面临的问题。相关经济学理论研究认为，东亚地区等发展中国家应把经济增长的驱动基础，从依靠生产要素投入和农业向非农产业转变，资源重新配置转向依靠全要素生产率，从而提高劳动生产率，通过教育和培训加快人力资本积累具有重要意义（蔡昉，2011）。当前和今后一个时期，处于中等收入阶段的澜湄国家都面临着加快发展速度和提升发展质量的艰巨任务，加强人力资源开发合作是促进澜湄国家迈进高收入国家行列的重要动力源。澜湄国家都认为，人力资源开发对国家经济发展及未来竞争力的提升至关重要。澜湄国家的发展战略也都提出，大力发展人力资源是国家实现赶超发展和可持续发展的根本途径。开展人力资源开发合作，符合澜湄国家大力提升经济发展水平，促进可持续发展的共同需求；加强澜湄国家间人力资源开发合作，也必将对澜湄国家的共同发展起到巨大的推动作用。

澜湄国家1960年以来的经济发展数据显示，国家遭遇重大自然灾害、政治动荡、国际经济危机等内外因素影响时，经济社会发展就会出现巨大波动。目前，澜湄国家整体的发展势头向好，各国应抓紧当前区域和平发展的难得机遇，充分利用澜湄合作机制搭建的区域发展平台，求同存异、携手共进，加大国家间人力资源开发合作力度，为提升区域发展速度和质量提供新动力。

（二）澜湄国家人力资源供给呈现停滞或下降趋势

正如本书第三章关于澜湄国家人口和劳动力发展趋势的分析和比较研究所呈现的那样，1960年以来澜湄国家的人口、劳动力人口、劳动力和就业人员历年数据显示，虽然各国的人口总量多年来总体保持上升，但是六国人口世界占比的发展呈现停滞或不同程度的下降趋势。其中，中国的人口、劳动力人口、劳动力和就业人员数量世界占比均呈快速下降态势，20世纪90年代后期以来，中国的劳动力和就业人员数量的世界占比下降趋势更加明显。详见图15—2。

在湄公河国家中，泰国人口的世界占比下降明显，越南和缅甸人口的世界占比近年来出现轻微下降，柬埔寨和老挝人口呈现停滞趋势。详见图15—3。

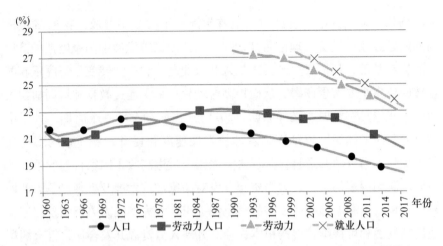

图 15—2 1960—2017 年中国人口、劳动力人口、劳动力和就业人员的世界占比

数据来源：世界银行（World Bank，2018c）。

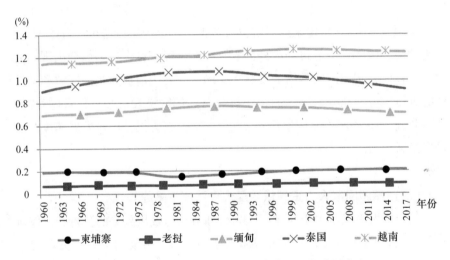

图 15—3 1960—2017 年湄公河国家人口的世界占比

数据来源：世界银行（World Bank，2018ao）。

　　湄公河国家 1960 年以来劳动力人口的世界占比数据显示，柬埔寨、老挝和缅甸的劳动力人口数量有轻微波动，多年来基本保持停滞状态；泰国的劳动力人口世界占比在 20 世纪 60—90 年代初期持续提升，之后出现明显下降；越南劳动力人口世界占比在 1990 年前后开始快速升高，近年来逐步平稳并出现轻微下降趋势。详见图 15—4。

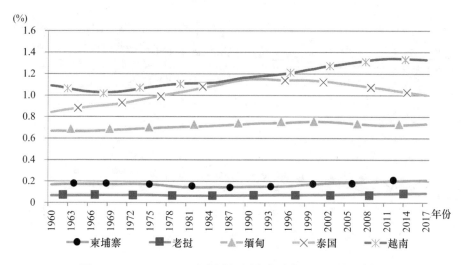

图 15—4　1960—2017 年湄公河国家劳动力人口的世界占比

数据来源：世界银行（World Bank，2018af）。

湄公河国家自 1990 年以来劳动力世界占比数据显示，柬埔寨劳动力的世界占比略微上升；老挝基本保持停滞状态；泰国和缅甸缓慢下降，其中泰国 2010 年以来下降幅度加大；越南自 1990 年以来劳动力一直保持增长态势，2014 年以来趋于平稳并出现轻微的下降苗头。详见图 15—5。

湄公河国家 1991 年以来就业人员世界占比数据显示，老挝多年保持停滞状态；柬埔寨略有上升；缅甸轻微下降；泰国近年来下降明显；越南多年保持增长态势，2014 年以来趋于平稳并出现轻微的下降苗头。详见图 15—6。

澜湄国家的人口、劳动力人口、劳动力和就业人员的世界占比数据表明，即使在人口资源丰富的澜湄国家，人力资源供给也已经呈现停滞或者不同程度的下降趋势。澜湄国家的人口结构数据显示，中国、泰国和越南已经进入老龄化社会。其中，中国人口老龄化问题最突出，泰国次之，越南人口年龄结构也显示出老龄化社会初期的特点。

因此，在澜湄国家人口增长速度总体放缓、人力资源供给呈现停滞和下降的总体趋势下，充分利用澜湄国家的人力资源开发能力，加大澜湄国家间人力资源开发合作力度，提升各国劳动力的素质水平，是应对澜湄国家人力资源供给停滞和下降问题的优先选项和共同需求。

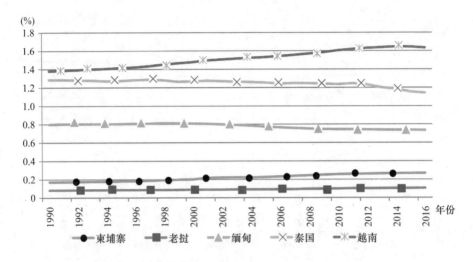

图 15—5　1990—2017 年湄公河国家劳动力的世界占比

数据来源：世界银行（World Bank，2018af）。

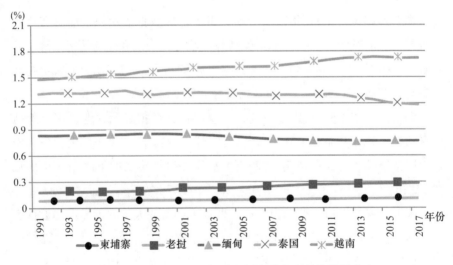

图 15—6　1991—2017 年湄公河国家就业人员的世界占比

数据来源：国际劳工组织（International Labour Organization，2018c）。

（三）澜湄国家劳动力素质水平亟待提升

如本书第六章关于澜湄国家就业趋势比较研究结果所呈现的，1990—2016 年间世界和澜湄国家的劳动参与率数据显示，其间世界平均劳动参与率略有下降，澜湄国家的劳动参与率均明显高于世界平均水平，而且澜湄国家的女性劳动参与率也明显高于世界平均水平。在澜湄国家中劳动参与率最高的是柬埔寨，其女性劳动参与率在 2010 年达到最高值 81.84%（World Bank，2018u）。

而与高劳动参与率形成鲜明对比的是，澜湄国家的劳动生产率远低于世界平均水平。例如，2017 年，澜湄国家中劳动生产率最高的中国为 13084 美元/人，刚达到世界水平的一半左右；劳动生产率最低的柬埔寨为 1968 美元/人，还不到世界水平的 1/10。详见图 15—7。

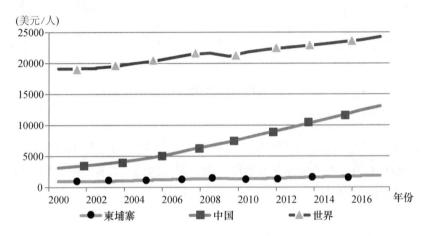

图 15—7　2000—2017 年中国、柬埔寨与世界的劳动生产率

数据来源：国际劳工组织（International Labour Organization，2018d）。

与低劳动生产率相对应，澜湄国家劳动报酬也很低。2013 年的统计数据显示，在世界上劳动力成本最低的三个国家中，就包括澜湄国家中的两个国家：缅甸和柬埔寨（另一个国家是孟加拉国）。2017 年，澜湄国家中工资最低的国家是老挝，月薪只有 109 美元。详见图 15—8。

造成澜湄国家高劳动参与率、低劳动生产率和低劳动报酬问题的主要原因，是澜湄国家劳动力的低教育程度和低素质水平。以平均月薪最低的老挝为例，直到 1996 年，老挝全国的青壮年文盲率仍高达 65%，青壮年平均受教育年限只有一年左右（余游，1998）。据可得数据显示，2009 年，越南和柬埔寨人均受教育年限分别为 7.8 年和 3.5 年；2010 年，中国和泰国人均受教育年限分别为 7.0 年和 7.7 年；与美国 2010 年人均受

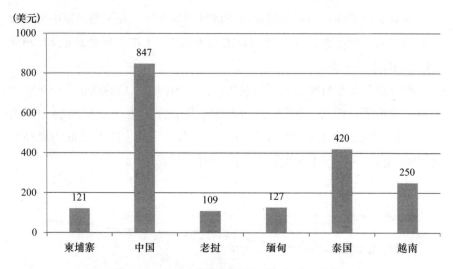

图15—8 2017年澜湄国家的工资水平（月薪）

数据来源：世界银行（World Bank，2018f）。

教育13.3年相比，还存在很大差距（详见图15—9）。综上所述，澜湄国家都需要加大人力资源开发力度，大力提升国民受教育年限，提升劳动力素质和能力水平。

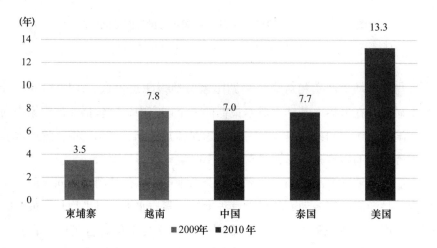

图15—9 2009/2010年澜湄国家和美国人均受教育年限

数据来源：联合国教科文组织数据库（UISStatistics，2018a）。

虽然低劳动报酬在一定阶段和一定条件下具有成本竞争优势，但长期来看，劳动力受教育程度和劳动报酬普遍偏低，妨碍了劳动力素质水平的提升，也制约了经济社会的可持续发展。从澜湄国家的发展战略来看，各国都高度重视人力资源的开发，制定了提升劳动力素质水平的战略目标，这为澜湄国家进一步开展人力资源开发合作打下了坚实基础。

（四）澜湄国家人力资源开发能力互补性强

澜湄国家的国情不同，发展程度存在差异，在高等教育、职业教育、职业培训等人力资源开发能力方面具备互补优势。以和人力资源开发联系最直接的高等教育为例，2015 年的数据显示，在澜湄国家中，中国、越南、老挝、泰国、柬埔寨和缅甸的高等教育毕业生人数占总人口比例分别为 0.87%、0.64%、0.60%、0.54%、0.31% 和 0.27%（详见图 15—10）。澜湄国家高等教育都有较大的提升空间，同时国家之间高等教育发展的差距也比较明显，可以通过开展高等教育交流合作扬长补短，实现高等教育的共同发展，为培养高素质人力资源提供坚实基础。

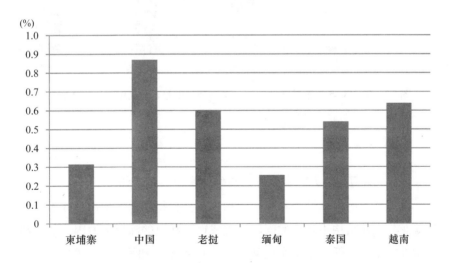

图 15—10 2015 年澜湄国家高等教育毕业生人数占总人口的比例

数据来源：联合国教科文组织数据库（UISStatistics，2018a）。

在一国由中等收入向高收入迈进的过程中，科技创新是促进经济提质

增效的重要驱动力。从澜湄国家 2015 年每百万人中的研发人员数据可见,
中国每百万人中有 2691 名研发人员,泰国为 1305 名左右,越南为 868 名
(详见图 15—11),中国、泰国和越南可以就相关领域与其他澜湄国家开
展研发人员交流合作。

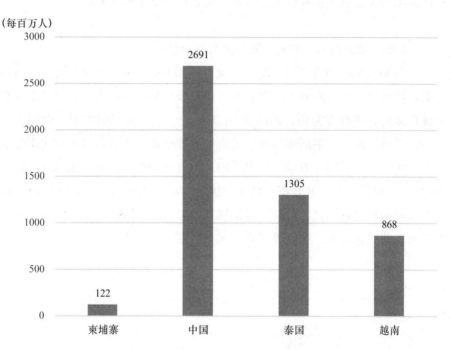

图 15—11 2015 年柬埔寨、中国、泰国和越南每百万人中的研发人员数量

数据来源:联合国教科文组织数据库(UISStatistics,2018)。

(五)澜湄国家人力资源开发与经济发展关系密切

澜湄国家的就业结构和产业结构数据分析显示,各国都存在不同程度
的就业与产业结构不匹配的问题,造成这一状况的深层次原因,是劳动力
素质水平总体较低,很难实现从第一产业到第二和第三产业的顺利转移。
例如,湄公河国家均为传统的农业经济国家,农业是国民经济的基础,但
是农业生产规模有限、产业链短、产业层次低端,较多地区农业生产仍沿
袭原生态种植,农业现代科技与设备使用普及率低。从澜湄国家农产品贸
易在全球价值链中的地位来看,均以初级农产品为主,处于全球价值链的

低端，与主要发达国家农产品生产与贸易在全球价值链处于主导地位形成反差。面对日益增长的劳动力成本和土地瓶颈等制约，澜湄国家仅仅依靠农产品数量型增长很难保证农产品贸易持续提升，因而在澜湄合作机制下，加强中国与湄公河国家间的农业技术研发和人才交流合作，发挥中国在农业生产、种植、管理等方面的技术和人才作用，携手湄公河国家共同推进相关领域的人力资源开发，对提升产业经济发展具有重要的促进作用。

从2001年至2015年的经济发展和人力资源开发数据相关性分析来看，澜湄国家人力资本在不断积累、经济增长也在持续发展，表明经济增速与人力资本水平增速有正相关性；同时，对人力资本与经济增长数据进行系统耦合分析发现，两系统的协同发展程度不高，其主要原因在于，澜湄合作有来自其他国家的介入和竞争，面临文化传统、宗教习俗、语言文化等方面的挑战，合作过程又面临项目规划、资金、人员和技术等方面的重重困难。为此，需要通过推进澜湄合作建立六国间更好的互信、互助、和谐发展的关系，通过加强人力资源开发合作更好促进澜湄国家的经济社会发展。

本书关于澜湄国家人力资本对经济增长影响的实证分析发现，中国、泰国和越南的人力资本对经济增长的作用较强，因此在推动经济增长过程中，应把人力资本开发放在首要位置；柬埔寨、老挝和缅甸的经济增长对资本的反应更敏感，资本投入对经济增长具有较强推动作用，现阶段人力资本对经济发展的作用居于次位，因而可结合相关经济发展项目带动人力资源开发。因此，澜湄国家人力资源开发及合作不能一概而论，需要根据各国的不同发展实际采取相应措施。

（六）澜湄国家人力资源开发合作初具规模

澜湄国家同饮一江水，命运紧相连，长期以来一直保持着友好往来，在人力资源交流合作方面也进行了积极探索。例如，中国和缅甸早在20世纪五六十年代就开始相互留学，并持续至今；广西边境地区和越南北部四省政府间建立了互访机制，共同处理边境边民事宜，维护边境地区稳定发展。随着澜湄合作机制的推进，中国与湄公河国家之间人力资源开发合作的步伐加快，随着多项澜湄合作早期收获项目的落地实施，项目合作过程中人员培训交流更加频繁，企业之间人员交往深化发展，高等学校和职业院校之间学生交换、项目合作、在合作方合建院校和培训基地等，都取得了令人欣喜的阶段性成效。澜湄国家在人力资源领域的这些已有工作，为进一步深化澜湄国家间的人力资源开发合作奠定了坚实基础。

例如，在中国与湄公河国家之间相互留学方面，我国教育部的相关数据显示，1999 年以来，湄公河国家来华留学生人数逐年快速上升。2016年，柬埔寨、老挝、缅甸、泰国和越南的来华留学生人数分别是 1999 年的 19.6 倍、35.6 倍、115.6 倍、45.0 倍和 22.6 倍。近年来，中国到湄公河国家留学的人数也逐年增长。泰国教育部 2012 年的统计数据显示，就读于泰国高校的中国学生大约有 1 万人，占泰国外国学生总数的近一半，中国已成为泰国高等教育领域国际学生的最大来源国（教育部出国留学政策调研组，2012）。同时，中国和泰国在留学教育交流、汉语推广方面的工作迅速发展，中国有很多高校和泰国高校及相关机构建立了紧密的留学合作关系。

随着澜湄合作机制的不断深化拓展以及早期收获项目的落地实施，中国与湄公河国家政府间人员培训交流的人数快速增长。例如，中国根据缅甸政治、经济、社会等发展需要制订培训方案，为缅甸培训各领域专业人才，2017 年安排缅甸短期培训项目 168 个，2018 年继续扩大培训规模。伴随着企业"走出去"的步伐，中国与湄公河国家企业间人员交流培训逐步发展，出现了一些成功案例。例如，中国企业与柬埔寨方面在西哈努克港经济特区共建的培训中心，至今已累计培训中柬员工 2 万余人次。在职业教育交流合作方面，中国积极搭建与湄公河国家间职业教育交流合作的平台，专门建设了多家澜湄职业学院和研究院，其中有代表性的有：2016 年广西成立的中国—东盟职业教育研究中心，2017 年云南民族大学成立的澜湄职业教育与产业发展研究院，2018 年云南大理成立的大理面向南亚东南亚辐射中心（澜湄合作）研究院，为澜湄国家产业发展和职业教育发展，提供全方位的信息服务与决策支持。

澜湄合作机制启动以来，作为澜湄合作的重要参与者和推动者，中国不断为地区合作贡献中国智慧和中国方案。在澜湄国家的枳极合作和共同努力下，澜湄合作快速发展，六国共建澜湄命运共同体的意识日益牢固，多领域深入合作的前景愈加宽广。人力资源开发合作在澜湄合作机制中处于重要战略地位，已经展现出巨大的发展潜力和美好的发展前景。当前和未来一个时期，中国进一步加强与湄公河国家的人力资源开发合作，必将取得更加喜人的成就。

二　加强中国与湄公河国家人力资源开发合作的总体思路

2013 年 9 月，习近平主席首次提出了共建"一带一路"倡议，得到沿线国家的热烈欢迎和广泛支持。澜湄区域是"一带一路"倡议的关键节点地区，澜湄合作是落实"一带一路"倡议的重要探索。2016 年 3 月召开的澜湄合作首次领导人会议，发布了题为《打造面向和平与繁荣的澜湄国家命运共同体》的"三亚宣言"，明确提出了澜湄合作框架下深化人力资源开发合作的多方面重点工作。加强中国与湄公河国家人力资源开发合作，是落实澜湄合作机制的重要战略任务，澜湄国家人力资源开发合作应该聚焦"一带一路"倡议在澜湄区域的落实，对接湄公河国家的经济社会和人力资源开发战略规划，在"领导人引领、全方位覆盖、各部门参与"的澜湄合作框架下，按照政府引导、多方参与、项目为本的模式，努力为建设澜湄国家命运共同体提供人力资源支撑。

（一）推进"一带一路"倡议，支撑澜湄国家命运共同体建设

2018 年 8 月 27 日，在推进"一带一路"建设工作五周年座谈会上，习近平主席高度肯定了共建"一带一路"的重要意义，要求坚持对话协商、共建共享、合作共赢、交流互鉴，推进各国加强政治互信、经济互融、人文互通，推动共建"一带一路"走深走实，造福沿线国家人民，推动构建人类命运共同体。习近平主席的重要讲话，为建设人类命运共同体、推进"一带一路"倡议提供了基本遵循。

湄公河国家同中国地缘相近、人文相亲，是中国深化区域合作和构建人类命运共同体最有基础、最有条件并最有可能取得实质性成效的区域，澜湄国家参与"一带一路"国际合作条件得天独厚，基础牢固。澜湄合作首次领导人会议就明确提出了"打造面向和平与繁荣的澜湄国家命运共同体"的宗旨，这是首个得到相关国家正式认可、已经进入建设议程

的命运共同体。澜湄国家应携手共进，不断夯实伙伴关系，深化各领域务实合作，打造更加紧密的次区域命运共同体，为构建人类命运共同体的伟大事业添砖加瓦（王毅，2018）。

习近平主席指出，过去几年共建"一带一路"完成了总体布局，绘就了一幅"大写意"，今后要聚焦重点、精雕细琢，共同绘制好精谨细腻的"工笔画"。在"一带一路"倡议背景下，澜湄合作机制启动以来，已经形成了很好的合作格局和总体框架，随着澜湄合作的全方位、多层次深入推进，相关合作领域的人才需求也在不断增长。加强中国与湄公河国家的人力资源开发合作，就是落实"一带一路"倡议、在澜湄合作机制下深化澜湄国家人力资源开发合作的具体务实工作，为构建澜湄国家命运共同体提供重要人力资源支撑，有利于在澜湄国家实现"一带一路"倡议取得突破性进展，也将为人类命运共同体建设提供示范和借鉴。

（二）对接湄公河国家发展战略规划，促进共同发展

澜湄合作首次领导人会议发布的"三亚宣言"确认了澜湄合作的共同愿景，"即其有利于促进澜湄沿岸各国经济社会发展，增进各国人民福祉，缩小本区域国家发展差距，支持东盟共同体建设，并推动落实联合国2030年可持续发展议程，促进南南合作"；2017年12月，澜湄合作第三次外长会联合新闻公报提出，要"加强澜湄合作同各国发展战略"的对接；2018年1月，澜湄合作第二次领导人会议发布的《澜沧江—湄公河合作五年行动计划（2018—2022）》提出，澜湄合作要"积极探索符合六国特点的新型次区域合作模式"，本行动计划"将建立在协商一致、平等相待、相互协商和协调、自愿参与、共建、共享的基础上，尊重《联合国宪章》和国际法，符合各成员国国内法律法规和规章制度"。为此，在澜湄合作机制下开展中国与湄公河国家人力资源开发合作，必须对接湄公河国家的相关发展规划。

一是要对接湄公河国家的经济社会发展总体规划。近年来，湄公河国家都结合各自实际制定了经济社会发展规划，如缅甸的《国家全面发展20年规划》、老挝的《十年社会经济发展战略（2016—2025年）》、越南的《至2020年融入国际社会总体战略和2030年愿景》以及泰国提出的《泰国4.0战略》等国家层面的战略和规划。中国加强与湄公河国家的人

力资源开发合作，目的就是为澜湄合作机制提供坚实的人力资源支撑，更好地促进澜湄国家经济社会共同发展。结合湄公河国家经济社会发展战略需求开展人力资源开发合作，能够为各国的经济社会发展注入更强劲的动力，推动澜湄国家实现可持续的共同发展。

二是要对接湄公河国家的人力资源开发战略规划。在经济转型发展和产业结构升级的关键时期，澜湄国家都深刻认识到人力资源在经济社会发展中的基础性、战略性和决定性作用，都制定了人力资源开发战略和规划。其中，中国和越南制定了专门的人力资源开发规划，中国于2010年发布了《国家中长期人才发展规划纲要（2010—2020年)》；越南于2011年发布了《2011—2020年人力资源开发总体规划》。其余四国没有出台专门的人力资源开发规划，但是都出台了教育发展战略，从培养开发的角度提出了人力资源开发总体目标和具体指标，明确了人力资源开发的主攻方向和战略突破口。总体而言，澜湄国家人力资源开发的重点都与各国的总体发展战略相一致，直接反映了国家经济社会发展的重点任务和总体目标。为此，中国应找准与湄公河国家人力资源开发战略对接的契合点，立足于促进澜湄国家经济社会共同发展，全面加强与湄公河国家人力资源开发合作，共同开发高效务实的人力资源合作项目，为澜湄国家协同发展提供持久有力的人力资源支撑。

三是要促进澜湄国家劳动力素质水平的共同提高。要确保澜湄国家人力资源开发合作的核心目标是通过推进澜湄国家人力资源的发展，促进各国提升经济社会发展水平，实现共同发展；合作的努力方向是促进澜湄国家劳动力整体素质和能力水平不断提升，劳动力有序流动和合理配置，人力资源市场互动融合，人力资源开发良好实践不断涌现；合作的所有参与方都是平等的参与者和受益者，能够相互学习人力资源开发合作的经验，共享人力资源开发合作的成果。

（三）加强澜湄合作机制引导力度，鼓励多方共同推进

澜湄合作机制启动以来，已经召开了两次领导人会议、三次外长会和六次高官会，在六国领导人和政府的引领和推动下，澜湄国家相关部门和方面在"3＋5合作框架"下，重点在互联互通、产能、跨境经济、水资源、农业和减贫等优先领域开展合作，取得的重要成果受到各方高度赞

赏。澜湄合作能在短期内取得显著成效，创造出"澜湄速度"，除六国领导和政府携手引领之外，相关部门、地方和社会主体积极参与、共同推进的运作模式，有利于以务实高效的合作方式推进合作项目顺利开展，发挥了非常重要的"推土机"作用。加强中国与湄公河国家人力资源开发合作并取得预期效果，同样需要在合作机制和运作模式方面予以落实和保障。

一是要突出人力资源开发合作在澜湄合作中的重要战略地位。"三亚宣言"提出的 26 项合作措施中，包含了多项人力资源开发合作的内容，但是并没有将人力资源开发合作明确作为澜湄合作的优先领域。澜湄合作第三次外长会发布的联合新闻公报和第二次领导人会议发布的澜湄合作五年行动计划，都提出要在"3+5合作框架"的基础上，在加强五大优先领域合作的同时，探索拓展新的合作领域。随着澜湄合作机制从培育期进入成长期，澜湄合作优先领域的深化发展对人力资源的需求日益迫切。人力资源是澜湄合作深化推进和可持续发展的基础，应将人力资源开发合作作为澜湄合作的优先领域之一加以大力推进，才能支撑澜湄合作不断深化和持续取得更好成效。

二是要构建以点带面、多地聚力的合作圈。首先是打造以云南、广西等地为关键地区的澜湄国家人力资源开发核心合作圈。充分利用好云桂地区在澜湄合作中的地缘优势和有利条件，推动一些良好合作机制、政策和项目在这些地区先行先试、重点突破，打造人力资源开发合作的重点项目和示范项目，加以推广和普及。其次是要进一步打造中国西南地区与湄公河国家之间的人力资源开发紧密合作圈，充分发挥四川、重庆、贵州等省市参与澜湄国家人力资源开发合作的积极性，推动一些良好合作机制、政策和项目在这些地区开花结果。再次要建设中国其他地区与湄公河国家之间的人力资源开发潜力合作圈，不断挖掘与湄公河国家空间联系较弱的其他地区参与澜湄国家人力资源开发合作的潜力，拓展合作辐射范围，最终形成面向澜湄国家人力资源开发合作的多地聚力、各有侧重、相互支撑的多层合作网络。

三是要发挥市场机制在人力资源配置中的决定性作用。澜湄合作机制启动以来，领导人引领和政府引导是推进各优先领域合作顺利开展并取得阶段性成效的重要驱动力。"三亚宣言"提出，鼓励六国政府部门、地方省区、商业协会、民间组织等加强交流，商讨和开展相关合作。在推进中国与湄公河国家间人力资源开发合作的过程中，政府引导、多方参与和项目为本也是基本的运作模式。加强澜湄国家人力资源开发合作，在发挥好政府在方向谋划、宏观规划和政策引领方面的作用之外，更要注意市场规律和国际惯例，鼓励各类市场主体和社会资源参与，在加大人力资源开发投入、提升劳动力素质水平、引导劳动力有序流动等方面发挥市场在人力资源配置方面的决定性作用。

三 加强中国与湄公河国家人力资源开发合作的战略举措

澜湄合作机制启动以来，在澜沧江—湄公河流域水资源开发利用、区域基础设施互联互通等重点合作领域取得了显著成效。迄今为止，澜湄国家的人力资源开发合作虽然也有可喜的进展，但是和其他领域相比还很逊色。随着澜湄合作机制的推进和深化，各领域的高质量合作对人力资源支撑提出了更高要求，澜湄国家亟须加强人力资源开发合作的整体谋划和协调推进，以适应澜湄合作机制的深化发展。首先，在澜湄合作机制层面，应给予国家间人力资源开发合作更高程度的重视，将人力资源开发合作列为澜湄合作的拓展优先合作领域，尽快启动澜湄国家人力资源开发合作的战略对话和协调机制，做好澜湄国家人力资源开发合作战略框架的顶层设计；同时，在加强中国与湄公河国家间相互留学、职业教育交流合作、政府人员和企业人员的交流培训等人力资源开发合作的重点领域，率先开展并持续推进有关项目落实，不断完善中国与湄公河国家人力资源开发合作机制。澜湄国家及其相关部门要共同努力，认真做好人力资源开发合作的相关工作，形成合理分工、密切合作的良好格局，保障澜湄国家人力资源开发合作取得切实效果。

（一）完善澜湄国家人力资源开发合作机制

根据"三亚宣言"提出的"深化人力资源开发"合作，和"未来视合作需要不断完善澜湄合作机制建设"的措施要求，以及澜湄合作第三次外长会联合新闻公报提出的"在深化'3＋5合作框架'的基础上，不断加强和拓展澜湄合作，并在此框架内探索新的合作领域"的建议，根据澜湄合作从培养期进入成长期对人力资源的更迫切和更高的需求，将人力资源开发合作作为澜湄合作的优先合作领域，并加强合作机制方面的保障支持。

1. 组建澜湄国家人力资源合作联合工作组。参照澜湄合作第二次外长会审议通过的澜湄合作优先领域联合工作组筹建原则，由六国人力资源部门议定澜湄国家人力资源开发合作联合工作组宗旨、组成、工作范畴、会议模式和汇报机制等方面规范，尽快组建工作组并投入运作。

2. 制定实施《澜湄国家人力资源开发合作五年行动计划》。根据"三亚宣言"和《澜沧江—湄公河合作五年行动计划（2018—2022）》等澜湄合作文件关于人力资源开发合作的要求，结合澜湄国家人力资源开发实际需要，制定具有可操作性的《澜湄国家人力资源开发合作五年行动计划（2018—2022）》，指导各国将澜湄合作领导人会议确定的人力资源开发合作任务落到实处。

3. 举办澜湄国家人力资源开发合作论坛。搭建澜湄国家人力资源开发合作对话平台，定期召开澜湄国家人力资源开发合作论坛，聚集各国人力资源开发相关的政府组织、高校、科研院所、用人单位的实践者和学者，聚焦澜湄国家人力资源开发合作的热点、焦点问题进行对话和研讨，推进澜湄国家人力资源开发合作。论坛由六国轮流主办，主办国根据本国经济社会发展对人力资源开发的需要，以及计划开展重点合作的人力资源领域、主要合作方式等问题拟定会议主题。第一届论坛可由中国政府主办，人力资源和社会保障部门联合相关方面具体筹办。

4. 加强澜湄国家人力资源开发合作的政策沟通。积极构建澜湄国家政府间加强人力资源开发合作的多层次政策沟通交流机制，达成合作新共识。澜湄国家可以就人力资源开发合作战略和对策进行充分交流对接，共同制定推进人力资源开发合作的政策措施，协商解决合作中的问题，共同为国家间人力资源开发合作实践提供政策支持。通过签署双边和多边合作备忘录，澜湄国家就相互留学、职业教育交流合作、政府人员和企业人员交流培训等重点人力资源开发合作领域达成合作意向，推动合作项目的具体落实。

5. 推动澜湄国家人力资源开发合作联合研究。加大澜湄合作专项基金对澜湄国家人力资源开发合作相关研究的支持力度，整合建立澜湄国家人力资源开发合作政策研究和决策咨询队伍，逐步形成澜湄国家人力资源开发合作研究团队和智库网络，加强对澜湄国家人力资源开发与合作的预测研究、战略研究、问题和案例分析，促进研究成果定期发布和共享，鼓励各方就人力资源开发理论和实践问题开展联合研究，为推动澜湄国家持续开展人力资源开发合作提供理论支撑和智力成果。

6. 实施澜湄国家人力资源开发合作务实项目。推动澜湄国家开展务实高效的人力资源开发合作项目，进行全方位、多层次、宽领域的合作。推动六国共同建设澜湄国家人力资源开发合作基金，对澜湄国家人力资源开发合作项目给予适当资助，为澜湄国家人力资源开发合作提供支持。推动六国重点推进澜湄合作优先领域中的人力资源开发合作项目，促进在互联互通、产能、跨境经济、水资源、农业和减贫等合作领域的人才、智力的开发和交流。推动六国在人才投入、人才培育、人才开发使用等各个方面的合作项目，开展联合培养、联合创新、技能比赛、智力共享、创新创业平台建设、职业资格互认等多种形式的人力资源开发合作，促进人才政策和良好实践的互学互鉴，加强人才创新成果、人才开发信息、良好合作案例的共享。

7. 加快澜湄国家人力资源开发合作的载体建设。鼓励各国建设面向澜湄国家的人力资源服务产业园，服务澜湄国家人力资源开发合作和劳动力流动配置；加大对面向澜湄国家人才培养的高等院校的支持力度，鼓励其在专业设置、人才培养和人员交流方面先行先试；鼓励有合作基础的国家间共建互建职业教育培训中心和基地，培养澜湄国家发展急需的各类技能人才；加强澜湄国家人力资源数据库建设，加强国家间人力资源开发合作数据共享、信息共享的信息技术基础。

（二）加强中国与湄公河国家间相互留学

澜湄国家山水相连，人文相通，传统睦邻友好深厚，人员往来历史悠久。中华人民共和国成立后，很快就与缅甸等国家开始了相互留学。近年来，随着中国经济的高速发展，湄公河国家来华留学生人数快速增长，占世界来华留学生数量的比例不断提高；但是湄公河国家来华留学生还存在国家间分布不均衡等突出问题，柬埔寨、缅甸来华留学生数量远少于泰国、越南。同时，中国到湄公河国家的留学生人数还很少，且分布不均，泰国最多，缅甸、柬埔寨很少。加强中国与湄公河国家人力资源开发合作，加强中国与湄公河国家间相互留学是其中的重要内容。中国在"三亚宣言"中承诺，未来三年向湄公河国家提供1.8万人年奖学金和5000个来华培训名额，用于支持澜湄国家间加强合作。这为加强中国与湄公河国家间相互留学奠定了良好基础。

1. 完善中国与湄公河国家间相互留学的政策框架与合作机制。充分利用中国—东盟教育交流周和中国—东盟教育部长圆桌会议的平台作用，与湄公河国家加强相互留学的政策沟通与协调，不断完善澜湄国家间相互留学的政策框架与合作机制，推动留学合作的制度化建设。与具备条件的国家，率先升级、丰富留学合作协议，完善学历、学位互认机制，探索建立学历生入学标准、留学教育质量标准、留学质量认证体系；在澜湄国家部分高校、专业领域试点开展教师互派、学生互换、学分互认等相关工作，推动教育交流与合作，探讨教育一体化建设，形成互利共赢、共同发展的留学合作良好格局。

2. 利用中国相关奖学金引导中国与湄公河国家间相互留学均衡发展。在"丝绸之路"奖学金项目中，适当考虑向湄公河国家倾斜。在中国承诺的未来三年向湄公河国家提供1.8万人年奖学金中，重点向柬埔寨和缅甸倾斜，鼓励两国更多学生到中国留学，优化湄公河国家来华留学生的国别结构；根据湄公河国家的实际需要，考虑项目三年后的延续问题。加大对湄公河国家教师来华进修的支持力度，帮助湄公河国家解决当前师资尤其是高水平师资短缺的问题。加大中国公派到湄公河国家留学的奖学金支持力度，尤其要鼓励更多中国学生到柬埔寨、缅甸等国家交流学习。

3. 鼓励地方先行先试探索拓展合作办学项目。支持云南和广西高校牵头成立"澜湄高校合作联盟"，云南和广西高校与泰国、越南的有关高校先期建立"多对多"合作联盟，在获得一定成果与办学经验后，把老挝、柬埔寨和缅甸三国的高校纳入联盟体系，促进澜湄国家的留学教育合作。推广地方已有合作办学成功经验，以合作、共建办学的老挝苏州大学和孔子学院为标杆加以推广，根据情况建立合作办学基地、科研机构或者境外就地办学。拓展开发合作办学项目，采取更加灵活的培养模式，对于本科层次的留学生，除现有的"2 + 2""2 + 1""2 + 0.5 + 0.5"和

"3＋1"等合作办学方式之外，还可根据各国的具体情况采取适当的弹性学制，进一步丰富国内学习和国外留学以及国外短期留学和定期留学访问的形式；对于硕士与博士研究生层次的留学生，探索实施联合培养、项目研究合作等多种方式，为双向留学与短期交流创造条件。加强云南民族大学、广西民族大学等面向湄公河国家交流合作前沿高校的语言教学力量，鼓励和支持相关高校语言教师到湄公河国家交流学习；支持相关高校建立和完善使用柬、老、缅、泰、越语的网站，加大对湄公河国家的宣传介绍，吸引湄公河国家更多留学生来华留学；同时加大招收相关语言专业的国内学生数量，鼓励国内学生参加湄公河国家交换学习的项目。

4. 完善湄公河国家来华留学生在云南和广西勤工助学与就业创业政策。支持云南、广西两地根据国家出境入境管理和国际学生管理方面的法律法规，尽快出台来华留学生勤工助学、实习管理规定，对勤工助学与实习的对象、条件、范围、时限、程序、具体要求等进行详细规范；对湄公河国家的来华留学生可试点全面开放，允许本科与专科以上学历的湄公河国家优秀留学生在云南、广西两地就业，勤工助学、实习，只需备案，无须审批。在云南、广西两地创新创业的湄公河国家来华留学生，不设学历要求，不受配额限制，无须申请工作许可，享受入境、居留便利，符合条件的可获得永久居留许可。

（三）加强中国与湄公河国家间职业教育交流合作

澜湄合作的深化发展，亟须培养一大批高素质的技能人才。"三亚宣言"提出了"深化人力资源开发、教育政策、职业培训合作和教育主管部门及大学间交流"的任务；《澜沧江—湄公河合作五年行动计划（2018—2022）》也明确提出，加强职业教育培训，支持在中国设立澜湄职业教育基地，在湄公河国家设立澜湄职业教育培训中心；推动澜湄国家高校合作，鼓励高校间开展联合培养、联合研究和学术交流，探索建立学分互认互换制度。加强中国与湄公河国家间职业教育交流合作，需要在澜湄合作框架指导下，积极探索多种职业教育合作办学模式，在职业资格互认等方面进行政策突破。

1. 制定中国与湄公河国家间职业教育交流合作的行动计划。澜湄国家人力资源开发合作联合工作组要尽快制定支持职业教育交流合作的行动计划和工作任务，明确澜湄国家间职业教育合作的目标和任务，认真做好中国与湄公河国家职业教育的规划和政策对接，促进中国与湄公河国家间的职业教育交流合作。

2. 鼓励中国与湄公河国家间共同建立职业培训交流合作机构。支持中国"走出去"企业在湄公河国家本地建立联合培训中心，加大中国与湄公河国家当地职业院校合作，开展职业教育培训，合作建立职业教育师资培训基地，联合为湄公河国家培训职业教育管理人员和教学人员，为澜湄国家发展职业教育提供技术、智力支撑，促进各国职业教育的繁荣发展。

3. 加大对中国职业院校发展的支持力度。提升职业教育在国家教育体系中的地位，大力提高职业院校尤其是技工院校在招生、经费等方面的政策支持，保障职业教育和基础教育、高等教育享受同等待遇，保障职业教育发展的公平性和可持续性，充分发挥职业院校在澜湄国家职业教育合作中的重要作用。

4. 鼓励云南和广西等地先行先试与湄公河国家的职业教育交流合作。进一步深化中国对职业教育合作的支持力度，在体制支持、办学资质、保障资金、配套服务等多方面给予云南、广西等地职业培训基地建设更多支持。提升澜湄国际职业教育联盟的吸纳能力，将澜湄职业教育联盟打造成为澜湄国家政府、高校、行业、企业、产业间共商、共建、共享的开放型、创新型的教育国际合作平台。鼓励典型地方积极参与澜湄国家技能大赛，通过多种形式加大与湄公河国家间职业教育交流合作。推广国内其他省份与湄公河国家间职业教育交流合作的成功经验。

5. 探索实行澜湄国家间职业资格互认政策。借鉴欧盟推行区域职业教育资格互认的"欧洲职业教育通行证"经验，加强在澜湄国家间职业资格互认方面的合作，建立六国共商、共建、共享的区域职业教育资格登记参照标准，探索澜湄国家间职业教育课程互认、学分互认、学历互认、资格互认的相关制度，促进职业教育资格互认，建立开放互通的职业教育合作框架，为相关人员合理有序流动扫清体制机制障碍。

（四）加强中国与湄公河国家政府间人员交流培训

"三亚宣言"提出，澜湄合作将在"领导人引领、全方位覆盖、各部门参与"的架构下，按照政府引导、多方参与、项目为本的模式运作；加强各领域人才培训合作，提升澜湄国家能力建设，为澜湄合作的长远发展提供智力支撑；鼓励六国政府部门、地方省区、商业协会、民间组织等加强交流，商讨和开展相关合作。政府引导是澜湄合作机制顺利推进的重要驱动力，为此，加强中国与湄公河国家政府间人员交流培训，是强化澜湄国家共同体意识、深入推进澜湄合作的重要举措。

1. 建立完善中国与湄公河国家政府间人员交流培训的工作机制。按照"三亚宣言"中方承诺未来三年向湄公河国家提供 5000 个来华培训名额，以及《澜沧江—湄公河合作五年行动计划（2018—2022）》关于务实合作重点领域人员交流的基本要求，由人力资源和社会保障部门牵头制订实施澜湄国家政党对话交流、政府官员交流互访活动三年计划，并统筹各优先合作领域相关政府部门间人员交流培训的落实工作，推进澜湄合作领导人会议提出的人力资源开发合作领域的相关工作取得实效。

2. 深化拓展澜湄合作优先领域相关政府部门人员的交流培训。不断深化中国与湄公河国家政府人员在水资源、产能、农业合作、医疗卫生等重点合作领域的交流合作，构建中国与湄公河国家政府间在相关领域内多层次人员交流合作的良好格局，不断完善交流合作机制。进一步探索和开拓新的交流合作领域，推进教育、文化、青年、妇女等方面的人文交流，同时在数字经济、环保、卫生、海关等新的领域扩大交流对象的范围。

3. 加大中国政府工作人员"走出去"到湄公河国家交流培训的工作力度。在做好"请进来"湄公河国家政府人员到华交流培训工作的同时，增加中国政府相关部门工作人员到湄公河国家接受短期交流培训的批次和人数，采取到五国政府机构参访、座谈，到企业、社会组织实地考察等多种形式，切实加强中国政府工作人员对湄公河国家政府运作和经济社会政策以及文化习俗等方面的了解，进一步深化中国与湄公河国家政府间人员的相互理解和支持。

4. 促进云南、广西与湄公河国家边境地区政府间人员交流。《澜沧江—湄公河合作五年行动计划（2018—2022）》提出，秉持澜湄合作精神，遵守各国国内法律法规，促进六国间边境地区地方政府和边境管理部门交流。云南、广西与毗邻的缅甸和越南等湄公河国家边境基层政府间结合实际形成了定期交流的密切合作机制，对解决边境管理事务、维持边境稳定发展具有积极作用，支持边境政府和管理部门在澜湄合作框架下加深交流，不断拓宽合作领域。支持云南和广西针对湄公河国家的需要，积极主动承接与湄公河国家政府间人员交流培训的工作任务，利用与湄公河国家政府间人员交流培训的区位优势和已有基础，科学规划并积极落实相关工作。

5. 提升中国与湄公河国家政府间人员交流培训项目的管理效益。由人力资源和社会保障部门牵头统筹，根据湄公河国家政府人员的需求科学设计交流培训方案，实施专业技术培训、政府官员研修、学历学位教育以及形式多样的人员交流项目，打造需求导向和项目主导的交流培训模式。启动第三方机构对培训项目的方案和效果进行评估审核，保证政府间人员交流培训项目取得良好效果。

（五）加强中国与湄公河国家企业间人员交流培训

《澜沧江—湄公河合作五年行动计划（2018—2022）》提出，促进澜湄国家企业和金融机构参与产能合作；探讨建立澜湄国家中小企业服务联盟。企业是参与澜湄合作的重要力量，澜湄合作进入成长期，企业的合作主体作用将会进一步凸显，加强澜湄国家企业间人力资源开发合作的需求更加迫切。加强中国与湄公河国家人力资源开发合作，必须重视企业间人员的交流培训。

1. 鼓励实施一批企业"走出去"示范项目。依托商务部"走出去"公共服务平台，开辟专门的企业"走出去"人力资源服务需求信息交流模块，提高企业交流合作的有效性和针对性。发挥国有企业在基建、高铁、电力、水资源开发等行业或领域的多方面优势，发挥引领企业"走出去"的带头作用，将中国一流的技术、制造以及设计施工、运营带到湄公河国家，促进湄公河国家的产业升级和技术创新。遴选资助一批企业与职校合作"走出去"的示范项目，总结形成可复制推广的经验，在全国范围内推开，制定相关的优惠政策，如人员交流培训费用加计扣除等财税减免优惠、设立发展引导基金等，鼓励企业与职校合作，有针对性地加强企业人员技术技能、跨文化管理等方面的培训，为企业"走出去"提供强有力的智力支持。

2. 打造面向湄公河国家的国际人力资源服务产业园。统筹广西境内已建、在建、将建的人力资源服务产业园，包括北部湾人力资源服务产业园、中国—东盟人力资源服务产业园（筹），以及广西、云南两省的人才市场等资源，采取"一区多园"的形式规划建设全新的面向湄公河国家的国际人力资源服务产业园。其中，"一区"即核心园区，可设置在南宁，重点入驻企业总部、高端人力资源服务机构总部或分支机构等；在广西和云南边境已有的国家重点开发开放试验区设立多个分园区，重点服务澜湄合作推进过程中湄公河国家企业的人力资源服务需求，打造澜湄国家企业人员交流培训的新平台。

3. 利用跨境经济合作区加强企业人员交流。整合跨境经济合作区在产业、财税和投资贸易等方面已有的优惠政策，进一步制定实施鼓励、吸引人力资源服务机构入驻的一系列优惠政策，加强政策供给，吸引或设立更多的交流培训机构入驻，为加强企业人员交流培训提供更多的服务资源，以跨境经济合作区推动实现中国与湄公河国家企业互利共赢发展局面，为中国与湄公河国家企业人员交流培训提供可持续的平台支持。

湄公河国家人力资源开发战略

人力资源开发是澜湄合作机制深化发展的基础。了解湄公河国家的人力资源开发状况和发展战略，对各国人力资源开发需求和合作机制进行探讨和分析，将大力推动该地区人力资源的统筹开发，推进"一带一路"倡议在澜湄区域的落实，促进澜湄国家经济、社会、文化的协同发展。本研究对湄公河国家的人力资源开发战略进行了研究和分析，对五国人力资源开发战略的主要形式、目标以及战略举措进行了系统梳理。

一　柬埔寨人力资源开发战略

柬埔寨近年来经济强劲增长，人民生活得到改善。在发展过程中，柬埔寨越来越重视人力资源开发，认为高质量的人力资源对于推动国家经济社会发展、提高国家竞争力至关重要。基于此，柬埔寨提出了人力资源开发的相关战略，以应对劳动力需求和供给不匹配，以及人口增长带来的教育水平低下和就业不平等问题。

（一）柬埔寨人力资源开发战略出台背景

2017 年，柬埔寨已脱离最不发达国家行列，成为中等偏下收入国家。柬埔寨过去十年经济强劲增长，人民生活得到显著改善，但是在人力资源开发方面仍然存在一些挑战。劳动力技能差的问题逐渐凸显，劳动力效率低下。基于此，柬埔寨提出人力资源开发战略，以应对劳动力需求和供给不匹配问题。

柬埔寨高人口增长率对教育造成更多压力，由高人口增长率引发的性别不平等现象突出，妇女在教育和就业方面受到歧视。目前柬埔寨对人力资源的投资极其有限，迫切需要更多资源投入人力资源开发上，以应对人口增长带来的教育水平低下和就业不平等问题。

（二）柬埔寨人力资源开发战略形式及目标

近年来，柬埔寨先后发布了三项人力资源开发的相关战略，分别是《国家战略发展计划（2014—2018 年）》《第三阶段"矩形战略"：增长、就业、公平和效率（2013—2018 年）》《教育战略计划（2014—2018 年）》。《国家战略发展计划（2014—2018 年）》作为国家总体规划，分析了柬埔寨目前人力资源及劳动力存在的问题，从总体上提出人力资源开发战略要求和规划。《第三阶段"矩形战略"：增长、就业、公平和效率（2013—2018 年）》作为中期战略规划，强调通过开发人力资源，确保劳动力市场的竞争力。《教育战略计划（2014—2018 年）》作为中期规划，从教育层面对人力资源开发战略提出了更为具体的实施措施。

1. 《国家战略发展计划（2014—2018 年）》

2014 年，柬埔寨发布了《国家战略发展计划（2014—2018 年）》，提出高质量、高能力的人力资源和高水平职业道德规范是促进经济增长和提升竞争力的关键。人力资源开发包括以下几个方面的建设：无性别歧视的能力、知识、技能、经验、创业、创新，尤其是科技领域的创新，特别是加强与柬埔寨经济发展相适应的人力资源能力开发，并提出培训具有职业道德和专业知识的人才。《国家战略发展计划（2014—2018 年）》分为七部分。第一部分为引言，介绍了柬埔寨的发展规划、矩形战略、国家战略发展计划和结构。第二部分是 2009—2013 年度柬埔寨国家战略发展计划的主要成就和挑战。第三部分是国家战略发展计划 2014—2018 年的宏观经济框架。第四部分是 2014—2018 年重点政策和行动。第五部分是关于成本、资源和项目。第六部分是计划、监测和评估。第七部分为总结。

柬埔寨的《国家战略发展计划（2014—2018 年）》包含以下人力资源开发的战略目标：形成不同层次的人力资本，建立更多小学水平以上的学校，通过技能机构、劳动力市场的灵活性确保技能回报，即满足对劳动技能的需求，提供更多的就业机会和劳动力市场信息，实现性别平等，建立布局广泛的医疗保健中心，提供更好的生存资源、卫生设施和安全的生活空间。

柬埔寨的《国家战略发展计划（2014—2018 年）》关于人力资源开发战略项目的执行机构主要包括柬埔寨地方政府、国民议会、参议院检查部、教育部、农业部、研资局、旅游部、劳动和职业培训部、社会事务部、退伍军人和青年康复部、妇女事务部等。该战略尚没有执行评估。

2. 《第三阶段"矩形战略"：增长、就业、公平和效率（2013—2018 年）》

2013 年，柬埔寨发布了《第三阶段"矩形战略"：增长、就业、公平和效率（2013—2018 年）》，指出"矩形战略"第三阶段是柬埔寨向更高发展水平迈进的重要一步，重点在于指导所有利益相关方进一步追求和促进经济增长，创造就业机会，公平分配增长成果，以及确保公共机构和资源管理的有效性。该战略规划提出了"增长、就业、公平及效率"第三阶段"矩形战略"结构，包括四个战略矩形，最后一个战略矩形为"能力提升及人力资源开发"。

《第三阶段"矩形战略"：增长、就业、公平和效率（2013—2018 年）》分为四个部分。第一部分为引言，阐明柬埔寨已成功实施了第一阶段和第二阶段"四角战略"，第三阶段"四角战略"是第五届政府施政纲领中的社会经济政治方针。第二部分主要包括第四届立法会取得的主要成就，柬埔寨目前面临的挑战与机遇，继续实施"矩形战略"的必要性。第三部分主要包括第三阶段"矩形战略"的结构、总体环境和"矩形战略"的核心以及四个战略矩形。第四部分为结论。

柬埔寨的《第三阶段"矩形战略"：增长、就业、公平和效率（2013—2018 年）》旨在通过开发人力资源以确保劳动力市场中的竞争力，具体包含以下人力资源开发的战略目标：培养高技能的劳动力以满足市场需求，并增加附加值；制定监管框架，建立教育和职业培训机构；鼓励私营部门参与人力资源开发；提高教育质量，促进科学研究、技术开发和创新。

柬埔寨的《第三阶段"矩形战略"：增长、就业、公平和效率（2013—2018 年）》中关于"能力提升及人力资源开发"战略的执行机构主要包括国家就业局、高等教育机构、职业技术培训机构、卫生部门、研究机构、研资局、全国老年人委员会、公共部门等。该战略尚没有执行评估。

3. 《教育战略计划（2014—2018 年）》

2014 年，柬埔寨发布了《教育战略计划（2014—2018 年）》，提出国家当前和未来的经济增长和竞争力提升取决于国家公民是否具备正确的知识和相关技能，是否继承民族文化和伦理传统。该教育战略发展计划指出教育在国家发展中发挥着重要作用，提出了三大战略性的教育政策、十大核心突破指标、七大指导思想以及十三个优先项目。

《教育战略计划（2014—2018 年）》分为五个部分。第一部分是关于 2009—2013 年业绩介绍和分析。第二部分是 2014—2018 年度国家发展优先级和教育政策。第三部分是 2014—2018 年分部门的计划。第四部分是 2014—2018 年融资计划。第五部分是 2014—2018 年教育战略计划的管理和监督。

柬埔寨的《教育战略计划（2014—2018 年）》包含以下战略目标：发展高质量的人力资源以实现柬埔寨社会经济发展过程中的短期和长远目标，使国民具备专业技术、较深的科学知识、职业道德和善良的人格，以参与国家发展的工作；加强教育质量和推动科学研究，促进技术开发和创新；提高人口健康水平、道德和精神责任感、爱国情怀与零性别歧视。

柬埔寨的《教育战略计划（2014—2018 年）》的战略执行机构主要包括教育、青年和体育部，卫生部，经济财政部，全国幼儿保育和发展委员会，儿童学校委员会，全国民主发展委员会，地方学校支持委员会，职业指导委员会，等等。该战略尚没有执行评估。

（三）柬埔寨人力资源开发领域和重要指标

柬埔寨人力资源开发的重点领域主要包括劳动密集型行业，制造业和农业、渔业、旅游业。

1. 柬埔寨人力资源开发的重点领域

柬埔寨人力资源开发的重点领域主要包括发展劳动密集型行业，促进制造业和农业、渔业产业发展，加强旅游业蓬勃发展，重视自然资源管理、基础设施建设，主张在知识、创业、技能、创造力和创新等方面，特别是在科学技术方面，形成多层次的人力资本。同时强调加强公务员队伍的管理和开发，提高公务员队伍的绩效，坚持服务、动力、忠诚和专业的价值观。

柬埔寨致力于发展基于绿色增长原则的经济体。人力资源培训和绿色教育的重点是追求经济和环境的和谐发展，包括环保、绿色投资（并创造绿色就业机会）、绿色技术、绿色金融、绿色信贷等领域。

通过制定教师培训体系标准，为公立和私立学校培训教师，发展教师培训体系。加强学前教师培训和在职培训的质量。

2. 柬埔寨人力资源开发的主要指标

柬埔寨的人力资源开发指标大体可以分为人才结构与质量、人才流动、人才投入几个方面（见附表1）。

附表1　　　　　　　　柬埔寨人力资源开发指标

一级指标	二级指标	单位	发展目标	
			基准年	2018 年
人才结构与质量	拥有硕士学位的讲师人数	人	6311	7311
	拥有博士学位的讲师人数	人	808	1058
	完成技能培训的参与人数	人	9000	12000
	接受短期培训的青年人数	人	2700	3300
	当地硕士学位人数	人	50	200
	当地博士学位人数	人	20	40
	青年识字率（15—24 岁）	%	91.5	97.50
	成人识字率（15—45 岁）	%	87.05	90.05
	净入学率	%	97	100
	辍学率	%	3.7	1
	初中入学率	%	53.6	87
	高中阶段教育毛入学率	%	27.4	45
	高等教育毛入学率	%	13	23
	扫盲计划完成程度	%	—	80

续表

一级指标	二级指标	单位	发展目标	
			基准年	2018 年
人才流动	海外硕士学位人数	人	50	200
	海外博士学位人数	人	20	20
人才投入	社区学习中心	个	371	471
	图书馆	个	57	73
	高等教育预算	%	4	20

资料来源：Cambodia Ministry Of Education，Youth And Sport（2014），Education Strategic Plan（2014 – 2018）。

人才结构与质量主要包括：到 2018 年，拥有硕士学位的讲师人数达到 7311 人，拥有博士学位的讲师人数达到 1058 人，完成技能培训的参与人数达到 12000 人，接受短期培训的青年人数达到 3300 人，当地硕士学位人数达到 200 人，当地博士学位人数达到 40 人。青年识字率达到 97.5%，成人识字率达到 90.05%，净入学率达到 100%，辍学率降低至 1%，初中入学率达到 87%，高中阶段教育毛入学率达到 45%，高等教育毛入学率达到 23%，扫盲计划完成程度达到 80%。

人才流动主要包括：到 2018 年，海外硕士学位人数达到 200 人，海外博士学位人数达到 20 人。

人才投入主要包括：到 2018 年，社区学习中心达到 471 个，图书馆达到 73 个，高等教育预算达到 20%。

（四）柬埔寨人力资源开发的主要举措

柬埔寨人力资源开发举措主要包括：完善教育体制，实现教育平等性；加强专业培训，提高技术能力；健全劳动力市场，创造就业机会；促进人力资源开发国际化合作以及建设良好的人才发展环境。

1. 完善教育体制，实现教育平等性

首先，柬埔寨提出确保所有人都能平等享受教育服务。一是所有儿童都可以享受各种类型的幼儿教育、小学和中学教育，并有机会继续学习。二是对于无法获得正规教育的儿童，将提供替代方案。三是增加接受教育的儿童和青年人数，重点关注最贫困地区儿童群体的平等受教育机会。四是通过技术培训、高等教育和其他手段，增加儿童完成 12 年教育的机会，通过这些教育使之具有良好的知识和推理能力。

其次，柬埔寨提出要提高学习的质量。具体表现为提高所有儿童和青少年学习过程的质量，使他们能够积极促进国家的发展。将学习与国家的社会经济目标和当地情况联系起来；建立一个质量框架，为学习者、家长、社区、教师和管理人员提供成果标准以及针对这些标准进行监测和报告。

最后，柬埔寨提出确保各级教育工作者的有效领导和管理、教育服务有效性和灵活性。有效和专业的管理提供了最佳价值（注重成果），及时监测和报告结果，并提供有效的反馈问责措施、调整国家和次国家政策、战略和计划的机制。公立教育机构的管理能够有效应对学校层面的新兴需求。

2. 加强专业培训，提高技术能力

首先，柬埔寨通过提高各个领域和各级教育质量，特别是高等教育改革，技术和职业培训，优先培训工程师，使技术人员和工人获得适当的技能，在工业部门的技能培训市场采用公私部门合作的积极方式。

其次，柬埔寨强调关注社会经济发展需要的技术能力，特别是通过提高技能和专业培训以及包括学徒培训在内的再训练。进一步加强技术和职业培训，发展青年的技术和软技能，特别是工作场所的团队合作、纪律和职业道德。确保新进入者的技能符合职位要求，更多关注技术扩大和职业教育。根据市场需求加强女性的职业技能，使妇女能够获得就业机会或促进妇女创业发展。

再次，柬埔寨提出加强科学技术领域的知识和人力资源能力，特别是在农业、畜牧业和水产养殖业、工业、能源、建筑和有形基础设施、国际贸易中心、医疗保健和环境等重点领域的知识和人力资源能力。并将科技知识及其在各级学术课程，特别是高中、职业技术培训和高等教育中的应用纳入主流，促进研发，包括引入连接大学、公共机构和行业的研究网络模型。

最后，柬埔寨提出要提高所有学术水平的教育服务质量和效益，特别是按照国际标准为公共和私营机构提供技术和技能培训；通过以下方式满足国内发展需要：培训和重新培训教师，改进课程设置，加强检查和管理能力，鼓励教师提升教学能力，提高各级学校考试质量，鼓励学习所需外语。

3. 健全劳动力市场，创造就业机会

柬埔寨提出要提高竞争力，吸引和鼓励国内和国外投资，创造更多的就业机会，特别是青年就业岗位。促进不同层次的人力资本开发，保证劳动力市场灵活性，满足对技能的需求，提供更多的就业机会和劳动力市场信息。

此外，柬埔寨还提出促进关键部门的职能、预算和工作人员权力下放，增加政府工作人员薪酬，提高员工纪律，高效分配运维资源。进一步发展健全劳动力市场信息系统，特别是加强数据收集，分析和传播有关教育、技术和职业培训计划的劳动统计资料和信息，并向公众提供关于工资和技能供求的信息。

4. 促进人力资源开发国际化合作

柬埔寨提出要加强人力资源开发的国际合作。一是促进高校的国内外合作，包括交流经验、项目合作以及教师研究人员的交流等。二是向求职者提供就业服务，并向公众广泛传播国内和国外就业机会方面的信息，包括通过扩大国家培训委员会国家就业局下属的就业中心向招聘工人提供咨询和支持。三是建立国外培训机构，提升远程学习能力。

5. 建设良好的人才发展环境

首先，柬埔寨提出建设有利的法制环境，保护劳动者权益，促进人才作出贡献。具体举措包括加强实施劳动法以及劳动法所规定的社会保障计划，改善劳动条件以及劳动力市场环境；采用工会法促进协调的劳资关系，加强和协调实施劳动争议预防、解决机制，建立劳动法庭；等等。

其次，柬埔寨提出关注性别平等，鼓励妇女和青年提高能力，在经济社会发展中发挥作用。具体举措包括制定和加强有关法律规定和政策，提高妇女政治代表性以及在一些关键决策中的地位，制订和实施鼓励妇女走上领导岗位的能力建设计划，对增强年轻妇女自信心和领导力的项目增加投入，为青年创造良好的条件，使其成为有价值的后备人才，促使他们参与领导，为社会经济作出贡献，等等。

最后，柬埔寨还提出要改善卫生状况，加强社会保障，建设有利于人才发展的基本生活环境和社会保障环境。具体举措包括：制定和促进卫生领域的政策和战略，提高医疗服务的质量，完善社会保障的政策和战略，关注对弱势群体的保护，扩大职业风险保险，完善劳动者健康保险、养老保险制度等。

二 老挝人力资源开发战略

2015 年，老挝人口总数为 649 万人，虽然从总量上来讲比邻国小，但人口结构相对年轻，其中 60% 的人口年龄在 25 岁以下（8th Five – Year National Socio – Economic Development Plan（2016 – 2020））。尽管如此，老挝仍然面临人力资源开发不足的困境。2006 年，老挝召开人民革命党第八次大会，强调"到 2020 年摆脱最不发达国家行列"这一国家长期发展目标，并提出为实现国家工业化和现代化建设目标大力发展人力资源和基础设施建设。

（一）老挝人力资源开发战略出台背景

老挝经济发展水平落后，是东南亚最不发达的国家之一。自 1986 年实施经济改革以来，经过 30 多年的发展，无论从经济总量还是结构上讲，都迈上了一个新的台阶。目前，老挝已成长为东南亚地区增长速度最快的经济体之一。2011—2015 年，老挝 GDP 年均增长率为 7.9%。

从国家规划层面看，由于缺乏对劳动力市场的研究，老挝的高等教育规划与人力资源开发和社会经济发展计划不相一致；虽然人力资源开发由公共部门和私营部门共同进行，但未能基于劳动力市场研究进行课程开发，人力资源质量较低，是亚洲人力成本最低的国家之一。劳动者缺乏必要的技能，导致生产力低下，且与社会经济发展需求不相匹配，难以适应东南亚国家联盟一体化和加入世界贸易组织的进程。此外，国内教育发展也面临着一些问题，例如偏远地区的妇女、穷人、弱势群体、残疾人和少数民族，由于贫困、传统障碍等原因，几乎没有机会接受教育；缺乏系统的职业咨询、就业咨询和跟踪研究；等等。以上问题导致老挝劳动力贡献率较低，难以享受到人口结构年轻带来的红利。

为解决上述困境，老挝政府决定着力改善和促进人力资源开发，特别是加大教育、医疗卫生领域投入，同时注重劳动力技能开发，更好满足老挝社会经济发展需要。

（二）老挝人力资源开发战略的形式及目标

2016 年 4 月，老挝出台《2025 年国家人力资源开发战略》；此外，各类国家发展规划中也强调了人力资源对于社会经济发展的重要性。实现人力资源的充分发展被认为是到 2020 年脱离最不发达国家行列，向工业化、现代化国家迈进的关键。在老挝《国家社会和经济发展五年计划》中列有人力资源开发的专章，同时还相继出台了《技术和职业教育培训发展战略计划（2006—2020 年）》和《教育和体育发展规划（2016—2020 年）》。

1. 《2025 年国家人力资源开发战略》

2016 年 4 月，老挝政府正式发布《2025 年国家人力资源开发战略》，作为全国性的人力资源开发计划，以为各领域发展提供人力资源支撑，使之能够与现行政治体制和国家社会和经济发展第八个五年计划相适应。老挝还成立了全国人力资源开发委员会，成员由来自各个不同的政府部门人员组成，也包括一些来自私企的人员。老挝教育和体育部是其主要机构，并成立了人力资源开发办公室和计划部门，作为中央及省级政府、部门间的协调机构。该委员会成立的目的即从整体角度统筹国家人力资源开发战略的整体实施情况，为实施中产生的问题和面临的挑战提出解决方案，以满足人力资源开发需求。

《2025 年国家人力资源开发战略》主要包括六部分内容：政治理念、公务员管理、教育、卫生健康、劳工与福利、信息与文化。战略还提出六大目标，一是更好地向全民传达政治理念；二是更高效地管理公务员；三是基础知识和职业技能开发；四是改善全面医疗保障；五是开发劳动力，提高劳动生产率，以满足劳动力市场的需求；六是向全民传递国家文化及价值观。

除了上述六大战略目标外，该战略还提出了三个跨领域战略目标，一是为全民提供保护，免受气候变化、自然灾害以及人为灾害带来的风险；二是更好促进性别平等，给予妇女更多支持和帮助；三是促进地区及国际合作。这三个目标亦为人力资源开发中面临的重要挑战，需要不同部门、不同领域在各个层面上通力合作，以确保人力资源开发的持续性和有效性，确保战略各项措施的落实。

2.《国家社会和经济发展第八个五年计划（2016—2020 年）》

2016 年，老挝出台《国家社会和经济发展第八个五年计划（2016—2020）》，提出了 2016—2025 年的十年间国家社会经济发展的十大战略，其中第三条为"人的发展"战略。计划还提出了战略期的五大主要发展方向，其中第三点是提高人力资源技能和能力。此外，计划还分别从国民总收入、人力资本指数和经济脆弱指数三个方面提出 2016—2020 年国家社会和经济发展计划达成的三个目标，其中包括关于人力资源开发的目标以及相关战略举措。

该计划包括十个部分：第一部分是老挝社会经济发展第七个五年计划（2011—2015 年）的目标和方向；第二部分是国际国内形势；第三部分是第七个五年计划取得的重要成就；第四部分是实施第八个五年规划的发展环境，包括国内外形势、预期挑战、人口政策、可持续发展、摆脱最不发达国家行列等；第五部分是长期规划，包括 2030 年愿景、2025 年战略和 2016—2025 年国家社会经济发展方向三方面内容，其中第三方面第三条为"人的发展"战略；第六部分是第八个五年计划总体目标、成果和产出，分别从国民总收入、人力资本指数和经济脆弱指数三个方面提出 2016—2020 年国家社会和经济发展计划达成的三个目标，其中包括了关于人力资源开发的目标以及相关战略举措；第七部分是政策法规；第八部分是实施措施；第九部分是各部门任务分工；第十部分是计划的监测与评估。

根据《国家社会经济发展第八个五年计划（2016—2020 年）》，老挝到 2020 年要实现三个主要目标，包括经济发展、人力资源开发和自然环境保护和利用。其中，人力资源开发的主要内容有：提升公共部门和私营部门能力、减少所有民族的贫困人口数量、为所有民族和男女公民提供优质的教育和卫生服务。计划还提出 2016—2020 年政府五个主要发展方向，其中第三条即与人力资源开发密切相关：通过提高劳动力技能、鼓励更严格的纪律和更宽容的态度以提高人力资源能力；提高技术专家和专业人士数量；提升公务人员、私营部门和企业家的技能和专业素养，使其在国内和国际上具有竞争力。

老挝计划和投资部（the Ministry of Planning and Investment）牵头制定了第七个国家社会和经济发展五年计划监督与评估的框架，以该框架为基础，结合第八个五年计划的具体内容，老挝规划部（the Department of Planning）制定了第八个五年计划的评估框架。计划和投资部在与中央和地方各部门合作的基础上，负责长期规划每一时期的监督和评估工作，并要对五年计划的实施情况进行总结。

3. 《技术和职业教育培训发展战略计划（2006—2020 年)》

《技术和职业教育培训发展战略计划（2006—2020 年)》是在 1997 年出台的《职业教育体系发展战略计划》基础上进行修订后制定的，充分考虑渐进式、可持续、系统性发展，以及劳动力市场需求，以更好地满足和适应老挝社会经济发展需要和人力资源开发现状，为最终实现国家工业化现代化建设作出贡献。

该计划包括五个部分：第一部分是老挝技术、职业教育和培训以往取得的成就；第二部分是到 2020 年技术、职业教育和培训发展战略计划；第三部分是从 2006 年到 2010 年的行动计划；第四部分是从 2010 年到 2020 年的行动计划；第五部分是计划的实施。

该计划提出三个总体发展目标。一是建立一支劳动力队伍，他们是掌握必要知识、职业技能、能够像企业家一样进行创业的合格公民，他们具有创造性和热情，身体健康、品德优良，能够满足国家发展需求。二是根据地区发展潜力进行劳动力开发，要符合人的发展规律、国家经济发展框架和知识优势，以满足国内和国际劳动力市场要求，以及区域和世界一体化进程需要。三是进行职业培训开发，使其符合经济和地区发展潜力。

该计划主要由老挝教育部牵头，与中央和地方的有关部委协同合作、共同实施。教育部负责与各个机构、经济部门、地方政府和国内外捐助机构合作，寻求经费资源和技术合作的支持，以保证该计划顺利实施。

4. 《教育和体育发展规划（2016—2020 年)》

《教育和体育发展规划（2016—2020 年)》明确了教育的重要性，即实现国家社会经济发展、到 2020 年摆脱最不发达国家行列的重要因素。

规划指出，教育部门要通过提高劳动力技能来加强人力资源开发，鼓励更严格的纪律和更加包容的态度；要逐渐提高技术领域专家数量，提高公职人员、私营企业和企业家能力素质，使他们在东盟和全球都具备一定的竞争力。

《教育和体育发展规划（2016—2020 年)》包括两大部分内容。第一部分是教育和体育发展规划，包括引言、已取得的成就和面临的挑战、2030 年教育愿景、2016—2020 年发展目标、资源和财政经费需求、实施框架等。第二部分是教育发展规划，包括学前教育、基础教育、初级中等教育、高级中等教育、非正规教育、教师教育、职业教育和培训、高等教育、教育行政管理和体育等方面。

《教育和体育发展规划（2016—2020 年)》提出，要使人力资源开发达到区域和国际化标准，使其成为强大的生产能力，从而为社会经济发展作出更大贡献。规划指出，要为所有老挝公民创造机会，使其能够公平地获得优质教育和体育服务，并从社会经济发展中受益，使国家到 2020 年摆脱最不发达国家的地位。规划提出五大发展目标：（1）让所有学习者都具备需要的基础知识和技能，包括为健康提供充分的保障，或进入劳动力市场工作，或继续深造；（2）提供与社会经济发展各个阶段相适应的深造教育，并且能够与东盟成员国的劳动力一同竞争；（3）通过实现一些人力资本指数目标，摆脱最不发达国家的地位；（4）通过规划、财政资助和监督等方式，确保部门资源得以有效利用；（5）体育事业逐步达到区域和国际标准。

该规划是一个跨部门发展的战略计划，因此需要公共和私营部门开展合作，共同推进战略行动的实施，每年还要对实施情况进行评估。为此，老挝教育和体育部制定了与之相一致的执行机制，即"三位一体"的分权政策。一是教育和体育部，该部负责牵头，把握总体方向，每年制定监督和评估方案，并且要向高等教育管理年度大会报告计划取得的进展和成就。二是重点组（Focal Group），包括基础教育组、后基础教育组（Post - Basic Education Focal Group）、研究组和规划、预算及监督组。这些组织负责协调各部门、内阁办公室、教育部下属教育中心和机构等各方面，监督规划实施进展，解决执行中面临的挑战和问题，提供政策建议。三是教育部门工作组（Education Sector Working Group），主要负责协调发展合作伙伴，以便将规划中的政策整合到教育和体育部的官方发展援助计划（Official Development Assistance Plan）中。四是教育技术部门，负责指导省级教育和体育服务部以及相关教育机构，在其各自的年度计划和五年规划中与教育和体育发展规划的政策和战略做好对接。五是省级教育和体育服务部，该部负责制订本部的年度计划，以及在《教育和体育发展规划（2016—2020 年）》的政策和战略指导下制订五年计划，这些计划都要与省级社会经济发展计划相适应。六是地区教育和体育管理局，负责将《教育和体育发展规划（2016—2020 年）》的指导思想和原则体现到地区学校发展计划之中。

（三）老挝人力资源开发的重点领域和重要指标

从产业结构、GDP 增速和国家发展目标来看，老挝属于以第一产业为主导的农业国家，且近五年来 GDP 增速保持在7%左右，以实现建立现代化工业国家为发展目标。从经济体量、经济发展水平和人口规模来看，老挝与澜湄区域其他国家存在一定差距，重点发展的领域和产业亦有不同。人力资源开发是产业发展的主要推动力，分析老挝重点发展的领域和产业，是掌握其人力资源开发重点的关键。

老挝是传统农业国，第一产业占 GDP 比重较高。为实现经济持续稳定增长，实现工业化和现代化国家建设目标，要调整产业结构，重点发展高产品附加值、有发展潜力的产业，同时促进中低端但具有可持续发展特征的产业。其中工业领域要着力发展加工业、手工业、采矿业和建筑业；服务业领域要着力发展旅游业、批发和零售业、物流服务、金融和银行业；农业领域着力发展食品供应生产、商业作物生产、森林和森林资源管理等。到 2020 年实现第二、第三产业产值占国家 GDP 比例超过 73% 的目标（其中第二产业占比 32%，第三产业占比 41%）。

人力资源开发是产业发展的主要推动力，是实现先进科学、技术和一体化的关键。因此，要围绕上述三大产业重点发展的领域，分别建立有知识、有能力、在教育和专业领域掌握熟练技能的专家队伍，他们能够在公共部门和私营组织工作，为国家发展和建设贡献力量。要依靠各种类型和规模的企业，依托技术创新驱动促进各领域实现快速发展。这就要求大力发展企业家、技术专家和专业人员队伍，提高企业管理能力，提升企业竞争力；加强科学技术的使用；提高中小微企业管理能力和竞争力。

一是发展科学和技术领域人力资源知识和能力，促进国家社会经济快速发展。二是建设一支高质量的教师队伍，提高教学质量；发展各个专业领域不同等级的职业培训教师队伍，使其能够在职业和培训机构充分发挥作用。三是为偏远地区建立并培训医务人员队伍，加大力度派遣医学专业毕业生前往地方省市实习。四是加强司法领域公职人员能力建设，确保其工作的效益和效率，提高公职人员工作能力和道德水平，为维护人民利益、提高司法工作透明度、提升政府公信力作出贡献。五是建设行政管理领域人才队伍，例如商业管理、财务管理人才，经济学家和律师，等等。

与建设工业化、现代化国家目标相一致，到 2020 年老挝要逐步减少第一产业、第三产业占 GDP 的比重，相应增加第二产业比重。从人才规模看，到 2020 年，劳动力总量达到 447 万人。从人才结构与素质看，到 2020 年，持有专业资格证书的劳动力人数达到 12500 人；完成基础教育、初中教育和高中教育的人口占比分别达到 89%、98%、98%。其中，初高中毕业生接受职业教育比例分别为 5% 和 60%，接受职业教育的学生总量提升至 10.5 万人（见附表 2）。

附表 2　　　　　　　老挝人力资源开发的主要指标

一级指标	二级指标	单位	发展目标	
			基准年	2020 年
人才规模	劳动力总量	人	3021212	4470000
人才结构与素质	中等教育以上学历劳动力占比	%	39	
	持有专业资格证书劳动力人数	人	694	12500
	基础教育	%	76	89

续表

一级指标	二级指标	单位	发展目标	
			基准年	2020 年
人才结构 与素质	初中教育	%	91.3	98
	高中教育	%	94.4	98
	初中毕业生接受职业教育比例	%	2.2	5
	高中毕业生接受职业教育比例	%	56	60
	接受职业教育学生数量	人	65000	105000
	研究人员数量	人		11/10000
人才投入	教育投入占社会总支出	%	17	
	卫生投入占社会总支出	%	9	
人才引进	外籍劳动者数量	人	173093	

说明："劳动力总量"基准年为 2010 年；其他指标基准年均为 2015 年。

资料来源：根据老挝《国家社会和经济发展第八个五年计划（2016—2020 年）》公布数据整理。

（四）老挝人力资源开发的主要举措

老挝在教育培养、提升人力资源素质能力、提高人力资源使用效能、促进职业教育发展、优化人力资源流动配置和营造良好发展环境等几个方面推行了一系列的重要举措。

1. 推进教育体制改革，促进教育公平

一是继续推进教育体制改革，集中力量加大对教育战略和人力资源开发战略各项任务的投资，让每个公民都能获得更好的教育，以满足社会经济发展需求。二是大力提高儿童和成人受教育机会，提高学龄前儿童和年轻人的阅读能力，提高偏远地区成年人识字率。

2. 提升劳动力素质能力，服务社会经济发展

一是根据社会经济发展实际，及时调整学校课程设置。对于社会经济发展起到关键作用的行业，例如工程、采矿、加工、手工业、机械和服务业，改善并不断调整职业学校和大学的课程设置，确保这些生产和服务部

门从业人员能够接受高质量的教育，为这些部门提供数量充足、质量优良的劳动力。二是注重发展劳动力技能，促使劳动者逐步适应区域和国际劳动力市场变化。具体举措包括定期检查和颁发劳动技能证书并组织劳动技能大赛，开办适应市场需要的培训课程等。三是提高就业服务，完善激励机制，提高劳动生产率。具体举措包括建立并完善适应劳动力市场需求的就业服务网络；提高最低工资；建立健全社会保障网络，使其更加强大和高效地保护所有行业和行业工人的权利和利益。四是激发人才创造力，鼓励科研创新。

老挝提出在科学和技术领域发展有知识和有能力的人力资源，促进国家发展。一是制定出台促进科技发展的政策和计划，特别是促进国家创新、研究和发展的政策和法规，包括出台国家科学技术和创新发展战略、制定保护知识产权的有关法规等。二是完善有关促进科技发展和管理的法规，包括有关创新基金、科学家保护、技术转让等法规法令。

3. 加快发展职业教育，提升职业教育质量

一是提高职业教育效能。实施多样化的培训类型，如正式培训、非正式培训、双边合作培训、综合培训、远程培训、电子学习等。在省级初中、高中学校开设职业课程，实施职业辅导、就业咨询等项目。将信息通信技术、创业课程、环境保护等科目引入职业教育课程。为不同培训开发提供课程手册、教学媒体和培训设备。二是提高职业培训教师水平。监测和评估职业培训教师岗前培训和在职培训效果；扩大职业教师培训学院规模，满足实际需求；建立区域和国际水准的交流合作平台，对本科及以上学历职业教师进行培训。三是建设具备国际水准的职业学校。到2020年，建成至少10所具备国际水准的职业学校。

4. 加大投入力度，营造良好人才发展环境

一是改善人才培育环境，包括改善扩大教育基础设施建设，特别是偏远地区的基础设施建设；建设学习中心鼓励终身学习。二是加大人力资本投入，包括增加中等及高等教育的投入比例，确保提高教学质量和毕业生的质量；鼓励私营部门对中等及高等教育的投入；为促进可持续发展有关的研究项目提供预算，预算比例占年度研究经费预算的25%；等等。三是完善有关法规制度，鼓励妇女和青年发挥才能，为国家作出贡献。具体举措包括：制定政策鼓励有才能的年轻人就业创业、参与国

家发展，与国家经济社会发展规划相联系进一步实施青年及青少年发展的战略，鼓励妇女提高专业、职业或劳动技能，在经济社会发展中发挥作用，等等。

三　缅甸人力资源开发战略

缅甸的产业高度集中于农业、自然资源和制造业，商业基础比较薄弱，因此缅甸提出人力资源开发战略，应对工业发展的困境，解决劳动力需求与供应之间的不匹配现象。

（一）缅甸人力资源开发战略出台背景

缅甸的产业结构比较单一，目前产业高度集中于农业、自然资源和制造业。大多数制造业属于劳动密集型的低技术行业，附加值较低。同时，缅甸的商业基础非常薄弱，驱动工业发展的主要支持因素缺乏或受到限制。造成这种情况的主要原因之一是人力资源开发有限以及缺乏技术工人等，技能和高技能劳动力供应短缺，而低技能劳动力供过于求。基于此，缅甸提出人力资源开发战略应对工业发展的困境。

缅甸的公立和私立教育以及职业培训体系存在以下问题：公立教育体系中缺乏足够的经费支出，据 2011 年数据，公立教育支出仅占国内生产总值的 0.8%；此外，资金主要集中在初等教育上，占教育预算的一半以上，过时的教学方法导致教学质量低下，中等和高等教育毕业率较低；私营教育机构授予的大部分文凭和学位仍然未得到政府或行业的正式承认；目前的职业培训主要与基础技能发展有关，不符合工业化需求。基于此，缅甸制定相应的人力资源开发战略解决劳动力需求与供应之间的不匹配现象。

（二）缅甸人力资源开发战略形式及目标

近年来，缅甸发布了两项人力资源开发战略，分别是《2017 年工业发展战略方向概要》和《国家教育战略计划（2016—2021 年）》。《2017 年工业发展战略方向概要》作为长期规划，从工业发展的角度提出人力资源开发战略的方向和要求。《国家教育战略计划（2016—2021 年）》作为中期规划,从教育层面对人力资源开发提出具体的实施措施。

1. 《2017 年工业发展战略方向概要》

2017 年,缅甸发布了《2017 年工业发展战略方向概要》,提出国家综合发展计划、工业发展愿景、国家出口战略、产业政策和经济政策,确立了两大战略目标和七个战略重点,在第二大战略目标中提出确保和促进包容性增长和以人为本的发展,第六个战略重点主要针对促进人的发展。

《2017 年工业发展战略方向概要》分为五个部分。第一部分是缅甸的概况,包括发展现状和挑战。第二部分是缅甸的发展计划,包括:国家综合发展计划,工业发展愿景,国家出口战略,产业政策文件,十二项经济政策。第三部分是缅甸工业发展的愿景和目标。第四部分是未来五年缅甸工业发展的战略方向。第五部分是针对工业重点行业的发展战略和政策建议。

《2017 年工业发展战略方向概述》包含以下人力资源战略目标:确保和促进包容性增长和以人为本的发展。加强总体人力资源开发举措,通过促进私人投资、国际化、现代化和专业化来释放工业发展潜力;加强国际人力资源开发和工业化;升级和制定职业技术教育与培训培训项目,为各个行业提供劳动力。

《2017 年工业发展战略方向概述》关于人力资源开发战略的执行机构主要包括工业部、教育部、劳动部、私营部门、大型企业等。目前该战略没有执行评估。

2. 《国家教育战略计划 (2016—2021 年)》

2016 年,缅甸发布了《国家教育战略计划 (2016—2021 年)》,指出无障碍和高质量的教育对于塑造和发展孩子的观念、行为和价值至关重要。教育是缅甸社会和经济可持续发展的基础,将在确保国家持久和平与安全方面发挥关键作用。此外,该计划还针对未来五年的教育体制确立了十项计划,从整体和阶段性进行改革。

《国家教育战略计划 (2016—2021 年)》分为十四部分。第一部分是缅甸教育体系的一般背景。第二部分是教育部门的挑战。第三部分是国家教育战略计划的目标和变革。第四部分是幼儿园和幼儿园教育。第五部分是 21 世纪的基础教育改革。第六部分是基础教育的准入、质量和融合。第七部分是基础教育课程。第八部分是学生评估和国家考试。第九部分是教师教育和管理。第十部分是替代教育。第十一部分是技术、职业教育和培训。第十二部分是高等教育。第十三部分是管理、能力发展和质量保证。第十四部分是为国家教育战略计划提供资金。

缅甸的《国家教育战略计划（2016—2021 年）》包含以下人力资源战略目标：使学生、青年和成人具备在 21 世纪取得成功所需的知识和技能；在未来几年里，建立便捷、公平和优质的国家教育体系，帮助学生和学习者发现他们的才能，挖掘他们的潜力，并培养他们对学习持续不断的热情；教育体系必须确保所有公民都达到最低国家学习标准，学习如何批判性和创造性地思考，并理解、尊重和实现所有公民的权利和义务。

缅甸《国家教育战略计划（2016—2021 年）》的执行机构主要包括教育部，社会福利、救济和安置部，工业部，宗教事务和文化部，信息部，财务部，工业培训中心，高等教育统筹委员会，等等。目前该战略没有执行评估。

（三）缅甸人力资源开发领域和重要指标

缅甸在工业发展战略中强调了优先产业政策：改善基础设施和联通性，以促进工业发展和改善机构、创造高效的商业环境。缅甸的人力资源开发指标主要基于人才结构与素质层面。

1. 缅甸人力资源开发重点领域

缅甸产业发展的短期优先级工业主要包括：纺织服装业、食品加工包装业、塑料加工行业、建材工业、劳动密集型协同管理产业、机床、工具及零部件行业、化学工业、轮胎橡胶工业、纸浆、纸和纸制品工业、制药工业。国家出口战略包含七个重点领域：大米、粒豆类、豆类和油料种子、渔业、纺织品和服装、林业产品、橡胶和旅游业。加强商业环境的四个跨部门战略：贸易便利化和物流、质量管理、金融、贸易信息和促销。

缅甸人才队伍建设更侧重于制药工程和天然药物方面，鼓励大学更新和引进制药工程师项目，同时加强生产技术和知识的提升。未来几年，缅甸的农业、能源、制造业、基础设施和旅游业将需要大量的熟练员工。为了提高企业能力建设和促进出口能力，敦促政府建立培训制度，为国际贸易活动中的企业和企业家开办在线培训。

提高教师素质，保证教师管理。教师教育机构设立专门的教育学位课程，为职前和在职教师开发新的能力，以符合教学标准。提倡不同教育服务提供者和伙伴组织更多地参与基础教育行业。政府邀请私营部门从事与教育有关的服务和投资，将外国专家、学者、教师、教授和研究人员融入教育部门。

2. 缅甸人力资源开发的主要指标

具体来说，到 2021 年，学前教育（3—4 岁）净入学率达到 30%—35%，小学净入学率达到 90%—95%，初中净入学率达到 70%—75%，高中净入学率达到 36%—40%，高中完成率达到 30%—35%，成人识字率达到 91%—93%，青年识字率达到 95%—96%，职业教育率达到 8%—12%，文凭课程比例达到 8%—12%，本科及以上比例达到 18%—22%（见附表 3）。

附表 3　　　　　　　　**缅甸人力资源开发的主要指标**

一级指标	二级指标	单位	发展目标	
			基准年	2021 年
人才结构与素质	学前教育（3—4 岁）净入学率	%	24.62	30—35
	小学净入学率	%	86.4	90—95
	初中净入学率	%	63.5	70—75
	高中净入学率	%	32.1	36—40
	高中完成率	%	26.2	30—35
	成人识字率（15 岁以上）	%	89.52	91—93
	青年识字率（15—24 岁）	%	94.02	95—96
	职业教育率	%	0.5	8—12
	文凭课程比例	%	0.8	8—12
	本科及以上比例	%	15.8	18—22

资料来源：The Government of the Republic of the Union of Myanmar Ministry of Education (2016) National Education Strategic Plan (2016—2021)。

（四）缅甸人力资源开发的主要举措

缅甸人力资源开发举措主要包括：完善基础教育、高等教育和替代教育制度；重视职业技能培训；加强劳动力建设，创造就业机会；实现人才国际化培养；建设良好的人才发展环境。

1. 完善基础教育、高等教育和替代教育制度

首先，在基础教育方面，缅甸政府致力于扩大获得高质量的学前教育和幼儿园教育的机会，这些教育共同构成幼儿保育和发展，是正在进行的主要社会部门改革和扩大国家经济发展的组成部分。同时建立教育质量保证体系；将基础教育体系延伸至 13 年（包括幼儿园）。建立一套高质量的基础教育课程，鼓励并帮助年轻人达到学术和实践的平衡，实现全体公民学习领域、工业技能、道德水平等方面的全面发展。

其次，在高等教育方面，缅甸主张加强高等教育治理和管理的能力，提高质量，扩大公平获得高等教育的机会。并建立国家研究与创新基金，以建立世界一流的高等教育和综合性大学，形成世界一流的高等教育体系。此外，在大学里建造更多的宿舍，使更多人进入大学，尤其是那些来自农村地区的学生。实施公平的高等教育计划，通过高等教育奖学金系统帮助学生支付学费。

再次，缅甸提出加强教师的教育和培养。要求对教师教育和管理改革采取综合办法。国家教育法（2014 年）及其修正案（2015 年）为渐进式综合教师教育和管理改革提供了明确的法律框架。计划引入新的基础教育课程。实行有效的在职培训计划，培训所有教师使用新课程材料和维持教学改革。

最后，缅甸提出替代教育的思路，包括非正式的初级教育等效性方案和面向青年和成年人的基本识字方案。教育部将提出可接受的教育途径选项，为校外青年提供相关的能力和资格证书，为获得更高的工资和终身学习创造机会。教育部已经制订了教育方案，为学生提供更多的就业机会和替代教育的途径。还有一些非政府组织、国际组织和社区组织提供了替代教育方案，包括基本和功能识字、生活技能。

2. 重视职业技能培训

首先，缅甸提出要加强 21 世纪的软技能（包括个人发展和就业能力）和更高的思维能力的培养。一是让学生了解新概念，并发展适合缅甸现代经济和社会需要的高级思维技能。二是教育部将开发全国青年教育证书作为失学青年的学习途径，支持继续替代教育。全国青年教育证书将汇集许多短期青年培训项目，培训计划将被纳入综合实用的国家培训课

程，为青年提供进入职业技术教育与培训、高等教育和就业所需的知识和技能。

其次，缅甸提出升级和制定职业技术教育与培训项目。政府在教育部的框架下建立一个中央机构，加强以教育为重点的各部委的合作，目标是找出技能上的差距，并制定一个包含技能行业需求的课程框架。

最后，缅甸提出企业要为雇员提供强制性职业培训计划，可通过减税鼓励员工支付部分内部和外部安排课程的培训费用，并组织公司高管或技术专家的客座讲座。

3. 加强劳动力建设，创造就业机会

缅甸提出对优先工业部门熟练人力资源需求进行评估。根据评估结果，安排和实施满足行业需求的各种可行方法。通过工业化发展高技能人力资源和创造更多就业机会，提供高质量的工作机会，培养熟练的人力资源。加强技术基础设施和劳动力能力建设。

4. 实现人才国际化培养

缅甸提出鼓励在海外获得博士学位的缅甸人回到国内高校任教，支持高校管理者赴海外学习先进经验并与国外有关高校和机构建立伙伴关系。缅甸还提出将外国专家、学者、教师、教授和研究人员融入教育部门，吸引国际专家，例如邀请外国专家志愿者（如退休人员）担任咨询和教学职务。缅甸还提出要建立互利的学术交流项目，包括学生和教师的交换以及相应的奖学金。

5. 建设良好的人才发展环境

首先，缅甸政府敦促通过建立人力资源开发基金来增加公共教育的预算支出比例。政府敦促邀请私营部门从事与教育有关的服务和投资，在教育相关投资方面提供一个健全的质量保证和标准化框架，用于政府认可的学位。

其次，政府针对重点行业部门制订产品开发和质量控制的研发计划和激励计划。建立国家技术开发研究所、国家生产力中心和国家技术创新中心等科技系统进步的基础设施。

四 泰国人力资源开发战略

泰国"十二五"规划时期对于泰国来说是一个极具挑战性的时期，除了持续的收入不平等因素外，泰国公民还缺乏实现国家发展所需的知识、技能、素质和思想。人口结构也出现老龄化现象，导致劳动力短缺。基于此，泰国在"十二五"规划时期提出了人力资源开发战略，以应对泰国人口结构的缺陷以及劳动力数量和质量方面的匮乏，促进劳动力技能提升，实现生产和服务部门的变革。

（一）泰国人力资源开发战略背景

2015 年，泰国处于工作年龄段的人口规模开始下降，并且将在"十二五"规划结束时彻底走向老龄化社会。这些挑战是影响泰国发展的主要障碍。泰国"十二五"规划的重点是关注创造力和创新能力，以创造一种新的增值经济，包括制造工艺和形式、新产品和服务、技术变革和商业模式，侧重于智慧、技能、科学、技术、研发的创新带来的知识型发展。为了成为安全、繁荣和可持续性发展的发达国家，泰国必须加速改善基本战略各方面的发展因素。此外，发展方式应该实现所有年龄群体的福祉，通过优质教育、技能学习向公民灌输良好的价值观和社会责任感。基于此，泰国制定了人力资源开发战略，以促进劳动力技能提升，有针对性地改进生产和服务部门，推进科学技术变革，实现高效的人力资源开发。

（二）泰国人力资源开发战略形式及目标

近年来，泰国发布了三个相关的人力资源开发战略，分别是《第十二个国家经济和社会发展规划（2017—2021 年）》、"劳工部计划"（2017—2021 年）、《第二个十五年高等教育长期发展规划纲要（2008—2022 年)》。《第十二个国家经济和社会发展规划（2017—2021 年）》作为中期规划，对泰国人力资源开发提出了总体要求，"劳工部计划"（2017—2021 年）为中期计划，从劳工层面对泰国人力资源开发提出了具体措施，《第二个十五年高等教育长期发展规划纲要（2008—2022 年)》作为长期规划，从教育层面对泰国人力资源开发提出了改进方向。

1. 《第十二个国家经济和社会发展规划（2017—2021 年）》

2016 年 12 月，泰国颁布了《第十二个国家经济和社会发展规划（2017—2021 年）》，提出了绿色发展、提高竞争力等六大发展领域，人力资源开发是其中重要的发展领域。此外，规划还提出了十大发展战略，"加强及开发人力资本"是第一大战略，强调要"发展高质量的人力资源，使其成为推动国家发展的重要资源"。

《第十二个国家经济和社会发展规划（2017—2021 年）》分为五个部分。第一部分是对十二个规划的概述。第二部分是评估发展状况，包括外部和内部情况及趋势。第三部分是第十二个规划的发展目标（2017—2021 年）。第四部分是十个发展战略。第五部分是关于第十二个规划的实施、监测和评估。

泰国《第十二个国家经济和社会发展规划（2017—2021 年）》关于"加强及开发人力资本"战略主要包含以下战略目标：保障泰国国民长期健康发展，具备更加良好的身体素质；使泰国社会居民拥有良好的价值观和社会规范，培养各年龄段的泰国人具备更加良好的技能、知识和能力，为泰国准备具有技能的人才；保证泰国社会制度的稳定，进一步推进国家发展，尤其是家庭、教育、宗教、社区、媒体和私人机构等，以保证人才和国家的发展。

泰国《第十二个国家经济和社会发展规划（2017—2021 年）》规定，"加强及开发人力资本"战略项目负责执行的机构主要包括文化部、商务部、教育部、公共卫生部、社会发展与人类安全部、旅游与体育部、技能开发部门、家庭网络社区发展中心、教育机构行政办公室、知识管理与发展办公室（公共组织）、专业资质机构、培训机构、地方政府和民营企业等。该战略尚没有执行评估。

2. "劳工部计划"（2017—2021 年）

2016 年，泰国发布了"劳工部计划"（2017—2021 年），确立了劳工部的核心价值观，提出七大战略方案，以培养更多具有熟练技能且高质量生活的工人。该计划分别从劳工潜力、政府与私营部门之间劳工关系、劳工技能测试、劳工培养、劳工激励措施、劳动力、劳动生产率等方面对泰国人力资源开发战略进行了细化和具体延伸。

泰国"劳工部计划"（2017—2021 年）分为五个部分。第一部分是劳工部计划的愿景：拥有技能熟练且有高质量生活的工人。第二部分是劳工部计划的使命。第三部分是劳工部的核心价值观：积极的团队合作、热衷学习、有服务意识。第四部分是策略问题，提出了六大战略主题。第五部分是劳工部计划的战略规划。

泰国"劳工部计划"（2017—2021 年）主要包含以下战略目标：提高工人的能力，企业家与时俱进，并且与国家的发展方向保持一致；保障和提升劳动者的安全，提高劳动者的生活质量；建立劳工部门，构建良好的劳工管理体系；开发综合信息和通信技术，提供高效的劳工管理和服务；促进国际劳工合作。

泰国"劳工部计划"（2017—2021 年）相关项目负责执行的机构主要包括农业暨合作部、工业部、公共卫生部、社会保障厅、就业厅、劳动保护和福利厅、公共部门发展委员会办公室、旅游体育局、常务秘书办公室等。该战略尚没有执行评估。

3.《第二个十五年高等教育长期发展规划纲要（2008—2022 年)》

2007 年 9 月，泰国发布了《第二个十五年高等教育长期发展规划纲要（2008—2022 年)》，以高等教育发展的多面性与整体性为基本点，分析了高等教育、国家及世界的发展前景，并为泰国高等教育制定政策，包括高等教育现存问题的解决措施以及促进未来高等教育的稳定和发展的办法等各项内容。

泰国《第二个十五年高等教育长期发展规划纲要（2008—2022 年)》的战略目标为：到 2022 年，泰国高等教育质量全面提高。培养高素质的经济实用型人才，激发高等学校传授知识、培养创新能力的内在潜力，从而在全球化时代，实现国家综合竞争力的全面提升。通过政府的科学治理、财政资助及标准制定，建立完善的高等教育体系，在各学科领域自由发展的基础上，建立多样化、自主化的学科体制。

该纲要是由高等教育委员会下的高等教育委员会办公室和大学事务部下的泰国大学知识事务网络研究所制定的，在教育部长的政策指导下实行，与制造业和服务业部门代表、民间社会团体、青年和大学生代表以及社区学院在内的成员进行了圆桌讨论，同时与国家、地区和省级主要政治人物进行了焦点小组访谈和小组讨论。该战略尚没有执行评估。

（三）泰国人力资源开发重点领域和重要指标

泰国人力资源开发领域更侧重于科技和创新产业，壮大高等教育行业教职工队伍，激励有更大潜力的人才进入教师系统。泰国的人力资源开发指标大体可以分为人才规模、人才结构与素质、人才效能、人才流动几个方面。

1. 泰国人力资源开发的重点领域

泰国强调不断提高劳动力和企业家的能力以加强经济发展和可持续竞争，注重行政人员和政府人员能力的提升。国家投资政策将向核心技术、人才、基础设施、企业和目标产业五大领域倾斜。通过促进技术和创造力的应用以及基于环境友好型生产的创新发展，加强现有的竞争性行业，推动更多高科技产业。泰国人力资源开发重点领域更侧重于科技和创新产业方面，具体包括：（1）未来的汽车和汽车零部件行业，例如电动车辆；（2）智能电子电气行业；（3）生物化学工业；（4）先进的农业和食品工业，例如功能性食品，创意食品和清真食品；（5）高附加值的橡胶和塑料产品，例如橡胶轮胎，生物塑料；（6）基于人力资本的产业，例如创意产业。

泰国鼓励具备必要的企业精神和商业技能的新企业家将技术和创新应用于生产、管理和贸易，或创办优质的中小企业，加强社区的自给自足，支持社区企业的建立，立足于开发每个地区发展的潜力。

泰国强调壮大高等教育行业教职工队伍，激励有更大潜力的人才进入教师系统。使用财务奖励和财政激励措施，支持企业家雇用合适的人才，激励有潜力的中型企业加入双向和合作教育体系，让企业家、培训师共同制订教学和实习计划，以及对学生的成果评估。扩大国内外职业学院、高等教育机构和专业人员之间的交流合作。

2. 泰国人力资源开发重要指标

泰国的人力资源开发指标大体可以分为人才规模、人才结构与素质、人才效能、人才流动几个方面（见附表4）。

人才规模主要包括：到 2021 年，贫困线下的人口比例小于 6.5%，求职者比例保持在 73%。

人才结构与素质主要包括：到 2021 年，研发人员每万人增加至 25

人，熟练工人比例提高 70%，基础教育净入学率达到 90%，完成培训工作的就业人员的比例达到 70%，人口识字率增加至 85%，参加双职业培训的学生人数每年平均增加 30%。

人才效能主要包括：到 2021 年，失业率降低至 0.841%，劳动生产率的增长不低于 2.5%。

人才流动主要包括：到 2021 年，海外泰国劳工平均收入达到 838740泰铢。

附表 4　　　　　　　泰国人力资源开发主要指标

一级指标	二级指标	单位	发展目标 2021 年
人才规模	国家贫困线下的人口比例	%	< 6.5
	求职者比例	%	73
人才结构与素质	研发人员数量增加至	人/万人	25
	熟练工人增加比例	%	70
	基础教育净入学率	%	90
	完成培训工作的就业人员的比例	%	70
	人口识字率增加至	%	85
	参加双职业培训的学生人数每年平均增加	%	30
人才效能	失业率	%	0.841
	劳动生产率的增长率	%	≥2.5
人才流动	海外泰国劳工平均收入	THB	838740

资料来源：Thailand Office of the National Economic and Social Development Board (2016)，The Twelfth National Economic And Social Development Plan (2017 – 2020)。

（四）泰国人力资源开发的主要举措

泰国人力资源开发举措主要包括：重视教育发展，建立科学的教育制度；加强培训体系，提升素质能力；扩大就业机会，完善劳动力市场；促进人力资源国际化合作；建设良好的人才发展环境。

1. 重视教育发展，建立科学的教育制度

首先，泰国比较注重基础教育。一是鼓励学龄前儿童发展适当的大脑技能和社会技能。激励企业为父母提供灵活有弹性的工作方式，以抚养孩子。二是改善幼儿园的发展，根据技能标准重视发展重要技能，如智力、思维能力、情感控制能力、规划和组织技能、自我评估能力等。同时提高幼儿园工作人员的水平，使其具备良好的道德和专业知识。三是培养学龄儿童和青少年获得系统的思维能力、创造力、工作技能。调整学习进程，鼓励孩子根据每个年龄段的特点在实践中学习发展。

其次，泰国提出调整泰国人的价值观，使其具有伦理道德、公共纪律。一是鼓励家长培养孩子自力更生的能力，让孩子诚实、有纪律、守伦理道德、敢于负责任；二是在课堂内外进行一系列活动以体现伦理道德、纪律、公德心，在课堂内外营造良好的环境，使学生真正摆脱恶习；三是调整宗教传播方式，遵循易于理解的原则，以能够真正执行的方式来引导民众形成良好的价值观；四是加大参与社区公益活动的力度，强调社会纪律，惩罚那些不遵守社会规范的人。

再次，泰国强调要加强教师团队建设。调整传统的以教师为中心的教学方式，教育工作者作为老师，也应该是学生的指导老师和启蒙老师。激励有更大潜力的人才进入教师系统。调整专业评估，使其与学生的发展和成绩相关联。构建交流学习网络，不断促进教师教学能力的发展。

最后，泰国指出要调整学校教育规模和结构。对学校规模和学生人数少于基准的学校进行调整，在儿童所占人口比例逐年下降的情况下，各学校应共享资源，使学校在规模、学生人数、空间和结构上达到标准。

2. 加强培训体系，提升素质能力

首先，泰国提出培养孩子的职业技能，强调科学技术、工程学基础技能、艺术和外语的学习。鼓励孩子积极参与课堂内外能够促进生活技能和学习技能发展的各类活动，如阅读、社会服务、保健、团队协作、生活规划等。同时鼓励孩子进入双向学习体系及合作教育体系，培训职业技能以适应就业市场的需求。

其次，泰国激励有潜力的中型企业加入双向和合作教育体系，让企业家、培训师共同制订教学计划、实习，以及对学生的成果评估。通过促进商业部门和教育机构（职业学院、大学和培训机构）之间在修订职业和大学水平的教育计划以及组织操作和技术技能培训方面的协作来提高劳动生产率。

再次，泰国在大学层面和职业层面创建和改进与创业技能相关的课程，以便企业家能够了解如何创办或经营企业，并且意识到绿色商业趋势，重点是教育促进学习过程并激发企业家精神。

此外，泰国鼓励员工掌握符合市场需求的知识和职业技能。一是建立并发展以符合专业资格体系和技能标准为基础的职业培训中心。二是加快发展以需求为导向的信息和人力资源整合系统，以适应未来人力资源市场的需求。三是建立新的信息咨询服务中心，建立融资和营销事业中心。四是教育机构提供短期课程以培训适用于该群体的基础技能和必要技能。

最后，泰国提出要提高手工业者的能力，完善工业生产中的技能中心系统，包括职业能力和基础能力，例如：语言能力和计算机能力，职业道德和工作习惯等能力。发展 ICT 人员和用户，为数字经济和社会做好准备。

3. 扩大就业机会，完善劳动力市场

首先，泰国通过促进商业部门和教育机构（职业学院、大学和培训机构）的合作，修订职业和高等教育项目，组织业务和技术技能方面的培训，提高劳动生产率。促进劳动力市场供求平衡，扩大就业机会，让劳动力在就业时有更多职业选择，保护求职者在找工作时不被欺骗。同时，研究和开发有效的劳动力市场信息，解决就业不匹配和短期的工人短缺问题。开发和促进泰国劳工标准的建立，提高劳动生产率和企业能力。通过质量保证体系，提高劳动技能和提高劳工的标准工资水平，使熟练的劳工标准涵盖所有职业。

其次，泰国提出按照专业资格制度和技术标准培养劳动力，按照专业标准制定劳动力开发方式。根据职业标准和技能标准，向考试不合格的工人以及想改变职业的工人提供额外的培训资源和技能培训，让其拥有满足劳动力市场需求的知识、技能和标准能力。整合专业资质机构和技能开发部门、技能开发中心、测试中心、培训机构以及潜在企业内外培训机构之间的协作，从而为工人提供发展技能的机会。

最后，泰国鼓励更多的老年人进入劳动力市场。制定并提供适合年龄、身体素质、工作特点和学习技能的职业发展课程，促进其与不同年龄群体协同工作的能力。支持为老年人提供工作机会的市场、融资和服务渠道。

4. 促进人才开发国际合作

一是扩大国内外职业学院、私立高等教育机构和专业人员之间的交流合作，包括推动开放式创新，加强大学和研究机构以及国际合作伙伴之间的合作交流，举办定期的技术咨询展会，探索合作机会，利用税收激励渠道吸引来自国外的专家、研究人员和科学家到公共和私人机构工作以促进创新。

二是完善海外泰国劳工管理体系，支持求职者在国外工作的项目，传播和拓展海外劳务市场项目，实施海外就业人才开发项目，开发外国工人管理系统，为支持经济特区的外籍劳工提供一站式服务。

三是实施国际劳工合作，包括多边劳工组织和非国际劳工组织之间进行合作、东盟框架内进行劳务合作等。

5. 建设良好的人才发展环境

首先，泰国提出建立一个有利于以知识为重点和创新驱动的生产环境，建立一个高效的学术和工业部门合作平台，以便为工业发展提供高质量的人力资源，并支持研发用于先进的工业技术升级。

其次，泰国重视人才培训培育环境的建设，提出改善社区学习资源，如博物馆、历史图书馆、历史公园等，使其成为创作的学习资源、有活力的学习资源。

最后，泰国制定帮助弱势家庭的措施，使其能够较好地照顾家庭成员，包括职业发展、获得政府服务等。一是通过制定跟踪系统来提供帮助，让老年人和社区专业人士联合照顾弱势家庭。二是促进教育机构成为大家可以共同使用的学术服务资源，成为公共研究传播的资源，并支持其与社区共同研究解决问题以促进该地区的发展。

五　越南人力资源开发战略

为早日实现工业化、现代化国家建设目标，越南提出大力发展人力资源。1996 年召开的越南共产党第八次全国代表大会明确提出，推动人力资源开发是实现经济快速发展与可持续发展的基本因素；要重视教育，建设一支知识分子、企业家和熟练工人相结合的队伍，以满足经济发展的需要，并为越南进入 21 世纪做好准备。

（一）越南人力资源开发战略出台背景

越南人口结构相对年轻，劳动力资源丰富，但人力资源质量较低。2011 年，越南受过培训的劳动力仅占劳动人口总数的 40%，中级管理人员、技术经理人员和技能工人严重缺乏。越南认为人力资源开发是国家和社会持续、稳定发展的基石和推动力。为早日实现工业化、现代化国家建设目标，越南提出大力发展人力资源。

（二）越南人力资源开发战略形式及目标

越南政府高度重视人力资源开发。在《社会经济发展五年规划（2016—2020 年）》中，提出快速发展人力资源，特别是高素质的人力资源的发展目标。此外，越南还制定了专门的人力资源开发战略，如 2011 年 4 月制定出台的《人力资源开发战略（2011—2020 年）》（The Strategy on Development of Vietnamese Human Resources 2011—2020）和同年 7 月制定出台的《人力资源开发总体规划（2011—2020 年）》（The Master Plan On Development of Vietnam's Human Resource 2011 – 2020）。

1. 《人力资源开发战略（2011—2020 年）》

《人力资源开发战略（2011—2020 年）》是越南 2011—2020 年人力资源开发的纲领性文件。它提出这一时期越南人力资源开发的总体目标，将其细化为八个方面的具体发展目标；该战略还提出了七大指导思想，并分别就思想认识、国家管理、重大项目和工程、配套政策等内容列出实施方案。

文件主体分为四个部分。第一部分是这一阶段的人力资源开发目标，包括这一时期越南人力资源开发的总体目标和八个方面的具体发展目标两部分。第二部分是实现 2011—2020 年人力资源开发目标的指导思想，包括发展定位、发展方向、发展内容、发展要求、发展机制、管理体制和国际合作等七个方面的内容。第三部分是人力资源开发的实施方案，包括突破性领域和其他领域，主要涉及指导思想、人力资源开发和使用的国家行政管理、人力资源开发重点领域、教育发展战略和职业培训发展战略、人力资源培训、国家文化价值观、人力资源配置政策、人才投入、国际交流与合作等九个方面的内容。第四部分是战略实施的组织保障。

《人力资源开发战略（2011—2020 年)》提出了越南人力资源开发的总体目标，即大力发展人力资源，使其成为实现国家可持续发展、国际一体化和社会稳定的基础和最重要的优势，提高越南人力资源竞争力，使其与世界发达国家和地区人力资源开发水平相一致。此外，战略还从人的发展、人力资源管理、人才队伍建设等方面提出八条具体目标。（1）德智体全面发展，具备自我学习和自主训练的能力，精力充沛、积极向上、自力更生、有创造性，具备较高的专业知识和技能水平，能够快速适应工作和生活环境。（2）国家实施人力资源管理要具备专业性，能够满足社会主义法治国家在世界一体化进程和快速发展态势下的需求。（3）建设科学和技术领域人才队伍，尤其是具备与发达国家和地区水平相当的专业技术能力的顶级专家队伍，这些专家能够开展研究、进行成果转化、提出科学技术方案，以解决国家发展问题，并能够顺应自然科学、社会科学和技术发展趋势。（4）建立企业家和专业企业管理专家队伍，具备扎实的国内和国际业务知识，确保越南企业和经济在世界经济中具有高竞争力。（5）越南人力资源应当具备必要的工作态度和行为（包括职业道德和良知、工作作风和纪律、团队合作精神、责任感、公民意识等），具备活力和自力更生能力，能够满足工业化社会要求。（6）制定 2011—2020 年越南人力资源开发总体规划，建设一支素质、专业和区域结构合理的人力资源队伍。在发展符合国际标准的高素质人力资源的同时，进一步开发不同资质等级的人力资源，以满足不同地区要求。（7）建设学习型社会，确保每个人都能享有平等的学习和培训机会。（8）建立一套先进、现代和多样化的人力资源培训机构体系，能够提供同步、多层次和动态化的专业培训，以满足不同培训水平、国内外专业人士等不同层面的需求，为形成学习型社会、满足人民终身学习需求作出贡献。

越南规划和投资部负责《人力资源开发战略（2011—2020 年)》的执行、监督、评估与指导工作。该部负责与其他部委、各部门和地方的协调，对人力资源开发目标、观点和解决方案进行分析研究、具体化和整合；负责制定 2011—2020 年战略实施期间的五年计划和年度计划。规划和投资部要定期开展评估，并就年度情况向总理汇报。

2.《人力资源开发总体规划（2011—2020 年)》

《人力资源开发总体规划（2011—2020 年)》是对上述战略设定目标

的进一步细化。规划主要根据越南社会经济发展需求和人力资源开发总体目标，按照培训等级、产业领域、经济部门、行业、地区等划分标准，分别提出人力资源开发的具体指标。

规划共有四个部分。第一部分是指导思想和发展目标。第二部分是人力资源开发方向，基于培训等级、产业领域、经济部门、行业、地区等划分标准，分别提出人力资源开发指标的具体数值。第三部分是总体规划的实施方案，包括提高思想认识、更新国家管理、调整职业培训方向、设置人力资源开发资金、建立国际合作等五个方面。第四部分是总体规划的组织保障。

《人力资源开发总体规划（2011—2020 年）》提出两个总体发展目标：一是要确保有数量充足、结构合理的高素质人力资源，以实现国家工业化和现代化建设、国防建设，以及越南在国际上具备比较优势的领域快速发展；二是要提出发展人力资源和形成高质量人力资源的解决方案，以达到区域标准，并最终达到国际标准。

《人力资源开发总体规划（2011—2020 年）》的执行、监督和指导由越南规划和投资部负责实施，该部根据总体规划制定五年计划和年度计划，并指导各部委、各部门和地方制定人力资源开发总体规划，开展统筹协调，建立国家人力资源信息和需求预测系统，制定人力资源开发评估标准，并为总体规划提供指导。

（三）越南人力资源开发的重点领域和重要指标

从产业结构、GDP 增速和国家发展目标来看，越南属于以第一产业为主导的农业国家，且近五年来 GDP 增速保持在 7% 左右，以实现建立现代化工业国家为发展目标。从经济体量、经济发展水平来看，越南与其他澜湄国家重点发展的领域和产业亦有不同。人力资源开发是产业发展的主要推动力，分析越南重点发展的领域和产业，是掌握其人力资源开发重点的关键。

1. 越南人力资源开发重点领域

《社会经济发展五年规划（2016—2020 年）》提出保持宏观经济稳定的总体目标。规划还提出，要将经济结构调整同增长模式转型、提高生产效率和竞争力相结合，力求在未来五年，GDP 年均增长率达到 6%—7%，工业及服务业占 GDP 比重达到 85%。与这样的发展目标相对应,《人力资源开发总体规划(2016—2020 年)》提出,大力发展交通运输业、自然资源和环境、旅游业、银行和金融业、信息技术、核能源、外籍工人培训等产业。如附表 5 所示,到 2020 年,从事交通运输业的劳动力提升至 63 万人,其中接受过培训的劳动力比例由 2015 年的 94% 提升至 97%;自然资源和环境领域接受过本科等级、硕士等级和博士等级培训的官员人数分别达到 3000—4000 人、2000—2500 人、300—500 人;旅游业、银行业、金融业、信息技术、核能源等领域劳动力分别达到 87 万人、30 万人、160 万人、75.8 万人和 3700 人;外籍工人培训人数达到 47 万人。

附表5　　　　　　　越南重点发展的产业劳动力情况(单位:人)

领域		单位	基准年数据	目标数据
交通运输业		人	550000	630000
其中受过培训的劳动力比例		%	94	97
自然资源和环境*	接受本科培训官员人数	人	6000—8000	3000—4000
	接受硕士培训官员人数	人	800—1000	2000—2500
	接受博士培训官员人数	人	150—200	300—500
旅游业		人	620000	870000
银行业		人	240000	300000
金融业*		人	2200000	1600000
信息技术		人	556000	758000
核能源		人	1800	3700
外籍工人培训*		人	450000	470000

说明:带*的产业劳动力基准年和目标年份为 2011—2015、2016—2020 年,其余为 2015 年、2020 年。

资料来源:根据越南《人力资源开发总体规划(2016—2020)》公布数据整理。

越南《人力资源开发战略(2016—2020 年)》提出,优先发展政府管理、大学教育、科学技术、医疗和卫生保健、金融和银行业、信息技术等六个领域的人才队伍，并提出各领域人才规模的阶段性目标（见附表6）。到2020年，国家政府管理领域人才队伍规模达到2万人，大学教育领域人才16万人，科学技术领域人才10万人，医疗和卫生保健领域人才8万人，金融、银行业人才12万人，信息技术领域人才55万人。

附表6 越南优先发展领域人才规模阶段性目标

领域	单位	2010年	2015年	2020年
政府管理	人	15000	18000	20000
大学教育	人	77500	100000	160000
科学技术	人	40000	60000	100000
医疗和卫生保健	人	60000	70000	80000
金融和银行业	人	70000	100000	120000
信息技术	人	180000	350000	550000

资料来源：根据越南《人力资源开发战略（2016—2020年）》公布数据整理。

越南提出要着重建设三支人才队伍。一是专业的行政管理人才队伍，能够满足世界一体化和快速发展需求的社会主义法治国家要求。二是科技领域人才队伍，尤其是具备专业技术水平的顶级专家，他们应当能够与发达国家和地区的专家水平相当，能够为国家发展提出科学技术解决方案，能够顺应世界自然科学、社会科学和技术发展趋势。三是企业家和企业管理专家队伍，他们应具备扎实的国内和国际业务知识，确保越南企业和经济在世界经济中具有较强竞争力。

2. 越南人力资源开发的主要指标

从人才规模、结构和素质等方面的指标看，到2020年越南劳动力总量要达到6300万人，其中受过培训的劳动力占总数的70%；受过职业教育培训的劳动力占总数的55%。按照经济发展和产业结构调整目标，调整三产从业人员数量；建立完善的教育体系，并明确提出各阶段教育发展目标。从人才投入情况看，2011—2020年，人力资源开发投入达到2135万亿越南盾，占社会总支出的12%；其中2016—2020年用于教育培训和职业培训的投入达到750万亿—800万亿越南盾。详见附表7。

附表7 越南人力资源开发重要指标

一级指标	二级指标	单位	发展目标	
			2015 年	2020 年
人才规模	劳动力总量	万人	5500	6300
人才结构与素质	受过培训的劳动力	万人	3050	4400
	受过培训的劳动力占比	%	55	70
	受过职业培训的劳动力占比	%	40	55
	第一产业	万人	2400—2500	2200—2400
	第二产业	万人	1500	2000
	第三产业	万人	1500—1600	1700—1900
	基础教育	万人	1800	2400
	中等教育	万人	700	1200
	初中生进入技校的比例	%		5
	初中生升入高中的比例	%		90
	高中生进入职业学校的比例	%		60
	高中生升入大学的比例	%		20
	专科教育	万人	200	300
	高等教育	万人	330	500
	研究生教育	万人	20	30
人才投入	教育培训和职业培训投入	万亿越南盾	2011—2015 年	2016—2020 年
			475—500	750—800
	人力资本投入	万亿越南盾	2011—2015 年	2016—2020 年
			800	1335
	人力资本投入占社会总支出	%	2011—2020 年	
			12%	

资料来源：根据越南《人力资源开发总体规划（2016—2020 年)》公布数据整理。

越南高度重视职业培训，设置了从初等到大学以上水平共五个等级的职业培训，并提出阶段性发展目标（详见附表8）。

附表 8　　　越南接受不同等级培训的劳动力人数及占比情况　单位：万人，%

培训等级	2015 年	2020 年		
	人数	占比	人数	占比
初等职业培训	1800	59	2400	54
中专水平职业培训	700	23	1200	27
大专水平职业培训	200	6	300	7
大学水平职业培训	330	11	500	11
大学以上水平职业培训	20	0.7	30	0.7

资料来源：根据越南《人力资源开发总体规划（2011—2020 年）》公布数据整理、

此外，越南还提出 11 个领域的人才队伍建设规划，包括领导干部人才队伍、公务员和公职人员、企业家、科学家和技术专家、大学教师、职业培训教师、卫生工作人员、文化和体育事务官、司法人员、审判员和海洋经济部门人力资源，详见附表 9。

附表 9　　　越南各领域人才队伍建设发展目标　　单位：万人

人才队伍	发展目标	
	2015 年	2020 年
领导干部	20	22
其中本科及以上学历	12	14.7
公务员和公职人员	530	600
其中本科及以上学历	280	380
企业家	150—200	250—300
其中本科及以上学历/占比（%）	117—156/178	200—240/280
科学家和技术专家	10.3	15.4
其中研究生学位	2.8	4
大学教师	3.8	4.8
职业培训教师	5.1	7.7
高级	1.3	2.8
中级	2.4	3.1

续表

人才队伍	发展目标	
	2015 年	2020 年
初级	1.4	2.8
卫生工作者	38.5	50
文化和体育事务官	8.8	11.3
文化领域	5.7	7.5
体育领域	2.2	2.8
家庭事务领域	0.2	0.24
司法人员		44.9
执法人员		0.07
审核人员		0.13
审判执行秘书		0.43—0.45
会计人员		0.16
律师		1.8
公证人		0.2
地方司法机关公务员		1.7
审判员	0.1	2.2
海洋经济部门人力资源受过培训的劳动力占比（%）		80

资料来源：根据越南《人力资源开发总体规划（2011—2020 年）》公布数据整理。

（四）越南人力资源开发的主要举措

1. 完善教育体系，提高教育质量

一是建立完善的教育体系，巩固基础教育普及率，加速发展中等教育、高等教育和职业教育，形成体系完整、各类教育协调健康发展的格局。二是通过立法形式促进义务教育落实，为全体公民提供公平的教育机会，以此维护社会公平。三是更新学校道德和公民教育的形式和内容，以更好适应社会经济发展需要。

2. 提升劳动力素质能力，服务社会经济发展

一是制定法律法规和政策措施，建立培训工作机制。以满足社会发展需求为目的，提高培训质量；吸引企业积极参与人力资源培训，例如提供培训资金、实施在企培训、投资建立自有培训机构等。二是建立一批具有国际水准的培训机构和职业学校，为教育、培训和科研系统提供高素质的人力资源，以满足国家社会经济发展需要。三是实施外语教学专项工程，为实现区域一体化、全球化目标，提升以英语为主的外语教学质量和水平。

3. 加强就业服务，提升人力资源使用效能

一是根据法律法规、劳动者贡献和市场经济的原则，结合劳动力市场的形成和发展进程，进一步完善人力资源使用相关政策。二是发展劳动力市场，确保同步互联、公平透明，促进劳动力自由流动，提高劳动生产率，使人力资源得到有效使用，为产业发展提供原动力。三是通过国家资助项目或与社会经济发展相关的社区项目实施公共就业政策，包括改善劳动力就业市场信息，以提高人们对于新就业机会的认识。四是建立扩大劳动力使用的政策体系，如扩大就业、减少失业、提升工作时间利用率、提高劳动效率和生产率等。

4. 强化用工管理，优化人力资源流动配置

一是明确人力资源培训必须与社会和劳动力市场需求紧密相连。二是建立专门机构，负责收集和建立全国人力资源供需情况系统，确保社会经济发展与人力资源供需平衡。三是更新人力资源开发相关政策、机制和工具，包括工作环境、市场机制、就业、收入、保险、社会福利、住房和居住环境等，同时特别关注与人力资源质量和人才相关的政策。

5. 加大人力资源投入，营造良好发展环境

一是将学校与家庭、学校与社会紧密联系起来，形成教育合力，营造良好健康的教育环境。二是建立专门的国家级机构，负责审查和评估全国人力资源总体规划实施情况，以确保各个时期人力资源的数量、质量和结构平衡、协调发展，与国家社会经济发展方向和目标相符合。三是多种举措加大人力资源投入。设置国家预算资金，确保教育和培训支出占国家预算支出比例的20%；进一步提高企业和各类组织人力资源开发经费，实施激励机制和政策，包括与企业所得税、土地支持、信用激励以及支持领先行业高质量人力资源培养相关的激励方案；鼓励企业以各种形式加大人力资源投入，例如订单培训、自行组织培训、组建培训单位等，为企业和

社会培养人才；将海外资金集中用于建设国际标准大学、高质量职业培训机构、高质量核心人力资源开发、基础教育等项目上来；实施土地优惠政策，例如减免地租和使用税等，为社会群体参与教育、培训、卫生、文化和体育设施建设等提供优惠；鼓励并承认个人和组织为建设人力资源开发设施（如学校、医院、儿童文化和娱乐场所等）捐赠土地。

参 考 文 献

Aghion, P. and Howitt, P. (1992). A Model of Growth Through Creative De-struction. Econometrica, 60: 323 – 351, 1992.

Arrow, K. J. (1982). The Economic Implication of Learning by Doing. Review of Economics Studies, 29 (June): 155 – 173. 1982.

Asian Development Bank (2016). Asian Development Outlook 2016. Extracted from https://opendevelopmentcambodia. net/wp – admin/post. php? post = 65782&action = edit.

Bank, A. D. (2008). Demand – Driven Skills Training for Poverty Reduction in the Cuu Long (Mekong) River Delta (Financed by the Japan Fund for Poverty Reduction). Asian Development Bank, 2008.

Barro, R. J. and Sala, I. M. S. (1995). Government Spending in a Simple Model of Endogenous Growth. Journal of Political Economy, 98: 10.3 – 125, 1995.

Burrows, T. (2013). English and Integrated Water Resources Management: A Training Program for the Mekong River Commission. Asian Journal, 15: 32 – 37, 2013.

Cambodia (2013). "Rectangular Strategy" for Growth, Employment, Equity and Efficiency Phase III. Extracted May 25, 2018, from https://www. ilo. org/asia/info/WCMS_ 237910/lang – en/index. htm.

Cambodia (2014). National Strategic Develoment Plan 2014 – 2018. Extracted May 25, 2018, from https://www. ilo. org/asia/info/WCMS _ 364549/lang—en/index. htm.

Charles, R. and Sen, D. (2016). Genderwage gap daunting. The Phnom Penh

Post. Extracted May 15, 2018, from http: //www. phnompenhpost. com/national/gender – wage – gap – daunting.

Charles, R. and Sum, M. (2015). As Phnom Penh's skyline rises, so do wages. *The Phnom Penh Post.* Extracted May 15, 2018, from https: //www. phnompenhpost. com/post – weekend/phnom – penhs – skyline – rises – so – do – wages.

Directorate of Vocational Education and Training Administration Office, Ministry of Labour – Invalids and Social Affairs of Vietnam (2018). Vietnam TVET Statistics 2015 – 2016.

Eisner, R. (1978) . Factors in Business Investment. Cambridge, Mass. Published for the National Bureau of Economic Research by Ballinger Pub Co. 1978.

Freeman, R. E. (2006) . Strategic Management A stakeholder Approach. Shanghai translation publishing house, 2006.

Heng, R. (2014) . Workers say $128 per month is not enough to live on. Voice of America Khmer, 2014. Extracted from http: //www. voacambodia. com/content/workers – say – 128 – per – month – is – not – enough – to – live – on/2529249. html.

International Labour Organization (2013) . Country profiles: Cambodia. Extracted May 20, 2018, from http: //www. ilo. org/ilostat/faces/home/statisticaldata/ContryProfileId？ _ adf. ctrl – state = vv0njesvb _ 414& _ adf. dialog = true&_ afrLoop =4717172277077096.

International Labour Organization (2014). Wages in Asia and the Pacific: Dynamic but Uneven Progress. Extracted May 15, 2018, from http: //www. ilo. org/wcmsp5/groups/public/ – asia/ – ro – bangkok/ – sro – bangkok/documents/publication/wcms_ 325219. pdf

International Labour Organization (2016). Compilation of assessment studies on technical vocational education and training (TVET): Lao People's Democratic Republic, Mongolia, the Philippines, Thailand and Vietnam. Extracted May 25, 2018, from http: //59. 80. 44. 98/www. ilo. org/wcmsp5/groups/public/ – asia/ – ro – bangkok/documents/publication/wcms_ 458131. pdf.

International Labour Organization (2018a). Employment by education for Cambodia, Laos, Myanmar, Thailand and Vietnam. Extracted May 15, 2018, from http: //www. ilo. org/ilostat/faces/oracle/webcenter/portalapp/pagehierarchy/Page3. jspx? MBI_ ID = 11.

International Labour Organization (2018b). Employment by occupation for Cambodia, China, Laos, Myanmar, Thailand, Vietnam, and the world in 2000 – 2021. Extracted May 15, 2018, from http: //www. ilo. org/ilostat/faces/oracle/webcenter/portalapp/pagehierarchy/Page3. jspx? MBI_ ID = 12.

International Labour Organization (2018c). Employment – to – population ratio for Cambodia, China, Laos, Myanmar, Thailand, Vietnam, and the world in 2000 – 2021. Extracted May 15, 2018, from http: //www. ilo. org/ilostat/faces/oracle/webcenter/portalapp/pagehierarchy/Page3. jspx? MBI_ ID = 7.

International Labour Organization (2018d). Labour productivity for Cambodia, China, Laos, Myanmar, Thailand, Vietnam, and the world in 2000 – 2021. Extracted May 15, 2018, from http: //www. ilo. org/ilostat/faces/oracle/webcenter/portalapp/pagehierarchy/Page3. jspx? MBI_ ID = 49.

International Labour Organization (2018e). Unemployment rate for Cambodia, China, Laos, Myanmar, Thailand, Vietnam, and the world in 2000 – 2021 Rertrieved May 15, 2018, from http: //www. ilo. org/ilostat/faces/oracle/webcenter/portalapp/pagehierarchy/Page3. jspx? MBI_ ID = 2.

International Labour Organization (2018f). Wage for Cambodia, China, Laos, Myanmar, Thailand and Vietnam. Rertrieved May 15, 2018, from http: //www. ilo. org/ilostat/faces/oracle/webcenter/portalapp/pagehierarchy/Page3. jspx? MBI_ ID = 435.

Kim, G. J. (2013). The International Mobility of Students in Asia and the Pacific, Jan 29, 2013.

Kim, J. H. and Strandberg, S. (2011). The International Mobility of Students: in Asia and the Pacific, Jan 29, 2011.

Liu, X. Z. and Li, C. (2016). International Student Mobility Trends between Developed and Developing Countries, Bista, K. and Foster, C. (eds),

Global Perspectives and Local Challenges Surrounding International Student Mobility, 16 – 35, IGI Global, 2016.

Lucas, R. E. Jr. (1988). On The Mechanic of Economic Development. Journal of Monetary Economics, 22 (1): 3 – 42, 1988.

Mincer, J. (1958). Investment in Human Capital and Personal Income Distribution. Journal of Political Economy, 66 (4): 281 – 302, 1958.

Minister of Lao National Tourism Administration (2006). Lao PDR Tourism Strategy2006 – 2020. Extracted May, 25, 2018, from http://www. tourismlaos. org/files/files/Lao% 20PDR% 20Tourism% 20Strategy% 202006 – 2020%20in%20English. pdf.

Ministry of Commerce of Cambodia (2013). National strategy development plan of Cambodia 2014 – 2018.

Ministry of Education of Lao PDR (2006a). Strategic Plan For The Development Of Technical And Vocational Education And Training From 2006 To 2020. Extracted May, 25, 2018, from http: //planipolis. iiep. unesco. org/ sites/planipolis/files/ressources/lao_ pdr_ tvet_ stra.

Ministry of Education of Lao PDR (2006b). Education and Sports Sector Development Plan (2016 – 2020). Retrieved May, 25, 2018, from http: //planipolis. iiep. unesco. org/en/2015/education – and – sports – sector – development – plan – 2016 – 2020 – 6273.

Ministry of Education of Myanmar (2016). National Education Strategic Plan 2016—2021. Extracted May, 25, 2018, from https: //www. academia. edu/31979350/Myanmar – National – Education – Strategic – Plan – 2016 – 21.

Ministry of Education, Youth and Sport of Cambodia (2014). Education Strategic Plan 2014 – 2018. Extracted May, 20, 2018, from http: //www. moeys. gov. kh/en/policies – and – strategies/559. html #. XHepzlMzZPM.

Ministry of Hotels and Tourism of Myanmar (2013). Myanmar Tourism Master Plan 2013 – 2020. ExtractedMay, 20, 2018, from https: //www. mekongtourism. org/myanmar – tourism – master – plan – 2013 – 2020.

Ministry of Industry of Myanmar (2017). Myanmar Strategic Directions for Industrial Development Summary of Industrial Development Strategy 2017. ExtractedMay, 20, 2018, from https://myanmareconomywatch. com/key – resources/the – private – sector – in – myanmar/

Ministry of Labour, Immigration and Population (2017). Annual Labour Force Survey – 2017 Quarterly Report. Extracted May, 25, 2018, from http://www. mol. gov. mm/en/wp – content/uploads/downloads/2017/03/LFS – English – Report – 17 – 11 – 2016. pdf.

Ministry of Labour and Vocational Training of Cambodia (2013). Strategic Planning and Development of Technical Vocational Education and Training 2014 – 2018.

Ministry of Labour and Vocational Training of Cambodia (2017). Technical Vocational Education Training Statistics 2016 – 2017.

Ministry of Planning and Investment of Lao PDR (2016). 8th Five – Year National Socio – Economic Development Plan (2016 – 2020). Extracted May, 25, 2018, from http://www. la. one. un. org/images/publications/8th _ NSEDP_ 2016 – 2020. pdf.

Ministry of Planning and Investment of Vietnam (2011). The Master Plan On Development of Vietnam's Human Resource 2011 – 2020. Extracted May, 25, 2018, from http://www. mpi. gov. vn/en/Pages/tinbai. aspx? idTin = 20857.

Ministry of Tourism and Sports of Thailand (2017). The Second National Tourism Development Plan. Extracted May, 25, 2018, from https://www. rolandberger. com/publications/publication_ pdf/roland.

Mom, K. and Charles, R. (2015). LACups garment salary to $140. The Phnom Penh Post. Extracted May 25, 2018, from https://www. phnompenhpost. com/national/lac – ups – garment – salary – 140 – 0.

National Wages and Productivity Commission, Philippines (2017). Extracted from http://www. nwpc. dole. gov. ph/pages/statistics/stat_ comparative. html.

Organisation for Economic Cooperation and Development (2015) . Multidimensional Review of Myanmar: Volume 2. Indepth Analysis and Recommendations, OECD Development Pathways, OECD Publishing, Paris.

Pech, S. (2017). PM explains differences in the minimum wage. Khmer Times. Extracted May 25, 2018, from http: //www. khmertimeskh. com/ news/36795/pm – explains – differences – in – the – minimum – wage/.

Phouvieng Phoumilay. (2012). TVET Reform in Lao PDR: Challenges and Is- sues and Step Forward within 2011 – 2015. Extracted May 20, 2018, from http: //www. unesco. org/education/TVET2012/roundtable/1/Ph – Phoumi- lay. pdf.

Phouvieng Phoumilay. (2014). Development and Reform of TVET in Lao PDR and Expectation of Chinese – Lao Cooperation. Extracted May 20, 2018, from http: //www. wfcpbeijing. org/wfcp/chinese/congress/ppt/China – ASEAN%20Seminar – 01 (Phouvieng%20Phoumilay). pdf.

Prak, C. T. (2016). Cambodia raises 2017 minimum wage for textile industry workers. *Reuters*. Extracted May 15, 2018, from http: //www. reuters. com/ article/cambodia – garment – idUSL3N1C51OD.

Robert, M. S. (1956). A Contribution to the Theory of Economics Growth. Quarterly Journal of Economics, 70 (3): 65 – 94, 1956.

Romer, P. M. (1986). Indreasing returns and long – run growth. Journal of Po- litical Economy, Vol. 94: 1002 – 1037, 1986.

Romer, P. M. (1987). Growth Based on Increasing Returns due to Specializa- tion. American Economic Review, 77 (2): 56 – 62. , May 1987.

Romer, P. M. (1990). Endogenous Technological Change. Journal of Political Economy, 98 (5): 71 – 102. October 1990.

Schultz, T. W. (1961). Investment in Human Capital. The American Econom- ics Review, 51 (4): 1 – 17, 1961.

Tam, V. K. (2014). A Study of Strengthening the Competition Edges of the Human Resource in Mekong Delta Using Five – Force and SWOT Analysis. (Master Dissertation, I – Shou University, 2014). I – Shou University Insti- tutional Repository, Item 987654321/16573, 2014.

Thailand Office of the Permanent Secretary of the Labour (2017). Strategy and Planning Division. Labor Master Plan (2017 – 2021). Extracted May, 25,

2018, from http：//www. mol. go. th/academician/panmaebot.

Thailand Office of the National Economic and Social Development Board (2016). The Twelfth National EconomicAnd Social Development Plan (2017 – 2020). Extracted May, 25, 2018, from http：//www. nesdb. go. th/nesdb_ en/ewt_ w3c/ewt_ dl_ link. php? nid = 4345.

Trow, M. (1974). Problems in the Transition from Elite to Mass Higher Education, in Policies for Higher Education, Conference on Future Structures of Post – Secondary Education. Paris 26th—29th June. 1973：55—101. Paris：OECD.

UNESCO (1998). Higher Education in the Twenty – First Century：Vision and Action. Extracted May 25, 2018, from http：//203. 187. 160. 134：9011/unesdoc. unesco. org/c3pr90ntc0td/images/0011/001166/116618m. pdf.

UNESCO (2013). Policy Review of TVET in Lao PDR. Extracted May 25, 2018, from http：//unesdoc. unesco. org/images/0022/002211/221146E. pdf.

UNESCO (2016a). Recommendation concerning Technical and Vocational Education and Training (TVET) . Extracted May 25, 2018, from http：//unesdoc. unesco. org/images/0024/002451/245118m. pdf.

UNESCO (2016b). Strategy for Technical and Vocational Education 2016 – 2021. Extracted May 25, 2018, from http：//unesdoc. unesco. org/images/0024/002452/245239e. pdf.

UNESCO (2018a) . Inbound internationally mobile students by Cambodia, Lao, Myanmar, Thailand, Vietnam in 1999 – 2016. Extracted May, 25, 2018, from http：//data. uis. unesco. org/#.

UNESCO (2018b). Inbound internationally mobile students by China and the world in 1999 – 2016. Extracted May, 25, 2018, from http：//data. uis. unesco. org/#.

UNESCO Institute for Statistics (2018). Extracted May 25, 2018, from http：//data. uis. unesco. org/#

UNESCO – UNEVOC (2014a) . World TVET Database Cambodia. Extracted May 25, 2018, from https：//unevoc. unesco. org/wtdb/worldtvetdatabase _ khm_ en. pdf.

UNESCO – UNEVOC （2014b）. World TVET Database Myanmar. Extracted May 25, 2018, from https：//unevoc. unesco. org/wtdb/worldtvetdatabase _ mmr_ en. pdf.

UNESCO – UNEVOC （2015）. World TVET Database Thailand. Extracted May 25, 2018, from https：//unevoc. unesco. org/wtdb/worldtvetdatabase_ tha _ en. pdf.

UNESCO – UNEVOC （2017）. What is TVET? Extracted May 25, 2018, from https：//unevoc. unesco. org/go. php? q = What + is + TVET.

UNESCO – UNEVOC （2018）. World TVET Database Viet Nam. Extracted May 25, 2018, from https：//unevoc. unesco. org/wtdb/worldtvetdatabase _ mmr_ en. pdf.

United Nations Conference on Trade and Development （2018）. Total population estimate for Cambodia, China, Laos, Myanmar, Thailand, Vietnam, and the world in 2018 – 2050. Retrieved May 9, 2018, from http：// unctadstat. unctad. org/wds/TableViewer/tableView. aspx.

Vietnam （2011a）. The Strategy on Development of Vietnamese Human Resources 2011 – 2020. Extracted May, 25, 2018, from https：//thuvienphapluat. vn/van – ban/EN/Lao – dong – Tien – luong/Decision – No – 579 – QD – TTg – approving – the – strategy – on – development – of – Vietnamese/ 126221/tai – ve. aspx#.

Vietnam （2011b）. The Master Plan on Development of Vietnam's Human Resources During 2011 – 2020. Extracted May, 25, 2018, from https：//thuvienphapluat. vn/van – ban/EN/Lao – dong – Tien – luong/Decision – No – 1216 – QD – TTg – approving – the – master – plan – on – development – of – Vietnam – s/129982/tieng – anh. aspx

Vietnam （2012）. 2011 – 2020 Education Development Strategy. Extracted May, 25, 2018, from http：//vietnamlawmagazine. vn/decision – no – 711 – qd – ttg – of – june – 13 – 2012 – approving – the – 2011 – 2020 – education – development – strategy – 4704. html.

Vietnam （2016）. The Five – Year Socio – Economic Development Plan 2016 – 2020. Extracted May, 25, 2018, from http：//www. chinhphu. vn/portal/

page/portal/English/strategies/strategiesdetails? categoryId = 30&articleId = 10057712.

World Bank (2016a). GDP in current US $ for China in 1960 – 2016. Extracted Apr. 2, 2018, from http://databank. worldbank. org/data/ reports. aspx? source = world – development – indicators & preview = on.

World Bank (2016b). GDP in current US $ forCombodia in 1960 – 2016. Extracted Apr. 2, 2018, from http://databank. worldbank. org/data/ reports. aspx? source = world – development – indicators & preview = on.

World Bank (2017). Tertiary Education. Extracted May 25, 2018, from www. worldbank. org/en/topic/tertiaryeducation#what_ why, Last Updated: 2017 – 10 – 5.

World Bank (2018a). Adjusted net national income per capita growth (annual %) in current US $ for Cambodia, China, Laos, Mganmar, Thailand, Vietnam, and the world in 1970 – 2016. Extracted Apr. 2, 2018, from http://databank. worldbank. org/data/reports. aspx? source = world – development – indicators#

World Bank (2018b). Adjusted net national income per capita in current US $ for Cambodia, China, Laos, Mganmar, Thailand, Vietnam, and the world in 1970 – 2016. Extracted Apr. 2, 2018, from http:// databank. worldbank. org/data/reports. aspx? source = world – development – indicators#.

World Bank (2018c). Age dependency ratio (% of working – age population) for Cambodia, China, Laos, Myanmar, Thailand, Vietnam, and the world in 1960 – 2017. Rertrieved Apr. 2, 2018, from http:// databank. worldbank. org/data/reports. aspx? source = population – estimates – and – projections.

World Bank (2018d). Age dependency ratio, old (% of working – age population) for Cambodia, China, Laos, Myanmar, Thailand, Vietnam, and the world in 1960 – 2017. Rertrieved Apr. 2, 2018, from http:// databank. worldbank. org/data/reports. aspx? source = population – estimates – and – projections.

World Bank（2018e）. Age dependency ratio, young（% of working - age population）for Cambodia, China, Laos, Myanmar, Thailand, Vietnam, and the world in 1960 - 2017. Rertrieved from Apr. 2, 2018, http：//databank. worldbank. org/data/reports. aspx? source = population - estimates - and - projections.

World Bank（2018f）. Agriculture value added in current US $ for Cambodia, China, Laos, Myanmar, Thailand, Vietnam in 1960 - 2016. Extracted Apr. 2, 2018, from http：//databank. worldbank. org/data/reports. aspx? source = World% 20Development% 20Indicators.

World Bank（2018g）. Agriculture value added（% of GDP）for Cambodia, China, Laos, Myanmar, Thailand, Vietnam in 1960 - 2017. Extracted Apr. 2, 2018, from http：//databank. worldbank. org/data/reports. aspx? source = World% 20Development% 20Indicators.

World Bank（2018h）. Annual population growth rate for Cambodia, China, Laos, Myanmar, Thailand, Vietnam, and the world in 1960 - 2016. Retrieved Apr. 2, 2018, from http：//databank. worldbank. org/data/ reports. aspx? source = population - estimates - and - projections#.

World Bank（2018i）. Employment in agriculture（% of total employment）（modeled ILO estimate）for Cambodia, China, Laos, Myanmar, Thailand, Vietnam in 1991 - 2016. Extracted Apr. 2, 2018, from http：//databank. worldbank. org/data/reports. aspx? source = World% 20Development% 20Indicators.

World Bank（2018j）. Employment in industry（% of total employment）（modeled ILO estimate）for Cambodia, China, Laos, Myanmar, Thailand, Vietnam in 1991 - 2016. Extracted Apr. 2, 2018, from http：//databank. worldbank. org/data/reports. aspx? source = World% 20Development% 20Indicators.

World Bank（2018k）. Employment in services（% of total employment）（modeled ILO estimate）for Cambodia, China, Laos, Myanmar, Thailand, Vietnam in 1991 - 2016. Extracted Apr. 2, 2018, from http：//databank. worldbank. org/data/reports. aspx? source = World% 20Development%

20Indicators.

World Bank (2018l). Final consumption expenditure in current US $ for Cambodia, China, Laos, Myanmar, Thailand, Vietnam, and the world in 1960 – 2016. Extracted Apr. 5, 2018, from http：//databank. worldbank. org/data/source/world – development – indicators.

World Bank (2018m). Foreign direct investment in current US $ for Cambodia, China, Laos, Myanmar, Thailand, Vietnam, and the world in 1975 – 2016. Extracted Apr. 5, 2018, from http：//databank. worldbank. org/data/reports. aspx? source = world – development – indicators#.

World Bank (2018n). GDP growth (annual %) in current US $ for Cambodia, China, Laos, Myanmar, Thailand, Vietnam, and the world in 1961 – 2016. Extracted Apr. 5, 2018, from http：//databank. worldbank. org/data/reports. aspx? source = World% 20Development% 20Indicators.

World Bank (2018o). GDP in current US $ for Cambodia, China, Laos, Myanmar, Thailand, Vietnam, and the world in 1960 – 2016. Extracted Apr. 5, 2018, from http：//databank. worldbank. org/data/reports. aspx? source = World% 20Development% 20Indicators.

World Bank (2018p). GDP per capita growth (annual %) in current US $ for Cambodia, China, Laos, Myanmar, Thailand, Vietnam, and the world in 1961 – 2016. Extracted Apr. 5, 2018, from http：//databank. worldbank. org/data/reports. aspx? source = World% 20Development% 20Indicators#.

World Bank (2018q). GDP per capita in current US $ for Cambodia, China, Laos, Myanmar, Thailand, Vietnam, and the world in 1960 – 2016. Extracted Apr. 2, 2018, from http：//databank. worldbank. org/data/reports. aspx? source = World% 20Development% 20Indicators#.

World Bank (2018r). Import and export of goods and services in current US $ for Cambodia, China, Laos, Myanmar, Thailand, Vietnam, and the world in 1960 – 2016. Extracted Apr. 2, 2018, from http：//databank. shihang. org/data/reports. aspx? source = World% 20Development% 20Indicators#.

World Bank (2018s). Industry value added in current US $ for Cambodia,

China, Laos, Myanmar, Thailand, Vietnam in 1960 – 2016. Extracted Apr. 2, 2018, from http: //databank. worldbank. org/data/reports. aspx? source = World%20Development%20Indicators.

World Bank (2018t). Industry value added (% of GDP) for Cambodia, China, Laos, Myanmar, Thailand, Vietnam in 1960 – 2017. Extracted Apr. 2, 2018, from http: //databank. worldbank. org/data/reports. aspx? source = World%20Development%20Indicators.

World Bank (2018u). Labor force participation rate, female (% of female population ages 15 +) for Cambodia, China, Laos, Myanmar, Thailand, Vietnam, and the world in 1990 – 2016. Rertrieved Apr. 2, 2018, from http: //databank. worldbank. org/data/reports. aspx? source = jobs.

World Bank (2018v). Labor force participation rate, male (% of male population ages 15 +) for Cambodia, China, Laos, Myanmar, Thailand, Vietnam, and the world in 1990 – 2016. Rertrieved Apr. 2, 2018, from http: //databank. worldbank. org/data/reports. aspx? source = jobs#.

World Bank (2018w). Overview of Cambodia´s economic development (2018). Extracted Apr. 2, 2018, from http: //www. worldbank. org/en/country/cambodia/overview.

World Bank (2018x). Overview of China´s economic development (2018). Extracted Apr. 2, 2018, from http: //www. shihang. org/zh/country/china/overview.

World Bank (2018y). Overview of Laos´s economic development (2018). Extracted Apr. 2, 2018, from http: //www. worldbank. org/en/country/lao/overview.

World Bank (2018z). Overview of Myanmar´s economic development (2018). Extracted Apr. 2, 2018, from http: //www. worldbank. org/en/country/myanmar/overview.

World Bank (2018aa). Overview of Thailand´s economic development (2018). Extracted Apr. 2, 2018, from http: //www. worldbank. org/en/country/thailand/overview.

World Bank (2018ab). Overview of Vietnam´s economic development (2018).

Extracted Apr. 2, 2018, from http: //www. worldbank. org/en/country/vietnam/overview.

World Bank (2018ac). Percentage of the total male and female population ages 0 – 4, 5 – 9, 10 – 14, and so on and 85 and above for Cambodia, China, Laos, Myanmar, Thailand, Vietnam in 2017. Retrieved Apr. 2, 2018, from http: //databank. worldbank. org/data/reports. aspx? source = population – estimates – and – projections.

World Bank (2018ad). Service value added in current US $ for Cambodia, China, Laos, Myanmar, Thailand, Vietnam in 1960 – 2016. Extracted Apr. 2, 2018, from http: //databank. worldbank. org/data/reports. aspx? source = World% 20 Development% 20 Indicators.

World Bank (2018ae). Service value added (% of GDP) for Cambodia, China, Laos, Myanmar, Thailand, Vietnam in 1960 – 2017. Extracted Apr. 9, 2018, from http: //databank. worldbank. org/data/reports. aspx? source = World% 20 Development% 20 Indicators.

World Bank (2018af). Total labor force (ages 15 +) for Cambodia, China, Laos, Myanmar, Thailand, Vietnam, and the world in 1990 – 2016. Retrieved Apr. 9, 2018, from http: //databank. worldbank. org/data/reports. aspx? source = jobs.

World Bank (2018ag). Total labor force participation rate (% of total population ages 15 +) for Cambodia, China, Laos, Myanmar, Thailand, Vietnam, and the world in 1990 – 2016. Retrieved Apr. 9, 2018, from http: //databank. worldbank. org/data/reports. aspx? source = jobs.

World Bank (2018ah). Total population ages 0 – 14 (% of total) for Cambodia, China, Laos, Myanmar, Thailand, Vietnam, and the world in 1960 – 2017. Retrieved Apr. 9, 2018, from http: //databank. worldbank. org/data/reports. aspx? source = population – estimates – and – projections.

World Bank (2018ai). Total population ages 0 – 14 for Cambodia, China, Laos, Myanmar, Thailand, Vietnam, and the world in 1960 – 2017. Retrieved Apr. 9, 2018, from http: //databank. worldbank. org/data/reports. aspx? source = population – estimates – and – projections#.

World Bank (2018aj). Total population ages 15 – 64 (% of total) for Cambodia, China, Laos, Myanmar, Thailand, Vietnam, and the world in 1960 – 2017. Retrieved Apr. 9, 2018, from http: //databank. worldbank. org/ data/reports. aspx? source = population – estimates – and – projections.

World Bank (2018ak). Total population ages 15 – 64 for Cambodia, China, Laos, Myanmar, Thailand, Vietnam, and the world in 1960 – 2017. Retrieved Apr. 9, 2018, from http: //databank. worldbank. org/data/ reports. aspx? source = population – estimates – and – projections#.

World Bank (2018al). Total population ages 65 and above (% of total) for Cambodia, China, Laos, Myanmar, Thailand, Vietnam, and the world in 1960 – 2017. Retrieved Apr. 9, 2018, from http: //databank. world-bank. org/data/reports. aspx? source = population – estimates – and – projections.

World Bank (2018am). Total population ages 65 and above for Cambodia, China, Laos, Myanmar, Thailand, Vietnam, and the world in 1960 – 2017. Retrieved Apr. 9, 2018, from http: //databank. worldbank. org/data/ reports. aspx? source = population – estimates – and – projections#.

World Bank (2018an). Total population ages 65 and above for Thailand in 2040. Retrieved Apr. 9, 2018, from http: //databank. worldbank. org/data/ reports. aspx? source = population – estimates – and – projections.

World Bank (2018ao). Total population for Cambodia, China, Lao, Myanmar, Thailand, Vietnam, and the world in 1960 – 2017. Extracted Apr. 9, 2018, from http: //databank. worldbank. org/data/reports. aspx? source = population – estimates – and – projections.

World Economic Forum (2017). Global Human Capital Report 2017. Extracted Apr. 9, 2018, from https: //weforum. ent. box. com/s/dari4dktg4jt2g9xo2o5 pksjpatvawdb.

Xiang, B. (2016). Vietnamese minimum wage to increase 7. 3 percent from early 2017. Extracted Jun 19, 2018, from http: //www. xinhuanet. com/ english/2016 – 11/18/c_ 135840620. htm.

Yon, S. and Ananth, B. (2017). Big boost for garment sector minimum *wage. The Phnom Penh Post* . Extracted May 25, 2018, from http://www. phnompenhpost. com/national/big－boost－garment－sector－minimum－wage－though－some－see－political－motive.

安彩丽（2017）. 浅谈泰国三大产业经济结构发展演进分析，经济研究，2017（5）：94－95。

白如纯（2016）. "一带一路"背景下日本对大湄公河次区域的经济外交，东北亚学刊，2016（3）：32－38.

蔡昉（2011）. "中等收入陷阱"的理论、经验与针对性，经济学动态，2011（12）：4－9。

柴如瑾、王忠耀（2017）. 前所未有的"汉语热"，光明日报，2017.10.28。

陈海丽（2014）. 中外合作办学模式下留学越南学生跨文化适应力的培养，教育教学研究，2014（6）：9－11。

陈晖、熊韬（2012）. 泰国概论，广州：世界图书出版广东有限公司，2012.12。

陈胜军、贾天萌（2008）. 中越两国人力资源管理比较研究，哈尔滨商业大学学报（社会科学版），2008（5）：39－43。

陈贻泽、魏恒（2018）. 广西与越南边境四省党委书记举行新春会晤，广西壮族自治区人民政府网站，http://www. gxzf. gov. cn/sytt/20180225－681125。

戴洋（2016）. 关于加强援外培训教学工作的思考——以气象援外培训为例，继续教育，2016（12）：31－33。

董洪亮、魏哲哲（2014）. 适应国家发展大势和党和国家工作大局培养更多优秀人才开创留学工作新局面，人民日报，2014.12.14。

杜保友、孔祥利（2011）. 国外公务员培训质量评估制度的经验借鉴与启示——以美国、加拿大、英国、法国和新加坡五国为例，湖北行政学院学报，2011（4）：37－40。

杜海兴（2016）. 越南产业结构与就业结构演变关系研究，博士学位论文，东北财经大学。

方文（2015）. 革新开放以来老挝的发展成就与展望，铜陵学院学报，2015（14）：67－70。

国际人才交流（2010）. 2010 中国成为泰国最大留学生源国，国际人才交流，2010（11）。

韩成圆（2018）. 云南民大与腾冲共建澜湄职业教育基地，云南日报，2018.5.12。

韩晓娜（2013）. 劳动力供求形势转折之下的就业结构与产业结构调整研究，四川：西南财经大学，2013。

郝多（2018）. 中国—东盟轨道交通职业教育集团成立，新华网 . http：//www. xinhuanet. com/2018/05/19/c_ 1122857575. htm。

郝孟佳、熊旭（2016）.《2016 中国学生国际流动性趋势报告》发布，人民网，http：//edu. people. com. cn/n1/2016/0729/c1053 –28595439. html。

郝勇、黄勇、覃海伦（2012）. 老挝概论，广州：世界图书出版广东有限公司，2012. 12。

洪亮（2018）. 2017 年中国政府为缅甸政府培训各类人员 637 人，中华人民共和国驻缅甸联邦共和国大使馆官网 . https：//www. fmprc. gov. cn/ce/cemm/chn/sgxw/t1526320. htm。

黄伟省（2008）. 近年来越南主要科技产业发展概述，东南亚纵横，2008（10）：35。

蒋玉山、辛青（2010）. 越南人口现状研究，南宁职业技术学院学报，2010（15）：27 – 30。

教育部（1996）. 国家留学基金资助人员派出和管理若干问题的规定，1996。

教育部（2007）. 国家公派出国留学研究生管理规定（试行），2007.7。

教育部（2009）. 国家建设高水平大学公派研究生项目学费资助办法（试行），2009. 10。

教育部出国留学政策调研组（2012）. 中国在泰国、新加坡、马来西亚三国留学人员情况调研，世界教育信息，2012（2）：65 – 70。

教育部国际合作与交流司（2000）. 1999 来华留学生简明统计（内部出版物）。

教育部国际合作与交流司（2001）. 2000 来华留学生简明统计（内部出版物）。

教育部国际合作与交流司（2002）. 2001 来华留学生简明统计（内部出版

物）。

教育部国际合作与交流司（2003）. 2002来华留学生简明统计（内部出版物）。

教育部国际合作与交流司（2004）. 2003来华留学生简明统计（内部出版物）。

教育部国际合作与交流司（2005）. 2004来华留学生简明统计（内部出版物）。

教育部国际合作与交流司（2006）. 2005来华留学生简明统计（内部出版物）。

教育部国际合作与交流司（2007）. 2006来华留学生简明统计（内部出版物）。

教育部国际合作与交流司（2008）. 2007来华留学生简明统计（内部出版物）。

教育部国际合作与交流司（2009）. 2008来华留学生简明统计（内部出版物）。

教育部国际合作与交流司（2010）. 2009来华留学生简明统计（内部出版物）。

教育部国际合作与交流司（2011）. 2010来华留学生简明统计（内部出版物）。

教育部国际合作与交流司（2012）. 2011来华留学生简明统计（内部出版物）。

教育部国际合作与交流司（2013）. 2012来华留学生简明统计（内部出版物）。

教育部国际合作与交流司（2014）. 2013来华留学生简明统计（内部出版物）。

教育部国际合作与交流司（2015）. 2014来华留学生简明统计（内部出版物）。

教育部国际合作与交流司（2016）. 2015来华留学生简明统计（内部出版物）。

教育部国际合作与交流司（2017）. 2016来华留学生简明统计（内部出版物）。

景建军（2016）. 中国产业结构与就业结构的协调性研究，经济问题，2016（1）：61–66。

兰强、徐方宇、李华杰（2012）. 越南概论，广州：世界图书出版广东有限公司，2012.12。

乐艳娜、陶军（2017）. "大湄公河次区域能源合作"培训在泰国举行，云南日报，2017.7.20。

雷君（2018）. 关于中泰高校体育教育合作交流的思考，广西教育，2018（2）：155–156。

李京文等（1998）. 中国生产率分析前沿，社会科学文献出版社，1998：99–107。

李克强（2016）. 在澜沧江—湄公河合作首次领导人会议上的讲话，人民日报，2016.3.23。

李克强（2018）. 在澜沧江—湄公河合作第二次领导人会议上的讲话，人民日报，2018.1.11。

李魁（2010）. 人口年龄结构变动与经济增长，武汉大学博士论文，2010。

李谋（2012）. 中缅互派留学生及其启示，公共外交季刊，2012（10）：32–38。

李新运、孙瑛、常勇、李望、张林泉（1998）. 山东省区域可持续发展评估及协调对策，人文地理，1998（4）：69–73。

李翕坚（2018）. 澜湄国家妇女干部研修班在昆开班，中国人民政治协商会议云南省委员会办公厅官网，http：//www.ynzx.gov.cn/xwjj/244569.jhtml。

李颖、尤东婕（2016）. 澜湄合作将推动区域国家合作共赢——访泰国开泰银行高级副总裁蔡伟才，新华社，http：//www.gov.cn/xinwen/2016-03/20/content_ 5055703.htm。

李仲生（2003）. 中国产业结构与就业结构的变化，人口与经济，2003（2）：44–46。

廖重斌（1999）. 环境与经济协调发展的定律评判及其分类体系——以珠江三角洲城市群为例，热带地理，1999（19）：171–177。

刘红等（2013）. 中国援外培训项目实施中存在的问题与对策，热带农业工程，2013（1）：63–66。

刘健（2017）. 中国继续保持东盟第一大贸易伙伴贸易额增速16.2%，国务院新闻办公室网站：http：//www. scio. gov. cn/video/gxsp/Document/1557953/1557953. htm。

刘翔峰（2014）. 缅甸的产业发展及中缅贸易投资，全球化，2014（4）：111－115。

刘艳（2016）. 战后日本对外援助的政策演变及战略分析，石河子大学学报（哲学社会科学版），2016（4）：87－93。

刘英奎、敦志刚（2017）. 中国境外经贸合作区的发展特点、问题与对策，区域经济评论，2017：96－101。

刘稚（2017）. "一带一路"背景下澜湄合作的定位及发展，云南大学学报（社会科学版），2017（5）：94－100。

卢光盛、段涛、金珍（2018）. 澜湄合作的方向、路径与云南的参与，北京：社会科学文献出版社，2018.3。

卢军、郑军军、钟楠（2012）. 柬埔寨概论，广州：世界图书出版广东有限公司，2012.12。

逯进、周惠民（2013）. 中国省域人力资本与经济增长耦合关系的实证分析，数量经济技术经济研究，2013（9）：3－19。

罗淳（2003）. 云南与周边国家人口状况对比分析，云南大学学报（社会科学版），2003（3）：61－67。

骆飞、欧维维（2015）. 全国30家"中国—东盟教育培训中心"成立联盟加强对外合作，新华网，http：//www. xinhuanet. com/2015.8.3/c_1116131139. htm 。

吕亚军（2012）. 当代越南青年就业问题探析，创新，2012（5）：116－128。

孟令国、胡广（2013）. 东南亚国家人口红利模式研究，东南亚研究，2013（3）：31－40。

聂方冲（2014）. 论援外培训政府官员研修班的常见问题及对策，青年与社会，2014（4）：271－273。

欧阳婷婷等（2015）. 南方电网开启与湄公学院合作新篇，云南日报，2015.10.19.

钱美（2017）. 外商直接投资对老挝就业的影响研究，西部皮革，2017

（24）：59，74。

商务部（2017）. 对外投资合作国别（地区）指南—东盟（2017 版），商务部"走出去"公共服务平台，http：//fec. mofcom. gov. cn/article/gb-dqzn/ 2018. 5. 11。

商务部（2017a）. 推进境外经贸合作区建设实现互利共赢，商务部网站，http：//www. mofcom. gov. cn/article/ae/ai/201702/20170202509650. shtm。

商务部（2017b）. 2016 年中缅经贸合作简况，商务部网站，http：/mm. mofc. gov. cn/article/zxhz/201702/20170202510989. html。

商务部（2017c）. 中国老挝经贸合作简况，商务部网站，http：//yzs. mofcom. gov. cn/article/t/201709/20170902651399. shtml.

史如林（1986）. 越南、老挝、柬埔寨的人口与社会，印度支那，1986（3）：58 –62。

史育龙、卢伟（2017）. 推动世界经济实现新的均衡和持续增长，财经界，2017（6）：25。

宋效峰（2013）. 湄公河次区域的地缘政治经济博弈与中国对策，世界经济与政治论坛，2013（5）：37 –49。

苏诗钰（2016）. 中国与东盟双边贸易额年均增长 18.5%，证券日报，2016. 7. 20。

孙立新（2009）. 中国援外培训背景、现状及成果，世界农业，2009（5）：48 –50。

汤先营（2014）. 缅人口老龄化趋势加重，光明日报，2014. 2. 28。

外交部（2018）. 澜湄合作第二次领导人会议发表"金边宣言"_ 外交部网站，http：//www. fmprc. gov. cn/web/zyxw/t1524872. shtml。

王冰峰、罗欢（2017）. 老挝职业教育现状与发展趋势，深圳职业技术学院学报，2017（6）：33 –39。

王磊（2017）. 澜湄国际职业学院在瑞丽市开工，德宏团结报，2017. 6. 15。

王梦、阎雪等（2017）. 新政策下中国人口结构变化与预测分析，中国高新技术企业，2017（7）：264 –266。

王勤（2006）. 东盟 5 国产业结构的演变及其国际比较，东南亚研究，

2006（6）：4 – 9。

王勤（2014）. 东南亚国家产业结构的演进及其特征，南洋问题研究，2014（3）：3 – 9。

王胜（2016）. 澜湄合作海南在行动，今日海南，2016（12）：15 – 17。

王文良（1990a）. 人口：泰国未来经济发展的一大制约因素，亚太经济，1990（6）：40 – 43。

王文良（1990b）. 泰国人口与经济问题研究，东南亚，1990（4）：8 – 14。

王惜梦（2016）. 美媒：中国家族企业过半后继无人，第二代宁愿打工或创业，参考消息，2016.7.31。

王毅（2018）. 建设澜湄国家命运共同体，开创区域合作美好未来，人民日报，2018.3.23。

乌拉尔·沙尔赛开（2017）. 世界人口展望：人口、资源与环境，生态经济，2017（33）：2 – 5。

吴明革（2008）. 从人力资源比较东盟各国优势，商场现代化，2008（29）：295。

吴文恒、牛叔文（2006）. 甘肃省人口与资源环境耦合的演进分析，中国人口科学，2006（12）：81 – 96。

辛家凤（2012）. 老挝留学归国人才政策问题研究，广西民族大学硕士学位论文，2012。

熊彬、李洋（2018）. 基于国际产业竞争力的"澜湄合作"背景下国际产能合作研究，生态经济，2018（34）：76 – 83。

颜新华、欧阳婷婷（2015）. 首次大湄公河次区域（GMS）电力专业技术培训圆满结束，人民网，http://yn.people.com.cn/news/yunnan/n/2015/1008/c361579 – 26696924.html。

杨名福（2017）. 老挝旅游业促进经济发展研究，硕士学位论文，广西师范大学。

叶艳（2015）. 中国学生留学泰国的原因、困难和对策分析，世界教育信息，2015（12）：69 – 71。

伊斯梅尔·M.K. 貌、曾祥鹏（1983）. 缅甸人口的趋势，东南亚研究资料，1983（2）：83 – 89。

殷志刚（2013）. 对援外培训教学工作的思考，大连干部学刊，2013

（4）：29 – 30。

余游（1998）. 澜沧江—湄公河次区域人力资源比较研究，云南社会科学.
  1998（2）：66。

俞懿春（2016）. 超龄工作折射泰国老龄化严重，人民日报，2016. 3. 22。

袁凯（2014）. 中国人口抚养比变化对居民储蓄率的影响研究，重庆理工
  大学博士论文，2014。

张成霞（2017）. 中国与老挝高等教育交流合作回顾与展望，东南亚纵横，
  2017（3）：29 – 34。

张宁（1987）. 缅甸人口增长，印度支那，1987（2）：60 – 61。

张茜（2018）. 高职"走出去"呼唤"阳光雨露"，中国青年报，2018. 10. 3。

张勇（2018）. 服务"一带一路"推动澜湄合作，光明日报，2018. 1. 16。

张原、刘丽（2017）. 一带一路沿线国家劳动力市场比较及启示，西部论
  坛，2017（27）：97 – 98。

张志文（2016）. 中国连续 7 年系东盟第一大贸易伙伴，央视网，http：//
  news. cctv. com/2016/08/07/ARTIsJqg6aTATVuJ4mXJrGyr160807. shtml。

赵珊（2017）. 中国游客成东盟旅游主力，人民日报（海外版），2017. 11. 12。

赵艳娟（2018）. 云南澜湄职业教育基地培训超万人，云南日
  报，2018. 1. 15。

郑学伟（2013）. 基于行业协会的高职教育合作办学现状研究，教育与职
  业，2013（12）：11 – 13。

中共中央、国务院（2010）. 国家中长期人才发展规划纲要（2010 – 2020
  年），北京：人民出版社，2010. 6。

中共中央、国务院（2016）. 中华人民共和国国民经济和社会发展第十三
  个五年规划纲要，北京：人民出版社，2016. 3。

中华人民共和国国家统计局（2016）. 中国国民经济和社会发展统计公报，
  国家统计局网站，http：//www. stats. gov. cn/tjsj/zxfb/201702/t20170228
  _ 1467424. html。

中华人民共和国国家统计局（2017）. 中国国民经济和社会发展统计公报，
  国家统计局网站，http：//www. stats. gov. cn/tjsj/zxfb/201802/t20180228
  _ 1585631. html。

中华人民共和国国家统计局（2018a）. 中华人民共和国教育年度统计数

据，国家统计局网站，http：//data. stats. gov. cn/easyquery. htm？cn = C01。

中华人民共和国国家统计局（2018b）. 中华人民共和国2017年国民经济和社会发展统计公报，国家统计局网站，http：//www. stats. gov. cn/tjsj/zxfb/201802/t20180228_ 1585631. html。

中华人民共和国商务部对外投资和经济合作司（2017）. 中国对外承包工程、劳务合作业务统计年报（2016年），中国商务出版社，2017。

钟智翔、尹湘玲、扈琼瑶（2012）. 缅甸概论，世界图书出版广东有限公司，2012. 12。

周民良（2015）. "一带一路" 跨国产能合作既要注重又要慎重，中国发展观察，2015（12）：15 - 18。

周英、唐小松（2017）. 日本对东盟的公共外交，国际问题研究，2017（4）：101 - 112.

后　记

2016 年 3 月，澜湄合作首次领导人会议在中国海南三亚举行，会议通过了题为《打造面向和平与繁荣的澜湄国家命运共同体》的"三亚宣言"，标志着澜湄合作机制的正式启动，加快了"一带一路"倡议在澜湄地区的落实步伐。

"三亚宣言"提出的 26 项合作措施，涉及多项人力资源开发合作的内容。为充分发挥人力资源和社会保障部门落实"一带一路"倡议的积极作用，推进澜湄合作框架下人力资源开发合作措施取得更好成效，2017 年初，人力资源和社会保障部国际合作司与中国人事科学研究院共同申报了澜湄合作专项基金项目"澜湄地区人力资源开发实践研究及合作框架探索"，2017 年底，该课题研究项目获得外交部和财政部的批准，课题研究工作随即展开。

在课题研究过程中，人力资源和社会保障部汤涛副部长、张义珍副部长亲予指导。人力资源和社会保障部国际司郝斌司长、吕玉林副司长、技术合作处姚晓东处长等同志付出了大量辛劳，在确定研究计划、明确研究方向、与相关部委和地方联络沟通、组织召开国际研讨会等方面，发挥了重要指导作用。

中国人事科学研究院作为课题研究的承担单位，组建了阵容颇大的课题组。课题组由柳学智副院长任组长，苗月霞和熊缨任副组长，课题组成员来自中国人事科学研究院、北京华夏国际人才研究院、光明日报社、北京师范大学、首都经济贸易大学、上海科技政策研究所和中国社会科学院等多家科研机构和高等院校。其中，北京华夏国际人才研究院院长陶庆华研究员、《光明日报》人才专刊总编辑罗旭、中国人事科学研究院刘文彬副研究员等专家学者，不仅出色完成了相关专题的写作任务，还多次在课题组研讨时提出很有参考价值的意见建议，并承担了主持课题国际研讨会或作大会发言等工作任务，很好地体现了资深研究人员的职业素养和专业水准。课题组多数成员是"80后"的年轻研究人员，在课题研究过程中也都认真负责，能够合理分工、密切合作，圆满完成各项任务。

根据研究工作需要，课题组将主要研究内容分为五个子课题。子课题一：澜湄国家人力资源开发实践研究，负责人为中国人事科学研究院副研究员冯凌博士；子课题二：中国与湄公河国家之间留学研究，负责人为刘文彬副研究员；子课题三：中国与湄公河国家政府、企业、职业教育间人力资源开发合作研究，负责人为陶庆华研究员；子课题四：澜湄国家人力资源开发战略研究，负责人为熊缨处长；子课题五：澜湄国家人力资源开发合作战略框架研究，负责人为苗月霞研究员。课题组运用文献研究、实地调研、制度对比、专家咨询、国际研讨等研究方法，经过近一年的集中研究和反复修改，最终完成了课题报告。

在课题报告的基础上，我们整理成为目前的书稿，各章节执笔人的具体分工如下：第1章和第15章，苗月霞；第2章，范青青；第3章，杜肖璇、冯凌；第4章和第5章，刘晔；第6章，冯凌、王琪；第7章，王琪、冯凌；第8章，高显扬；第9章，刘文彬；第10章，李学明；第11章，姚宝珍、陶庆华；第12章，陶庆华、李青；第13章，陶庆华、徐海琛；第14章，熊缨；附录，李胡杨（柬埔寨、泰国和缅甸）、高原（老挝和越南）。在书稿写作和修改过程中，子课题一负责人冯凌对第2—9章进行了统稿修改；子课题二负责人刘文彬对第9—10章进行了统稿修改；子课题三负责人陶庆华对第11—13章进行了统稿修改；子课题四负责人熊缨对第14章和附录进行了统稿修改；子课题五负责人苗月霞对第1章和第15章进行了统稿修改。柳学智和苗月霞负责书稿的整体统改和最后定稿。

在课题组开展研究、研讨和实地调研的过程中，云南省、广西壮族自治区和重庆市的人力资源和社会保障部门给予了大力支持，为课题组提供了调研、研讨便利和大量一手资料，相关高等院校和科研院所的专家学者、湄公河五国驻中国使领馆相关官员和专家对课题报告提出了宝贵建议，篇幅所限不能一一具名，在此一并表示衷心感谢！

在本书写作过程中，中国人事科学研究院院长余兴安研究员对书稿内容和形式提出了宝贵的修改建议，并欣然为本书作序，还将本书纳入了中国人事科学研究院学术文库出版计划；中国人事科学研究院科研处副处长乔立娜和工作人员柏玉林为本书出版做了大量沟通、协调等工作；中国社会科学出版社责任编辑孔继萍为本书出版付出了大量辛劳。正是相关领导和工作人员的大力支持，才使得本书能够及时顺利出版，在此对大家表示诚挚的谢意！

　　由于时间和水平有限，本书还存在很多需要完善的地方，敬请相关专家和读者批评指正。

作者

2018 年 12 月，北京